ITQ
Powerpoint
2016
파워포인트

ITQ 시험 자료 다운로드 방법 안내 ······▶ 다음 페이지

ITQ 시험 자료 다운로드 방법

1. 렉스미디어 홈페이지(www.rexmedia.net)에 접속한 후 [자료실]-[대용량 자료실]을 클릭합니다. 그런 다음 렉스미디어 자료실 페이지가 나타나면 '수험서 관련\2020년 ITQ' 폴더를 선택한 후 [ITQ 파워포인트2016.exe]를 클릭합니다.

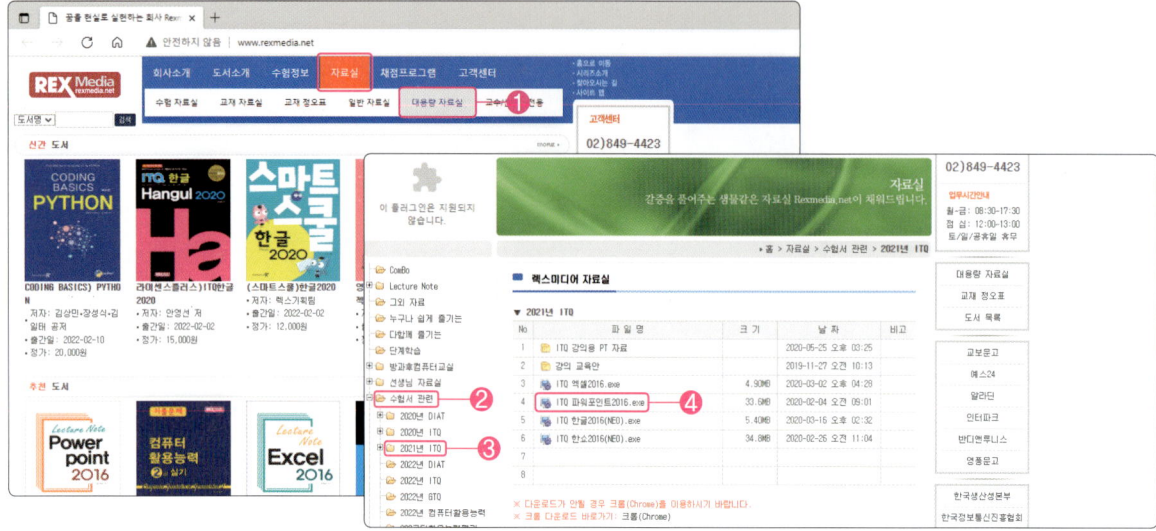

2. 'ITQ 파워포인트2016.exe은(는) 일반적으로 다운로드되지 않습니다. 열기 전에 ITQ 파워포인트2016.exe을(를) 신뢰하는지 확인합니다.'라고 메시지가 나타나면 [추가 작업]을 클릭한 후 [유지]를 클릭합니다. 그런다음 [열기 전에 ITQ 파워포인트2016.exe을(를) 신뢰할 수 있는지 확인합니다.] 메시지가 나타나면 [더 보기]를 클릭한 후 [그래도 계속]을 클릭합니다.

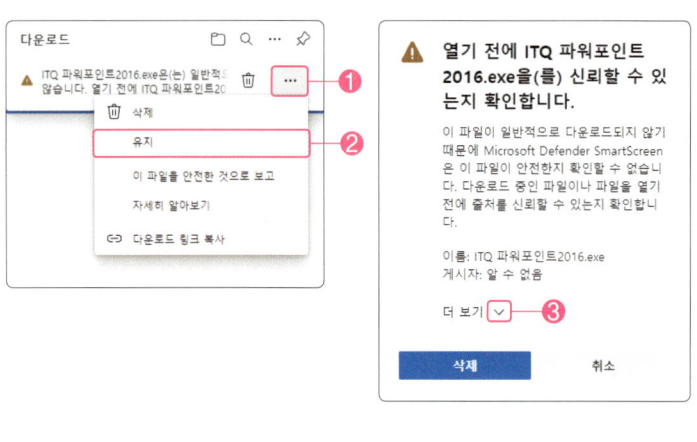 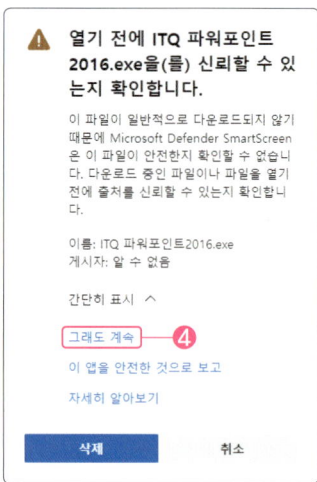

3. 다운로드가 완료되면 [파일 열기]를 클릭합니다. 그런다음 'Windows의 PC 보호' 화면이 나타나면 [추가 정보]를 클릭한 후 [실행]을 클릭합니다.

  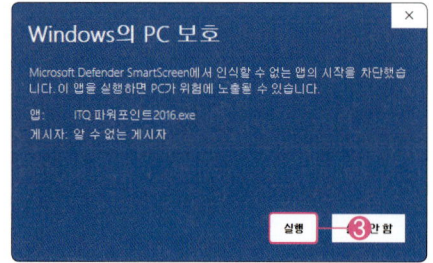

4. [ITQ 파워포인트2016 1.00 설치] 대화상자의 'ITQ 파워포인트2016 설치 마법사입니다' 화면이 나타나면 [**다음**] 단추를 클릭합니다. 그런 다음 [ITQ 파워포인트2016 1.00 설치] 대화상자의 '설치 위치 선택' 화면이 나타나면 [**다음**] 단추를 클릭합니다.

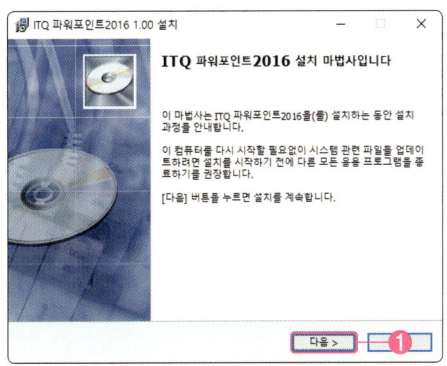
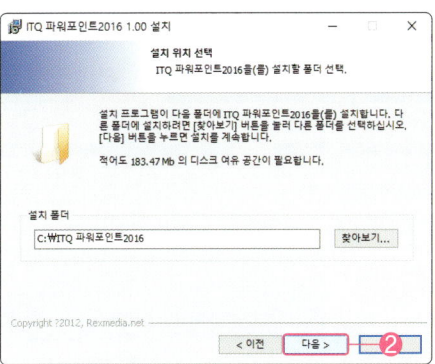

5. [ITQ 파워포인트2016 1.00 설치] 대화상자의 '설치 준비 완료' 화면이 나타나면 [**설치**] 단추를 클릭합니다. 그런 다음 [ITQ 파워포인트2016 1.00 설치] 대화상자의 'ITQ 파워포인트2016 설치가 완료되었습니다' 화면이 나타나면 [**마침**] 단추를 클릭합니다.

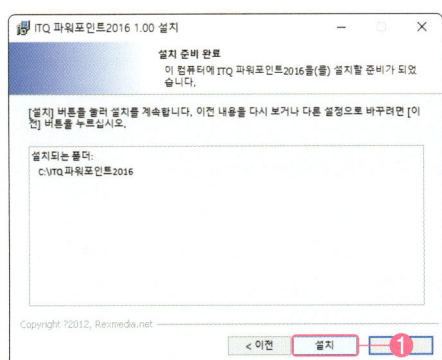
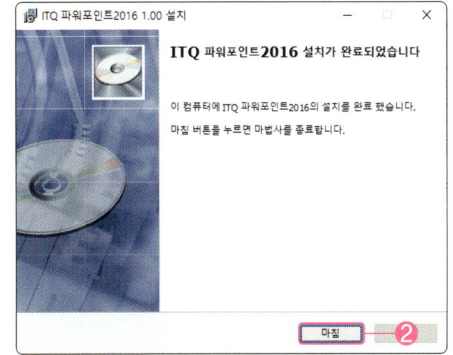

6. 파일 탐색기를 실행한 후 '**C:\ITQ 파워포인트2016**' **폴더를 선택**하면 다음과 같이 ITQ 파워포인트2016 자료가 다운로드된 것을 확인할 수 있습니다.

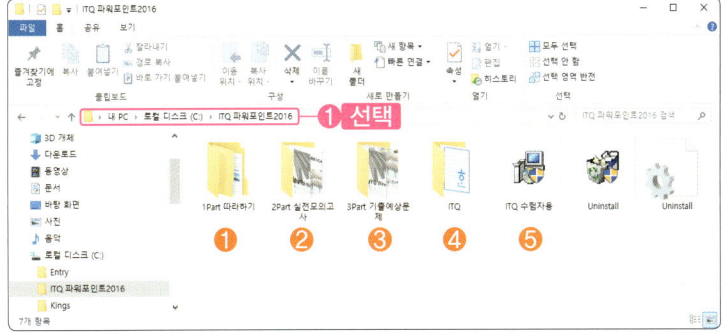

❶ [1Part 따라하기]에서 사용하는 연습파일과 완성파일이 담겨져 있습니다.
❷ [2Part 실전모의고사]에서 다룬 문제의 완성파일이 담겨져 있습니다.
❸ [3Part 기출예상문제]에서 다룬 문제의 완성파일이 담겨져 있습니다.
❹ [ITQ] 시험에 사용되는 파일이 담겨져 있습니다.
  [내 PC\문서\ITQ] 폴더에도 동일한 파일이 담겨져 있습니다.
❺ ITQ 수험자용 프로그램입니다.

채점프로그램 다운로드 방법

1. 렉스미디어 홈페이지(www.rexmedia.net)에 접속한 후 [채점프로그램]-[ITQ]을 클릭합니다. 그런다음 ITQ 채점프로그램 페이지가 나타나면 [ITQ 파워포인트2016 [ver x.x.x]]을 클릭합니다.

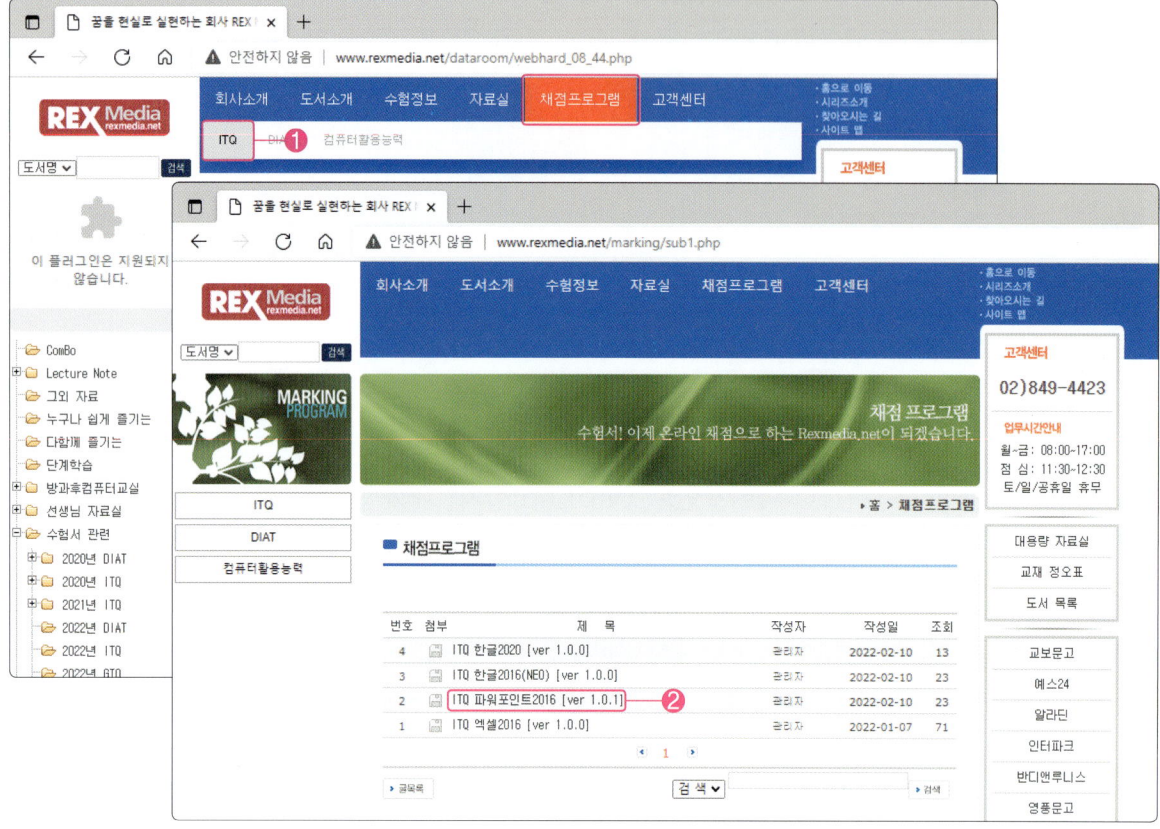

※ 채점 프로그램은 주기적으로 업데이트가 진행됩니다.

2. 채점프로그램 다운로드 및 설치를 완료한 후 채점을 진행합니다.

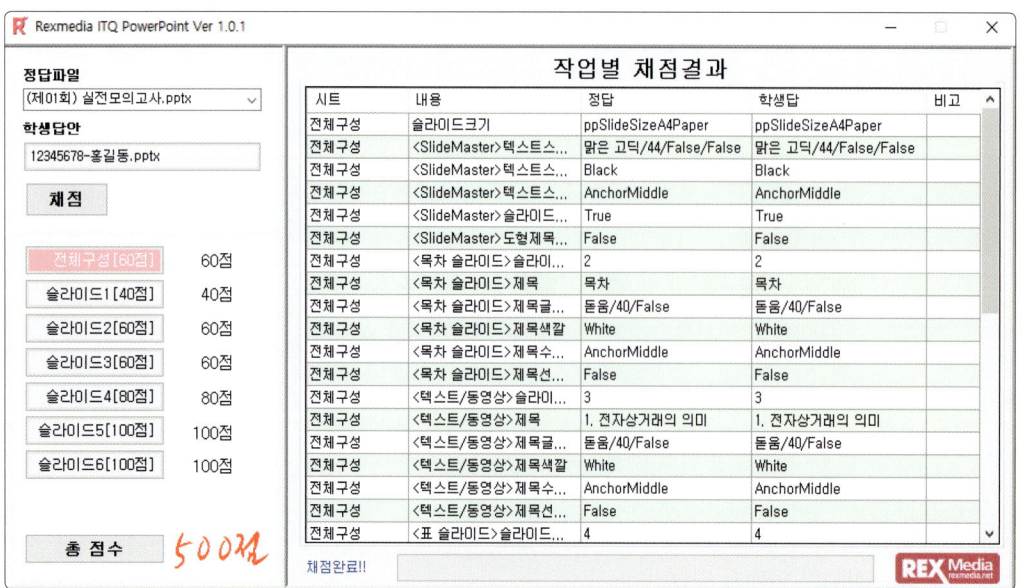

이 책의 구성

출제유형 분석하기
ITQ 시험의 출제유형을 작업별로 분석하여 자세하게 설명하였습니다.

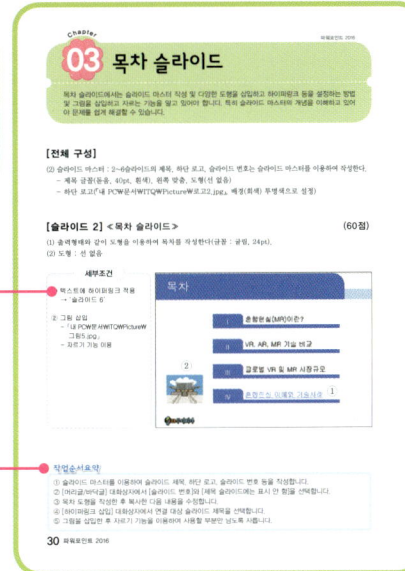

문제
작업별로 풀어야 할 문제입니다.

작업 순서 요약
작업별로 문제를 풀어가는 과정을 요약한 것입니다.

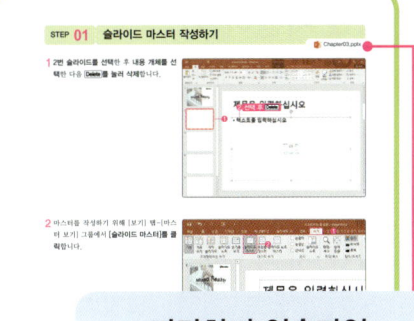

따라하기 연습파일
따라하기에서 사용하는 연습파일입니다.

한가지 더!
ITQ 시험의 출제유형과 관련은 있지만 따라하기에서 다루지 못한 내용입니다. ITQ 시험의 출제유형을 이해하는데 도움이 되는 경우 설명하였습니다.

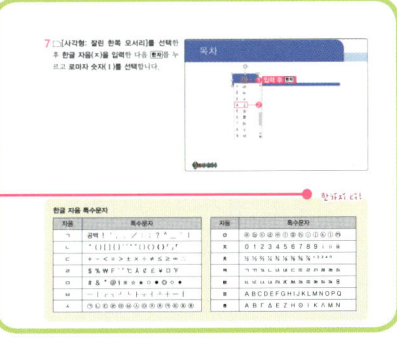

실전문제유형
작업별로 실전문제유형 문제를 마련하여 ITQ 시험을 쉽고 빠르게 준비할 수 있도록 하였습니다.

실전문제유형 연습파일
실전문제유형 문제에서 사용하는 연습파일입니다.

실전모의고사 기출예상문제
실전모의고사와 기출예상문제를 마련하여 ITQ 시험에 100% 대비할 수 있도록 하였습니다.

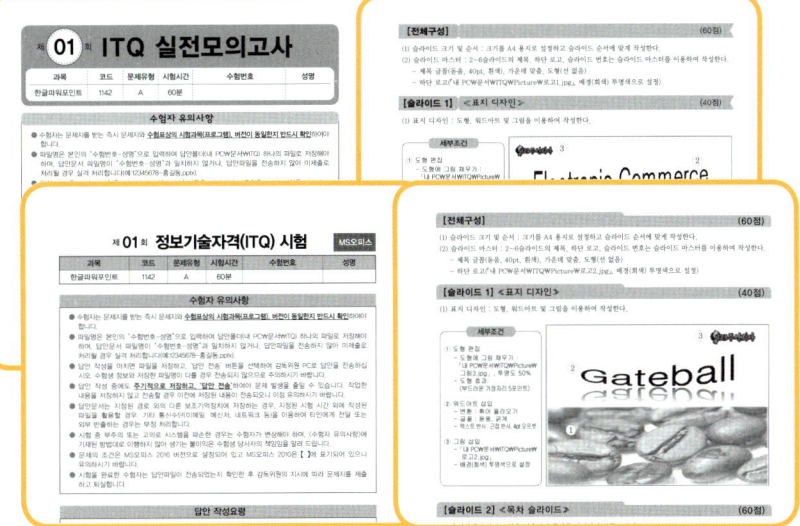

ITQ 시험 안내

ITQ 시험이란?
- 정보기술 능력 또는 정보기술 활용능력을 객관적으로 평가하는 시험입니다.
- 정보기술 관리 및 실무능력 수준을 지수화하고 등급화 시키는 국가 인증 시험입니다.
- 산업인력의 정보 경쟁력을 높이고 정보화를 촉진시키기 위한 목적의 국가공인자격을 말합니다.

ITQ 자격 취득자 혜택
- 기업체 및 기관, 행정기관 등의 채용, 승진 및 인사고과에 높은 점수로 우대합니다.
- 대학의 필수 및 선택 과목으로 채택되어 학점을 인정합니다.
- 일부 대학의 경우 수시모집 및 특기자 전형으로 대학입학도 가능합니다.
- 초/중/고등학교의 생활기록부(NEIS)에 국가공인자격으로 등재됩니다.
- 학점 인정 등에 관한 법률에 따라 3과목의 A 등급은 8학점, B 등급은 4학점으로 인정됩니다.

ITQ 시험의 특징
- 다양한 과목에 응시가 가능하며, 시험일에 최대 3과목까지 시험을 볼 수 있습니다.
- 필기시험 없이 실무 작업형 실기시험으로 평가를 합니다.
- 시험 성적에 따라 A·B·C 등급으로 나누어 자격증을 부여합니다.

ITQ 시험의 장점
- 객관적이고 공정성, 신뢰성이 확보된 첨단 OA 자격시험입니다.
- 실무 현장에서 활용도가 높은 기능을 위주로 평가하는 시험입니다.
- 시험 등급을 업그레이드 할 수 있어 발전성과 활용성이 탁월합니다.
- 필기시험 없이 실기시험만으로 능력을 평가할 수 있습니다.

시험 일정 및 검정 수수료
- 시험 일정 및 검정 수수료는 https://license.kpc.or.kr 홈페이지의 [접수/수험표 확인]에서 확인할 수 있습니다.

시험 시행처 안내
- 주관 : 한국생산성본부 ITQ센터(https://license.kpc.or.kr)
  서울 종로구 새문안로 5가길 32 생산성빌딩
- 전화 : 1577-9402(유료)

ITQ 시험 과목 및 시험 프로그램

시험 과목	시험 프로그램	시험 방법	시험 시간
아래한글 한셀 한쇼	한컴오피스 2016(NEO)	실무 작업형 실기시험 하루에 3과목까지 응시가능	과목당 60분
MS 워드 한글 엑셀 한글 파워포인트 한글 액세스	MS 오피스 2016		
인터넷	MS 인터넷 익스플로러 8.0 이상		

ITQ 시험 등급

ITQ 시험은 과목별로 500점 만점을 기준으로 A 등급부터 C 등급까지 등급별 자격을 부여합니다. 이 중 3과목 이상 A 등급을 취득하면 OA 마스터 자격을 부여하는데, 한두 과목에서 낮은 등급을 받았을 경우 다시 응시하여 A 등급으로 업그레이드하면 됩니다.

A 등급	B 등급	C 등급
400점~500점	300점~399점	200점~299점

※ OA 마스터 신청시 아래한글과 MS 워드는 같은 종목으로 인정됩니다.

ITQ 파워포인트 2016 버전의 문항 및 배점

문항	배점	주요내용
전체 구성	60점	슬라이드 크기, 슬라이드 개수 및 순서, 슬라이드 번호, 그림 편집, 슬라이드 마스터 등 전체적인 구성 내용을 평가
1. 표지 디자인	40점	도형과 그림을 이용한 제목 슬라이드 작성 능력 평가 ▶ 도형에 그림 삽입 및 도형 효과, 워드아트, 로고 삽입(투명한 색 설정)
2. 목차 슬라이드	60점	목차에 따른 하이퍼링크와 도형, 그림 배치 능력을 평가 ▶ 도형 편집 및 효과, 하이퍼링크, 그림 편집
3. 텍스트/동영상 슬라이드	60점	텍스트 간의 조화로운 배치 능력을 평가 ▶ 텍스트 편집 / 목록 수준 조절 / 글머리 기호 / 내어쓰기, 동영상 삽입
4. 표 슬라이드	80점	파워포인트 내에서의 표 작성 능력 평가 ▶ 표 삽입 및 편집, 도형 편집 및 효과
5. 차트 슬라이드	100점	프리젠테이션을 위한 차트를 작성할 수 있는 종합 능력 평가 ▶ 차트 삽입 및 편집, 도형 편집 및 효과
6. 도형 슬라이드	100점	도형을 이용한 슬라이드 작성 능력 평가 ▶ 도형 및 스마트아트 이용 : 실무에 활용되는 다양한 도형 작성, 그룹화 / 애니메이션 효과

이 책의 차례

PART 01 출제유형 분석

Chapter 1 • 수험자 유의사항 및 답안 작성요령 ········· 10
Chapter 2 • 표지 디자인 ········· 16
Chapter 3 • 목차 슬라이드 ········· 30
Chapter 4 • 텍스트/동영상 슬라이드 ········· 52
Chapter 5 • 표 슬라이드 ········· 62
Chapter 6 • 차트 슬라이드 ········· 78
Chapter 7 • 도형 슬라이드 ········· 96

PART 02 실전모의고사

제01회 실전모의고사 ········· 114
제02회 실전모의고사 ········· 118
제03회 실전모의고사 ········· 122
제04회 실전모의고사 ········· 126
제05회 실전모의고사 ········· 130
제06회 실전모의고사 ········· 134
제07회 실전모의고사 ········· 138
제08회 실전모의고사 ········· 142
제09회 실전모의고사 ········· 146
제10회 실전모의고사 ········· 150
제11회 실전모의고사 ········· 154
제12회 실전모의고사 ········· 158
제13회 실전모의고사 ········· 162
제14회 실전모의고사 ········· 166
제15회 실전모의고사 ········· 170

PART 03 기출예상문제

제01회 기출예상문제 ········· 176
제02회 기출예상문제 ········· 180
제03회 기출예상문제 ········· 184
제04회 기출예상문제 ········· 188
제05회 기출예상문제 ········· 192
제06회 기출예상문제 ········· 196
제07회 기출예상문제 ········· 200
제08회 기출예상문제 ········· 204
제09회 기출예상문제 ········· 208
제10회 기출예상문제 ········· 212

ITQ Powerpoint 2016

PART 01

출제유형분석

Chapter 1 수험자 유의사항 및 답안 작성요령 알아보기
Chapter 2 표지 디자인
Chapter 3 목차 슬라이드
Chapter 4 텍스트/동영상 슬라이드
Chapter 5 표 슬라이드
Chapter 6 차트 슬라이드
Chapter 7 도형 슬라이드

Chapter 01 수험자 유의사항 및 답안 작성요령

파워포인트 2016

ITQ 파워포인트 시험에서는 파워포인트를 실행한 후 수험자 유의사항과 답안 작성요령에 따라 답안 작성을 준비한 다음 답안을 작성하며 답안은 KOAS 수험자용 프로그램을 사용하여 감독위원 PC로 전송합니다. 따라서 KOAS 수험자용 프로그램을 사용하는 방법과 수험자 유의사항과 답안 작성요령에 따라 답안 작성을 준비하는 방법 등에 대해 알고 있어야 합니다.

수험자 유의사항

- 수험자는 문제지를 받는 즉시 문제지와 수험표상의 시험과목(프로그램)이 동일한지 반드시 확인하여야 합니다.
- 파일명은 본인의 "수험번호-성명"으로 입력하여 답안폴더(내 PC\문서\ITQ)에 하나의 파일로 저장해야 하며, 답안문서 파일명이 "수험번호-성명"과 일치하지 않거나, 답안파일을 전송하지 않아 미제출로 처리될 경우 실격 처리합니다(예:12345678-홍길동.pptx).
- 답안 작성을 마치면 파일을 저장하고, '답안 전송' 버튼을 선택하여 감독위원 PC로 답안을 전송하십시오. 수험생 정보와 저장한 파일명이 다를 경우 전송되지 않으므로 주의하시기 바랍니다.
- 답안 작성 중에도 주기적으로 저장하고, '답안 전송'하여야 문제 발생을 줄일 수 있습니다. 작업한 내용을 저장하지 않고 전송할 경우 이전에 저장된 내용이 전송되오니 이점 유의하시기 바랍니다.
- 답안문서는 지정된 경로 외의 다른 보조기억장치에 저장하는 경우, 지정된 시험 시간 외에 작성된 파일을 활용할 경우, 기타 통신수단(이메일, 메신저, 네트워크 등)을 이용하여 타인에게 전달 또는 외부 반출하는 경우는 부정 처리합니다.
- 시험 중 부주의 또는 고의로 시스템을 파손한 경우는 수험자가 변상해야 하며, 〈수험자 유의사항〉에 기재된 방법대로 이행하지 않아 생기는 불이익은 수험생 당사자의 책임임을 알려 드립니다.
- 시험을 완료한 수험자는 답안파일이 전송되었는지 확인한 후 감독위원의 지시에 따라 문제지를 제출하고 퇴실합니다.

답안 작성요령

- 온라인 답안 작성 절차
  수험자 등록 ⇒ 시험 시작 ⇒ 답안파일 저장 ⇒ 답안 전송 ⇒ 시험 종료
- 슬라이드의 크기는 A4 Paper로 설정하여 작성합니다.
- 슬라이드의 총 개수는 6개로 구성되어 있으며 슬라이드 1부터 순서대로 작업하고 반드시 문제와 세부 조건대로 합니다.
- 별도의 지시사항이 없는 경우 출력형태를 참조하여 글꼴색은 검정 또는 흰색으로 작성하고, 기타사항은 전체적인 균형을 고려하여 작성합니다.
- 슬라이드 도형 및 개체에 출력형태와 다른 스타일(그림자, 외곽선 등)을 적용했을 경우 감점처리 됩니다. 슬라이드 번호를 작성합니다(슬라이드 1에는 생략).
- 2~6번 슬라이드 제목 도형과 하단 로고는 슬라이드 마스터를 이용하여 출력형태와 동일하게 작성합니다(슬라이드 1에는 생략).
- 문제와 세부조건, 세부조건 번호 ◯(점선원)는 입력하지 않습니다.
- 각 개체의 위치는 오른쪽의 슬라이드와 동일하게 구성합니다.
- 그림 삽입 문제의 경우 반드시 「내 PC\문서\ITQ\Picture」 폴더에서 정확한 파일을 선택하여 삽입하십시오.
- 각 슬라이드를 각각의 파일로 작업해서 저장할 경우 실격 처리됩니다.

작업순서요약

① 수험자 정보를 입력합니다.
② 답안 작성을 준비합니다.
③ 답안을 저장하고 KOAS 수험자용 프로그램을 이용하여 답안을 전송합니다.

STEP 01 수험자 등록하기

1 KOAS 수험자용 프로그램을 실행하기 위해 바탕화면에서 **KOAS 수험자용 아이콘을 더블클릭**합니다.

2 [수험자 등록] 대화상자가 나타나면 **수험자와 수험번호를 입력**한 후 **수험과목(한글파워포인트)을 선택**한 다음 [확인] 단추를 클릭합니다.

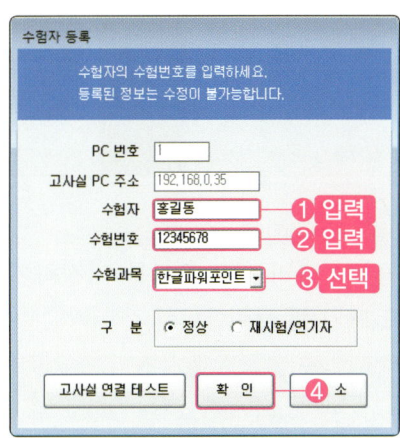

> **Tip**
> 실제 시험에서는 수험번호(본인의 수험번호)만 입력합니다.

3 수험번호와 구분이 맞는지 묻는 대화상자가 나타나면 **수험번호와 구분을 확인**한 후 [예] 단추를 클릭합니다.

4 [수험자 버전 선택] 대화상자가 나타나면 [MS 오피스 2007 이상]을 선택한 후 [확인] 단추를 클릭합니다.

5 [수험자 정보] 대화상자가 나타나면 **수험번호, 성명, 수험과목, 좌석번호, 답안 폴더를 확인**한 후 [확인] 단추를 클릭합니다.

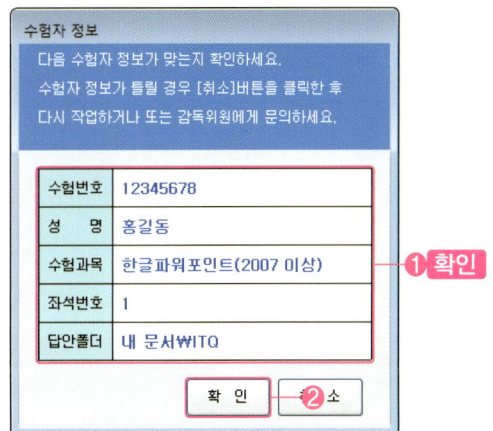

6 컴퓨터가 잠금 상태가 되면 [확인] 단추를 클릭합니다.

> **Tip**
> • 시험에서는 감독위원이 시험을 시작할 때까지 대기합니다.
> • 시험이 시작되면 바탕 화면 오른쪽 위에 KOAS 수험자용 프로그램이 나타납니다.

STEP 02　답안 작성 준비하기

1 파워포인트를 실행하기 위해 ⊞[시작] 단추를 클릭한 후 앱 뷰에서 [PowrePoint]를 클릭합니다.

2 파워포인트 시작 화면이 나타나면 [홈]을 클릭한 후 [새 프레젠테이션]을 클릭합니다.

3 파워포인트 화면이 나타나면 슬라이드 크기를 지정하기 위해 [디자인] 탭을 클릭한 후 [슬라이드 크기]-[사용자 지정 슬라이드 크기]를 클릭합니다.

4 [슬라이드 크기] 대화상자가 나타나면 슬라이드 크기(A4 용지(210×297mm))를 선택한 후 [확인] 단추를 클릭합니다. 그런다음 [Microsoft PowerPoint] 대화상자가 나타나면 [맞춤 확인]을 클릭합니다.

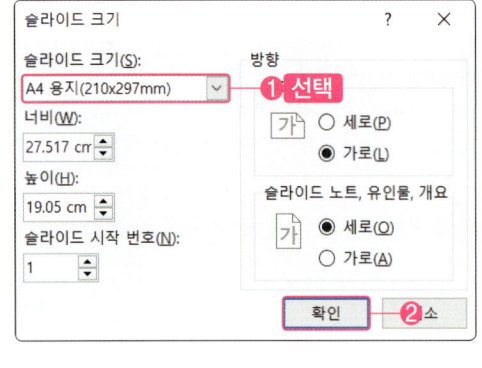 

5 표지 슬라이드에 표시된 제목 및 부제목 개체를 삭제하기 위해 Ctrl+A를 눌러 모두 선택한 후 Delete를 누릅니다.

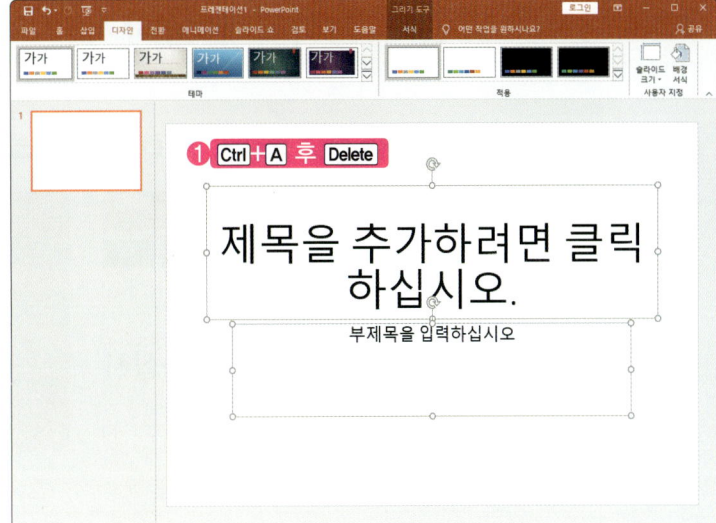

Tip
ITQ 시험의 [슬라이드 1]은 표지 디자인 슬라이드를 작성하게 되어 제목 및 부제목 개체틀이 필요없습니다.

6 새로운 슬라이드를 삽입하기 위해 [홈] 탭-[슬라이드] 그룹에서 [새 슬라이드]의 [목록] 단추를 클릭한 후 [제목 및 내용]을 클릭합니다.

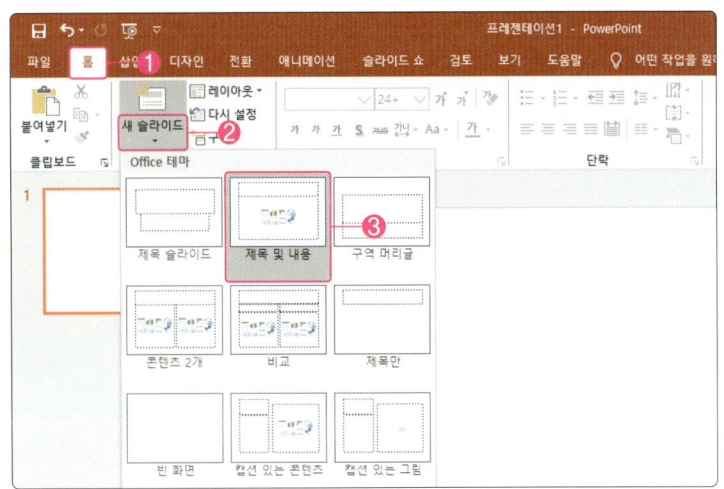

7 같은 방법으로 다음과 같이 모두 6개의 **슬라이드를 작성**합니다.

[슬라이드 1] 표지 디자인
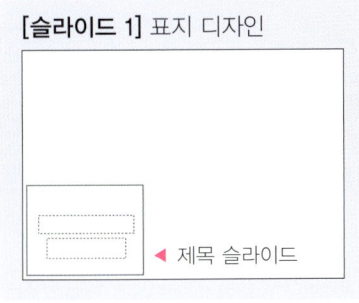

[슬라이드 2] 목차 슬라이드
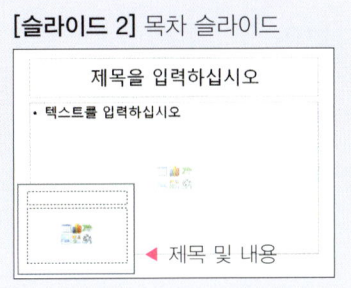

[슬라이드 3] 텍스트/동영상 슬라이드
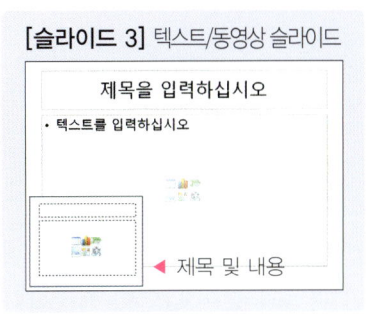

[슬라이드 4] 표 슬라이드
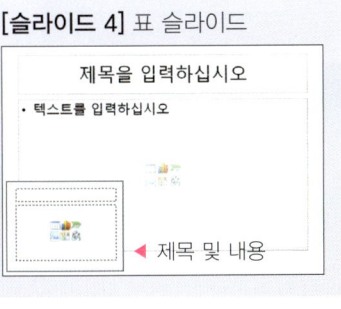

[슬라이드 5] 차트 슬라이드
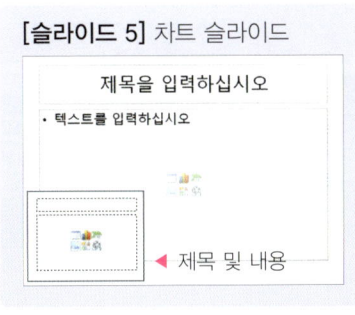

[슬라이드 6] 도형 슬라이드
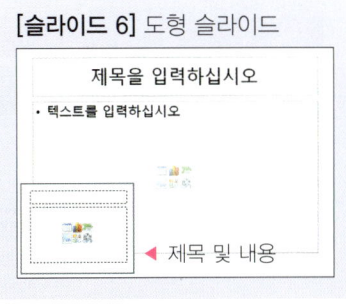

STEP 03 답안 저장하고 전송하기

1 답안을 저장하기 위해 [파일] 탭을 클릭한 후 [다른 이름으로 저장]을 클릭합니다.

 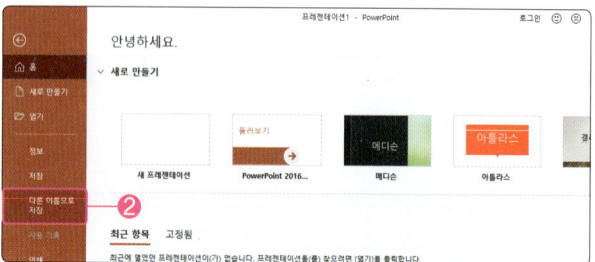

> **Tip**
> 빠른 실행 도구 모음에서 [저장]을 클릭하거나 Ctrl+S를 눌러 답안을 저장할 수도 있습니다.

2 [다른 이름으로 저장] 화면이 나타나면 [이 PC]를 클릭한 후 [문서]를 클릭합니다.

3 [다른 이름으로 저장] 대화상자가 나타나면 **저장 위치(내 PC₩문서₩ITQ)를 지정**한 후 **파일 이름(12345678-홍길동)을 입력**한 다음 [저장] 단추를 클릭합니다.

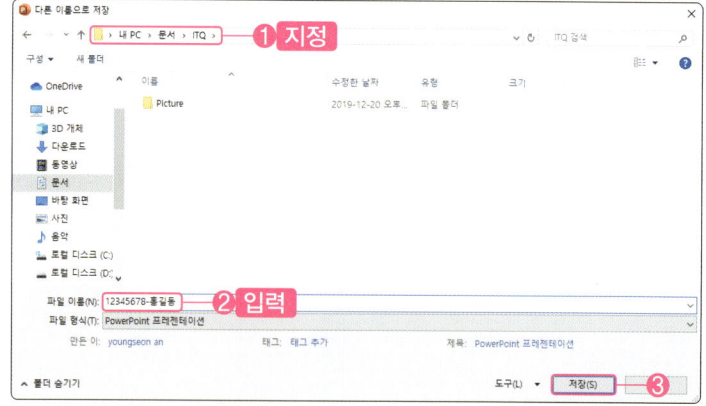

> **Tip**
> 시험에서는 본인의 수험번호와 성명을 조합하여 '수험번호-성명' 형식의 파일 이름을 입력합니다.

4 다음과 같이 답안이 저장됩니다.

> **Tip**
> 시험에서 위치나 파일 이름을 잘못 지정하여 답안을 저장한 경우에는 [파일] 탭에서 [다른 이름으로 저장하기]를 클릭해 답안을 다시 저장한 후 잘못 저장한 답안을 삭제합니다.

5 답안을 전송하기 위해 ITQ 수험자용 프로그램에서 [답안 전송] 단추를 클릭합니다.

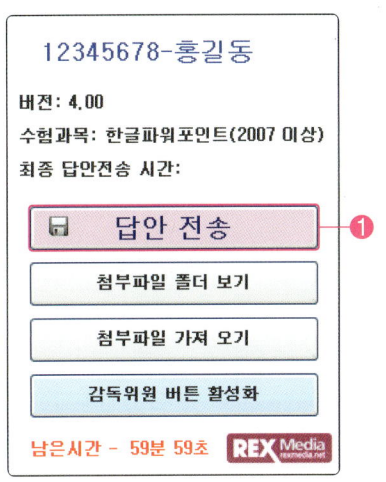

Tip
- 답안을 작성하는 도중에 주기적으로 [파일] 탭-[저장]을 클릭하거나 Ctrl+S를 눌러 답안을 저장한 후 감독위원 PC로 전송해 두면 오류가 발생한 경우, 전송된 답안을 불러와서 복구할 수 있습니다. 전송된 답안은 ITQ 수험자용 프로그램에서 [답안 가져오기] 단추를 클릭하여 불러오므로 오류가 발생한 경우, 감독위원에게 문의합니다.
- [첨부파일 폴더 보기] 단추를 클릭하면 답안을 작성할 때 사용할 그림이 있는지 확인할 수 있습니다.

6 지금 전송할 것인지 묻는 대화상자가 나타나면 [예] 단추를 클릭합니다.

7 [답안전송] 대화상자가 나타나면 **파일 목록(12345678-홍길동.pptx)과 존재(있음)를 확인**한 후 [답안전송] 단추를 클릭합니다.

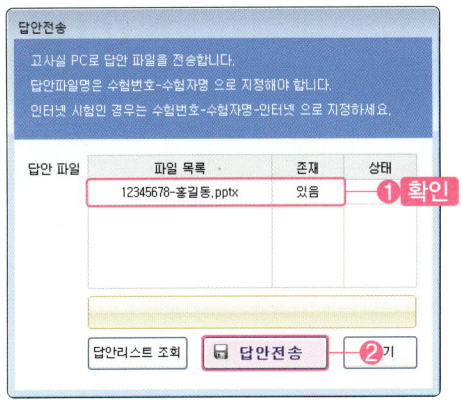

8 답안파일 전송을 성공하였다는 메시지가 나타나면 [확인] 단추를 클릭합니다.

9 [답안전송] 대화상자가 다시 나타나면 [상태]에 '성공'이 표시되는지 확인한 후 [닫기] 단추를 클릭합니다.

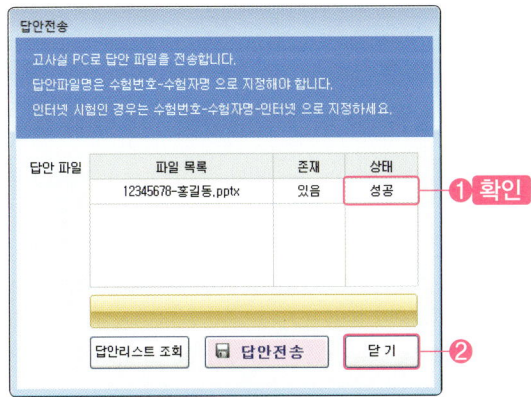

Chapter 02 표지 디자인

표지 디자인 슬라이드에는 그림 삽입, 워드아트(WordArt), 도형 편집 등이 출제됩니다. 도형에 그림을 채우고 부드러운 효과 및 투명도를 지정하는 방법과 워드아트의 경우 동일한 모양을 빠르게 찾을 수 있도록 반복해서 연습하는 것이 좋습니다.

[슬라이드 1] ≪표지 디자인≫ (40점)

(1) 표지 디자인 : 도형, 워드아트 및 그림을 이용하여 작성한다.

세부조건

① 도형 편집
 - 도형에 그림 채우기 :
  「내 PC₩문서₩ITQ₩Picture₩그림1.jpg」, 투명도 50%
 - 도형 효과:
  (부드러운 가장자리 5포인트)

② 워드아트 삽입
 - 변환 : 삼각형
 - 글꼴 : 돋움, 굵게
 - 텍스트 반사 : 근접 반사, 4 pt 오프셋

③ 그림 삽입
 - 「내 PC₩문서₩ITQ₩Picture₩로고2.jpg」
 - 배경(회색) 투명색으로 설정

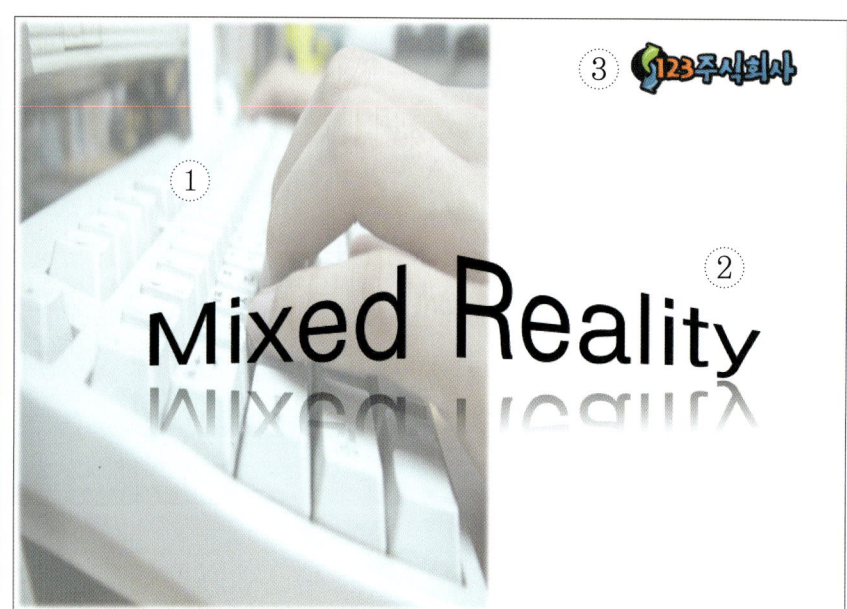

작업순서요약

① 도형을 작성합니다.
② 도형에 그림을 지정한 후 투명도(50%)와 부드러운 가장자리 효과(5포인트)를 지정합니다.
③ 워드아트(WordArt)를 삽입한 후 변환(삼각형)과 글꼴(돋움, 굵게), 텍스트 반사(근접 반사, 4 pt 오프셋)를 지정한 다음 크기 및 위치를 조절합니다.
④ 그림을 삽입한 후 크기 및 위치를 조절한 다음 투명한 색을 설정합니다.

STEP 01 도형 작성하기

 Chapter02.pptx

1 1번 슬라이드를 선택한 후 [삽입] 탭–[일러스트레이션] 그룹에서 [도형]을 클릭한 다음 ▢[직사각형]을 클릭합니다.

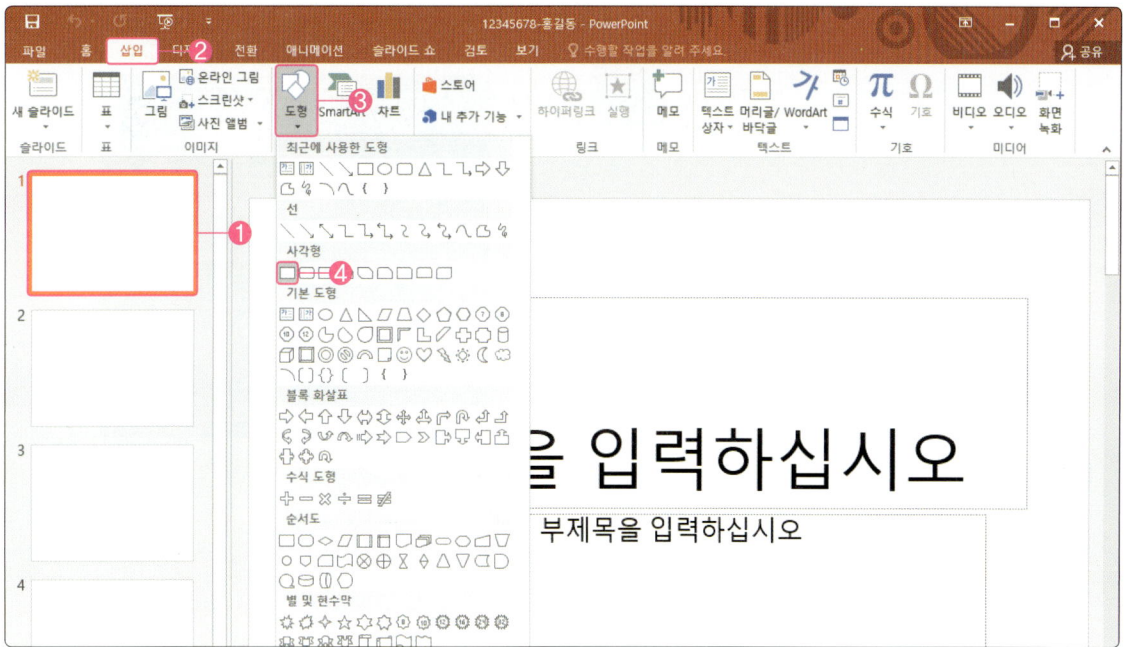

2 마우스 포인터 모양이 + 모양으로 변경되면 드래그하여 도형을 작성합니다.

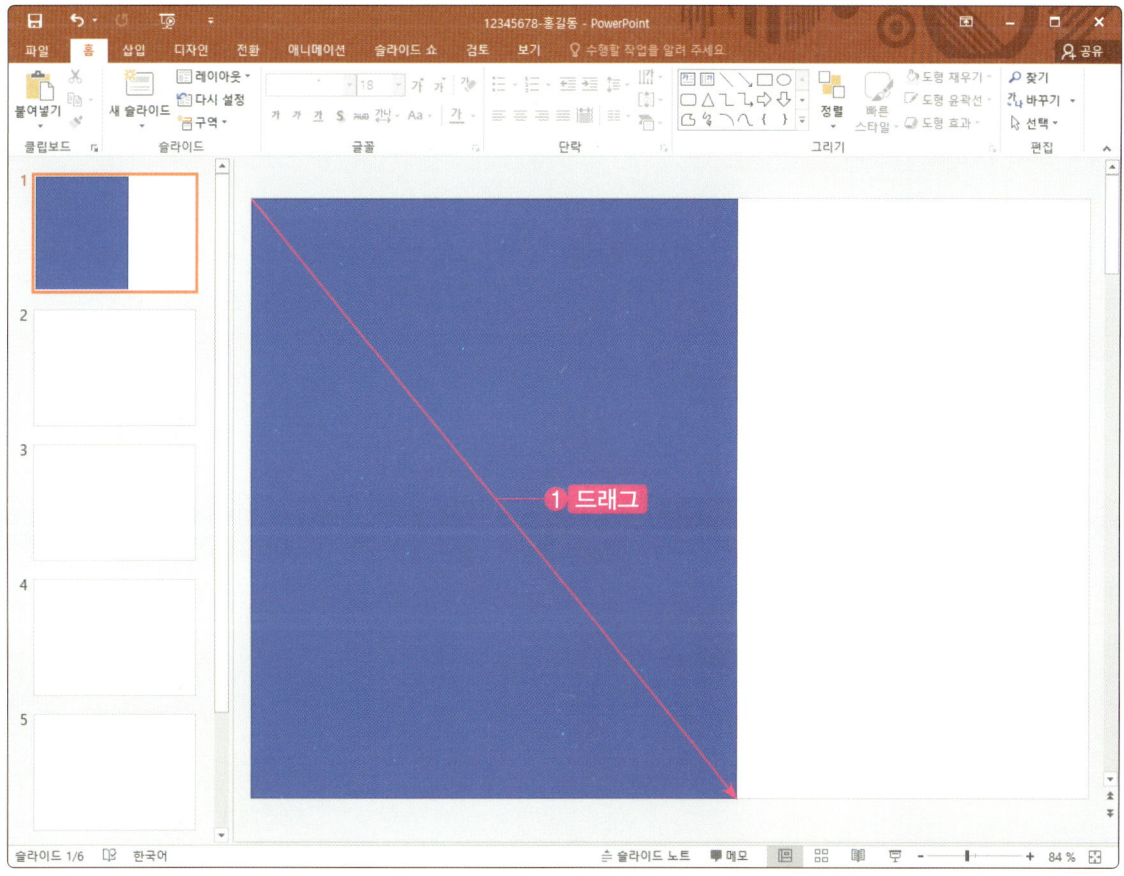

STEP 02 도형 스타일 지정하기

1 [그리기 도구] 정황 탭–[서식] 탭–[도형 스타일] 그룹에서 [도형 채우기]를 클릭한 후 [그림]을 클릭합니다.

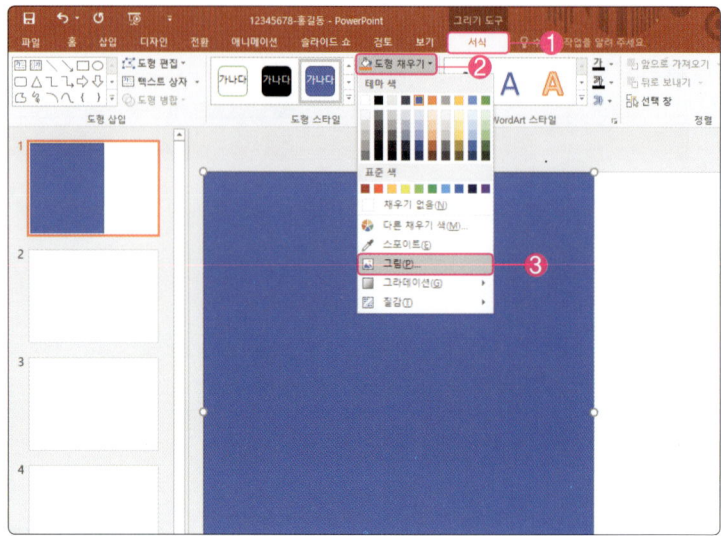

2 [그림 삽입] 화면이 나타나면 [파일에서]를 클릭합니다.

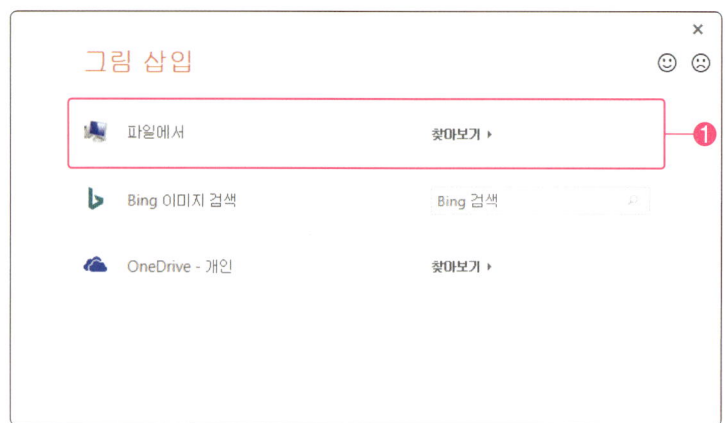

3 [그림 삽입] 대화상자가 나타나면 위치(내 PC₩문서₩ITQ₩Picture)를 선택한 후 파일(그림1.jpg)을 선택한 다음 [삽입]을 클릭합니다.

4 도형에 그림이 삽입되면 [그림 도구] 정황 탭-[서식] 탭-[그림 스타일] 그룹의 [그림 서식]을 클릭합니다.

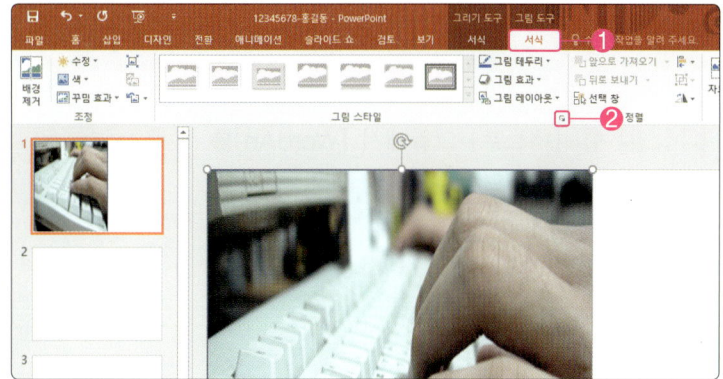

5 [그림 서식] 화면이 나타나면 [채우기 및 선]을 클릭한 후 [채우기]를 클릭한 다음 **투명도(50)를 입력**하고 [닫기]를 클릭합니다.

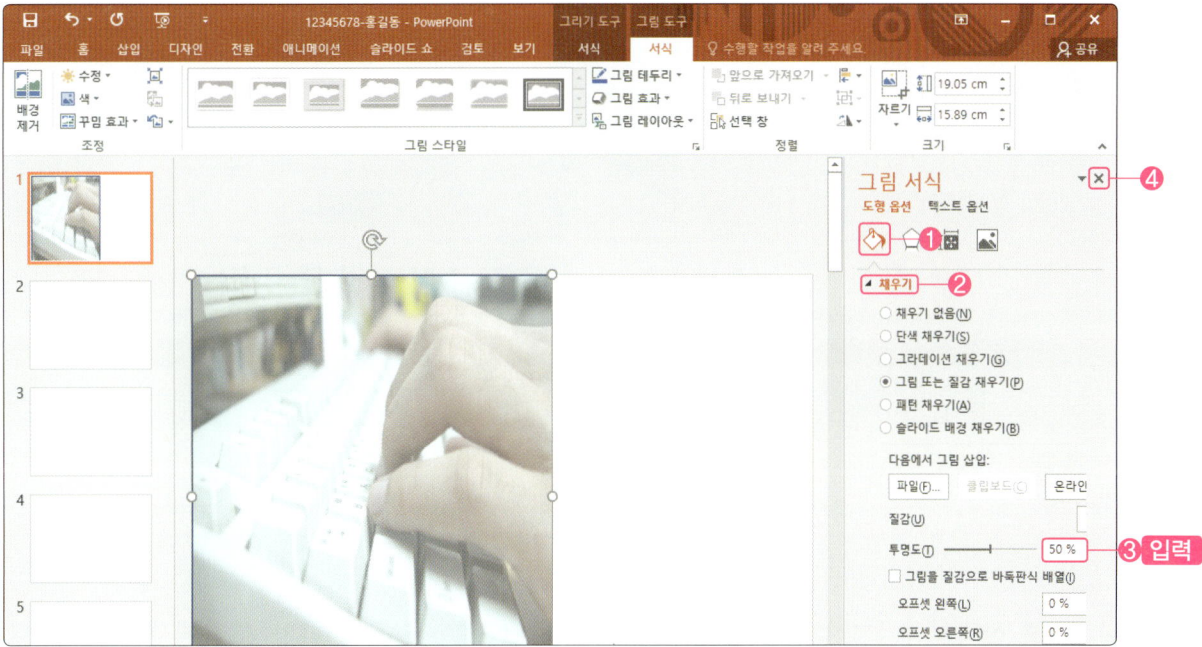

6 [그림 도구] 정황 탭-[서식] 탭에서 **[그림 효과]**를 클릭한 후 [부드러운 가장자리]-**[5 포인트]**를 클릭합니다.

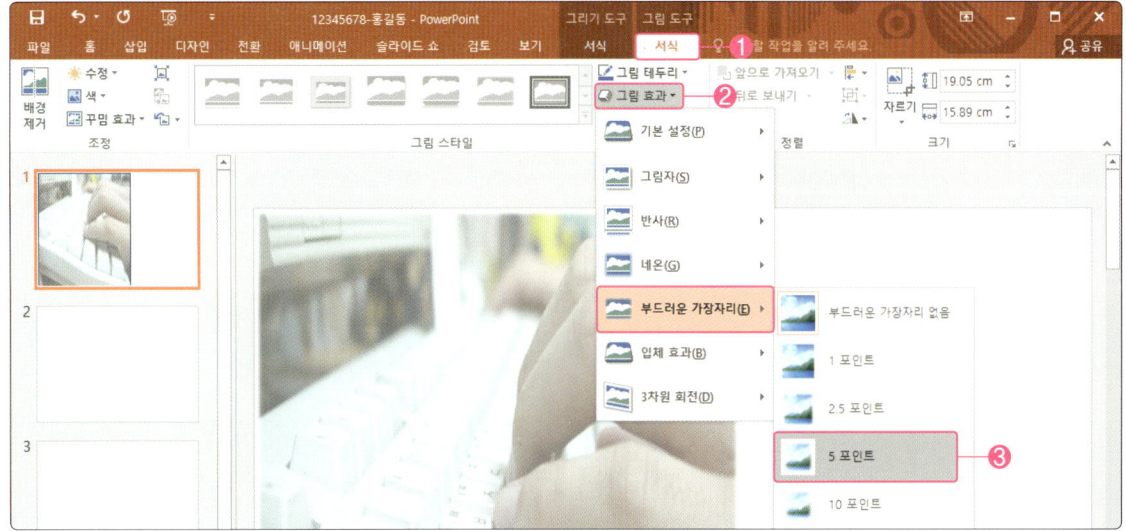

Chapter 02 • 표지 디자인 **19**

STEP 03 워드아트(WordArt) 작성하기

1 [삽입] 탭-[텍스트] 그룹에서 [WordArt]를 클릭한 후 A[채우기 - 검정, 텍스트 색 1, 그림자]를 클릭합니다.

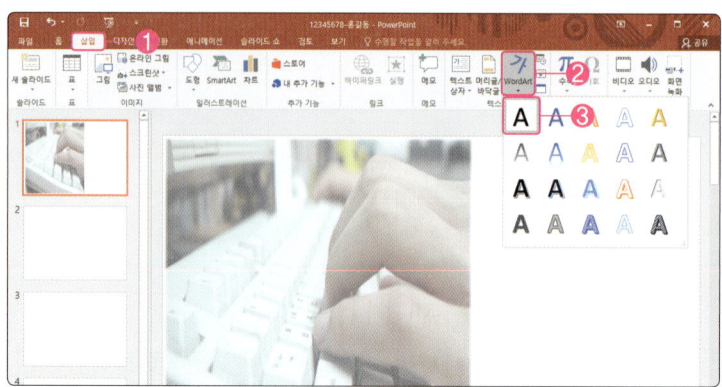

2 워드아트(WordArt)가 삽입되면 텍스트(Mixed Reality)를 입력합니다.

3 텍스트 상자를 선택한 후 [그리기 도구] 정황 탭-[서식] 탭-[WordArt 스타일] 그룹에서 [텍스트 효과]를 클릭한 다음 [변환]-abcde[삼각형]을 클릭합니다.

4 [홈] 탭-[글꼴] 그룹에서 **글꼴(돋움)을 선택**한 후 **가[굵게]를 선택**한 다음 **S [텍스트 그림자]를 선택해제**합니다.

5 [그리기 도구] 정황 탭-[서식] 탭-[WordArt 스타일] 그룹에서 [텍스트 효과]를 클릭한 후 [반사]- [근접 반사, 4 pt 오프셋]을 클릭합니다.

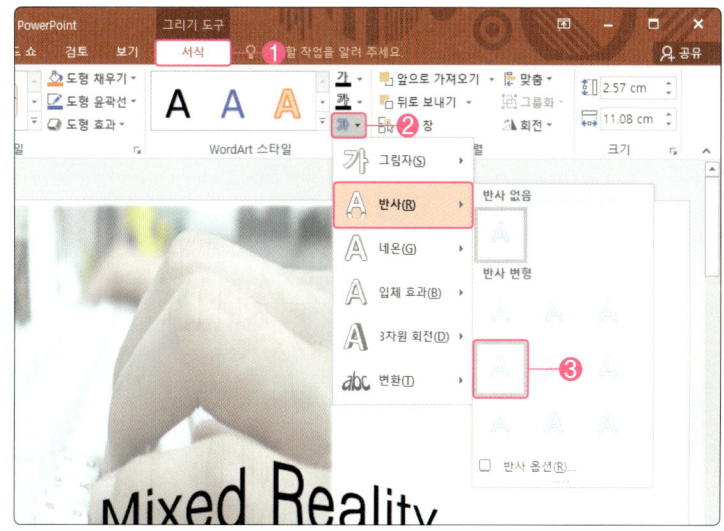

6 워드아트(WordArt) 텍스트 상자의 **크기 및 위치를 조절**합니다.

Chapter 02 · 표지 디자인 **21**

STEP 04 그림 삽입하기

1 [삽입] 탭-[이미지] 그룹에서 [그림]을 클릭합니다.

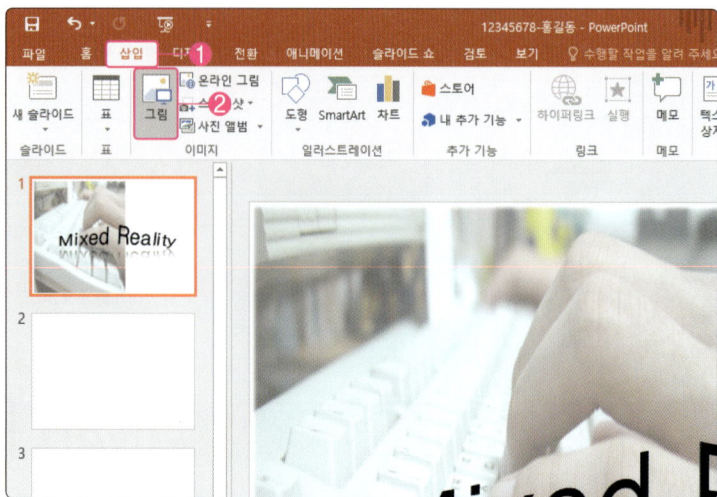

2 [그림 삽입] 대화상자가 나타나면 위치(내 PC₩문서₩ITQ₩Picture)를 선택한 후 파일(로고2.jpg)을 선택한 다음 [삽입]을 클릭합니다.

3 삽입된 그림을 드래그하여 위치를 이동한 후 크기를 조절합니다.

4 [그림 도구] 정황 탭-[서식] 탭-[조정] 그룹에서 [색]을 클릭한 후 [투명한 색 설정]을 클릭합니다.

한가지 더!

색 채도 조정하기

- 그림을 선택한 후 [그림 도구] 정황 탭-[서식] 탭-[조정] 그룹에서 [색]-[색 채도]에서 원하는 색 채도를 클릭합니다.

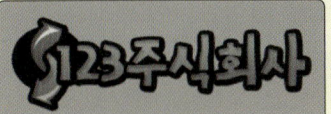　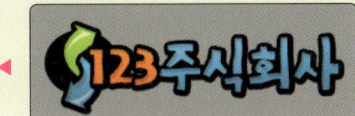　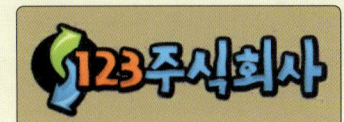

▲ 채도 : 0%　　　　　　▲ 채도 : 100%　　　　　　▲ 채도 : 400%

색조 조정하기

- 그림을 선택한 후 [그림 도구] 정황 탭-[서식] 탭-[조정] 그룹에서 [색]-[색조]에서 원하는 색조를 클릭합니다.

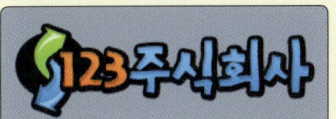　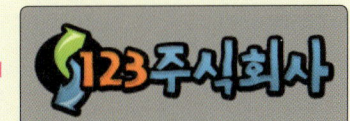　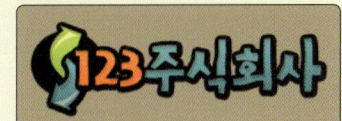

▲ 온도 : 4700 K　　　　▲ 온도 : 6500 K　　　　▲ 온도 : 11200 K

다시 칠하기

- 그림을 선택한 후 [그림 도구] 정황 탭-[서식] 탭-[조정] 그룹에서 [색]-[다시 칠하기]에서 원하는 다시 칠하기를 클릭합니다.

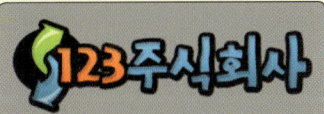　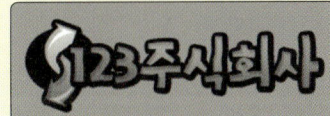　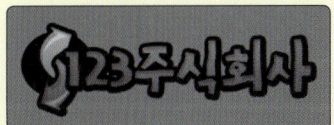

▲ 다시 칠하기 없음　　　▲ 회색조　　　　　　　▲ 청회색, 텍스트 색 2, 어둡게

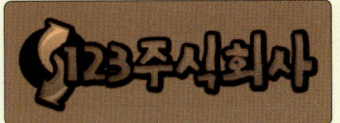　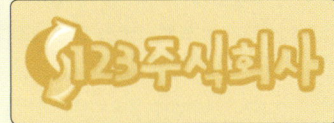　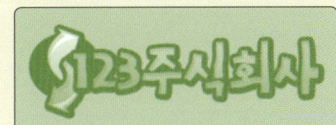

▲ 주황, 어두운 강조색 2　▲ 황금색, 밝은 강조색 4　▲ 녹색, 밝은 강조색 6

5 마우스 포인터 모양이 🖋 모양으로 변경되면 **그림의 회색 부분을 클릭**하여 배경을 투명하게 수정합니다.

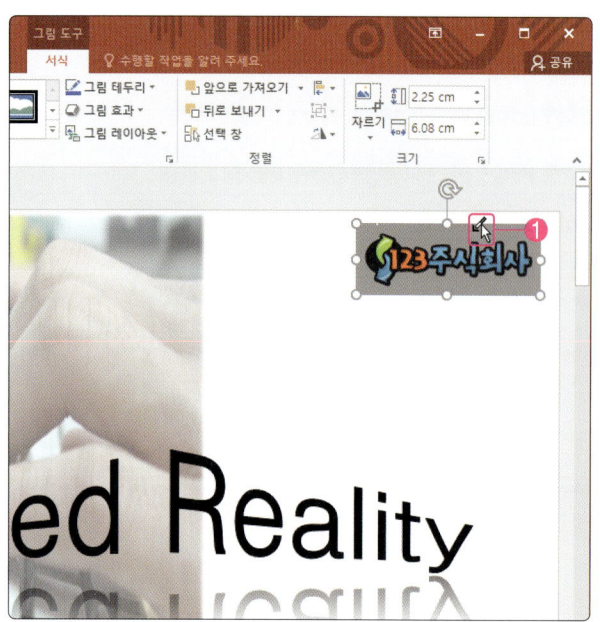 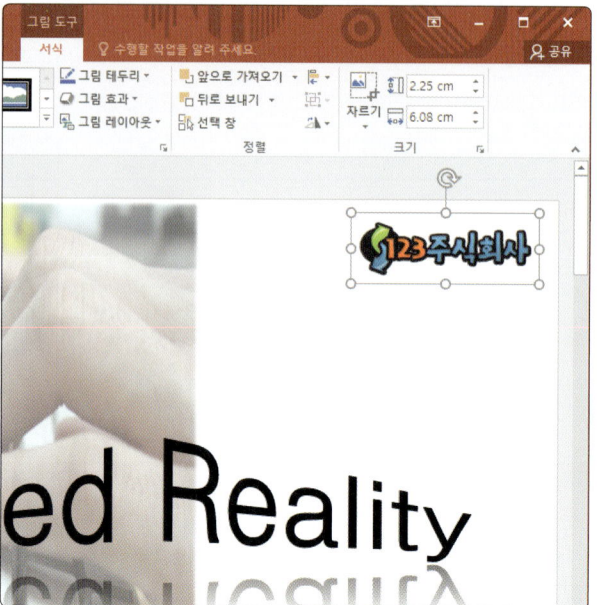

6 표지 디자인 슬라이드 작성이 완료되면 빠른 실행 도구 모음에서 🖫**[저장]을 클릭**합니다.

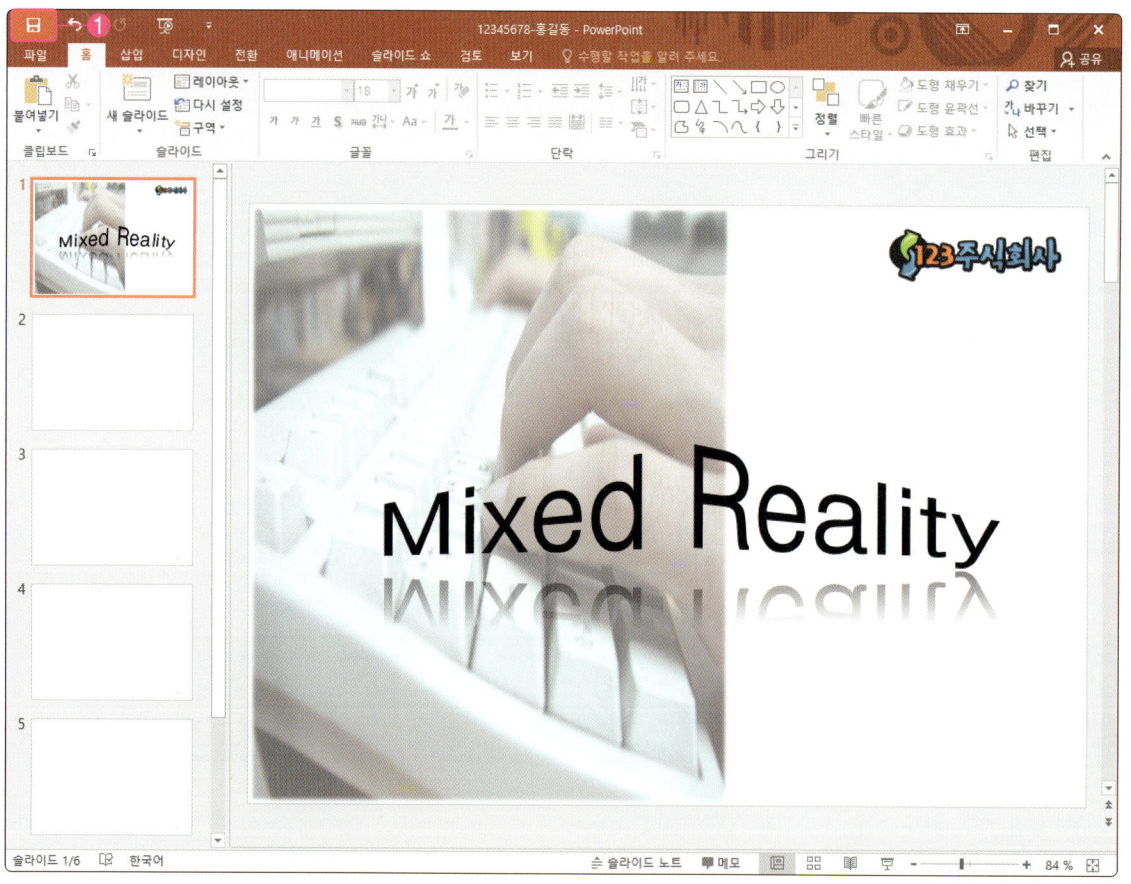

Tip

[파일] 탭–[저장]을 클릭하거나 Ctrl+S를 눌러 답안을 저장할 수도 있습니다.

실전문제유형

문제유형 001   표지 디자인

Ch02_문제유형001.pptx

(1) 표지 디자인 : 도형, 워드아트 및 그림을 이용하여 작성한다.

세부조건

① 도형 편집
- 도형에 그림 채우기 :
  「내 PC₩문서₩ITQ₩Picture₩그림1.jpg」, 투명도 50%
- 도형 효과:
  (부드러운 가장자리 5포인트)

② 워드아트 삽입
- 변환 : 역갈매기형 수장
- 글꼴 : 돋움, 굵게
- 텍스트 반사 : 전체 반사, 터치

③ 그림 삽입
- 「내 PC₩문서₩ITQ₩Picture₩로고2.jpg」
- 배경(회색) 투명색으로 설정

[텍스트 효과]-[변환]-abcde[역갈매기형 수장]을 클릭합니다.

문제유형 002   표지 디자인

Ch02_문제유형002.pptx

(1) 표지 디자인 : 도형, 워드아트 및 그림을 이용하여 작성한다.

세부조건

① 도형 편집
- 도형에 그림 채우기 :
  「내 PC₩문서₩ITQ₩Picture₩그림3.jpg」, 투명도 50%
- 도형 효과:
  (부드러운 가장자리 10포인트)

② 워드아트 삽입
- 변환 : 역삼각형
- 글꼴 : 돋움, 굵게
- 텍스트 반사 : 근접 반사, 터치

③ 그림 삽입
- 「내 PC₩문서₩ITQ₩Picture₩로고1.jpg」
- 배경(회색) 투명색으로 설정

[그리기 도구] 정황 탭-[서식] 탭의 [정렬] 그룹에서 [회전]-[상하 대칭]을 클릭합니다.

Chapter 02 • 표지 디자인

실전문제유형

문제유형 003 　표지 디자인
　　　　　　　　　　　　　　　　　　　　　Ch02_문제유형003.pptx

(1) 표지 디자인 : 도형, 워드아트 및 그림을 이용하여 작성한다.

세부조건

① 도형 편집
 - 도형에 그림 채우기 :
  「내 PC₩문서₩ITQ₩Picture₩
  그림1.jpg」, 투명도 50%
 - 도형 효과:
  (부드러운 가장자리 5포인트)

② 워드아트 삽입
 - 변환 : 위로 기울기
 - 글꼴 : 굴림, 굵게
 - 텍스트 반사 : 전체 반사, 터치

③ 그림 삽입
 - 「내 PC₩문서₩ITQ₩Picture₩
  로고1.jpg」
 - 배경(회색) 투명색으로 설정

모양 조절점(●)을 드래그하여 출력형태처럼 모양을 만듭니다.

Hint 도형 : ▷[화살표: 오각형]

문제유형 004 　표지 디자인
　　　　　　　　　　　　　　　　　　　　　Ch02_문제유형004.pptx

(1) 표지 디자인 : 도형, 워드아트 및 그림을 이용하여 작성한다.

세부조건

① 도형 편집
 - 도형에 그림 채우기 :
  「내 PC₩문서₩ITQ₩Picture₩
  그림2.jpg」, 투명도 50%
 - 도형 효과:
  (부드러운 가장자리 5포인트)

② 워드아트 삽입
 - 변환 : 역갈매기형 수장
 - 글꼴 : 돋움, 굵게
 - 텍스트 반사 : 1/2 반사, 터치

③ 그림 삽입
 - 「내 PC₩문서₩ITQ₩Picture₩
  로고1.jpg」
 - 배경(회색) 투명색으로 설정

[그림 도구] 정황 탭–[서식] 탭–[조정] 그룹에서 [색]을 클릭한 후 [투명한 색 설정]을 클릭한 다음 마우스 포인터 모양이 모양으로 변경되면 그림의 회색 부분을 클릭합니다.

문제유형 005 　 표지 디자인

(1) 표지 디자인 : 도형, 워드아트 및 그림을 이용하여 작성한다.

세부조건

① 도형 편집
 - 도형에 그림 채우기 :
   「내 PC₩문서₩ITQ₩Picture₩그림1.jpg」, 투명도 50%
 - 도형 효과:
   (부드러운 가장자리 5포인트)

② 워드아트 삽입
 - 변환 : 위로 계단식
 - 글꼴 : 돋움, 굵게
 - 텍스트 반사 : 전체 반사, 터치

③ 그림 삽입
 - 「내 PC₩문서₩ITQ₩Picture₩로고2.jpg」
 - 배경(회색) 투명색으로 설정

모양 조절점(●)을 드래그하여 출력형태처럼 모양을 만듭니다.

Hint 도형 : □[사각형: 둥근 대각선 방향 모서리]

문제유형 006 　 표지 디자인

(1) 표지 디자인 : 도형, 워드아트 및 그림을 이용하여 작성한다.

세부조건

① 도형 편집
 - 도형에 그림 채우기 :
   「내 PC₩문서₩ITQ₩Picture₩그림1.jpg」, 투명도 50%
 - 도형 효과:
   (부드러운 가장자리 5포인트)

② 워드아트 삽입
 - 변환 : 역갈매기형 수장
 - 글꼴 : 굴림, 굵게
 - 텍스트 반사 : 1/2 반사, 터치

③ 그림 삽입
 - 「내 PC₩문서₩ITQ₩Picture₩로고1.jpg」
 - 배경(회색) 투명색으로 설정

바로가기 메뉴의 [그림 서식]을 클릭한 후 [그림 서식]의 [채우기 및 선] 탭에서 [채우기] 항목의 [도형과 함께 회전]을 선택 해제합니다.

Hint 도형 : ⌒[막힌 원호]

| 문제유형 007 | 표지 디자인 | Ch02_문제유형007.pptx |

(1) 표지 디자인 : 도형, 워드아트 및 그림을 이용하여 작성한다.

세부조건

① 도형 편집
  - 도형에 그림 채우기 :
    「내 PC\문서\ITQ\Picture\그림2.jpg」, 투명도 50%
  - 도형 효과:
    (부드러운 가장자리 5포인트)

② 워드아트 삽입
  - 변환 : 오른쪽 줄이기
  - 글꼴 : 돋움, 굵게
  - 텍스트 반사 : 1/2 반사, 터치

③ 그림 삽입
  - 「내 PC\문서\ITQ\Picture\로고2.jpg」
  - 배경(회색) 투명색으로 설정

Hint 도형 : [사각형: 잘린 한쪽 모서리]

| 문제유형 008 | 표지 디자인 | Ch02_문제유형008.pptx |

(1) 표지 디자인 : 도형, 워드아트 및 그림을 이용하여 작성한다.

세부조건

① 도형 편집
  - 도형에 그림 채우기 :
    「내 PC\문서\ITQ\Picture\그림1.jpg」, 투명도 50%
  - 도형 효과:
    (부드러운 가장자리 5포인트)

② 워드아트 삽입
  - 변환 : 위쪽 수축
  - 글꼴 : 돋움, 굵게
  - 텍스트 반사 : 근접 반사, 터치

③ 그림 삽입
  - 「내 PC\문서\ITQ\Picture\로고1.jpg」
  - 배경(회색) 투명색으로 설정

Hint 도형 : [설명선: 아래쪽 화살표]

| 문제유형 009 | 표지 디자인 |

Ch02_문제유형009.pptx

(1) 표지 디자인 : 도형, 워드아트 및 그림을 이용하여 작성한다.

세부조건

① 도형 편집
 - 도형에 그림 채우기 :
  「내 PC₩문서₩ITQ₩Picture₩그림3.jpg」, 투명도 50%
 - 도형 효과:
  (부드러운 가장자리 5포인트)

② 워드아트 삽입
 - 변환 : 위로 기울기
 - 글꼴 : 돋움, 굵게
 - 텍스트 반사 : 전체 반사, 터치

③ 그림 삽입
 - 「내 PC₩문서₩ITQ₩Picture₩로고2.jpg」
 - 배경(회색) 투명색으로 설정

Hint 도형 : ◯[눈물 방울]

| 문제유형 010 | 표지 디자인 |

Ch02_문제유형010.pptx

(1) 표지 디자인 : 도형, 워드아트 및 그림을 이용하여 작성한다.

세부조건

① 도형 편집
 - 도형에 그림 채우기 :
  「내 PC₩문서₩ITQ₩Picture₩그림1.jpg」, 투명도 50%
 - 도형 효과:
  (부드러운 가장자리 5포인트)

② 워드아트 삽입
 - 변환 : 위로 기울기
 - 글꼴 : 돋움, 굵게
 - 텍스트 반사 : 전체 반사, 터치

③ 그림 삽입
 - 「내 PC₩문서₩ITQ₩Picture₩로고2.jpg」
 - 배경(회색) 투명색으로 설정

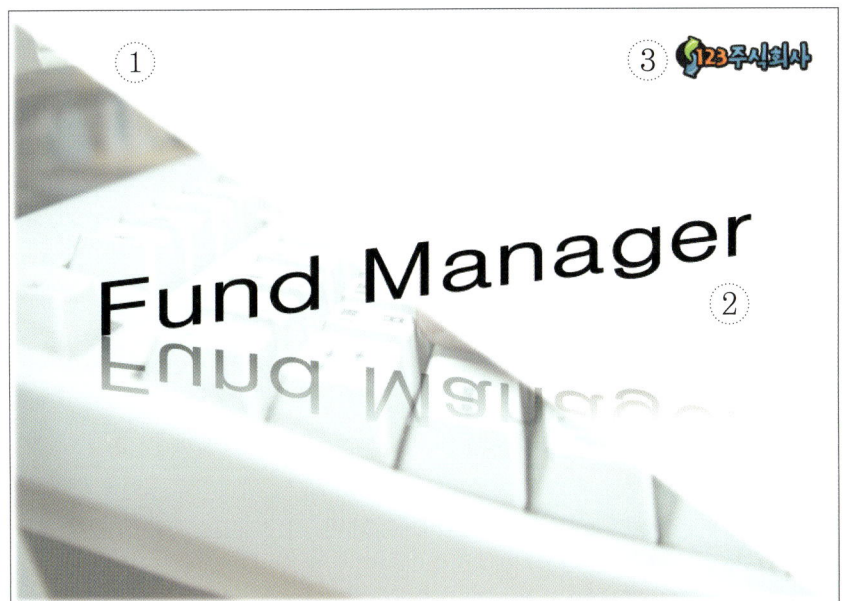

Hint 도형 : △[직각 삼각형]

Chapter 03 목차 슬라이드

파워포인트 2016

목차 슬라이드에서는 슬라이드 마스터 작성 및 다양한 도형을 삽입하고 하이퍼링크 등을 설정하는 방법 및 그림을 삽입하고 자르는 기능을 알고 있어야 합니다. 특히 슬라이드 마스터의 개념을 이해하고 있어야 문제를 쉽게 해결할 수 있습니다.

[전체 구성]

(2) 슬라이드 마스터 : 2~6슬라이드의 제목, 하단 로고, 슬라이드 번호는 슬라이드 마스터를 이용하여 작성한다.
- 제목 글꼴(돋움, 40pt, 흰색), 왼쪽 맞춤, 도형(선 없음)
- 하단 로고(「내 PC₩문서₩ITQ₩Picture₩로고2.jpg」, 배경(회색) 투명색으로 설정)

[슬라이드 2] ≪목차 슬라이드≫ (60점)

(1) 출력형태와 같이 도형을 이용하여 목차를 작성한다(글꼴 : 굴림, 24pt).
(2) 도형 : 선 없음

세부조건

① 텍스트에 하이퍼링크 적용
 → '슬라이드 6'

② 그림 삽입
- 「내 PC₩문서₩ITQ₩Picture₩그림5.jpg」
- 자르기 기능 이용

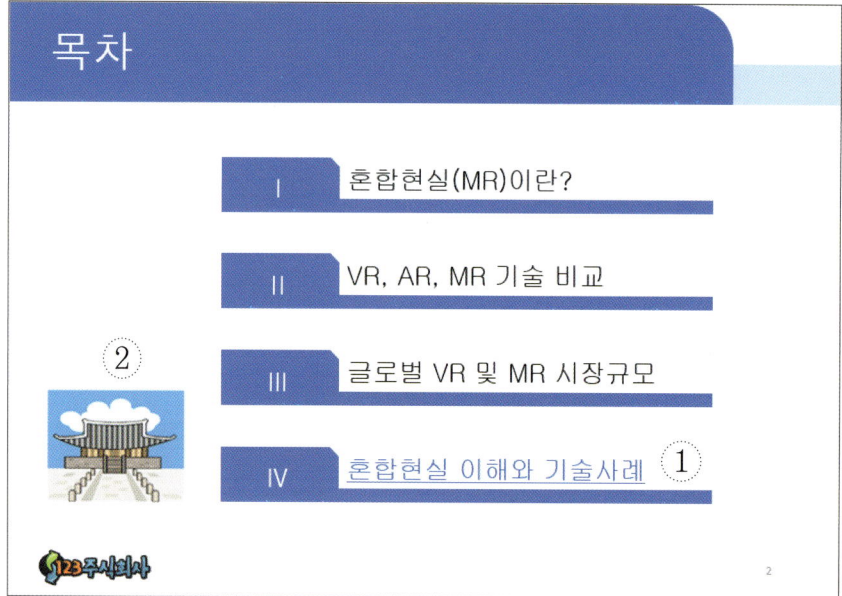

작업순서요약

① 슬라이드 마스터를 이용하여 슬라이드 제목, 하단 로고, 슬라이드 번호 등을 작성합니다.
② [머리글/바닥글] 대화상자에서 [슬라이드 번호]와 [제목 슬라이드에는 표시 안 함]을 선택합니다.
③ 목차 도형을 작성한 후 복사한 다음 내용을 수정합니다.
④ [하이퍼링크 삽입] 대화상자에서 연결 대상 슬라이드 제목을 선택합니다.
⑤ 그림을 삽입한 후 자르기 기능을 이용하여 사용할 부분만 남도록 자릅니다.

STEP 01 슬라이드 마스터 작성하기

Chapter03.pptx

1. 2번 슬라이드를 선택한 후 내용 개체를 선택한 다음 Delete 를 눌러 삭제합니다.

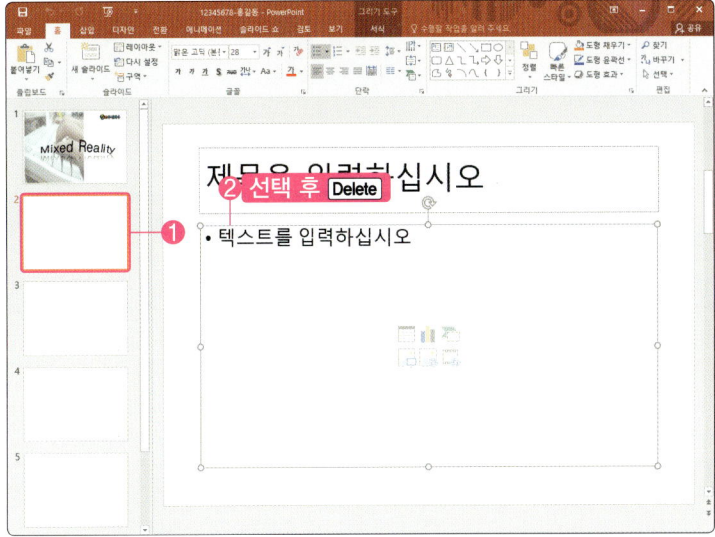

2. 마스터를 작성하기 위해 [보기] 탭-[마스터 보기] 그룹에서 [슬라이드 마스터]를 클릭합니다.

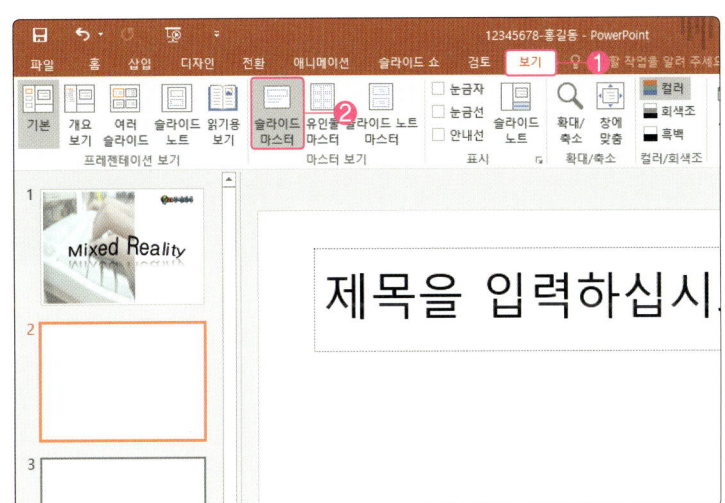

3. 슬라이드 마스터 편집 화면이 나타나면 [삽입] 탭-[일러스트레이션] 그룹에서 [도형]을 클릭한 후 □[직사각형]을 클릭합니다.

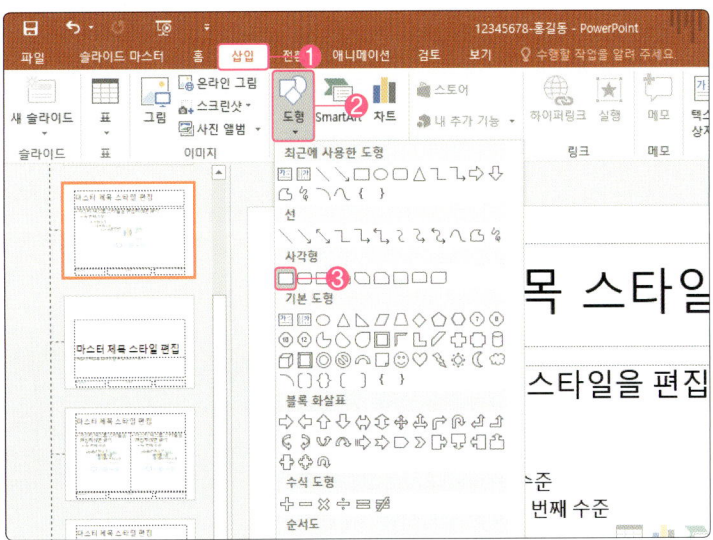

Chapter 03 · 목차 슬라이드 **31**

4 마우스 포인터 모양이 + 모양으로 변경되면 **드래그하여 도형을 작성**합니다.

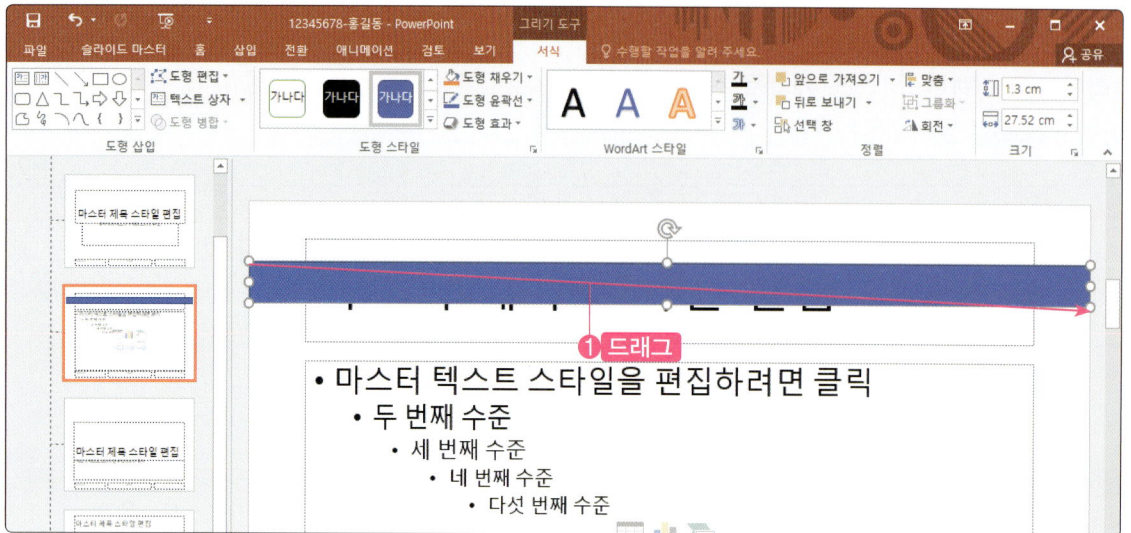

5 도형이 삽입되면 [그리기 도구] 정황 탭-[서식] 탭-[도형 스타일] 그룹에서 [**도형 윤곽선**]을 클릭한 후 [**윤곽선 없음**]을 클릭합니다.

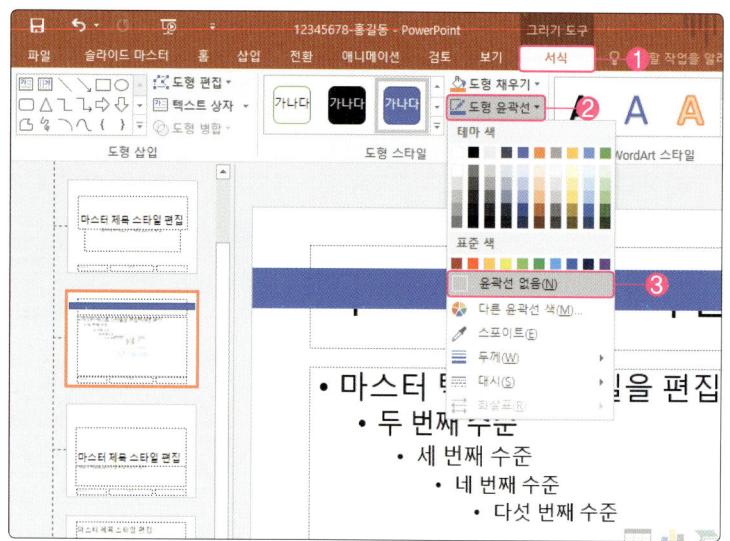

6 [그리기 도구] 정황 탭-[서식] 탭-[도형 스타일] 그룹에서 [**도형 채우기**]를 클릭한 후 **임의의 색을 지정**합니다.

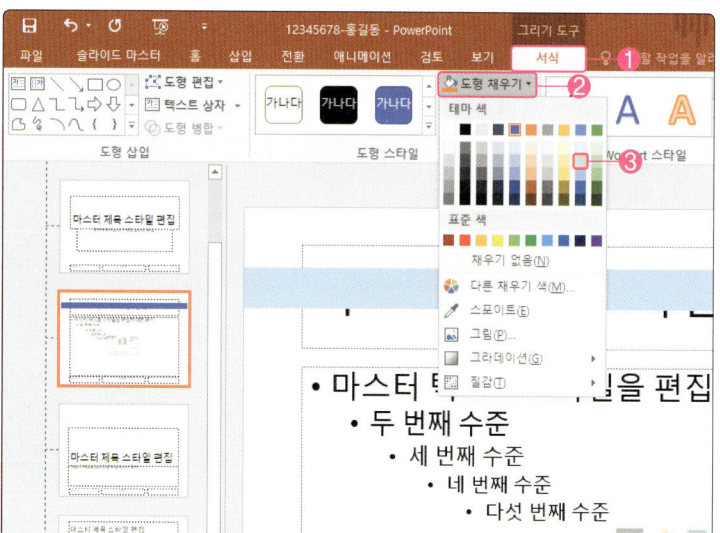

> **Tip**
> 채우기 색은 수험자가 임의의 색을 지정하며 채우기 색을 변경하지 않아도 감점되지 않습니다.

32 파워포인트 2016

7 슬라이드 마스터 편집 화면이 나타나면 [삽입] 탭-[일러스트레이션] 그룹에서 [도형]을 클릭한 후 □[한쪽 모서리는 잘리고 다른 쪽 모서리는 둥근 사각형]을 클릭합니다.

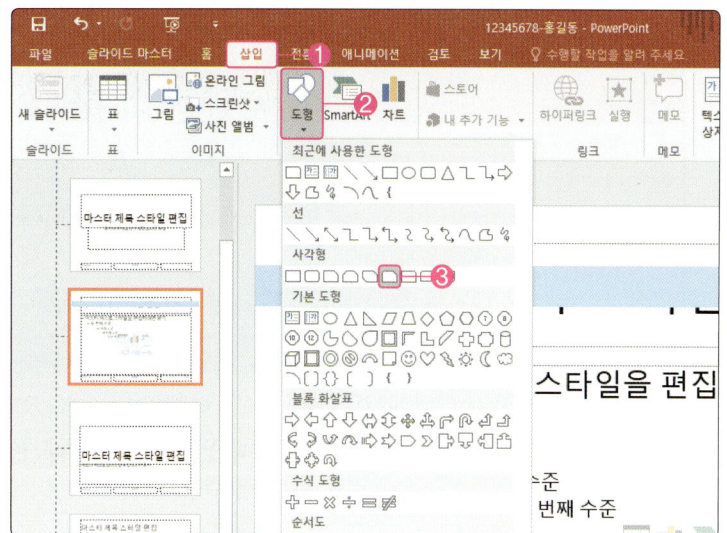

8 마우스 포인터 모양이 + 모양으로 변경되면 **드래그하여 도형을 작성**합니다.

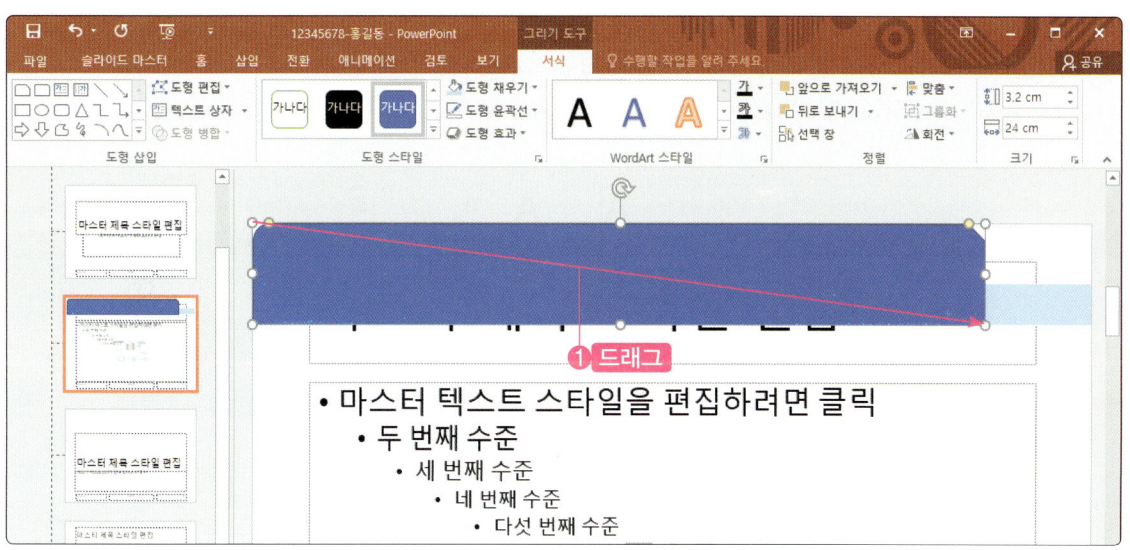

9 도형이 삽입되면 [그리기 도구] 정황 탭-[서식] 탭-[도형 스타일] 그룹에서 [도형 윤곽선]을 클릭한 후 [윤곽선 없음]을 클릭합니다.

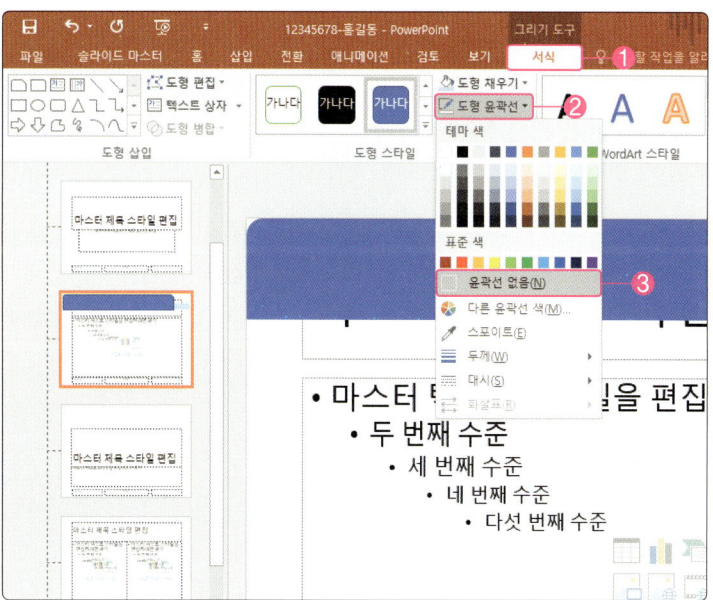

Chapter 03 • 목차 슬라이드 **33**

10 [그리기 도구] 정황 탭-[서식] 탭-[정렬] 그룹에서 회전 [회전]을 클릭한 후 [좌우 대칭]을 클릭합니다.

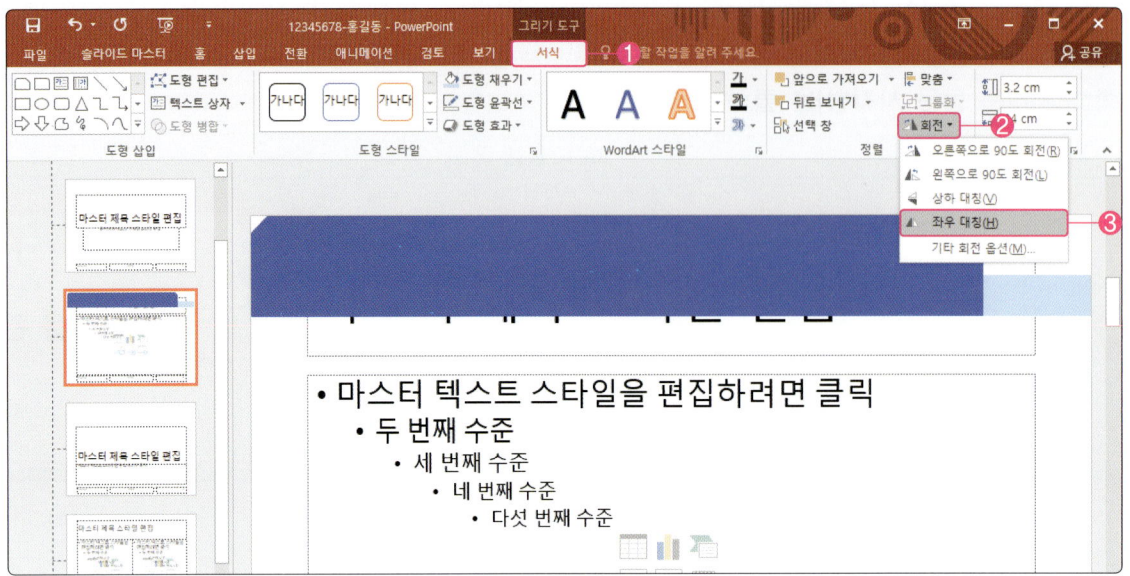

11 모양 조절점(○)을 드래그하여 출력형태 처럼 도형 모양을 변경합니다.

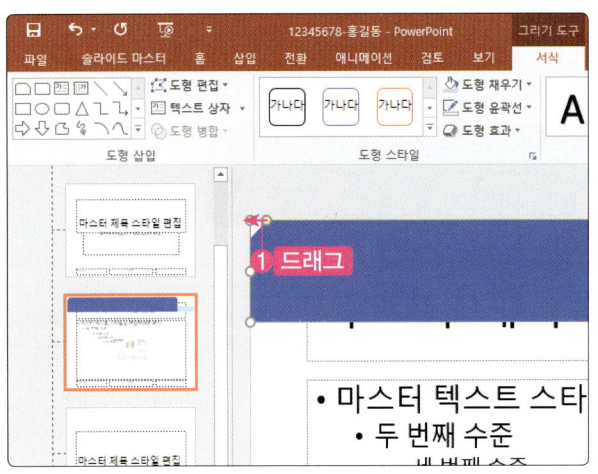 

12 [그리기 도구] 정황 탭-[서식] 탭-[도형 스타일] 그룹에서 **[도형 채우기]**를 클릭한 후 **임의의 색을 지정**합니다.

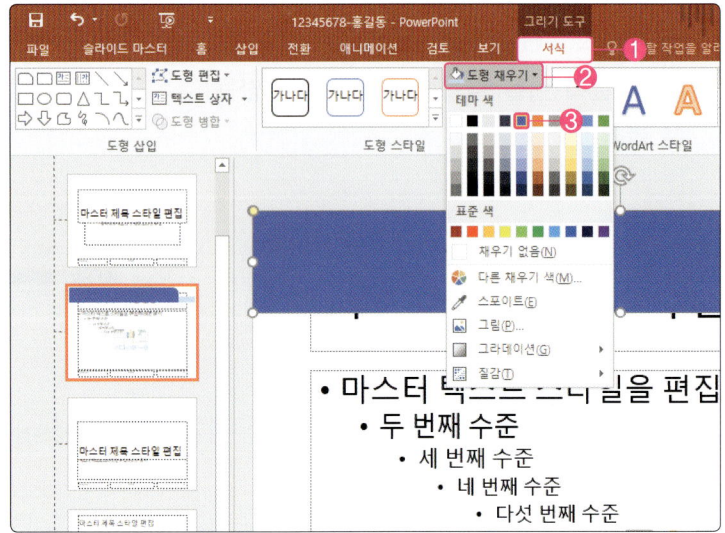

13 제목 개체틀을 **선택**한 후 바로가기 메뉴의 [맨 앞으로 가져오기]-**[맨 앞으로 가져오기]**를 **클릭**합니다.

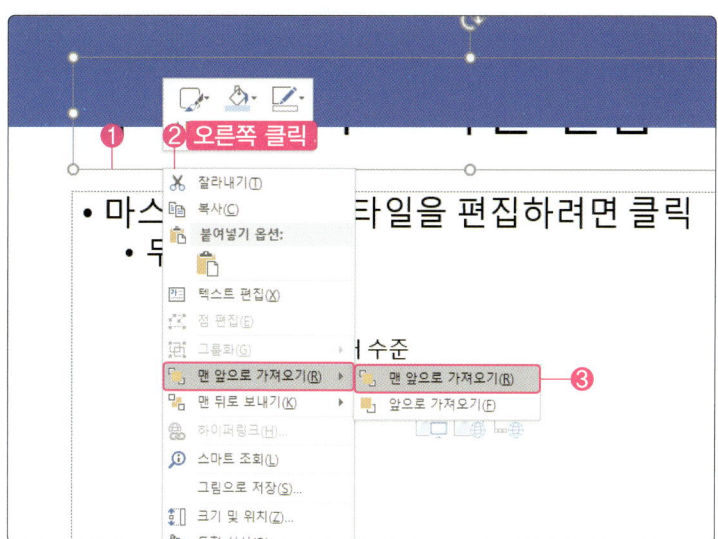

14 다음과 같이 제목 개체틀의 **크기 및 위치를 조절**합니다.

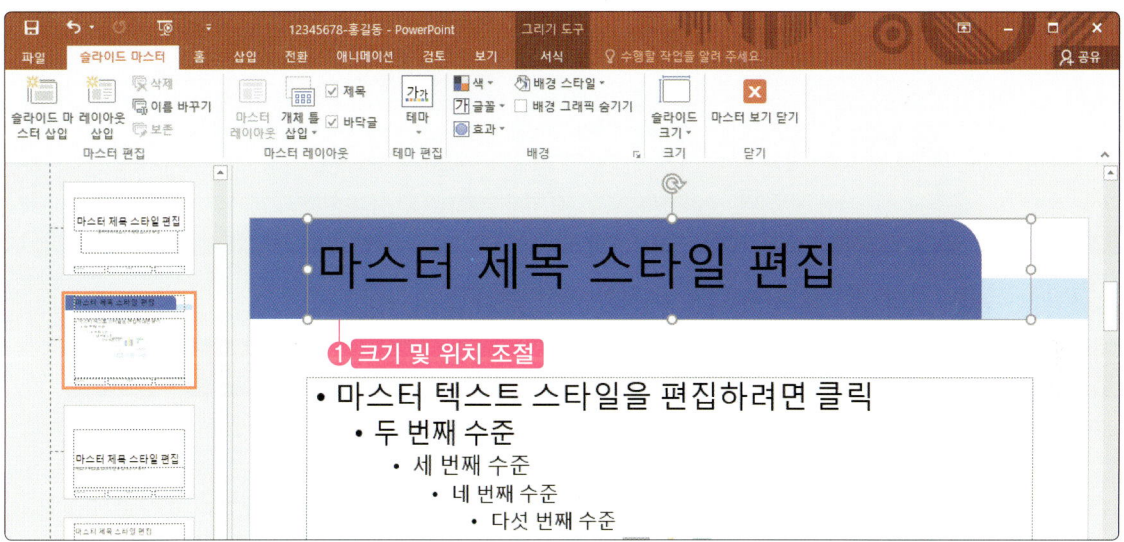

15 [홈] 탭-[글꼴] 그룹에서 **글꼴(돋움)과 글꼴 크기(40)를 선택**한 후 **글꼴 색(흰색, 배경 1)을 선택**합니다.

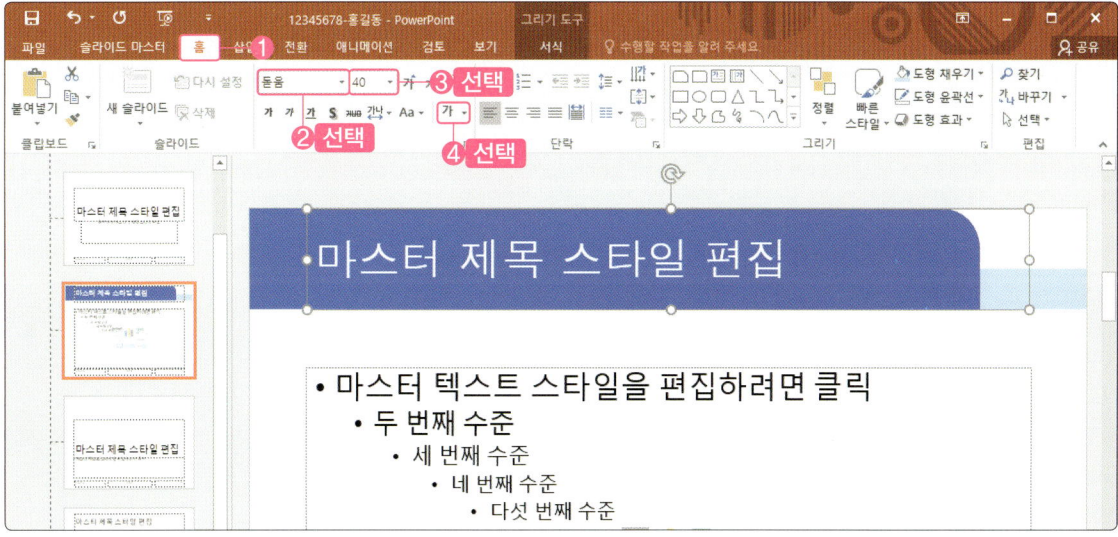

16 [삽입] 탭-[이미지] 그룹에서 [그림]을 클릭합니다.

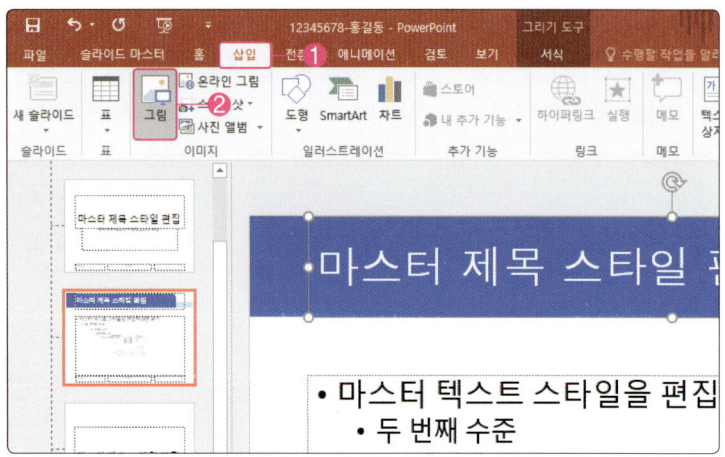

17 [그림 삽입] 대화상자가 나타나면 위치(내 PC₩문서₩ITQ₩Picture)를 선택한 후 파일(로고2.jpg)을 선택한 다음 [삽입]을 클릭합니다.

18 삽입된 그림을 드래그하여 위치를 이동한 후 크기를 조절합니다.

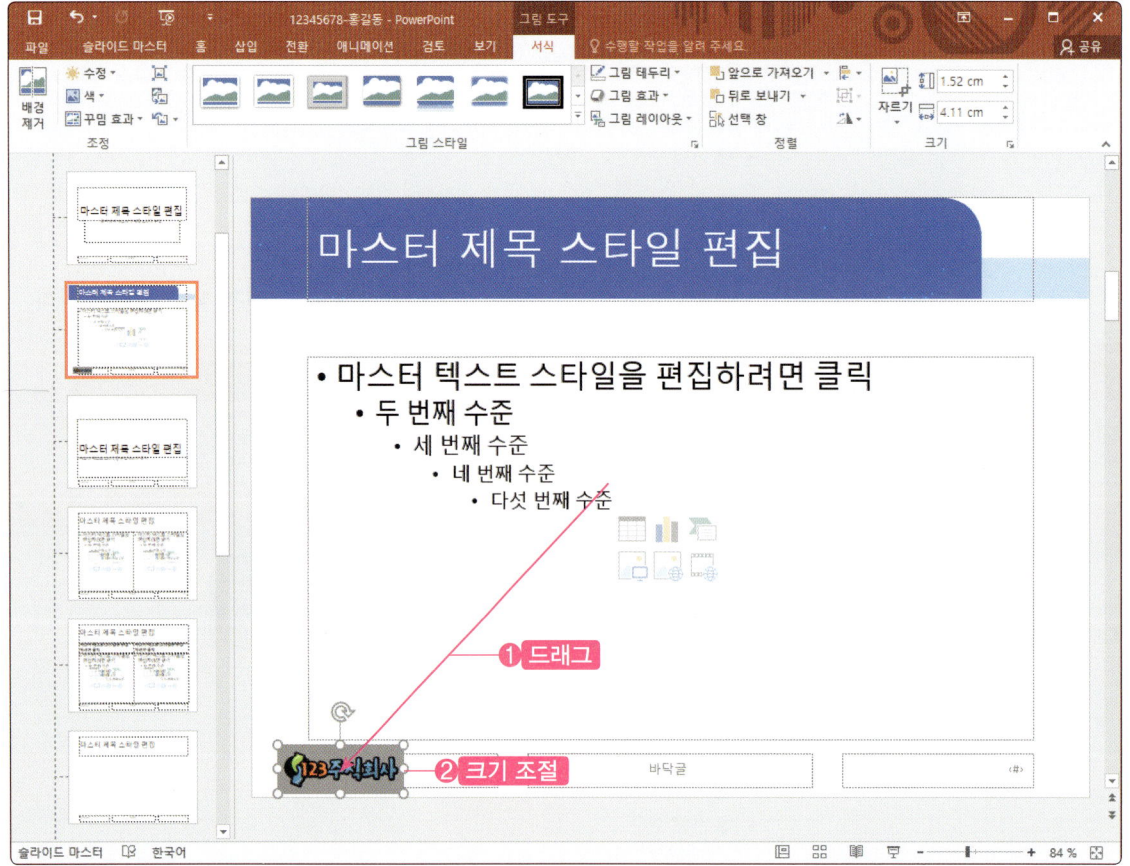

19 [그림 도구] 정황 탭-[서식] 탭-[조정] 그룹에서 **[색]**을 클릭한 후 **[투명한 색 설정]**을 클릭합니다.

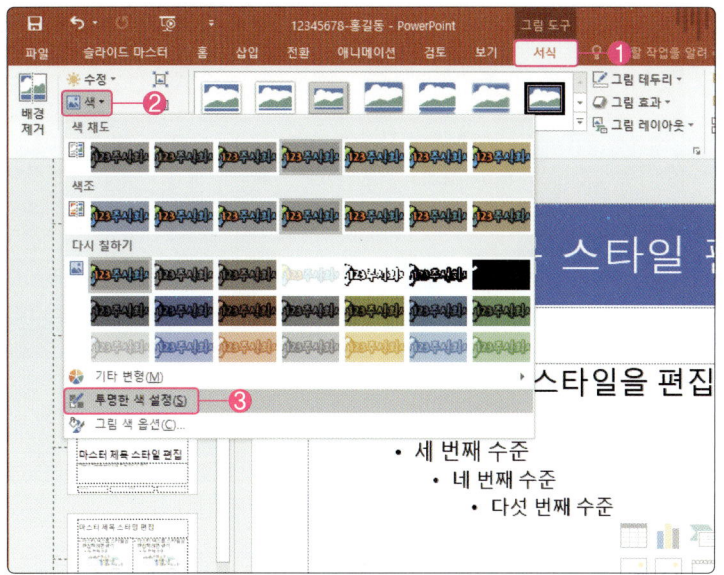

20 마우스 포인터 모양이 모양으로 변경되면 **그림의 회색 부분을 클릭**하여 배경을 투명하게 수정합니다.

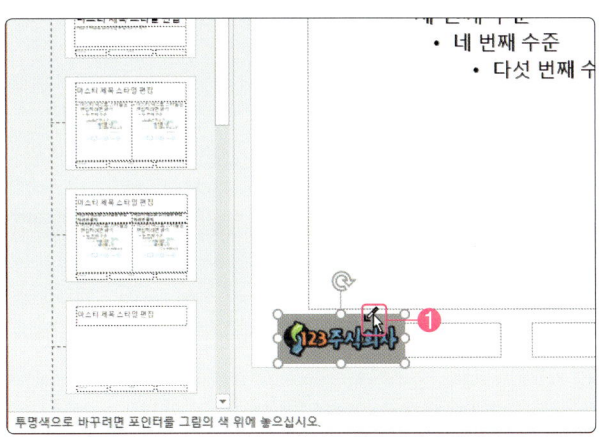
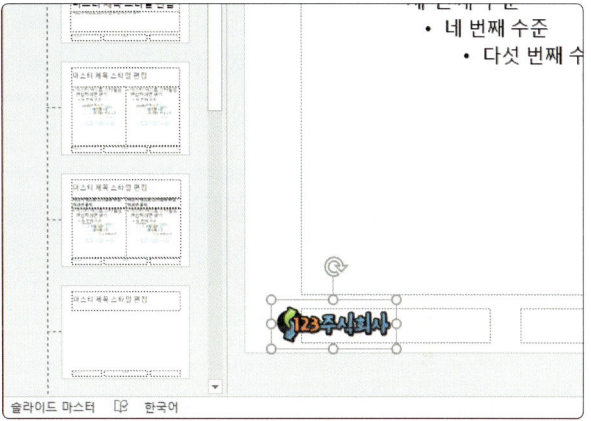

21 [슬라이드 마스터] 탭-[닫기] 그룹에서 **[마스터 보기 닫기]**를 클릭합니다.

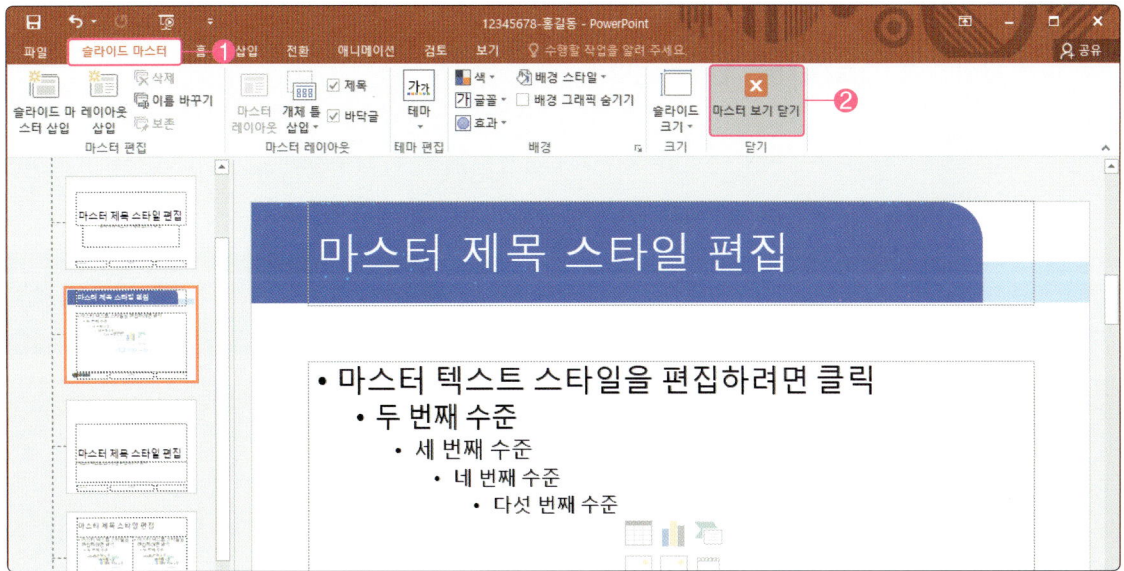

22 [삽입] 탭-[텍스트] 그룹에서 [머리글/바닥글]을 클릭합니다.

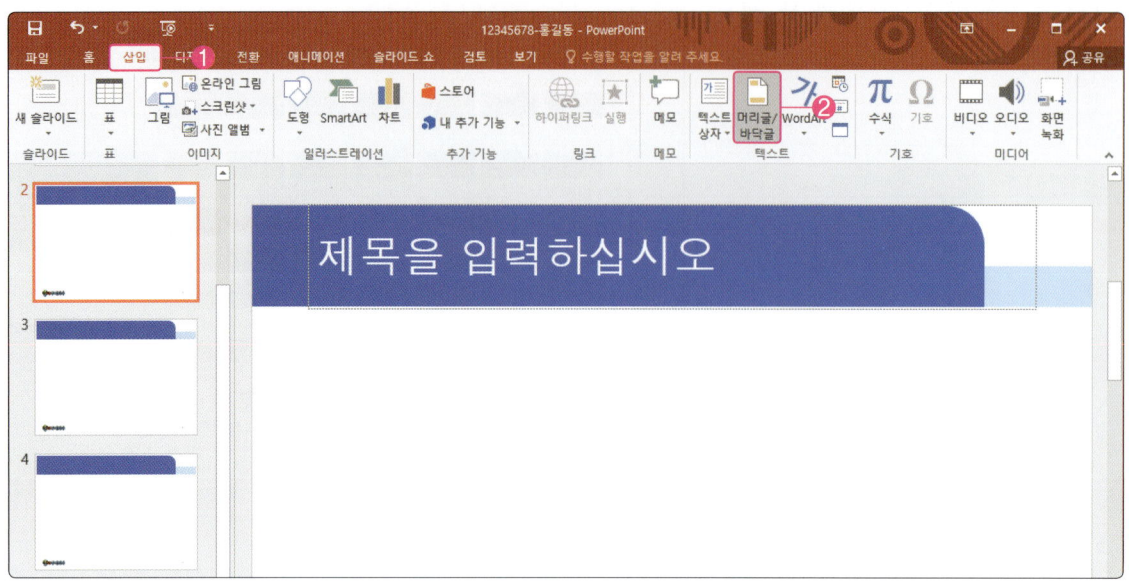

23 [머리글/바닥글] 대화상자가 나타나면 [슬라이드 번호]를 선택한 후 [제목 슬라이드에는 표시 안 함]을 선택한 다음 [모두 적용] 단추를 클릭합니다.

Tip
[제목 슬라이드에는 표시 안 함]을 선택하지 않으면 제목 슬라이드에도 슬라이드 번호가 표시됩니다.

24 제목 개체 틀을 클릭한 후 제목(목차)을 입력합니다.

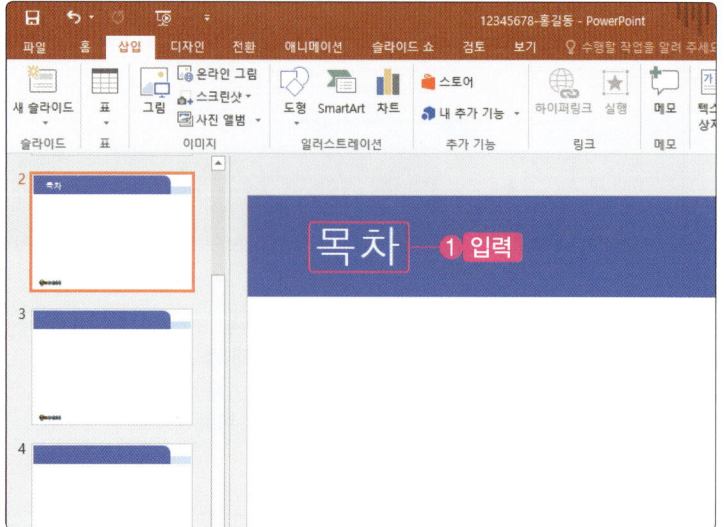

STEP 02 도형 작성하기

1 [삽입] 탭-[일러스트레이션] 그룹에서 [도형]을 클릭한 후 ▢[한쪽 모서리가 잘린 사각형]을 클릭합니다.

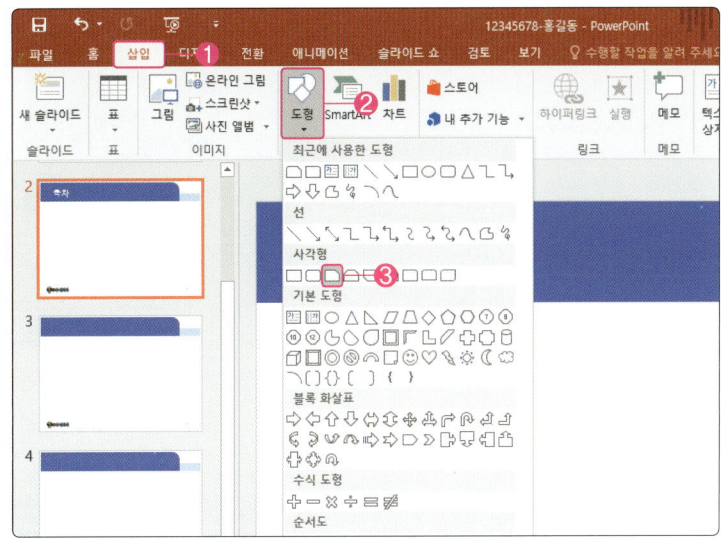

2 마우스 포인터 모양이 + 모양으로 변경되면 **드래그하여 도형을 작성**합니다.

3 도형이 삽입되면 [그리기 도구] 정황 탭-[서식] 탭-[도형 스타일] 그룹에서 **[도형 윤곽선]**을 클릭한 후 **[윤곽선 없음]**을 클릭합니다.

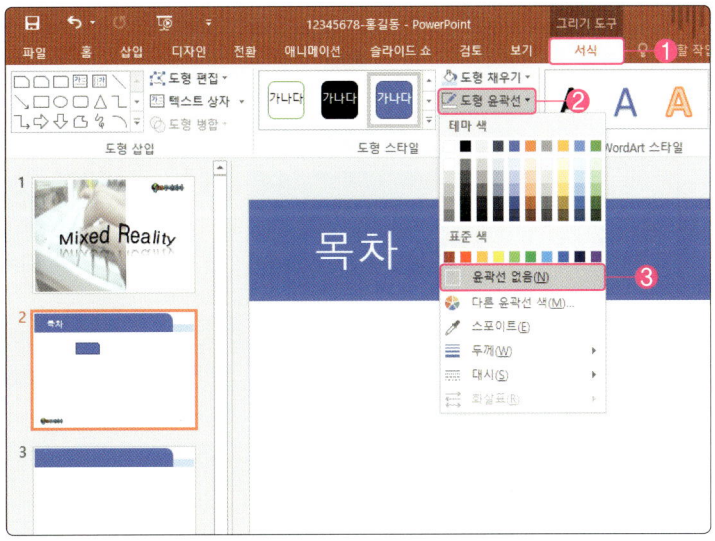

Chapter 03 · 목차 슬라이드 **39**

4 [삽입] 탭-[일러스트레이션] 그룹에서 [도형]을 클릭한 후 □[직사각형]을 클릭합니다.

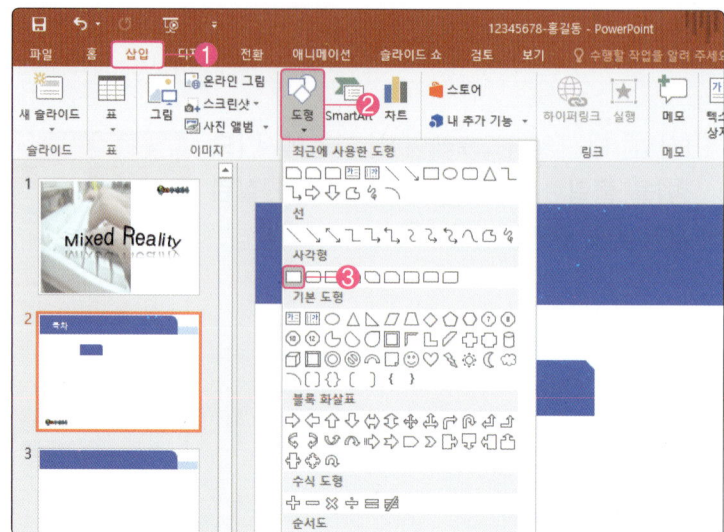

5 마우스 포인터 모양이 + 모양으로 변경되면 **드래그하여 도형을 작성**합니다.

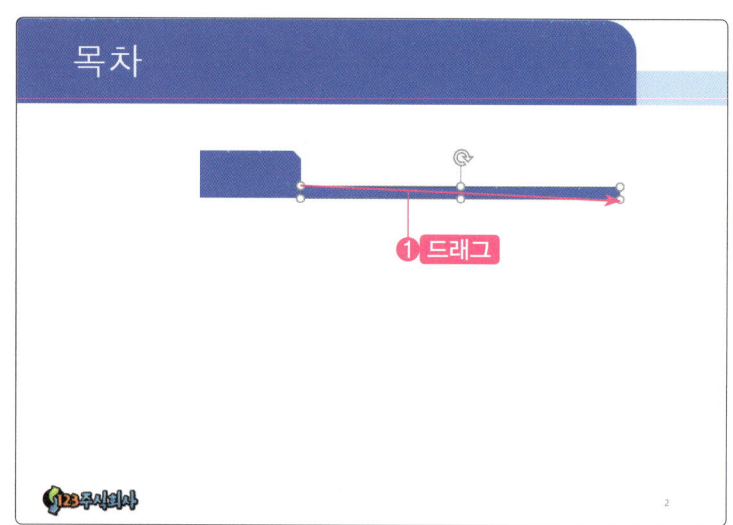

6 도형이 삽입되면 [그리기 도구] 정황 탭-[서식] 탭-[도형 스타일] 그룹에서 **[도형 윤곽선]**을 클릭한 후 **[윤곽선 없음]**을 클릭합니다.

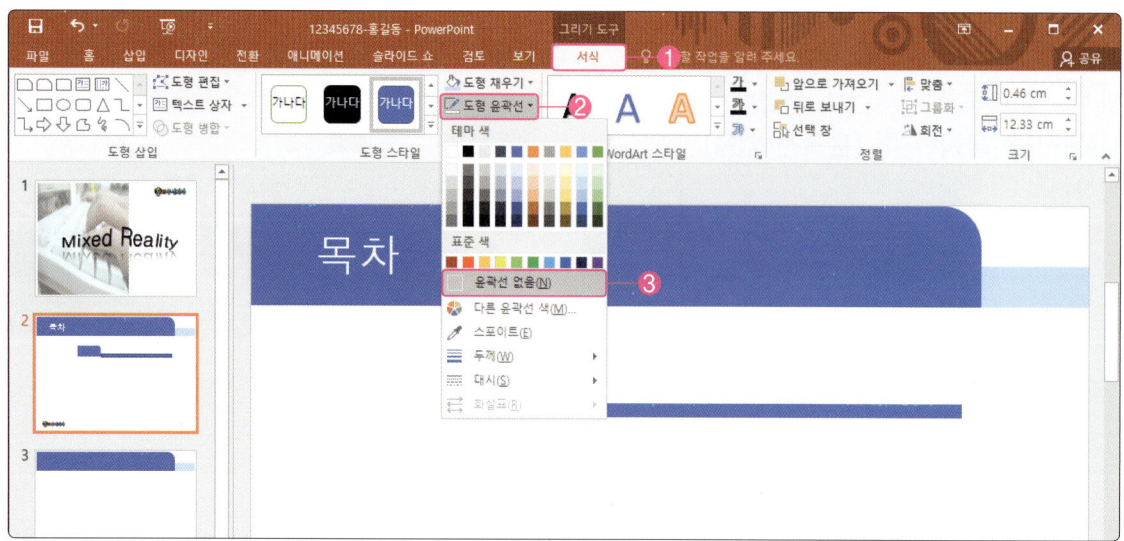

7 ☐[한쪽 모서리가 잘린 사각형]을 선택한 후 **한글 자음(ㅈ)을 입력**한 다음 [한자]를 누르고 **로마자 숫자(Ⅰ)를 선택**합니다.

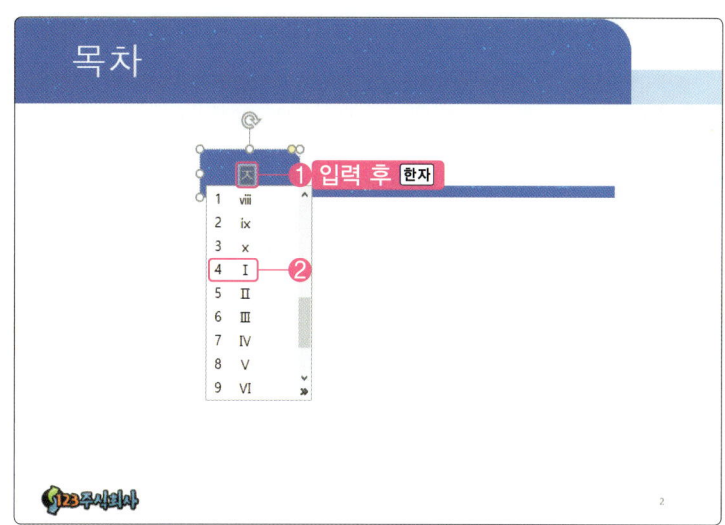

한가지 더!

한글 자음 특수문자

자음	특수문자
ㄱ	공백 ! ' , . / : ; ? ^ _ ` |
ㄴ	" ( ) [ ] { } ' ' " " ｢ ｣〈 〉《 》「 」『 』
ㄷ	+ − ＜ ＝ ＞ ± × ÷ ≠ ≤ ≥ ∞ ∴
ㄹ	$ % ₩ F ′ ″ ℃ Å ¢ £ ¥ ¤ °F
ㅁ	# & * @ § ※ ☆ ★ ○ ● ◎ ◇ ◆
ㅂ	─ │ ┌ ┐ ┘ └ ├ ┬ ┤ ┴ ┼ ━ ┃
ㅅ	㉠ ㉡ ㉢ ㉣ ㉤ ㉥ ㉦ ㉧ ㉨ ㉩ ㉪ ㉫ ㉬

자음	특수문자
ㅇ	ⓐ ⓑ ⓒ ⓓ ⓔ ⓕ ⓖ ⓗ ⓘ ⓙ ⓚ ⓛ ⓜ
ㅈ	0 1 2 3 4 5 6 7 8 9 ⅰ ⅱ ⅲ
ㅊ	½ ⅓ ⅔ ¼ ¾ ⅛ ⅜ ⅝ ⅞ ¹ ² ³ ⁴ ⁿ
ㅋ	ㄱ ㄲ ㄳ ㄴ ㄵ ㄶ ㄷ ㄸ ㄹ ㄺ ㄻ ㄼ ㄽ
ㅌ	ㄾ ㄿ ㅀ ㅁ ㅂ ㅄ ㅅ ㅆ ㅇ ㅈ ㅊ ㅋ ㅌ
ㅍ	A B C D E F G H I J K L M N O P Q
ㅎ	Α Β Γ Δ Ε Ζ Η Θ Ι Κ Λ Μ Ν

8 도형을 선택한 후 [홈] 탭-[글꼴] 그룹에서 **글꼴(굴림)을 선택**한 다음 **글꼴 크기(24)를 선택**합니다.

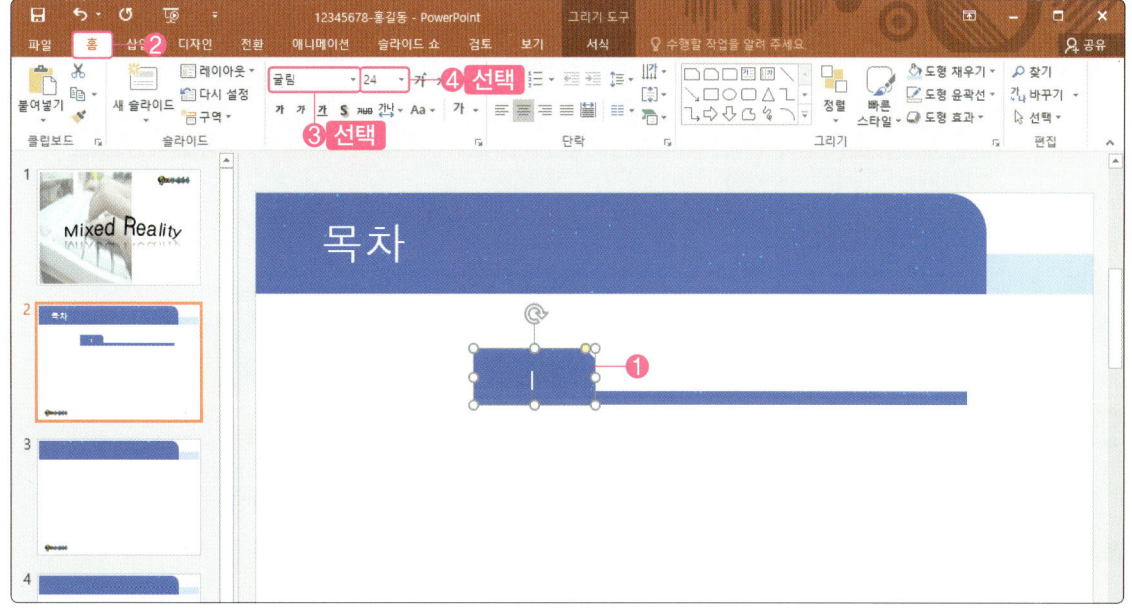

9 [삽입] 탭-[텍스트] 그룹에서 [텍스트 상자]를 클릭합니다.

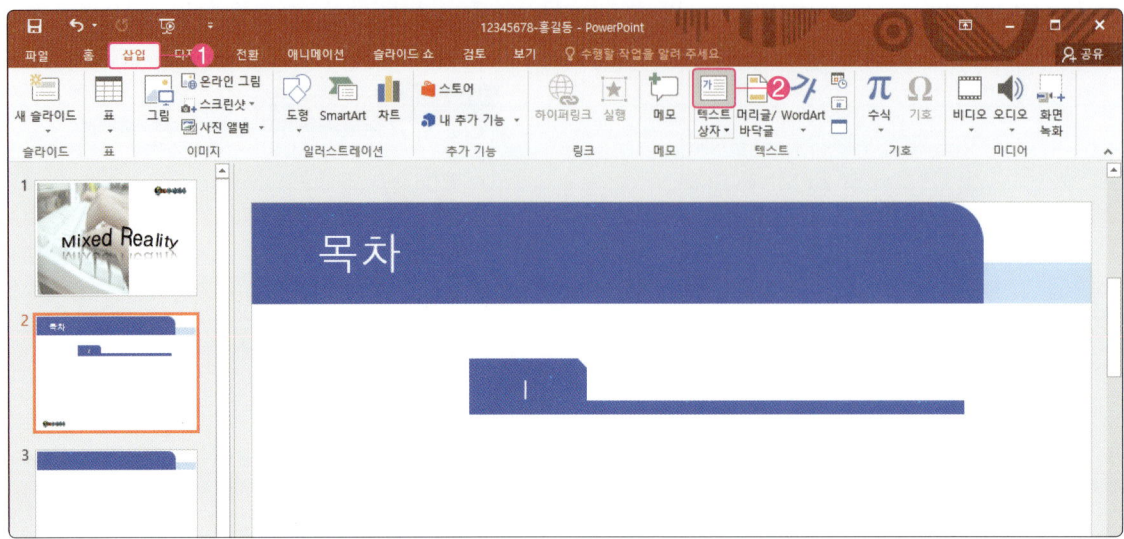

10 마우스 포인터 모양이 ↓ 모양으로 변경되면 **드래그하여 텍스트 상자를 삽입**한 후 '**혼합현실(MR)이란?**'을 **입력**합니다.

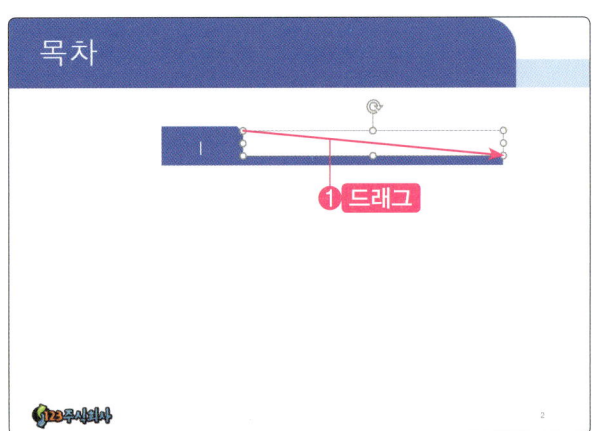 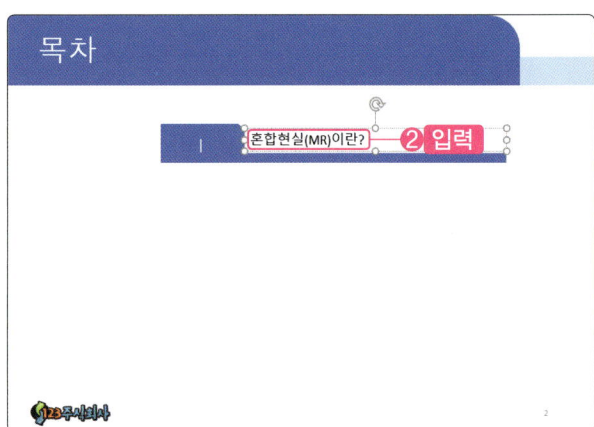

11 텍스트 상자를 선택한 후 [홈] 탭-[글꼴] 그룹에서 **글꼴(굴림)을 선택**한 다음 **글꼴 크기(24)를 선택**합니다.

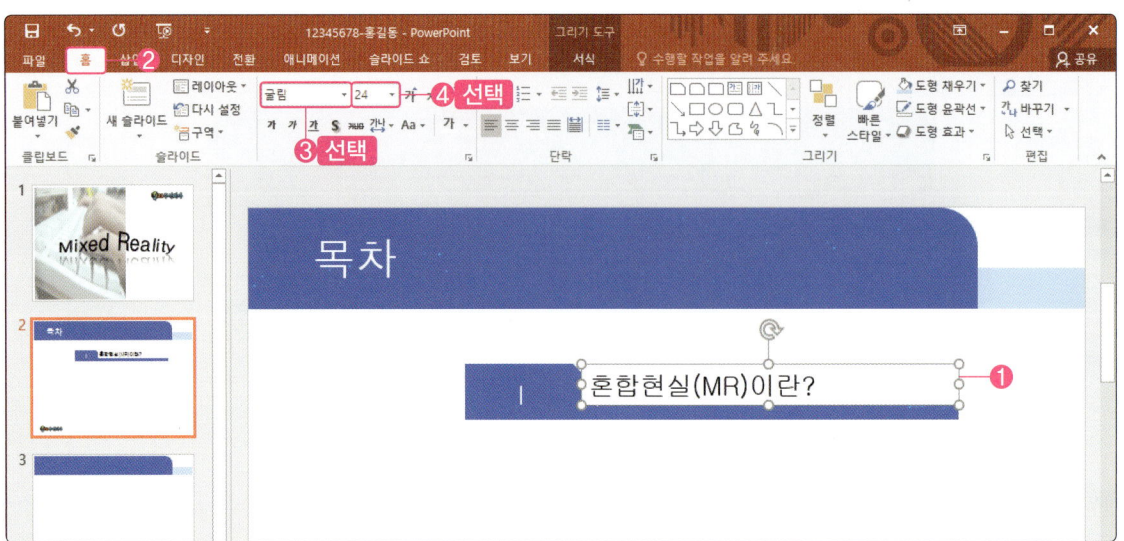

12 두개의 도형과 텍스트 상자를 선택한 후 Ctrl+Shift를 누른 상태에서 드래그하여 도형을 복사합니다.

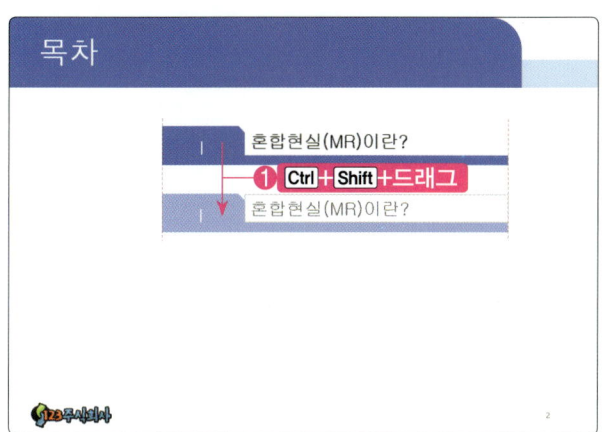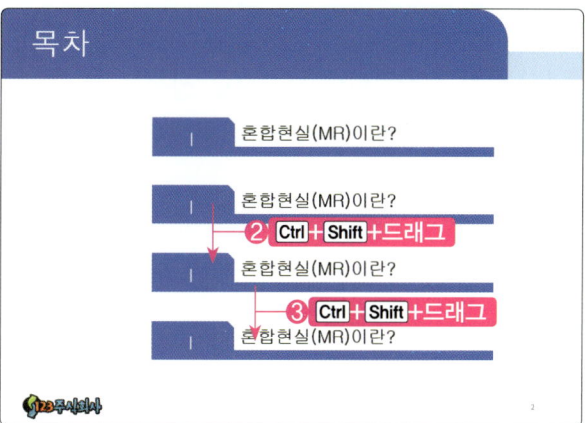

도형 복제하기

도형 복제는 복사(Ctrl+C)한 후 붙여넣기(Ctrl+V) 보다 훨씬 편리한 기능으로 도형을 복제(Ctrl+D)한 다음 위치를 조정하고 다시 복제(Ctrl+D)하면 따로 정렬하지 않아도 쉽게 도형을 배치할 수 있습니다.

도형 복제 방법

- 도형을 선택한 후 복제(Ctrl+D)한 다음 위치를 조절하고 다시 복제(Ctrl+D)하면 동일한 간격으로 복제가 이루어집니다.

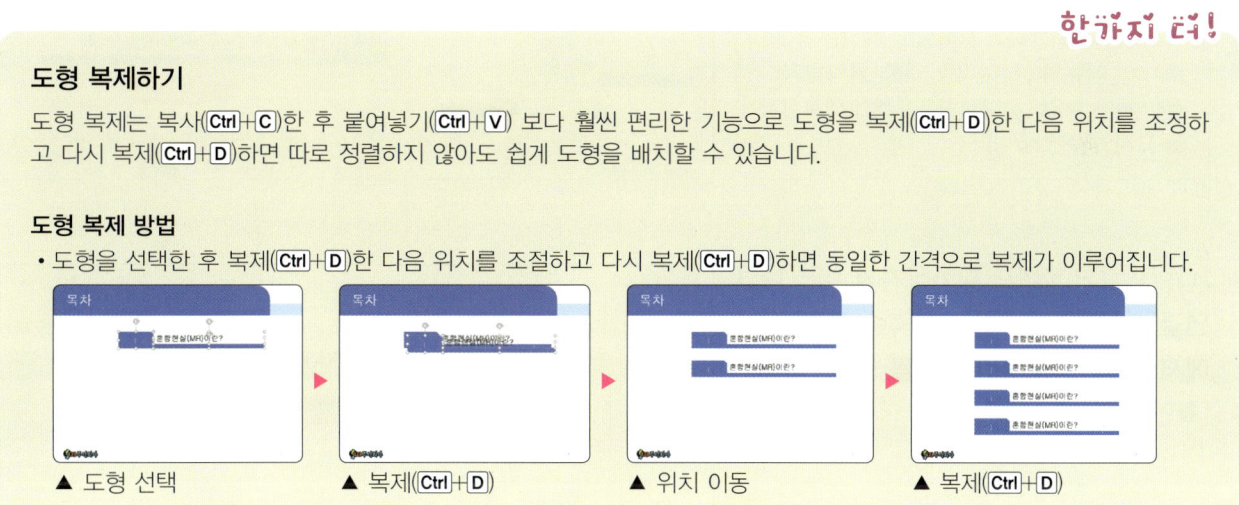

▲ 도형 선택   ▲ 복제(Ctrl+D)   ▲ 위치 이동   ▲ 복제(Ctrl+D)

13 다음과 같이 **텍스트 상자의 내용을 수정**합니다.

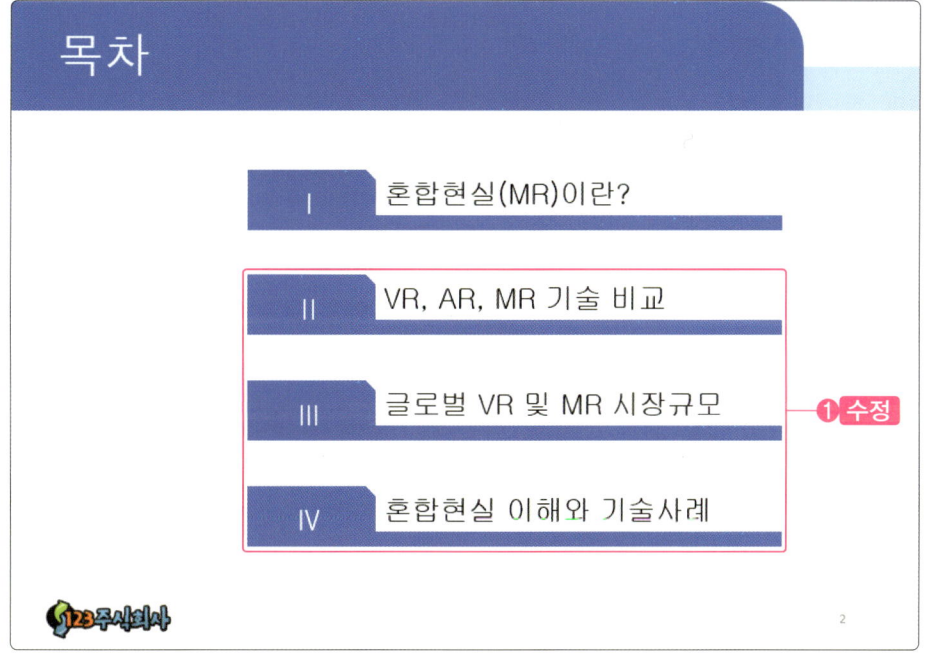

STEP 03   하이퍼링크 지정하기

1 텍스트를 드래그하여 블록으로 설정한 후 [삽입] 탭-[링크] 그룹에서 [하이퍼링크]를 클릭합니다.

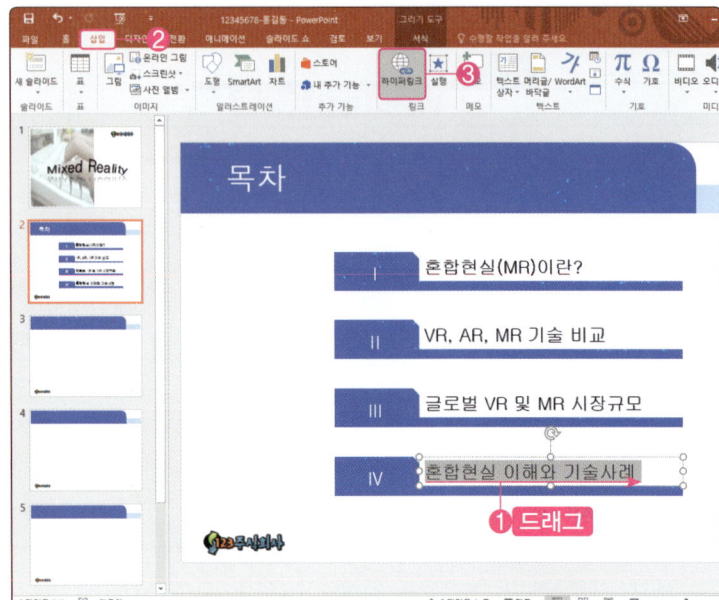

Tip
텍스트를 드래그하여 블록으로 설정한 후 바로가기 메뉴의 [하이퍼링크]를 클릭하거나 Ctrl+K를 눌러 [하이퍼링크 삽입] 대화상자를 표시할 수 있습니다.

2 [하이퍼링크 삽입] 대화상자가 나타나면 **연결 대상(현재 문서)을 선택**한 후 **이 문서에서 위치(6. 슬라이드 6)를 선택**한 다음 [확인]을 클릭합니다.

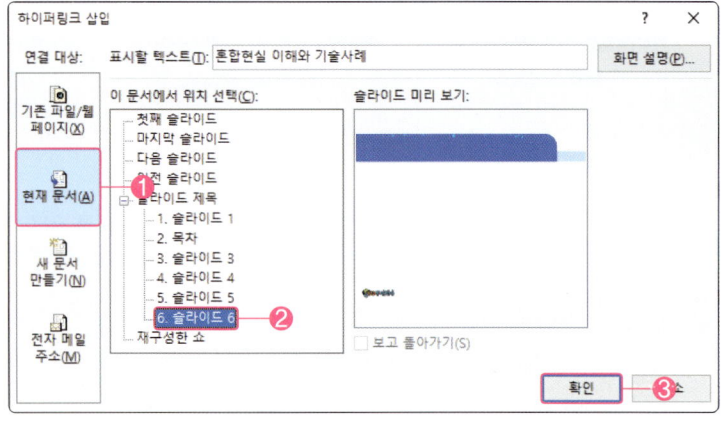

Tip
6개의 슬라이드를 미리 만들지 않으면 하이퍼링크를 적용할 수 없으므로 반드시 6개의 슬라이드를 미리 작성해 두어야 합니다.

3 블록으로 설정한 텍스트에 하이퍼링크가 적용되면 밑줄이 표시됩니다.

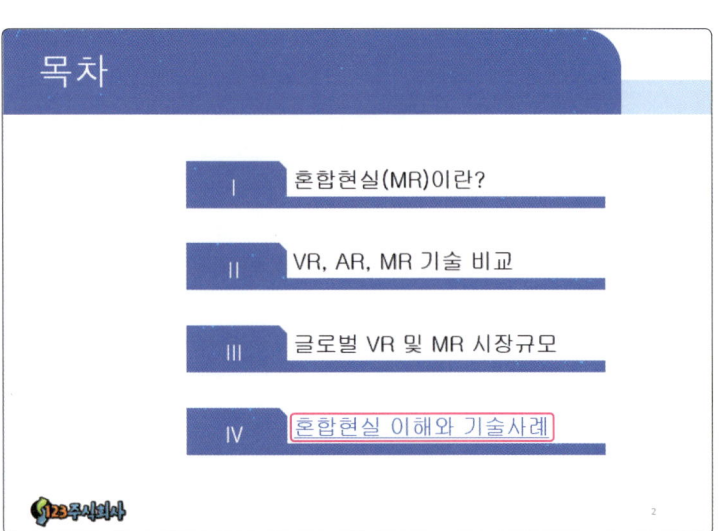

Tip
하이퍼링크를 제거하기 위해서는 하이퍼링크가 적용된 텍스트에서 바로가기 메뉴의 [하이퍼링크 제거]를 클릭하면 하이퍼링크를 제거할 수 있습니다.

STEP 04 그림 삽입하기

1 [삽입] 탭-[이미지] 그룹에서 **[그림]**을 클릭합니다.

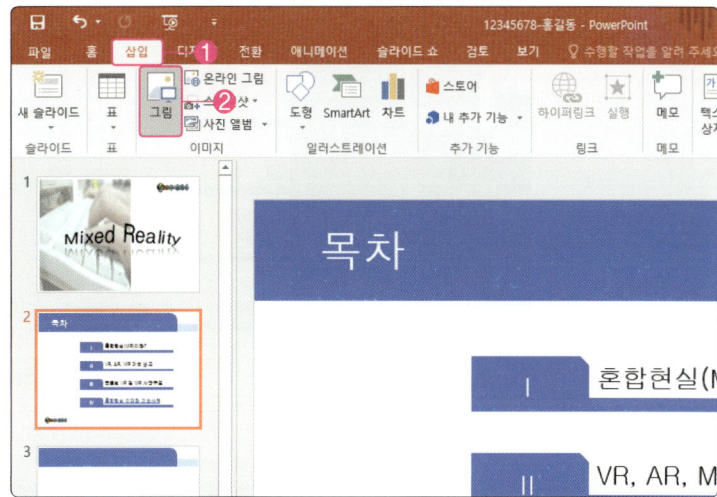

2 [그림 삽입] 대화상자가 나타나면 **위치**(내 PC₩문서₩ITQ₩Picture)를 **선택**한 후 **파일**(그림5.jpg)을 **선택**한 다음 **[삽입]**을 클릭합니다.

3 그림이 삽입되면 [그림 도구] 정황 탭-[서식] 탭-[크기] 그룹에서 **[자르기]**를 클릭합니다.

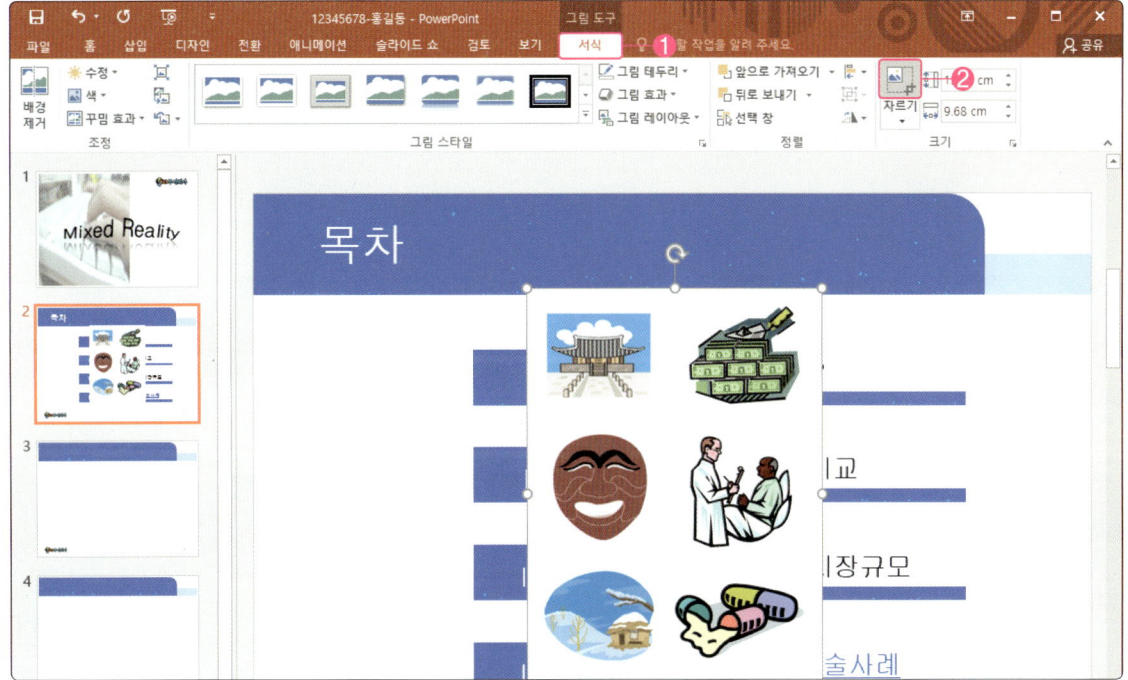

Chapter 03 · 목차 슬라이드 **45**

4 그림 모서리의 모양이 ┛ 모양으로 변경되면 **그림의 모서리 부분을 드래그하여 자를 부분을 지정**한 후 Esc 를 눌러 자르기 기능을 해제합니다.

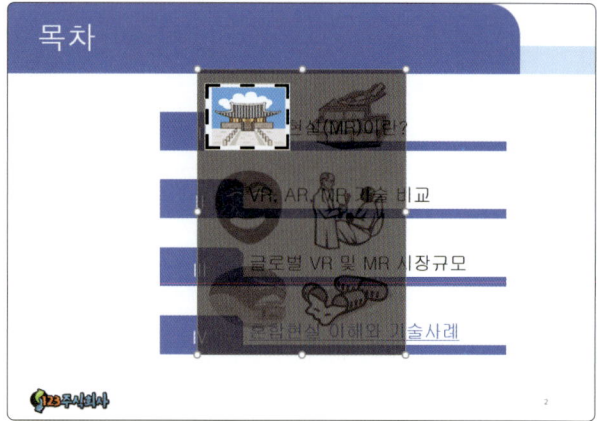

5 그림을 **드래그하여 위치를 이동**한 후 **크기를 조절**합니다.

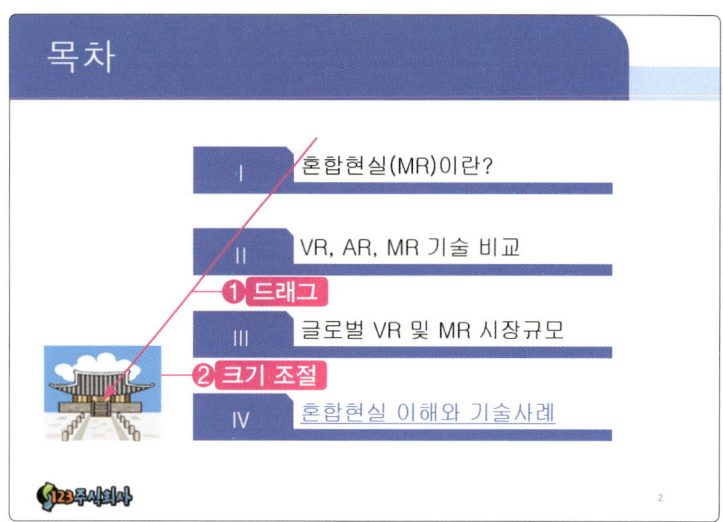

6 목차 슬라이드 작성이 완료되면 빠른 실행 도구 모음에서 🖫[저장]을 클릭합니다.

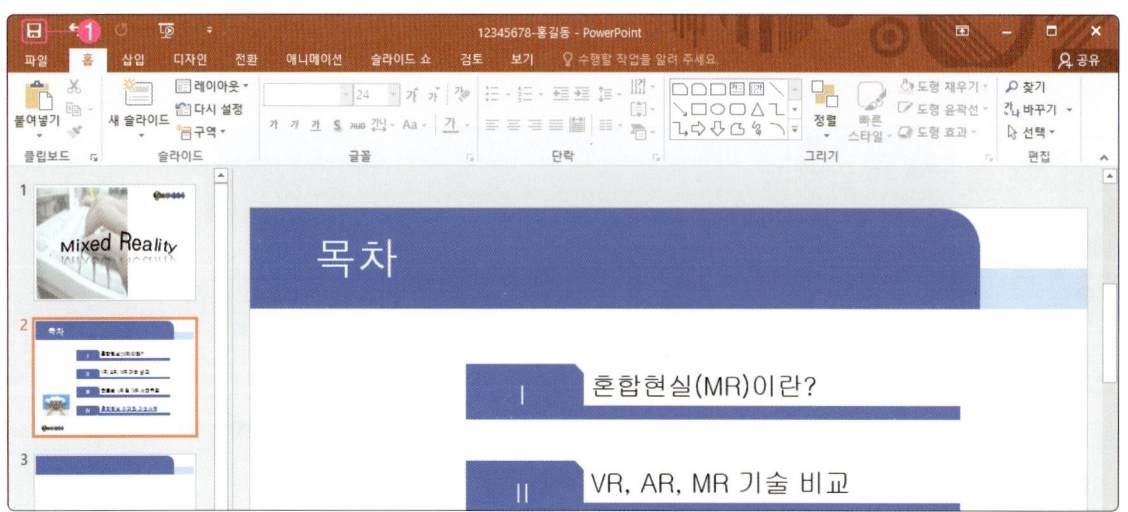

Tip
[파일] 탭-[저장]을 클릭하거나 Ctrl+S를 눌러 답안을 저장할 수도 있습니다.

| 문제유형 001 | 목차 슬라이드 |  |

[전체 구성]
(2) 슬라이드 마스터 : 2~6슬라이드의 제목, 하단 로고, 슬라이드 번호는 슬라이드 마스터를 이용하여 작성한다.
 - 제목 글꼴(맑은 고딕, 40pt, 흰색), 가운데 맞춤, 도형(선 없음)
 - 하단 로고(「내 PC\문서\ITQ\Picture\로고1.jpg」, 배경(회색) 투명색으로 설정)

[슬라이드 2] ≪목차 슬라이드≫
(1) 출력형태와 같이 도형을 이용하여 목차를 작성한다(글꼴 : 돋움, 24pt).
(2) 도형 : 선 없음

세부조건

① 텍스트에 하이퍼링크 적용
  → '슬라이드 3'

② 그림 삽입
  -「내 PC\문서\ITQ\Picture\
   그림4.jpg」
  - 자르기 기능 이용

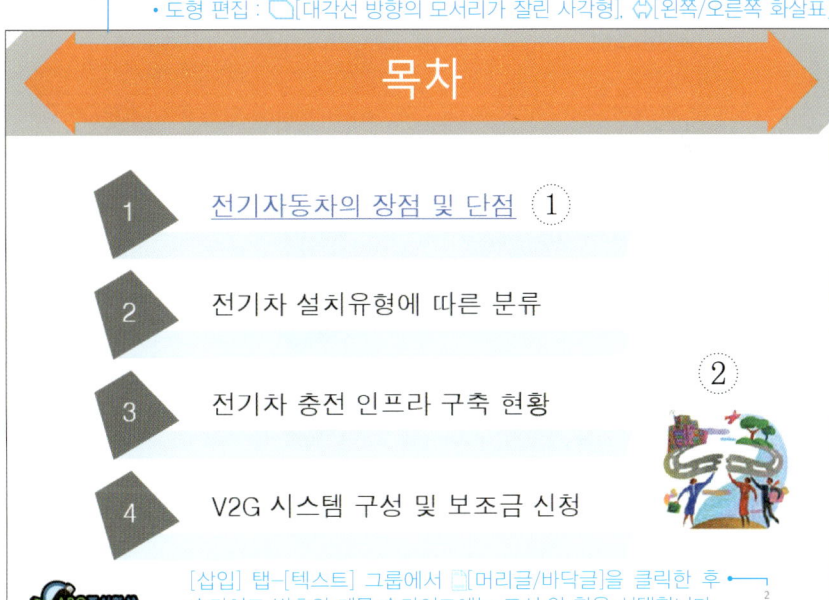

Hint 숫자 텍스트 상자
1. [삽입] 탭-[텍스트] 그룹에서 [텍스트 상자]를 클릭합니다.
2. 마우스 포인터 모양이 I 모양으로 변경되면 드래그하여 텍스트 상자를 삽입합니다.
3. 텍스트를 입력한 후 글꼴 및 글꼴 크기, 글꼴 색을 지정합니다.
4. 텍스트 상자의 위치를 조절합니다.

실전문제유형

| 문제유형 002 | 목차 슬라이드 | 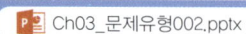 Ch03_문제유형002.pptx |

[전체 구성]
(2) 슬라이드 마스터 : 2~6슬라이드의 제목, 하단 로고, 슬라이드 번호는 슬라이드 마스터를 이용하여 작성한다.
- 제목 글꼴(굴림, 40pt, 흰색), 왼쪽 맞춤, 도형(선 없음)
- 하단 로고(「내 PC\문서\ITQ\Picture\로고1.jpg」, 배경(회색) 투명색으로 설정)

[슬라이드 2] ≪목차 슬라이드≫
(1) 출력형태와 같이 도형을 이용하여 목차를 작성한다(글꼴 : 굴림, 24pt).
(2) 도형 : 선 없음

세부조건

① 텍스트에 하이퍼링크 적용
   → '슬라이드 4'

② 그림 삽입
   - 「내 PC\문서\ITQ\Picture\그림4.jpg」
   - 자르기 기능 이용

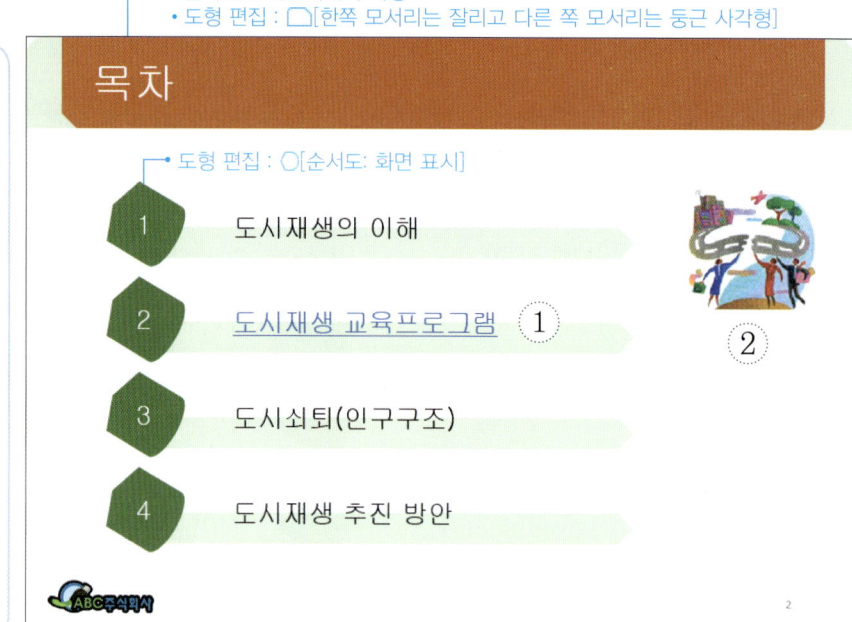

Hint 하이퍼링크
1. 텍스트(도시재생 교육프로그램)를 드래그하여 블록으로 설정한 후 [삽입] 탭-[링크] 그룹에서 [링크]를 클릭합니다.
2. [하이퍼링크 삽입] 대화상자가 나타나면 연결 대상(현재 문서)을 선택한 후 이 문서에서 위치(4. 슬라이드 4)를 선택한 다음 [확인]을 클릭합니다.

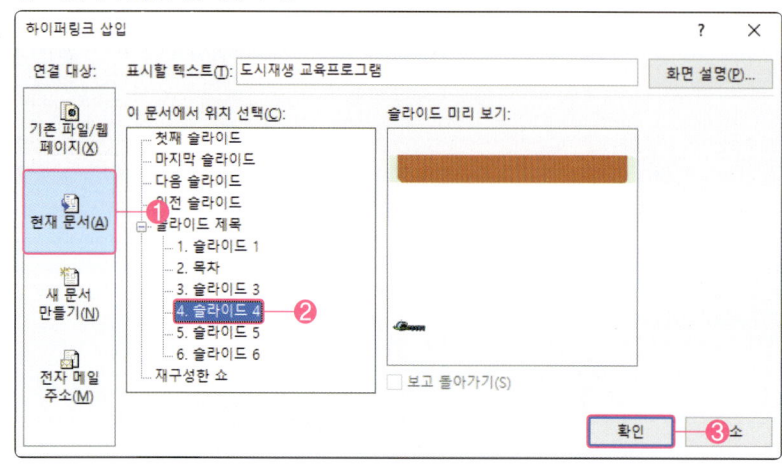

48 파워포인트 2016

실전문제유형

문제유형 003   목차 슬라이드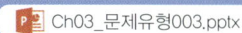

[전체 구성]
(2) 슬라이드 마스터 : 2~6슬라이드의 제목, 하단 로고, 슬라이드 번호는 슬라이드 마스터를 이용하여 작성한다.
 - 제목 글꼴(맑은 고딕, 40pt, 흰색), 왼쪽 맞춤, 도형(선 없음)
 - 하단 로고(「내 PC\문서\ITQ\Picture\로고1.jpg」, 배경(회색) 투명색으로 설정)

[슬라이드 2] ≪목차 슬라이드≫
(1) 출력형태와 같이 도형을 이용하여 목차를 작성한다(글꼴 : 굴림, 24pt).

세부조건

① 텍스트에 하이퍼링크 적용
 → '슬라이드 4'

② 그림 삽입
 - 「내 PC\문서\ITQ\Picture\그림4.jpg」
 - 자르기 기능 이용

Hint 그림 삽입 및 자르기
1. [삽입] 탭-[이미지] 그룹에서 [그림]을 클릭합니다.
2. [그림 삽입] 대화상자가 나타나면 위치(내 PC\문서\ITQ\Picture)를 선택한 후 파일(그림4.jpg)을 선택한 다음 [삽입]을 클릭합니다.
3. 그림이 삽입되면 [그림 도구] 정황 탭-[서식] 탭-[크기] 그룹에서 [자르기]를 클릭합니다.
4. 그림 모서리의 모양이 ┛ 모양으로 변경되면 그림의 모서리 부분을 드래그하여 자를 부분을 지정한 후 Esc 를 눌러 자르기 기능을 해제합니다.

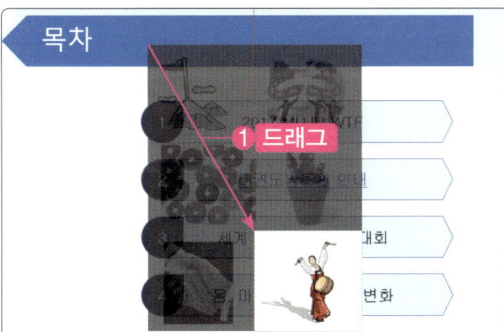 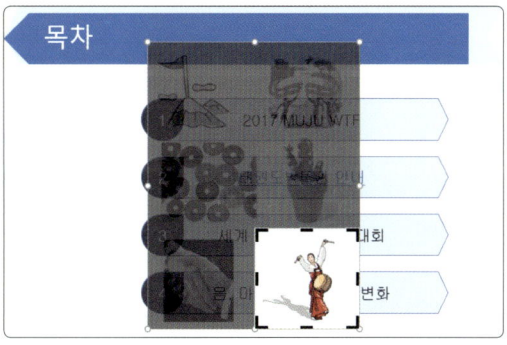

Chapter 03 · 목차 슬라이드 **49**

| 문제유형 **004** | 목차 슬라이드 |  Ch03_문제유형004.pptx |

[전체 구성]
(2) 슬라이드 마스터 : 2~6슬라이드의 제목, 하단 로고, 슬라이드 번호는 슬라이드 마스터를 이용하여 작성한다.
  - 제목 글꼴(맑은 고딕, 40pt, 흰색), 왼쪽 맞춤, 도형(선 없음)
  - 하단 로고(「내 PC₩문서₩ITQ₩Picture₩로고1.jpg」, 배경(회색) 투명색으로 설정)

[슬라이드 2] ≪목차 슬라이드≫
(1) 출력형태와 같이 도형을 이용하여 목차를 작성한다(글꼴 : 굴림, 24pt).
(2) 도형 : 선 없음

세부조건

① 텍스트에 하이퍼링크 적용
  → '슬라이드 6'

② 그림 삽입
  -「내 PC₩문서₩ITQ₩Picture₩
    그림4.jpg」
  - 자르기 기능 이용

문제유형 005   목차 슬라이드

[전체 구성]
(2) 슬라이드 마스터 : 2~6슬라이드의 제목, 하단 로고, 슬라이드 번호는 슬라이드 마스터를 이용하여 작성한다.
   - 제목 글꼴(굴림, 40pt, 파랑), 가운데 맞춤, 도형(선 없음)
   - 하단 로고(「내 PC₩문서₩ITQ₩Picture₩로고1.jpg」, 배경(회색) 투명색으로 설정)

[슬라이드 2] ≪목차 슬라이드≫
(1) 출력형태와 같이 도형을 이용하여 목차를 작성한다(글꼴 : 굴림, 24pt).
(2) 도형 : 선 없음

세부조건

① 텍스트에 하이퍼링크 적용
   → '슬라이드 6'

② 그림 삽입
   -「내 PC₩문서₩ITQ₩Picture₩
    그림4.jpg」
   - 자르기 기능 이용

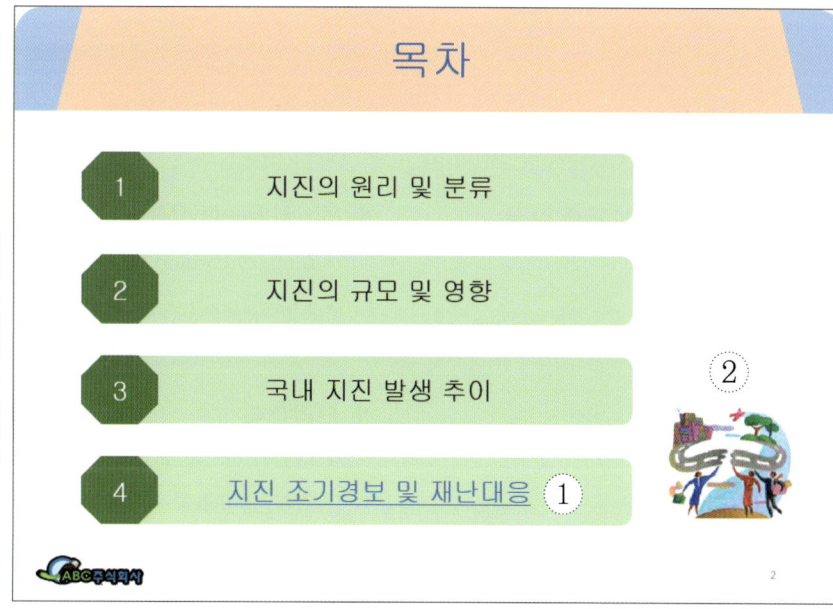

Chapter 04 텍스트/동영상 슬라이드

텍스트/동영상 슬라이드에서는 글머리 기호와 텍스트 상자의 배치 방법 등이 출제되며, 동영상 파일을 삽입하는 방법에 대해 알고 있어야 합니다. 텍스트 개체 틀의 경우 출제 방식에 따라 배치 방법이 다르므로 다양한 형태의 배치 방법을 연습하는 것이 좋습니다.

[슬라이드 3] ≪텍스트/동영상 슬라이드≫ (60점)

(1) 텍스트 작성 : 글머리 기호 사용(❖, ■)
   ❖문단(굴림, 24pt, 굵게, 줄간격 : 1.5줄), ■문단(굴림, 20pt, 줄간격 : 1.5줄)

세부조건

① 동영상 삽입 :
   - 「내 PC₩문서₩ITQ₩Picture₩동영상.wmv」
   - 자동실행, 반복재생 설정

작업순서요약

① 텍스트를 입력한 후 글머리 기호를 지정합니다.
② 텍스트에 글꼴 및 단락을 지정합니다.
③ 동영상을 삽입한 후 자동 실행 및 반복 재생을 선택합니다.

STEP 01   텍스트 입력 및 글머리 기호 지정하기

📎 Chapter04.pptx

1 3번 슬라이드를 선택한 후 슬라이드 제목(Ⅰ. 혼합현실(MR)이란?)을 입력합니다.

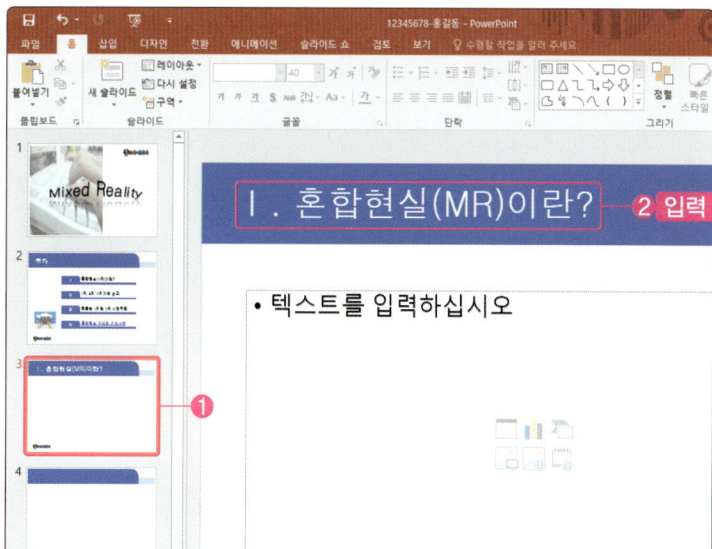

> **Tip**
> 한글 자음(ㅈ)을 입력한 후 [한자]를 누른다음 로마자 숫자(Ⅰ)를 선택합니다.

2 텍스트 상자를 클릭한 후 "Mixed Reality(MR)"를 입력합니다.

3 [Enter]를 눌러 문단을 강제개행 한 후 [Tab]을 눌러 글머리 기호 수준을 한 단계 내린 다음 텍스트를 입력합니다.

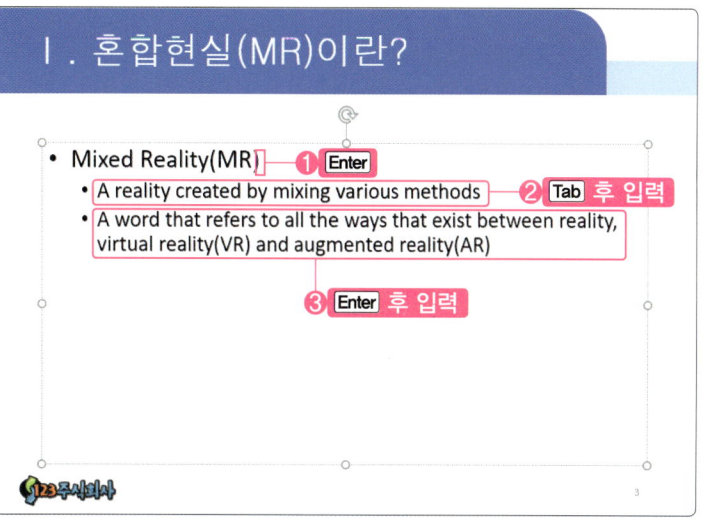

> **Tip**
> • 목록 수준 늘림 : [홈] 탭–[단락] 그룹에서 [목록 수준 늘림] 또는 [Tab]
> • 목록 수준 줄임 : [홈] 탭–[단락] 그룹에서 [목록 수준 줄임] 또는 [Shift]+[Tab]

Chapter 04 • 텍스트/동영상 슬라이드   **53**

4 글머리 기호를 변경하기 위해 **첫 번째 단락에 커서를 위치**한 후 [홈] 탭-[단락] 그룹에서 [글머리 기호]의 ▼[목록] 단추를 클릭한 다음 ⋮[별표 글머리 기호]를 클릭합니다.

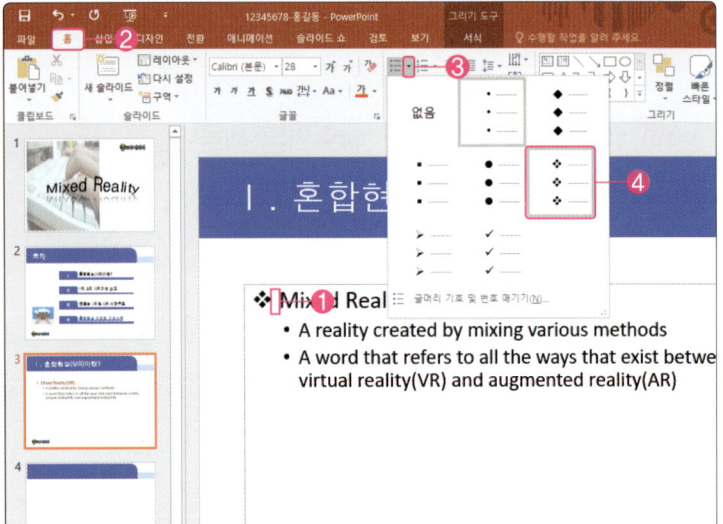

5 2~3번째 단락을 드래그하여 블록으로 설정한 후 [홈] 탭-[단락] 그룹에서 [글머리 기호]의 ▼[목록] 단추를 클릭한 다음 ⋮[속이 찬 정사각형 글머리 기호]를 클릭합니다.

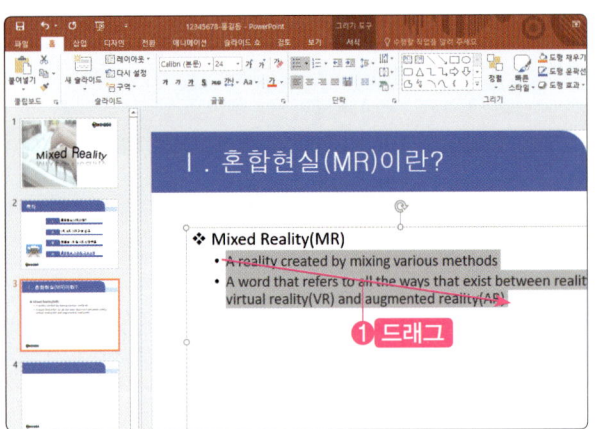 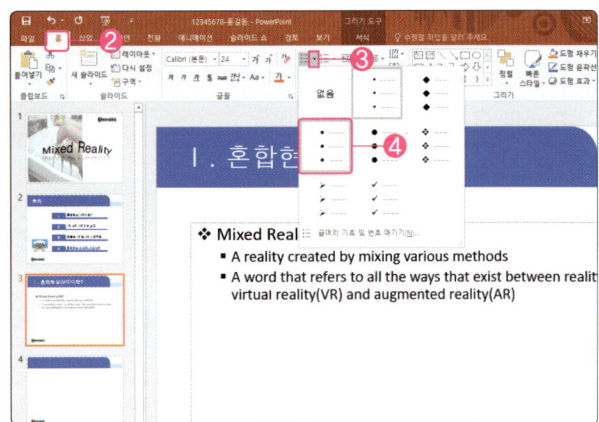

한가지 더!

글머리 기호 및 번호 매기기

❶ 기본 제공되는 글머리 기호 이외에 다른 글머리 기호를 적용해야 할 경우 [홈] 탭-[단락] 그룹에서 [글머리 기호]의 ▼[목록] 단추를 클릭한 후 [글머리 기호 및 번호 매기기]를 클릭합니다.

❷ [글머리 기호 및 번호 매기기] 대화상자가 나타나면 [사용자 지정] 단추를 클릭한 후 [기호] 대화상자가 나타나면 글꼴(Windings)을 선택한 다음 문제에서 제시된 글머리 기호를 선택하고 [확인] 단추를 클릭합니다.

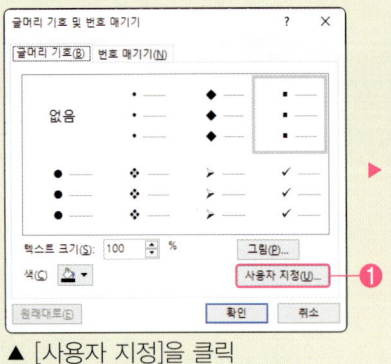 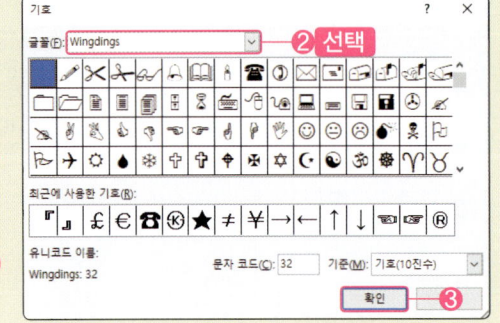

▲ [사용자 지정]을 클릭   ▲ 글꼴(Wingdings) 선택 후 글머리 기호 선택

54 파워포인트 2016

STEP 02 문단 서식 지정하기

1 첫 번째 단락을 드래그하여 블록으로 설정한 후 [홈] 탭-[글꼴] 그룹에서 **글꼴(굴림)**과 **글꼴 크기(24)**, **가[굵게]**를 선택합니다.

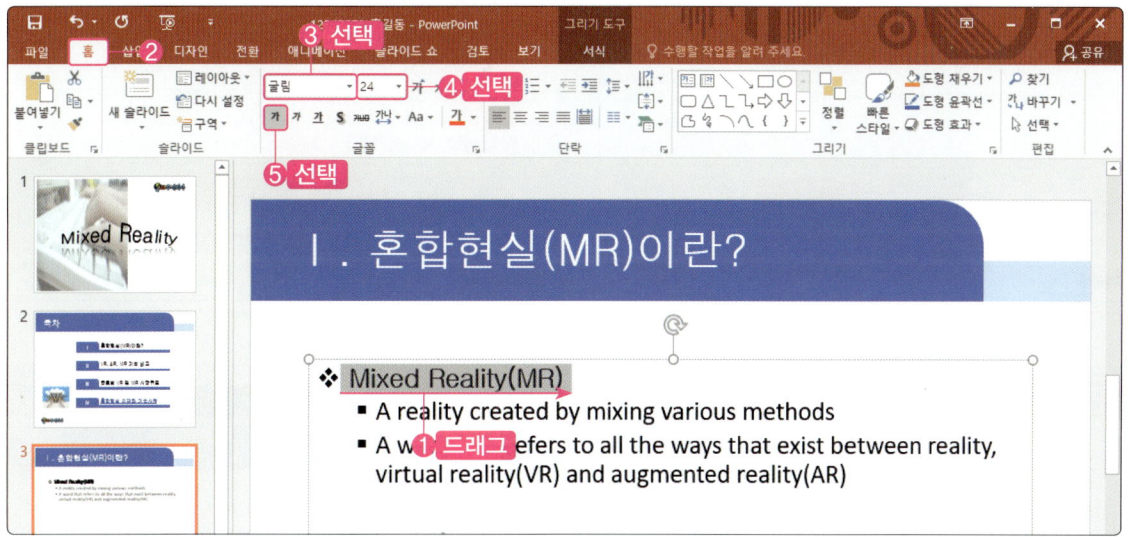

2 본문 단락을 드래그하여 블록으로 설정한 후 [홈] 탭-[글꼴] 그룹에서 **글꼴(굴림)**과 **글꼴 크기(20)**를 선택합니다.

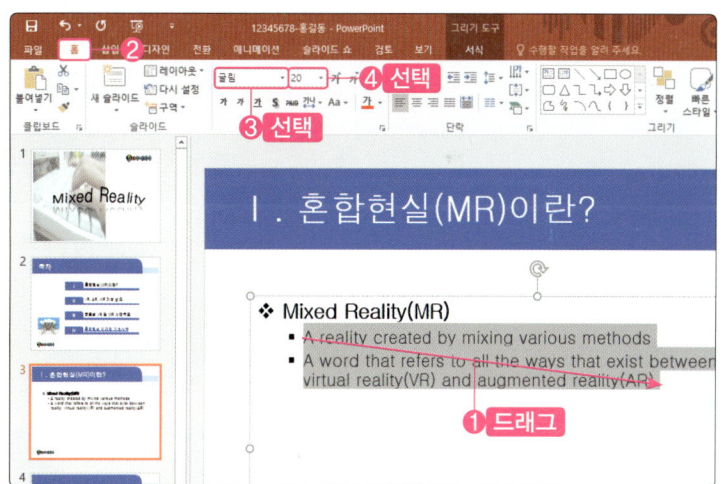

3 텍스트 전체를 드래그하여 블록으로 설정한 후 [홈] 탭-[단락] 그룹에서 ≡-[줄 간격]을 클릭한 다음 [1.5]를 클릭합니다.

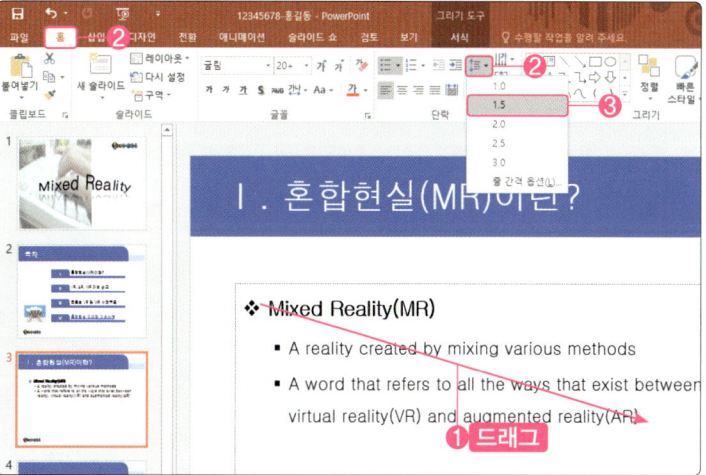

Chapter 04 • 텍스트/동영상 슬라이드 **55**

4 **텍스트 상자를 선택**한 후 **크기 조절점을 드래그하여 크기를 조절**한 다음 Ctrl+Shift를 누른 상태에서 아래로 **드래그하여 복사**합니다.

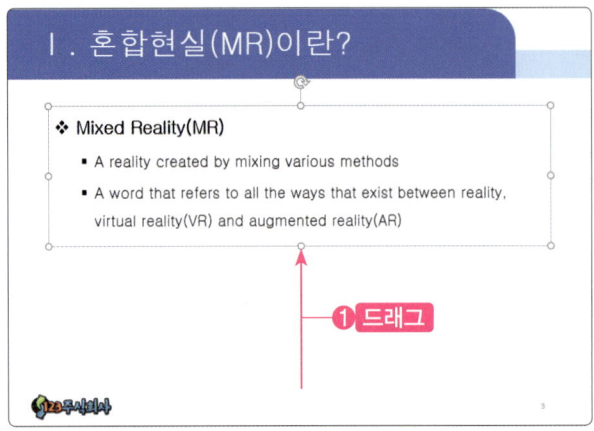 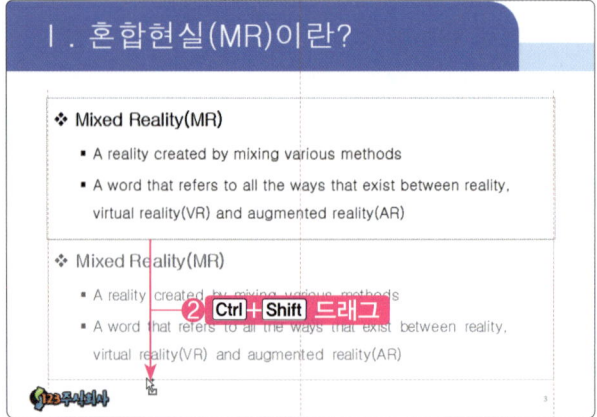

5 텍스트 상자가 복사되면 **텍스트를 수정**합니다.

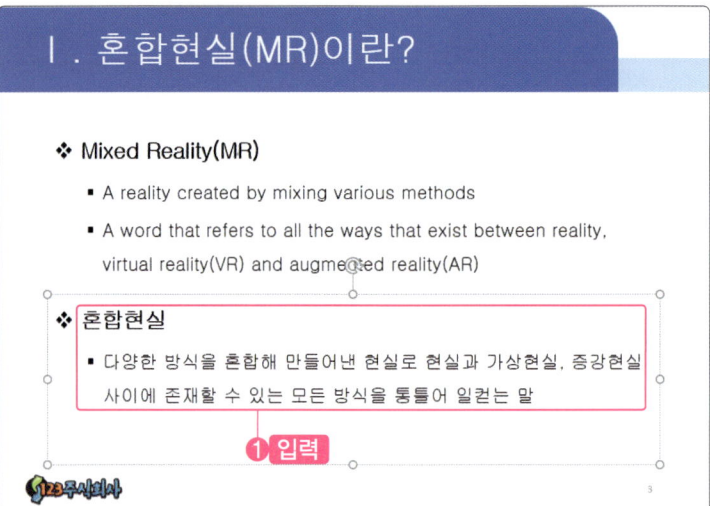

6 **텍스트 상자를 선택**한 후 **크기 조절점을 드래그하여 크기를 조절**합니다.

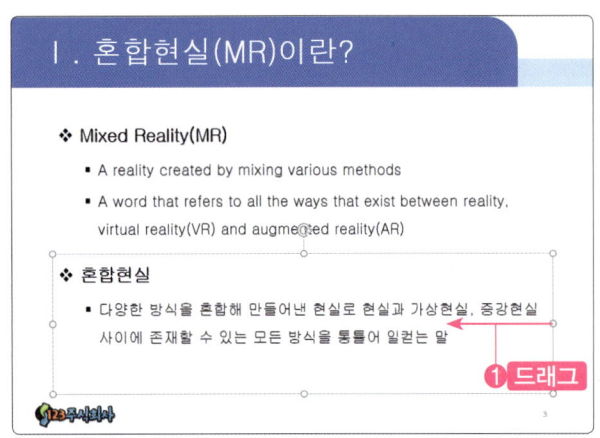 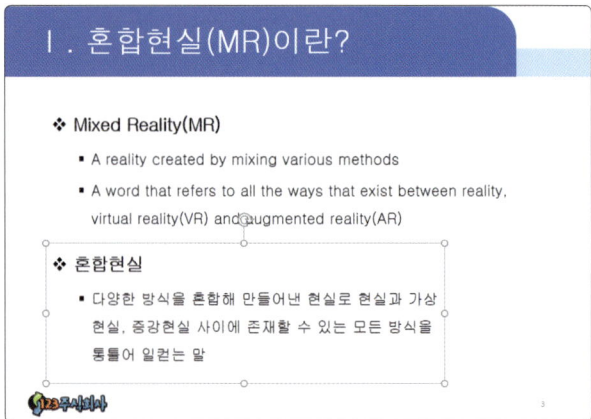

Tip

텍스트 상자 크기를 조절할 때 글꼴 크기가 변경되면 텍스트 상자의 바로가기 메뉴에서 [도형 서식]을 클릭한 후 [도형 서식] 설정 화면이 나타나면 [텍스트 옵션] 탭에서 [텍스트 상자]를 클릭한 다음 [자동 맞춤 안 함]을 선택하고 [닫기]를 클릭한 후 크기를 조절하면 글꼴 크기가 변경되지 않습니다.

STEP 03 동영상 삽입하기

1 [삽입] 탭-[미디어] 그룹에서 [비디오]를 클릭한 후 [내 PC의 비디오]를 클릭합니다.

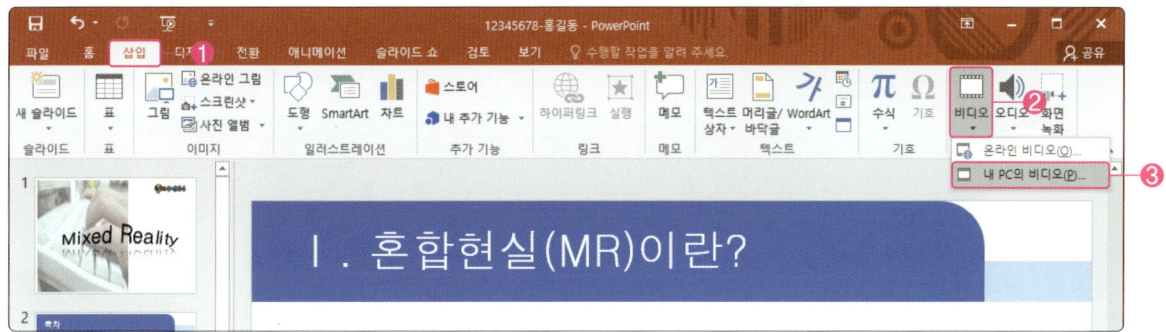

2 [비디오 삽입] 대화상자가 나타나면 **위치**(내 PC₩문서₩ITQ₩Picture)를 선택한 후 **파일(동영상.wmv)**을 선택한 다음 [삽입] 단추를 클릭합니다.

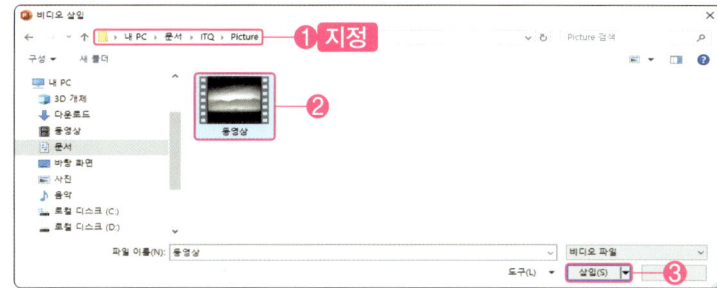

3 동영상이 삽입되면 **위치를 조절**한 후 [비디오 도구] 정황 탭-[재생] 탭-[비디오 옵션] 그룹에서 [**자동 실행**]을 선택한 다음 [**반복 재생**]을 선택합니다.

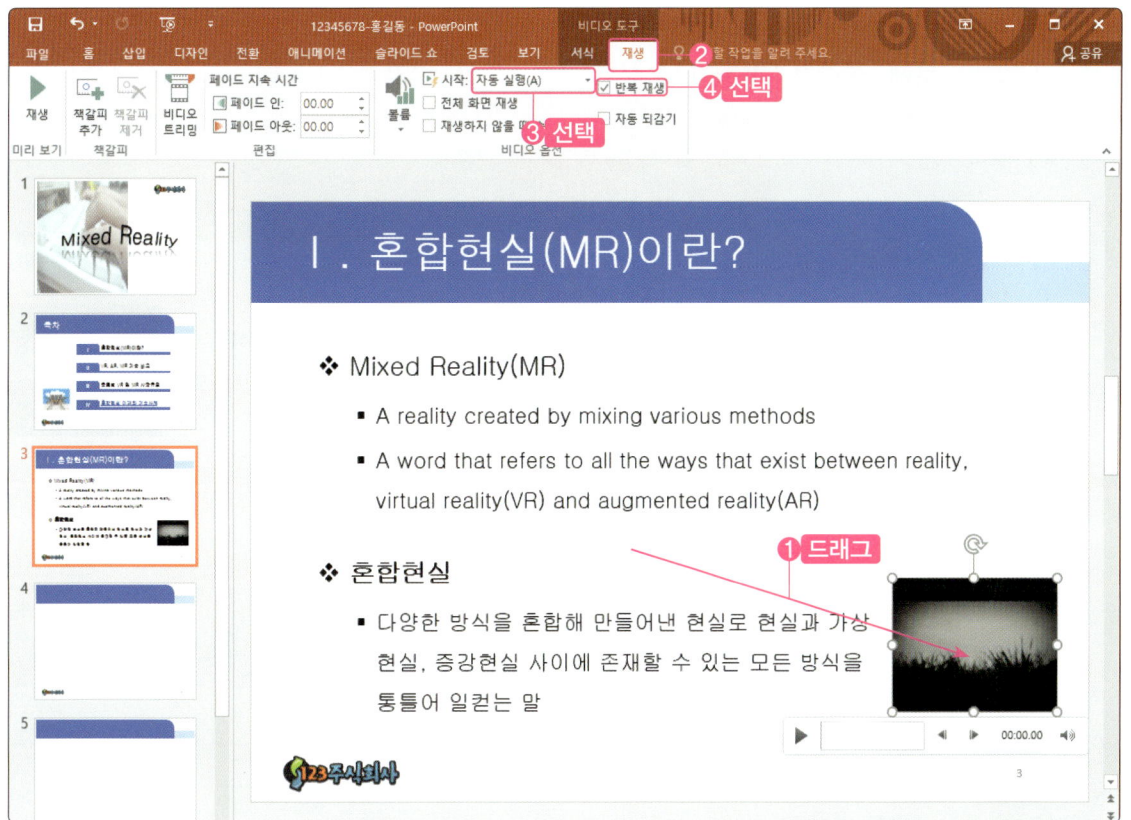

Chapter 04 • 텍스트/동영상 슬라이드 **57**

실전문제유형

문제유형 001   텍스트/동영상 슬라이드   Ch04_문제유형001.pptx

(1) 텍스트 작성 : 글머리 기호 사용(✔, ■)
    ✔문단(굴림, 24pt, 굵게, 줄간격 : 1.5줄), ■문단(굴림, 20pt, 줄간격 : 1.5줄)

세부조건

① 동영상 삽입 :
- 「내 PC₩문서₩ITQ₩Picture₩동영상.wmv」
- 자동실행, 반복재생 설정

[홈] 탭–[단락] 그룹에서 [목록 수준 늘림]을 클릭하여 단락을 지정한 후 글꼴 및 글꼴 크기를 지정합니다.

전기자동차의 장점 및 단점

✔ **Overview of Electric Vehicles**
- It is an automobile that obtains the driving energy of a car from electric energy, not from the burning of fossil fuel like existing automobile

✔ **장점 및 단점**
- 자동차에서의 배기가스가 전혀 없으며, 소음이 적음
- 가장 큰 문제는 에너지의 공급원인 배터리로 배터리의 경량, 소형화 및 짧은 충전시간은 전기자동차가 실용화되기 위한 필수적인 선결 조건

텍스트 상자를 작성한 후 복사한 다음 내용을 수정합니다.

문제유형 002   텍스트/동영상 슬라이드   Ch04_문제유형002.pptx

(1) 텍스트 작성 : 글머리 기호 사용(❖, ✔)
    ❖문단(굴림, 24pt, 굵게, 줄간격 : 1.5줄), ✔문단(굴림, 20pt, 줄간격 : 1.5줄)

세부조건

① 동영상 삽입 :
- 「내 PC₩문서₩ITQ₩Picture₩동영상.wmv」
- 자동실행, 반복재생 설정

동영상을 삽입한 후 자동 실행 및 반복재생을 선택합니다.

도시재생의 이해

❖ **Urban Regeneration**
- Urban regeneration is the attempt to reverse that decline by both improving the physical structure and more importantly and elusively, the economy of those areas

❖ **도시재생**
- 물리적 정비와 함께 지역의 사회 경제적 환경을 고려하여 지속 가능한 도시활력을 창출할 수 있는 정비 방식
- 도시 주민의 자발적 참여로 지역의 지속 가능한 경제성장 도모

문제유형 003 텍스트/동영상 슬라이드

Ch04_문제유형003.pptx

(1) 텍스트 작성 : 글머리 기호 사용(❖, ✓)
   ❖문단(굴림, 24pt, 굵게, 줄간격 : 1.5줄), ✓문단(굴림, 20pt, 줄간격 : 1.5줄)

세부조건

① 동영상 삽입 :
   - 「내 PC₩문서₩ITQ₩Picture₩동영상.wmv」
   - 자동실행, 반복재생 설정

2017 MUJU WTF

❖ **2017 MUJU Vision**
   ✓ Create an image of the Taekwondowon as a Taekwondo mecca for the world's 80 million Taekwondo practitioners

❖ **2017 무주 WTF**
   ✓ 대회 기간 : 2017년 6월 22일 ~ 6월 30일(9일간)
   ✓ 참가 규모 : 20개국 2,100여 명(선수, 임원 등)
   ✓ 주관 및 주최 : 대회조직위원회, 세계태권도연맹(WTF)

텍스트 상자를 작성한 후 복사한 다음 내용을 수정합니다.

문제유형 004 텍스트/동영상 슬라이드

Ch04_문제유형004.pptx

(1) 텍스트 작성 : 글머리 기호 사용(◆, ✓)
   ◆문단(굴림, 24pt, 굵게, 줄간격 : 1.5줄), ✓문단(굴림, 20pt, 줄간격 : 1.5줄)

세부조건

① 동영상 삽입 :
   - 「내 PC₩문서₩ITQ₩Picture₩동영상.wmv」
   - 자동실행, 반복재생 설정

대체에너지

◆ **Alternative Energy**
   ✓ Alternative energy is any energy source that is an alternative to fossil fuel and Ocean, hydroelectric, wind, geothermal and solar power are all alternative sources of energy

◆ **대체에너지 분야**
   ✓ 재생에너지 8개 분야 : 태양열, 태양광발전, 바이오매스, 풍력, 소수력, 지열, 해양에너지, 폐기물에너지
   ✓ 신에너지 3개 분야 : 연료전지, 석탄액화/가스화, 수소에너지

문제유형 005   텍스트/동영상 슬라이드

Ch04_문제유형005.pptx

(1) 텍스트 작성 : 글머리 기호 사용(➢, ❖)
- ➢문단(굴림, 24pt, 굵게, 줄간격 : 1.5줄), ❖문단(굴림, 20pt, 줄간격 : 1.5줄)

세부조건

① 동영상 삽입 :
- 「내 PC₩문서₩ITQ₩Picture₩동영상.wmv」
- 자동실행, 반복재생 설정

지진의 원리 및 분류

➢ Classification of earthquakes
- ❖ Earthquakes are divided into structural earthquakes, volcanic earthquakes, earthquake, according to the cause of depression and its form

①

➢ 지진이란?
- ❖ 지하에 축적된 탄성에너지의 급격한 방출에 의해 지구가 진동하는 현상으로 땅속의 거대한 암석이 부서지면서 땅이 흔들리고 지표면이 갈라짐
- ❖ 산사태, 해안 붕괴, 지반 균열 및 침하, 발광 현상, 지하수 및 온천수의 이동이 발생함

문제유형 006   텍스트/동영상 슬라이드

Ch04_문제유형06.pptx

(1) 텍스트 작성 : 글머리 기호 사용(◆, ■)
- ◆문단(굴림, 24pt, 굵게, 줄간격 : 1.5줄), ■문단(굴림, 20pt, 줄간격 : 1.5줄)

세부조건

① 동영상 삽입 :
- 「내 PC₩문서₩ITQ₩Picture₩동영상.wmv」
- 자동실행, 반복재생 설정

인공지능(AI)

◆ Artificial intelligence
- ■ In computer science, an ideal "intelligent" machine is a flexible rational agent that perceives its environment and takes actions that maximize its chance of success at some goal

①

◆ 철학적 관점의 인공지능
- ■ 강인공지능 : 어떤 문제를 실제로 사고하고 해결할 수 있는 컴퓨터 기반의 인공적 지능을 만들어내는 것
- ■ 약인공지능 : 미리 정의된 규칙의 모음을 이용해서 지능을 흉내 내는 컴퓨터 프로그램을 개발하는 것

실전문제유형

문제유형 007   텍스트/동영상 슬라이드   Ch04_문제유형007.pptx

(1) 텍스트 작성 : 글머리 기호 사용(◆, ✓)
    ◆문단(굴림, 24pt, 굵게, 줄간격 : 1.5줄), ✓문단(굴림, 20pt, 줄간격 : 1.5줄)

세부조건

① 동영상 삽입 :
- 「내 PC₩문서₩ITQ₩Picture₩동영상.wmv」
- 자동실행, 반복재생 설정

스트레스의 의미

◆ Stress
  ✓ Stress is a feeling of strain and pressure, and small amounts of stress may be desired, beneficial, and even healthy
    It also plays a factor in motivation, adaptation, and reaction

◆ 스트레스
  ✓ 심리적, 정신적 긴장상태로 어떠한 요구에서 자신이 감당하지 못한다고 판단될 때 발생함
  ✓ 적절한 스트레스는 활동에 대한 동기를 부여하고 에너지 역할을 함

①

문제유형 008   텍스트/동영상 슬라이드   Ch04_문제유형008.pptx

(1) 텍스트 작성 : 글머리 기호 사용(❖, ✓)
    ❖문단(굴림, 24pt, 굵게, 줄간격 : 1.5줄), ✓문단(굴림, 20pt, 줄간격 : 1.5줄)

세부조건

① 동영상 삽입 :
- 「내 PC₩문서₩ITQ₩Picture₩동영상.wmv」
- 자동실행, 반복재생 설정

인공지능이란 무엇인가?

❖ Artificial Intelligence
  ✓ AI is the intelligence exhibited by machines or software just like human being
  ✓ AI research include reasoning, knowledge, planning, learning, natural language and perception

❖ 인공지능
  ✓ 인간의 지능이 가지는 학습, 추리, 적응, 논증 따위의 기능을 갖춘 컴퓨터 시스템으로 최근 구글이 개발한 인공지능 바둑 소프트웨어인 '알파고', 자율주행차, 외국어 자동번역 시스템 및 전문가 시스템 등이 그 활용 분야

①

Chapter 05 표 슬라이드

표 슬라이드는 표를 삽입하고 여러가지 효과를 지정하는 방법과 도형을 이용하여 표의 행/열에 제목을 작성하는 문제가 출제됩니다. 도형은 하나 이상의 도형을 겹쳐 새로운 모양으로 만드는 방법이 사용되므로 어떤 도형을 이용하는지 자주 연습해야 합니다.

[슬라이드 4] ≪표 슬라이드≫ (80점)

(1) 도형과 표 작성 기능을 이용하여 슬라이드를 작성한다(글꼴 : 돋움, 18pt).

세부조건

① 상단 도형 :
   2개 도형의 조합으로 작성

② 좌측 도형 :
   그라데이션 효과(선형 아래쪽)

③ 표 스타일 :
   테마 스타일 1 - 강조 1

작업순서요약

① 표를 작성한 후 표 크기 및 내용을 입력합니다.
② 표 스타일을 지정한 후 글꼴 및 단락을 지정합니다.
③ 도형을 이용하여 상단 도형을 작성한 후 채우기 색 및 글꼴 서식을 지정합니다.
④ 도형을 이용하여 좌측 도형을 작성한 후 그라데이션 및 글꼴 서식을 지정합니다.

STEP 01 표 작성하기

📄 Chapter05.pptx

1 4번 슬라이드를 선택한 후 슬라이드 제목(Ⅱ. VR, AR, MR 기술 비교)을 입력합니다.

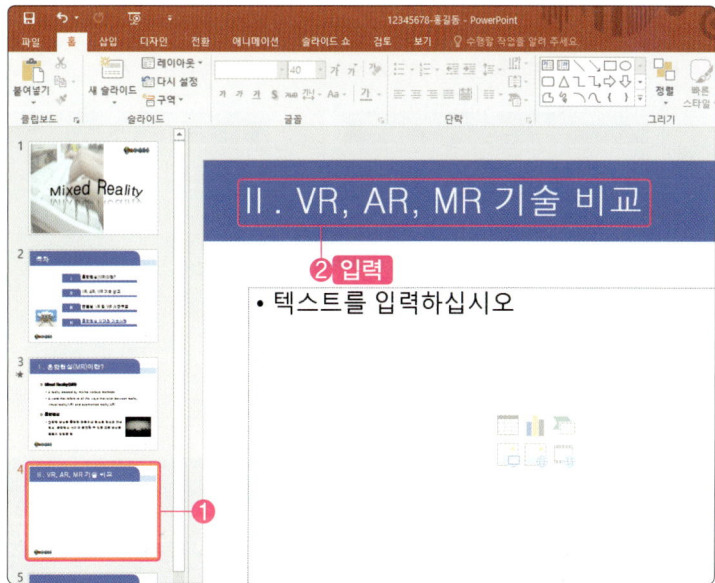

Tip
한글 자음(ㅈ)을 입력한 후 [한자]를 누른다음 로마자 숫자(Ⅱ)를 선택합니다.

2 텍스트 상자의 🔲[표 삽입] 아이콘을 클릭한 후 [표 삽입] 대화상자가 나타나면 **열 개수(3)와 행 개수(3)를 입력**한 다음 [확인] 단추를 클릭합니다.

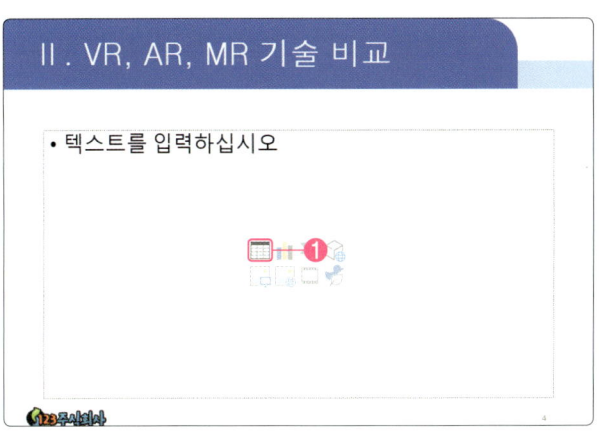
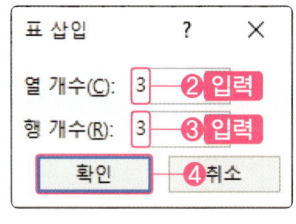

3 표가 삽입되면 **위치를 조절**한 후 **크기 조절점을 드래그하여 크기를 조절**합니다.

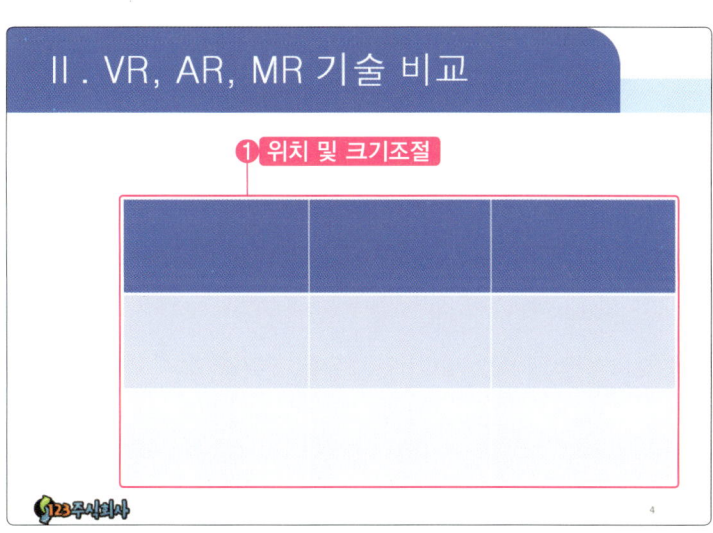

Chapter 05 · 표 슬라이드 **63**

표 크기 조절 / 셀 너비 조절 / 셀 높이 조절
- 표 크기 조절 : 크기 조절점을 드래그합니다.
- 셀 너비 조절 : 표 안의 세로 경계선을 드래그합니다.
- 셀 높이 조절 : 표 안의 가로 경계선을 드래그합니다.

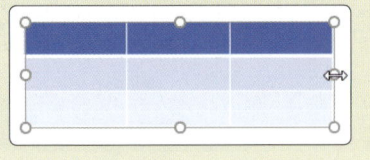 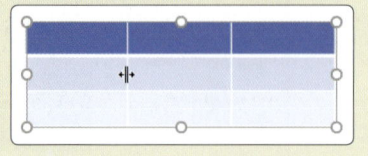 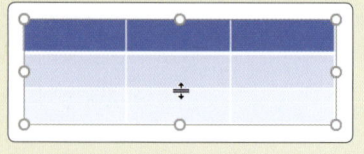

▲ 표 크기 조절　　　　▲ 셀 너비 조절　　　　▲ 셀 높이 조절

4 다음과 같이 **표의 각 셀에 내용을 입력**합니다.

II. VR, AR, MR 기술 비교

❶ 입력

현실세계를 차단하고 디지털 환경만 구축	현실 정보 위에 가상 정보를 업혀서 보여주는 기술	현실 정보 기반에 가상 정보를 융합
몰입감 뛰어남	현실과 상호작용 가능	현실과 상호작용 우수 사실감, 몰입감 극대
현실과 상호작용 약함	시야와 정보 분리 몰입감 떨어짐	데이터의 대용량 장비나 기술적 제약

4

64 파워포인트 2016

STEP 02 표 스타일 지정하기

1 표를 선택한 후 [표 도구] 정황 탭-[디자인] 탭-[표 스타일] 그룹에서 ▽[자세히]를 클릭한 다음 ▦[테마 스타일 1 - 강조 1]을 클릭합니다.

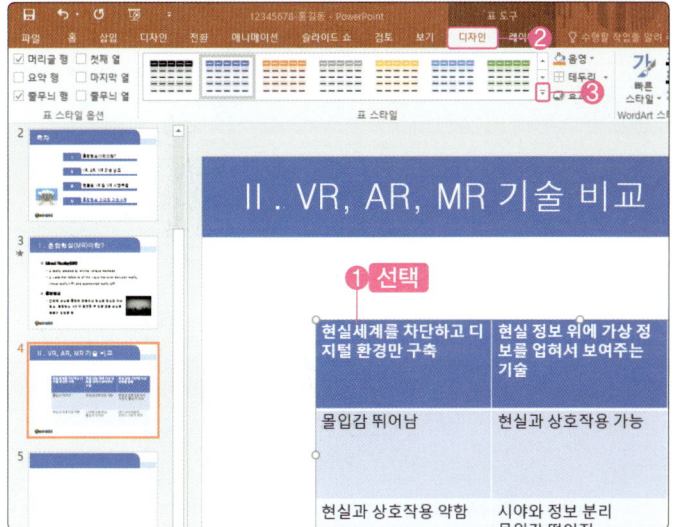
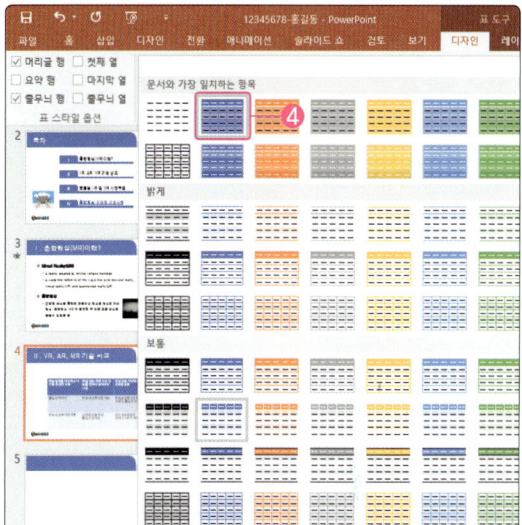

2 [표 도구] 정황 탭-[디자인] 탭-[표 스타일 옵션] 그룹에서 [머리글 행]과 [줄무늬 행]을 선택 해제합니다.

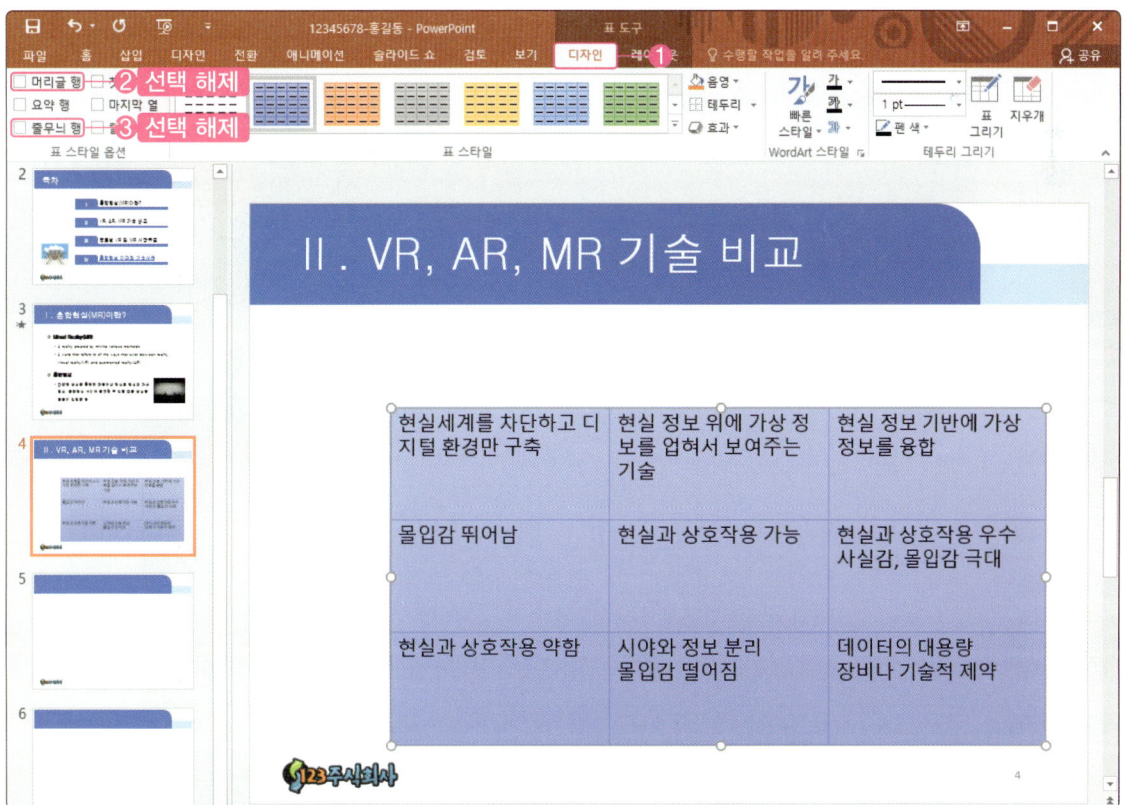

Tip

- **머리글 행** : 표의 머리글 행을 설정하거나 해제합니다. 머리글 행은 표의 첫 행 서식을 특별하게 지정합니다.
- **줄무늬 행** : 짝수 행과 홀수 행의 서식이 서로 다른 줄무늬 행을 표시합니다.

3 [홈] 탭-[글꼴] 그룹에서 **글꼴(돋움)과 글꼴 크기(18)를 선택**합니다.

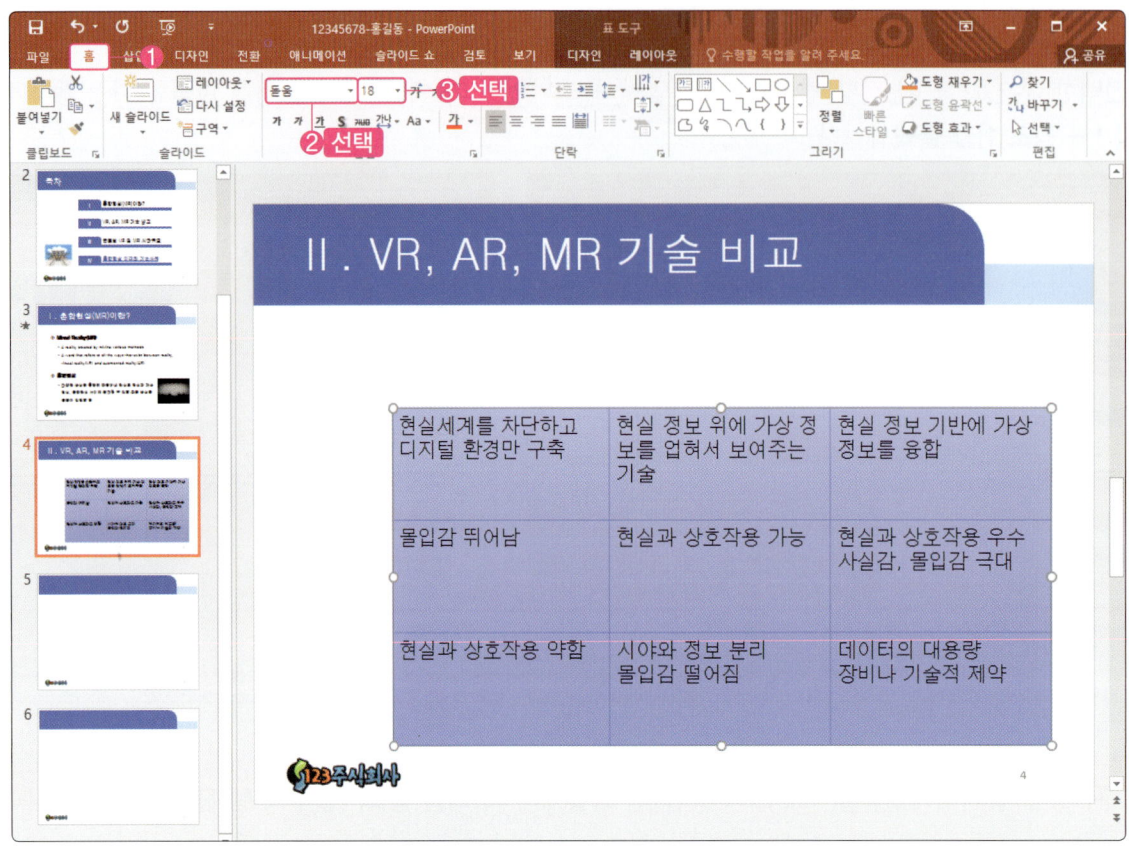

4 [단락] 그룹에서 ≡[**가운데 맞춤**]을 **선택**한 후 [**텍스트 맞춤**]을 클릭한 다음 [**중간**]을 클릭합니다.

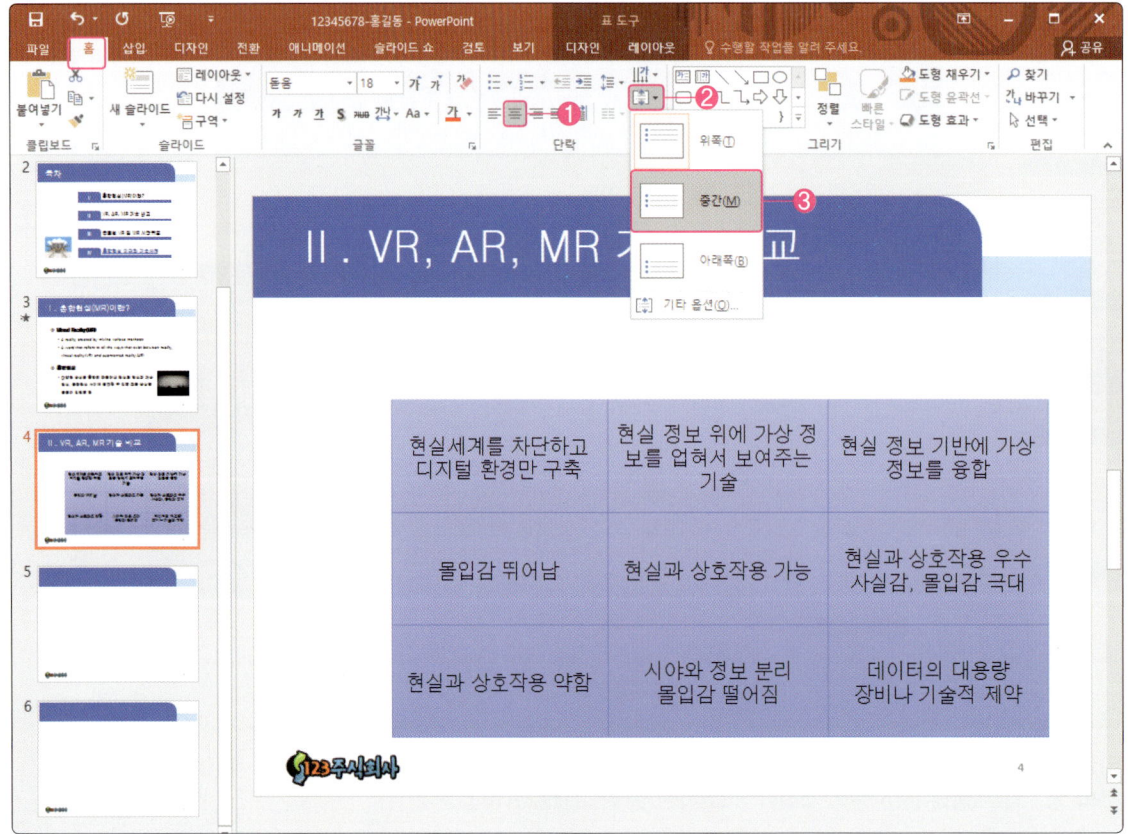

STEP 03　상단 도형 작성하기

1 [삽입] 탭-[일러스트레이션] 그룹에서 [도형]을 클릭한 후 ▢[한쪽 모서리가 잘린 사각형]을 클릭합니다.

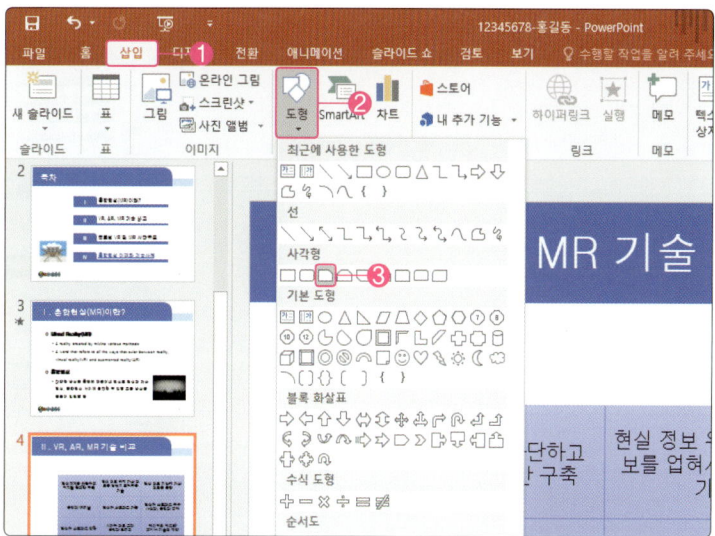

2 마우스 포인터 모양이 + 모양으로 변경되면 **드래그하여 도형을 작성**합니다.

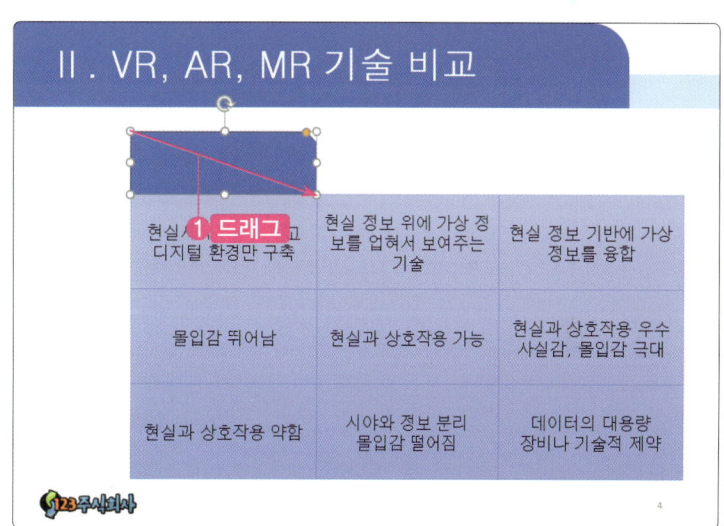

3 [그리기 도구] 정황 탭-[서식] 탭-[도형 스타일] 그룹에서 [**도형 채우기**]를 클릭한 후 **임의의 색을 지정**합니다.

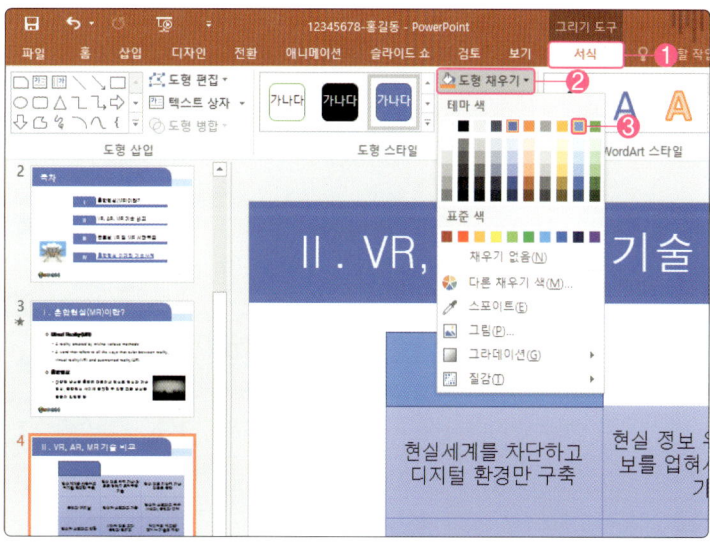

Tip
채우기 색은 수험자가 임의의 색을 지정하며 채우기 색을 변경하지 않아도 감점되지 않습니다.

4 [삽입] 탭-[일러스트레이션] 그룹에서 [도형]을 클릭한 후 ✚[십자형]을 클릭합니다.

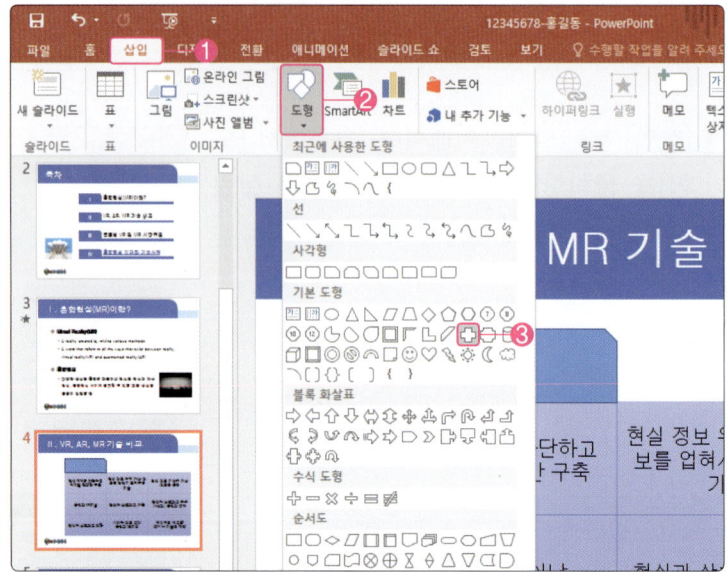

5 마우스 포인터 모양이 + 모양으로 변경되면 드래그하여 도형을 작성합니다.

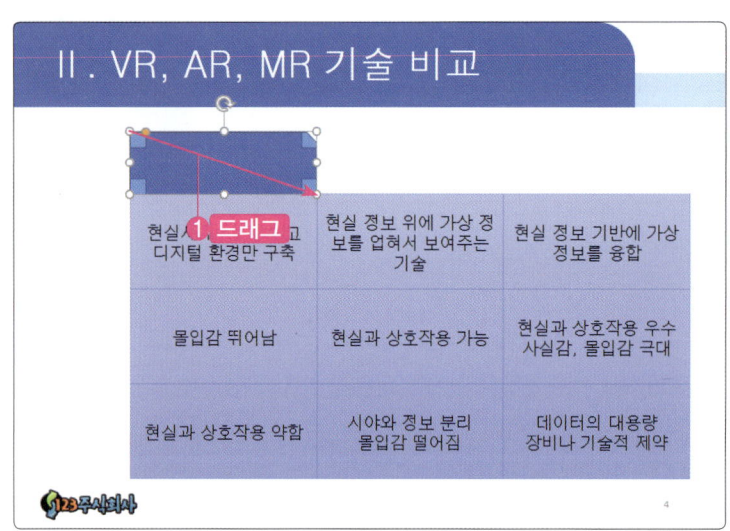

6 [그리기 도구] 정황 탭-[서식] 탭-[도형 스타일] 그룹에서 [도형 채우기]를 클릭한 후 임의의 색을 지정합니다.

Tip
채우기 색은 수험자가 임의의 색을 지정하며 채우기 색을 변경하지 않아도 감점되지 않습니다.

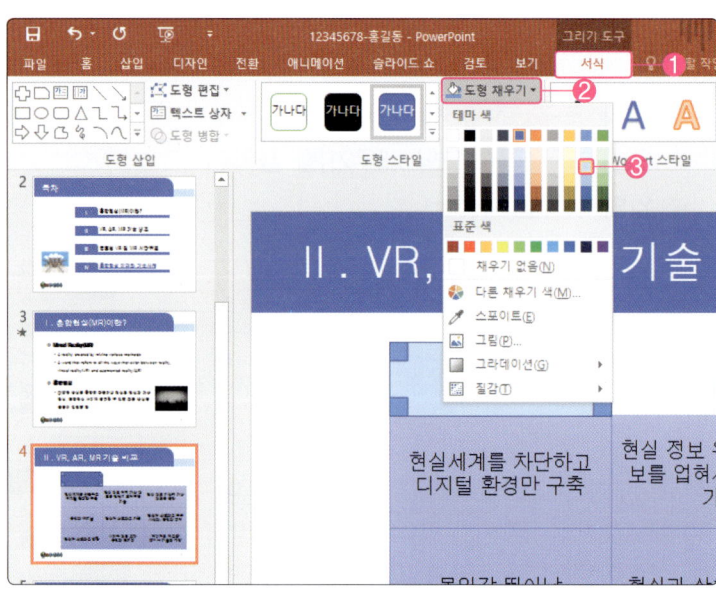

7 상단 도형을 드래그하여 선택한 후 Ctrl과 Shift를 누른 상태에서 드래그하여 도형을 복사합니다.

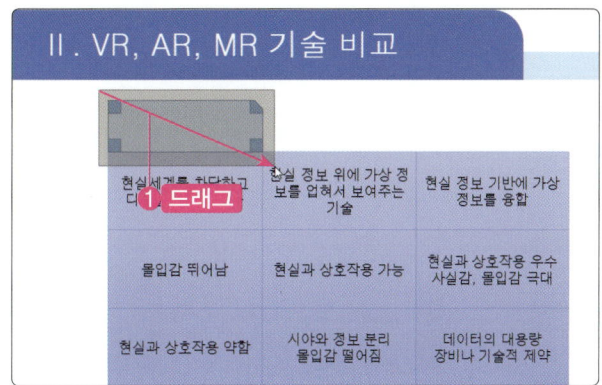 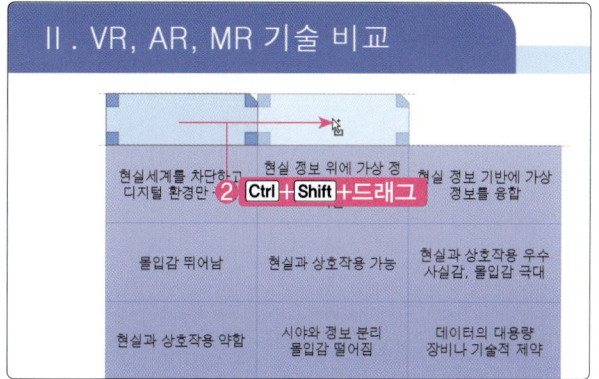

> Tip
> - 하나의 도형 선택하기 : 도형에 마우스 포인트를 가져가 마우스 포인터가 ✥ 모양으로 변경되면 클릭합니다.
> - 여러개의 도형 선택하기 : 도형 보다 넓게 범위를 지정하여 도형을 선택하거나 도형을 선택한 후 Ctrl이나 Shift를 누른 상태에서 다른 도형들을 선택합니다.

8 ⊕[십자형] 도형을 각각 선택한 후 내용을 입력합니다.

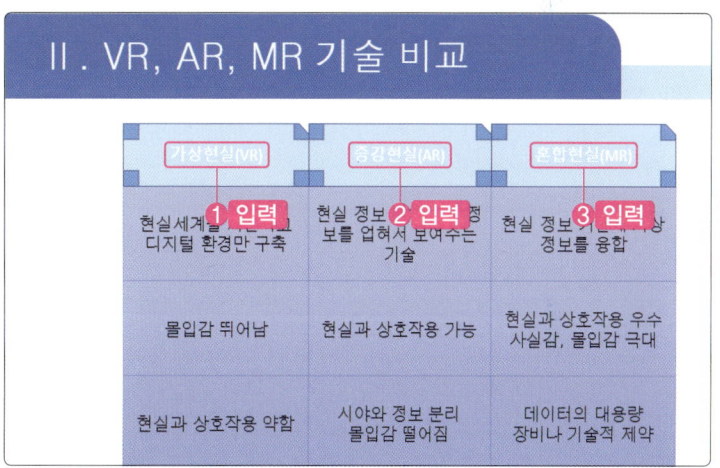

9 십자형 도형을 모두 선택한 후 [홈] 탭-[글꼴] 그룹에서 **글꼴(돋움)과 글꼴 크기(18), 글꼴 색(검정, 텍스트 1)**을 선택합니다.

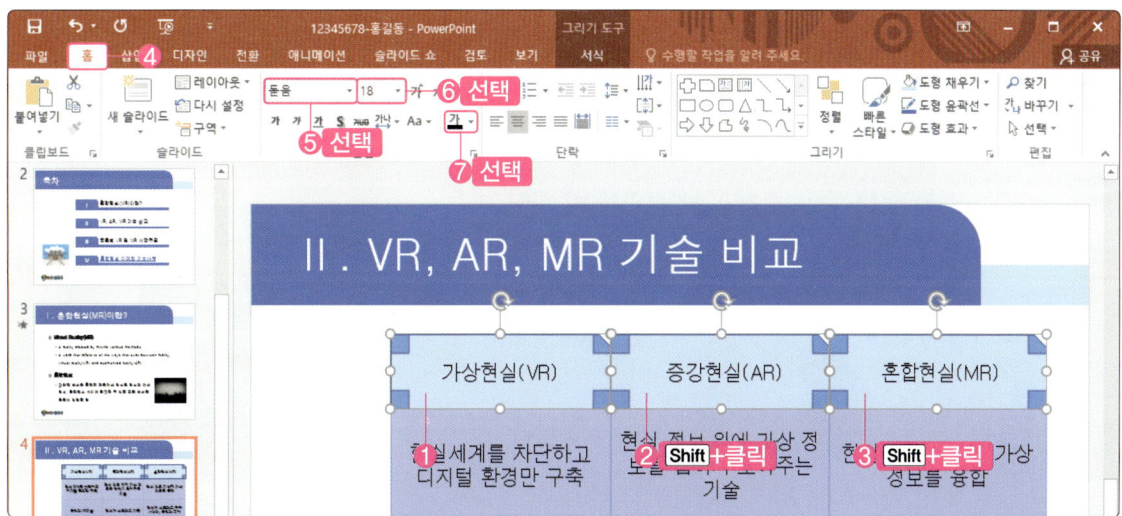

Chapter 05 · 표 슬라이드 **69**

STEP 04   좌측 도형 작성하기

1 [삽입] 탭-[일러스트레이션] 그룹에서 [도형]을 클릭한 후 ▷[오각형]을 클릭합니다.

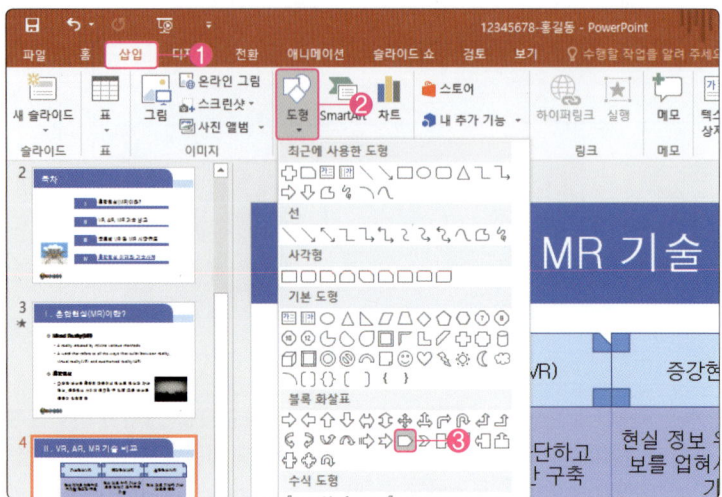

2 마우스 포인터 모양이 + 모양으로 변경되면 **드래그하여 도형을 작성**합니다.

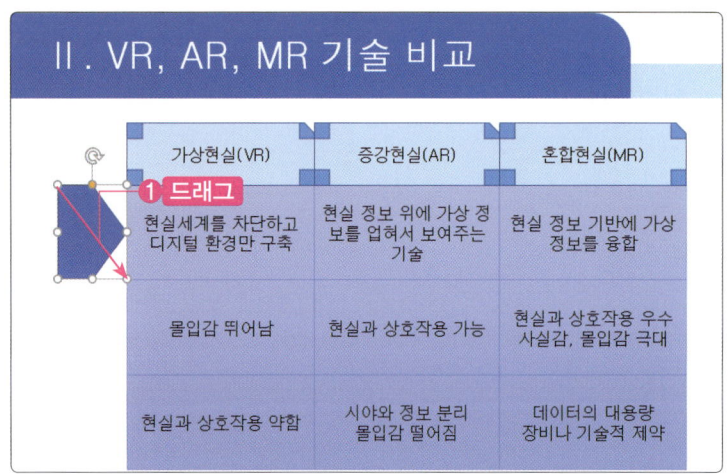

3 [그리기 도구] 정황 탭-[서식] 탭-[정렬] 그룹에서 ◢회전▾ [회전]을 클릭한 후 [좌우 대칭]을 클릭합니다.

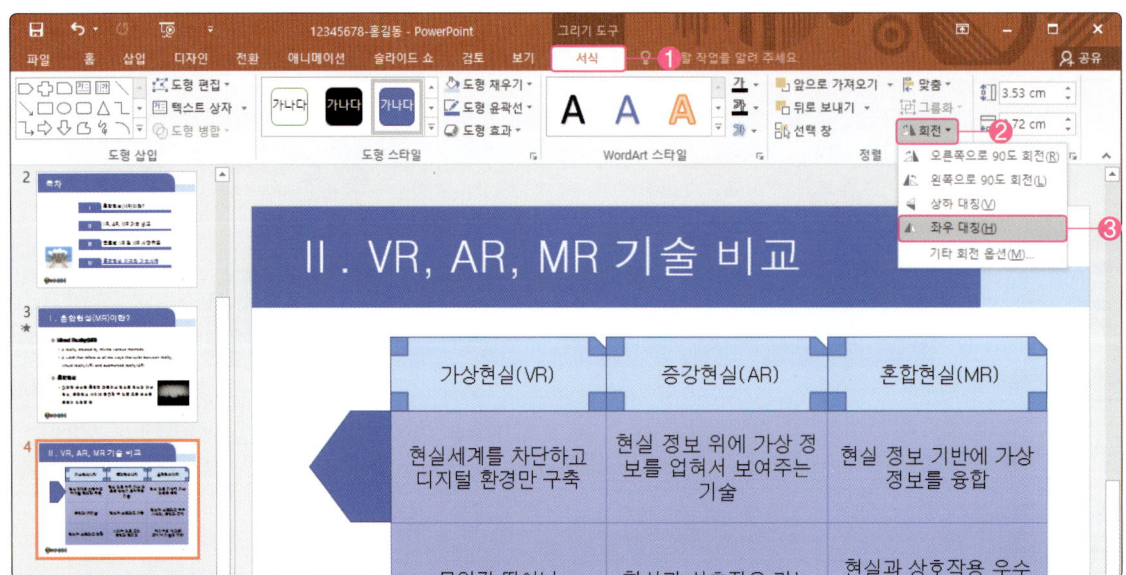

4 [그리기 도구] 정황 탭-[서식] 탭-[도형 스타일] 그룹에서 **[도형 채우기]를 클릭**한 후 **임의의 색을 지정**합니다.

5 [그리기 도구] 정황 탭-[서식] 탭-[도형 스타일] 그룹에서 **[도형 채우기]를 클릭**한 후 [그라데이션]-**[선형 아래쪽]**을 클릭합니다.

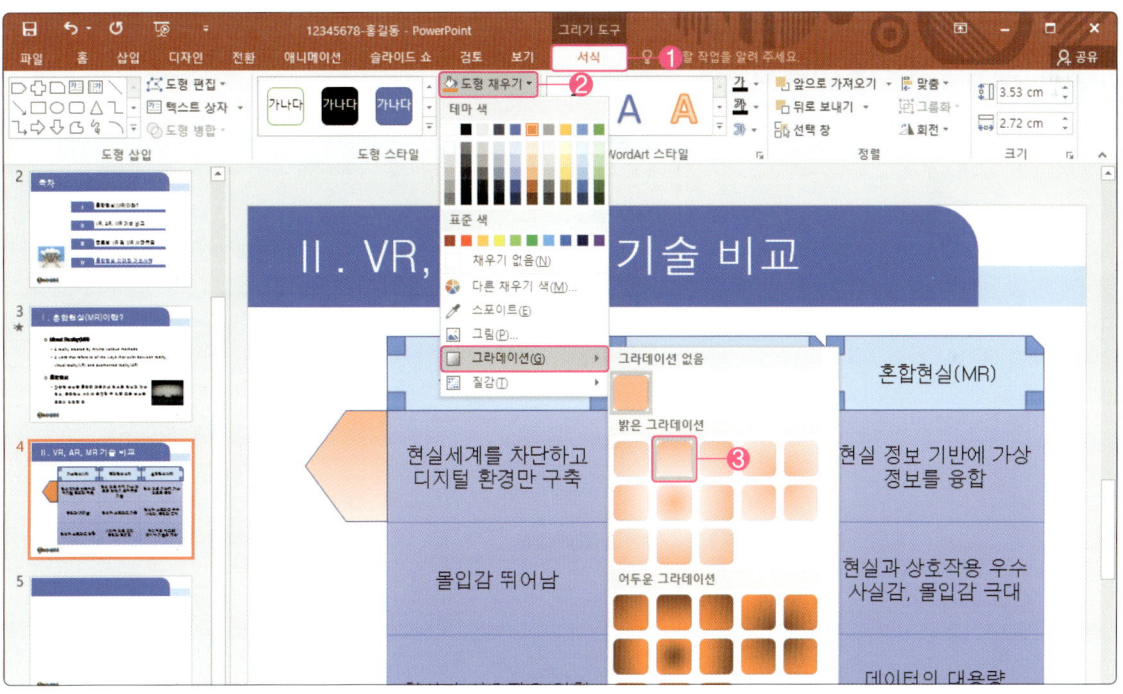

6 도형을 선택한 후 Ctrl과 Shift를 누른 상태에서 드래그하여 도형을 복사합니다.

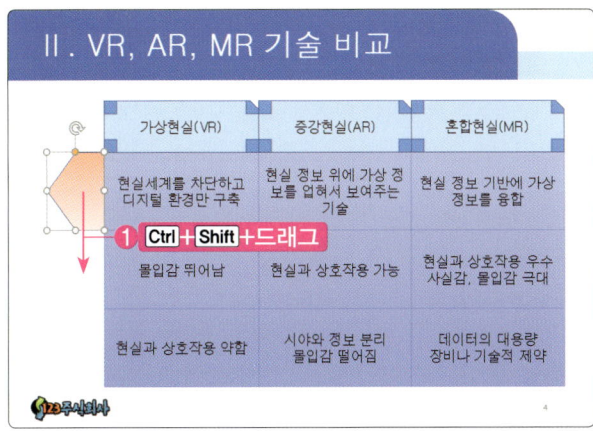 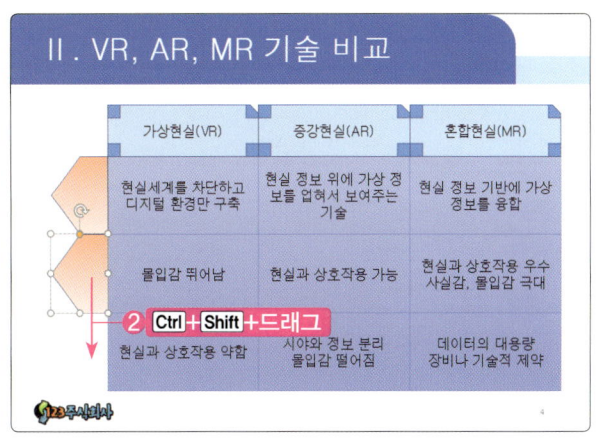

Chapter 05 · 표 슬라이드 **71**

7 ▷[오각형] 도형을 각각 **선택**한 후 **내용을 입력**합니다.

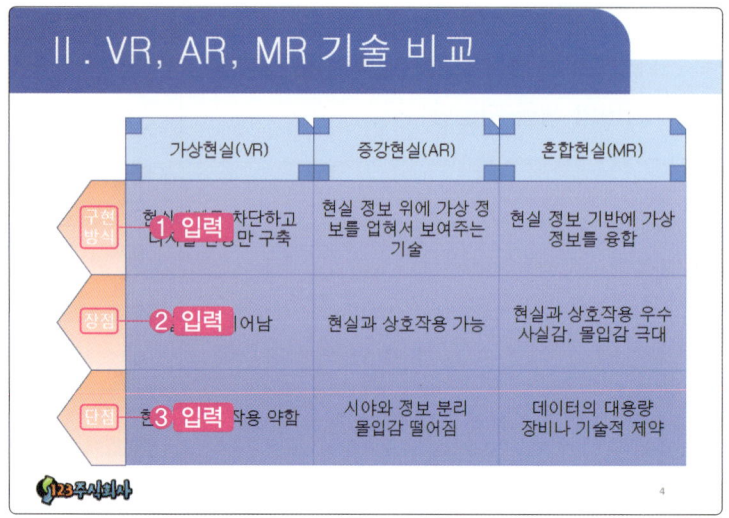

8 오각형 도형을 모두 **선택**한 후 [홈] 탭-[글꼴] 그룹에서 **글꼴(돋움)과 글꼴 크기(18), 글꼴 색(검정, 텍스트 1)을 선택**합니다.

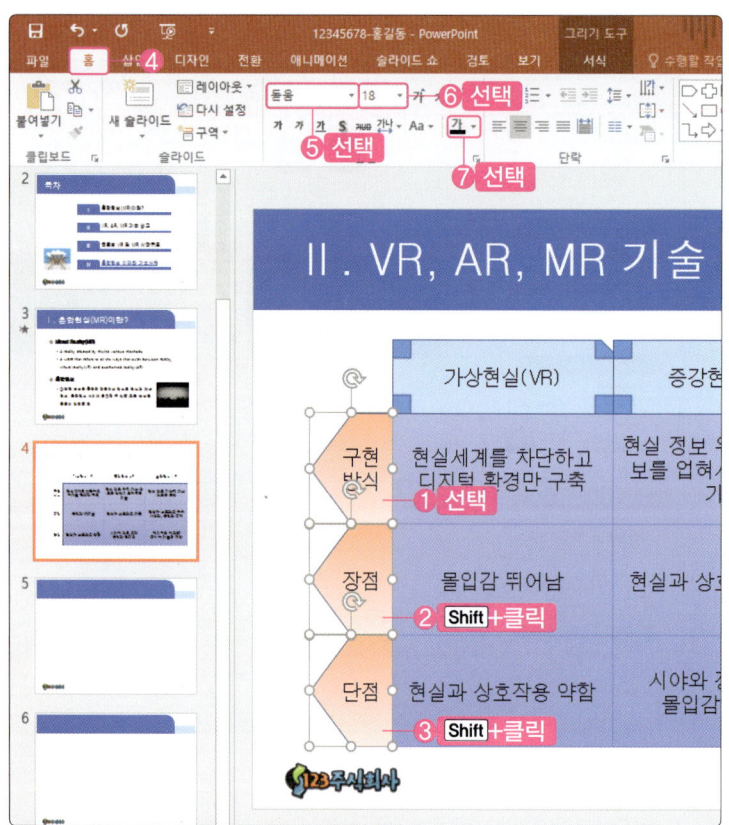

9 표 슬라이드 작성이 완료되면 빠른 실행 도구 모음에서 🖫[저장]을 클릭합니다.

Tip

[파일] 탭-[저장]을 클릭하거나 Ctrl+S를 눌러 답안을 저장할 수도 있습니다.

문제유형 001 　 표 슬라이드

(1) 도형과 표 작성 기능을 이용하여 슬라이드를 작성한다(글꼴 : 돋움, 18pt).

세부조건

① 상단 도형 :
　2개 도형의 조합으로 작성

② 좌측 도형 :
　그라데이션 효과(선형 아래쪽)

③ 표 스타일 :
　테마 스타일 1 - 강조 2

전기차 설치유형에 따른 분류

도형 : □[직사각형], ◯[순서도: 카드]

	벽부형 충전기	스탠드형 충전기	이동형 충전기
용량	3~7KW	3~7KW	3KW(이상)
충전 시간	4~6시간	4~6시간	6~9시간
특징	분전함, 기초패드 설치 U형볼라드, 차량스토퍼, 차선도색 충전기 위치가 외부에 설치되어 눈, 비에 노출될 경우만 캐노피 설치		간단한 식별장치를 부착하여 충전 태그가 부착된 건물에서 충전 가능

병합할 셀을 선택한 후 [표 도구] 상황 탭-[레이아웃] 탭-[병합] 그룹에서 [셀 병합]을 클릭합니다.

문제유형 002 　 표 슬라이드

(1) 도형과 표 작성 기능을 이용하여 슬라이드를 작성한다(글꼴 : 돋움, 18pt).

세부조건

① 상단 도형 :
　2개 도형의 조합으로 작성

② 좌측 도형 :
　그라데이션 효과(선형 아래쪽)

③ 표 스타일 :
　테마 스타일 1 - 강조 6

도시재생 교육프로그램

	과정명	강사	교육 내용
평일 (수요일)	도시재생의 이해	윤태호	도시재생의 개념 도시재생의 역사 도시재생의 구현 방법
주말 (토요일)	국내 도시재생 사례	나영수	부천시 마루광장 전주 한옥마을 창원시 창동 예술촌 동경 롯폰기힐스 독일 뒤스부르크 환경공원
	해외 도시재생 사례	최원석	

표 내용의 줄 간격은 지정하지 않고 기본 값을 사용합니다.

| 문제유형 003 | 표 슬라이드 | Ch05_문제유형003.pptx |

(1) 도형과 표 작성 기능을 이용하여 슬라이드를 작성한다(글꼴 : 돋움, 18pt).

세부조건

① 상단 도형 :
　2개 도형의 조합으로 작성

② 좌측 도형 :
　그라데이션 효과(선형 아래쪽)

③ 표 스타일 :
　테마 스타일 1 - 강조 1

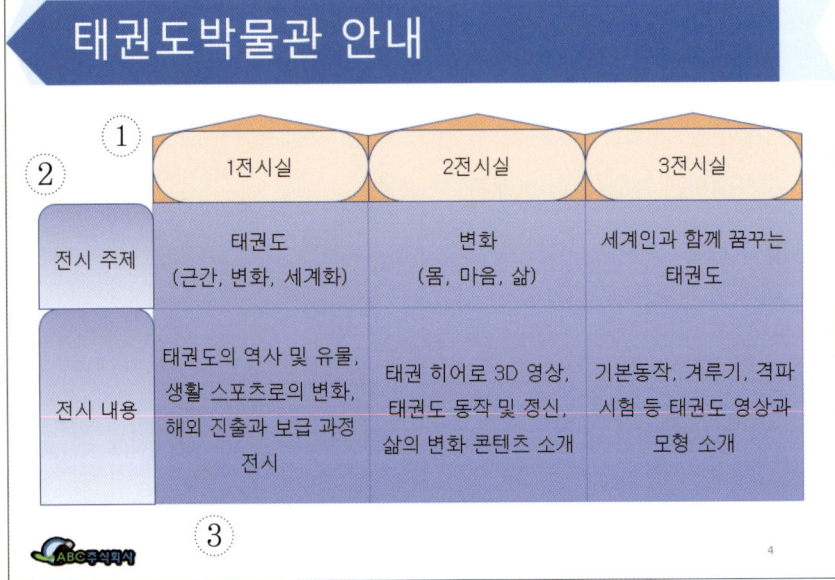

| 문제유형 004 | 표 슬라이드 | Ch05_문제유형004.pptx |

(1) 도형과 표 작성 기능을 이용하여 슬라이드를 작성한다(글꼴 : 돋움, 18pt).

세부조건

① 상단 도형 :
　2개 도형의 조합으로 작성

② 좌측 도형 :
　그라데이션 효과(선형 아래쪽)

③ 표 스타일 :
　테마 스타일 1 - 강조 2

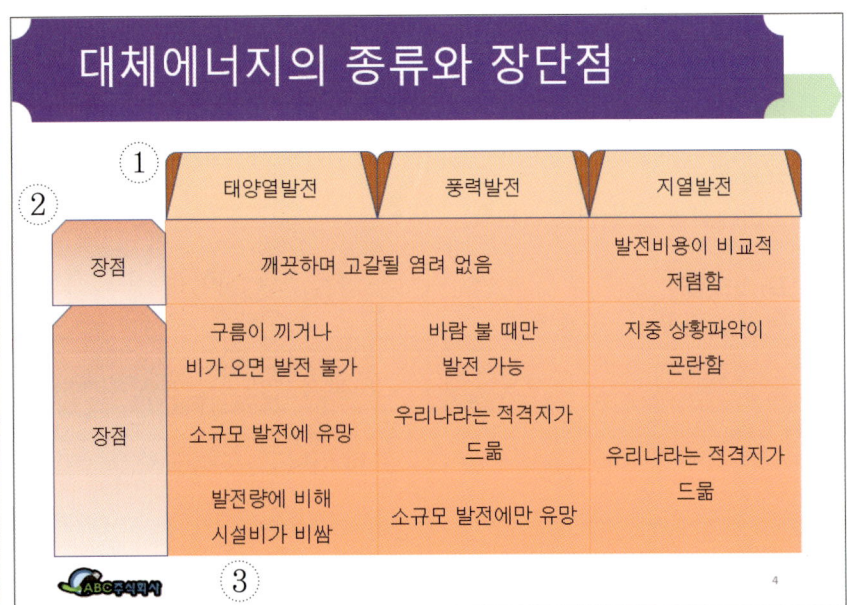

실전문제유형

문제유형 005   표 슬라이드

`Ch05_문제유형005.pptx`

(1) 도형과 표 작성 기능을 이용하여 슬라이드를 작성한다(글꼴 : 굴림, 18pt).

세부조건

① 상단 도형 :
   2개 도형의 조합으로 작성

② 좌측 도형 :
   그라데이션 효과(선형 아래쪽)

③ 표 스타일 :
   테마 스타일 1 - 강조 4

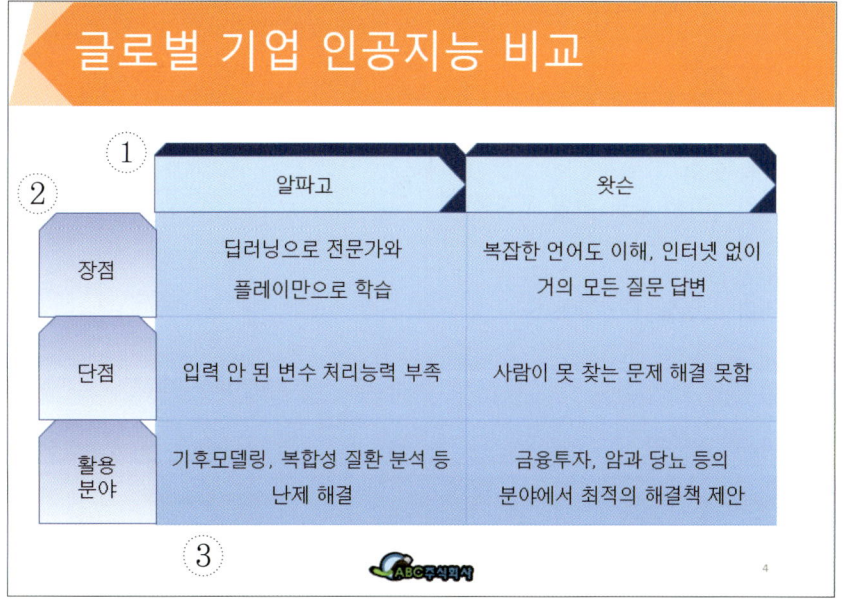

문제유형 006   표 슬라이드

`Ch05_문제유형006.pptx`

(1) 도형과 표 작성 기능을 이용하여 슬라이드를 작성한다(글꼴 : 돋움, 18pt).

세부조건

① 상단 도형 :
   2개 도형의 조합으로 작성

② 좌측 도형 :
   그라데이션 효과(선형 아래쪽)

③ 표 스타일 :
   테마 스타일 1 - 강조 5

문제유형 007 　표 슬라이드

Ch05_문제유형007.pptx

(1) 도형과 표 작성 기능을 이용하여 슬라이드를 작성한다(글꼴 : 돋움, 18pt).

세부조건

① 상단 도형 :
　 2개 도형의 조합으로 작성

② 좌측 도형 :
　 그라데이션 효과(선형 아래쪽)

③ 표 스타일 :
　 테마 스타일 1 - 강조 2

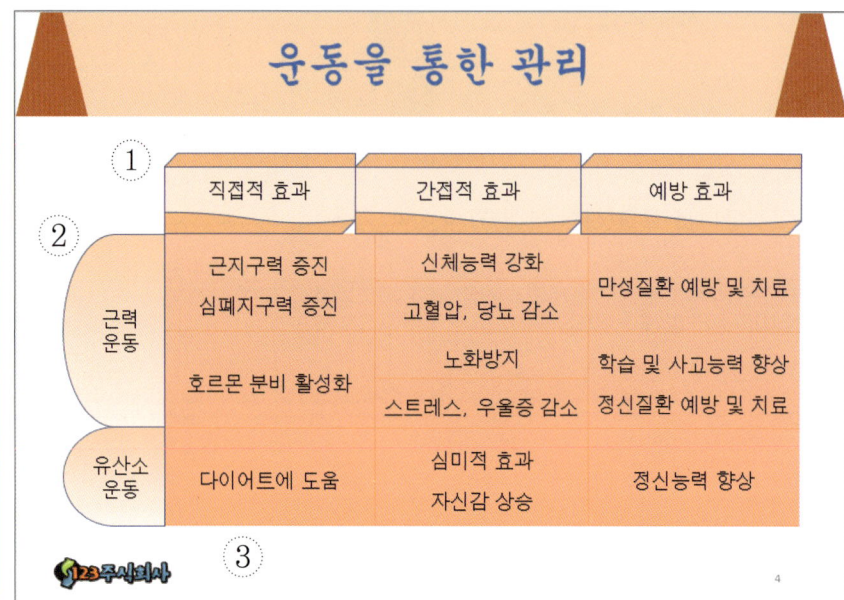

문제유형 008 　표 슬라이드

Ch05_문제유형008.pptx

(1) 도형과 표 작성 기능을 이용하여 슬라이드를 작성한다(글꼴 : 돋움, 18pt).

세부조건

① 상단 도형 :
　 2개 도형의 조합으로 작성

② 좌측 도형 :
　 그라데이션 효과(선형 아래쪽)

③ 표 스타일 :
　 테마 스타일 1 - 강조 5

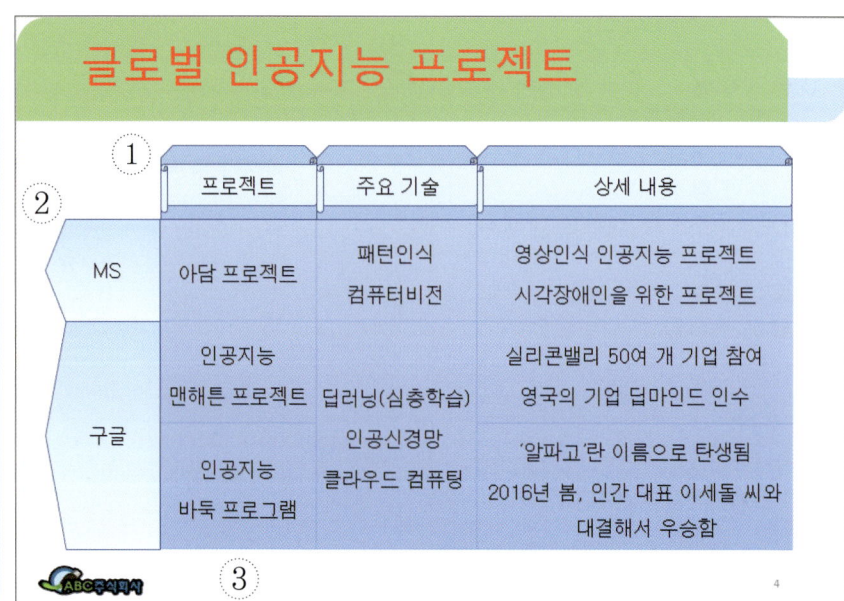

실전문제유형

문제유형 009 — 표 슬라이드

(1) 도형과 표 작성 기능을 이용하여 슬라이드를 작성한다(글꼴 : 굴림, 18pt).

세부조건

① 상단 도형 :
   2개 도형의 조합으로 작성

② 좌측 도형 :
   그라데이션 효과(선형 아래쪽)

③ 표 스타일 :
   테마 스타일 1 - 강조 2

원두의 종류

구분	아라비카	로부스타
재배지역 — 주요 산지	브라질, 콜롬비아, 에티오피아, 탄자니아 등	베트남, 인도네시아, 인도 등
재배지역 — 재배지 특성	산기슭에서 재배	낮은 고도에서 재배
재배지역 — 재배지 특성	병충해에 약함	병충해에 강함
특징 — 원두 모양	납작한 타원 모양	작고 볼록한 둥근 모양
특징 — 원두 모양	가운데 홈이 굽어 있음	가운데 홈이 직선형임
특징 — 맛과 향	부드러우며 향이 깊음	쓴맛이 강하고 향이 아라비카보다 약함

문제유형 010 — 표 슬라이드

(1) 도형과 표 작성 기능을 이용하여 슬라이드를 작성한다(글꼴 : 돋움, 18pt).

세부조건

① 상단 도형 :
   2개 도형의 조합으로 작성

② 좌측 도형 :
   그라데이션 효과(선형 아래쪽)

③ 표 스타일 :
   테마 스타일 1 - 강조 3

펀드 매니저 자격 요건

구분		자격 요건
시험 응시	증권 운용 능력	증권 관련 분야 석사학위 보유, 금융위원회 인정 교육과정 이수, 금융기관 등에서 3년 이상 근무 + 증권 운용 전문업무 2년 이상 종사
등록 교육	부동산 운용 능력	부동산 관련 분야 석사학위 보유, 외국 부동산 투자 회사 + 부동산 운용 업무 3년 이상 종사, 부동산 회사에서 부동산 운용 업무 3년 이상 종사

Chapter 05 · 표 슬라이드

파워포인트 2016

Chapter 06 차트 슬라이드

차트 슬라이드에서는 차트의 종류와 특징에 따라 세부적인 사항을 변경하는 문제가 출제됩니다. 그러므로 다양한 차트를 작성해보고 세부사항을 변경하는 연습을 해야 합니다. 또한 조건에 제시되지 않은 축 서식이나 범례 모양, 위치 등은 문제와 동일하게 구성하여 연습하는 것이 좋습니다.

[슬라이드 5] ≪차트 슬라이드≫ (100점)

(1) 차트 작성 기능을 이용하여 슬라이드를 작성한다.
(2) 차트 : 종류(묶은 세로 막대형), 글꼴(돋움, 16pt), 외곽선

세부조건

※ 차트설명
- 차트제목 : 궁서, 24pt, 굵게, 채우기(흰색), 테두리, 그림자(오프셋 오른쪽)
- 차트영역 : 채우기(노랑) 그림영역 : 채우기(흰색)
- 데이터 서식 : MR 계열을 표식이 있는 꺾은선형으로 변경 후 보조축으로 지정
- 값 표시 : 2018년의 MR 계열만

① 도형 삽입
- 스타일 :
  미세효과 – 파랑, 강조1
- 글꼴 : 굴림, 18pt

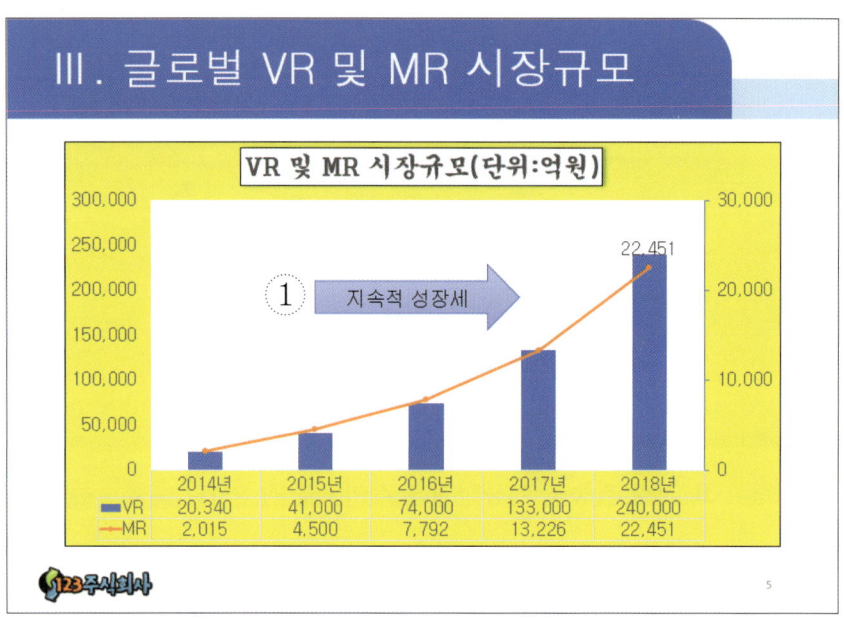

작업순서요약

① [차트 삽입] 대화상자를 이용하여 콤보 차트를 작성한 후 데이터를 입력합니다.
② 차트의 행/열을 전환한 후 제목을 작성한 다음 차트 레이아웃(범례, 데이터 테이블, 눈금선, 데이터 레이블)등을 지정합니다.
③ 차트의 글꼴 및 채우기 색, 도형 윤곽선, 그림자 등을 지정합니다.
④ 차트 축 서식을 지정합니다.
⑤ 차트에 도형을 작성한 후 도형 스타일을 지정한 다음 글꼴을 지정합니다.

STEP 01 차트 작성하기

📄 Chapter06.pptx

1 5번 슬라이드를 선택한 후 슬라이드 제목 (Ⅲ. 글로벌 VR 및 MR 시장규모)을 입력합니다.

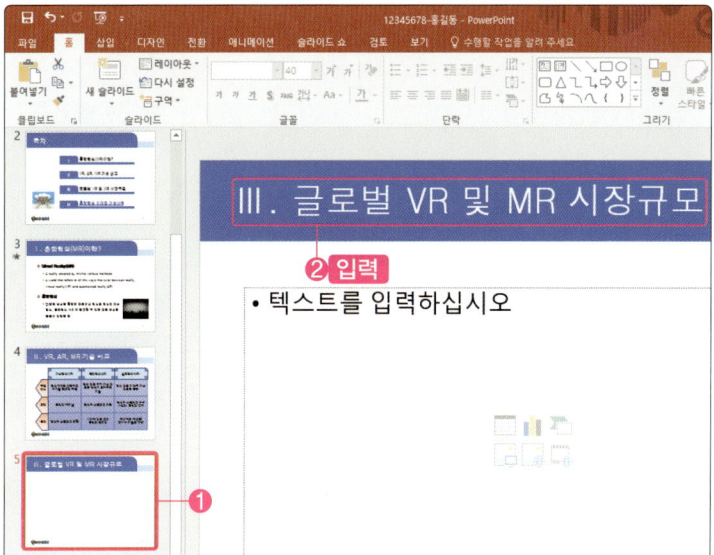

Tip
한글 자음(ㅈ)을 입력한 후 [한자]를 누른다음 로마자 숫자(Ⅲ)를 선택합니다.

2 텍스트 상자의 [차트 삽입] 아이콘을 클릭합니다.

3 [차트 삽입] 대화상자가 나타나면 [모든 차트]-[콤보]를 클릭한 후 [사용자 지정 조합]을 클릭합니다.

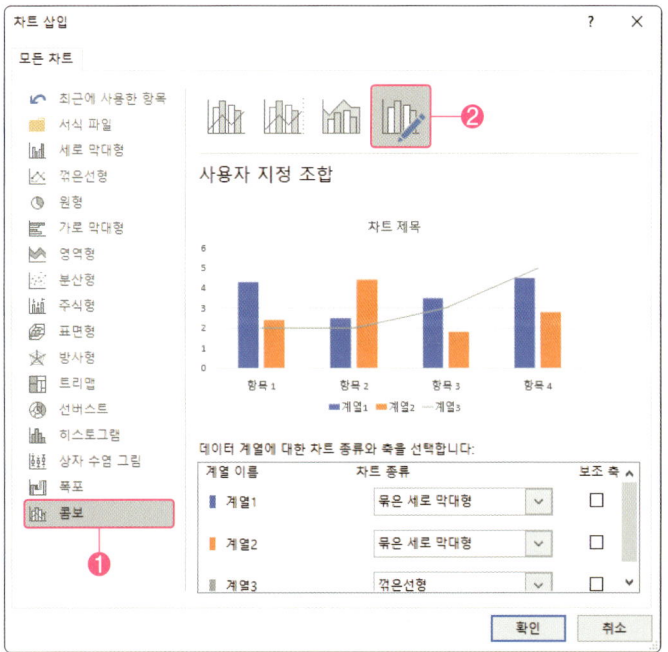

Chapter 06 • 차트 슬라이드 **79**

4 계열2의 [목록] 단추를 클릭한 후 [표식이 있는 꺾은선형]을 클릭합니다.

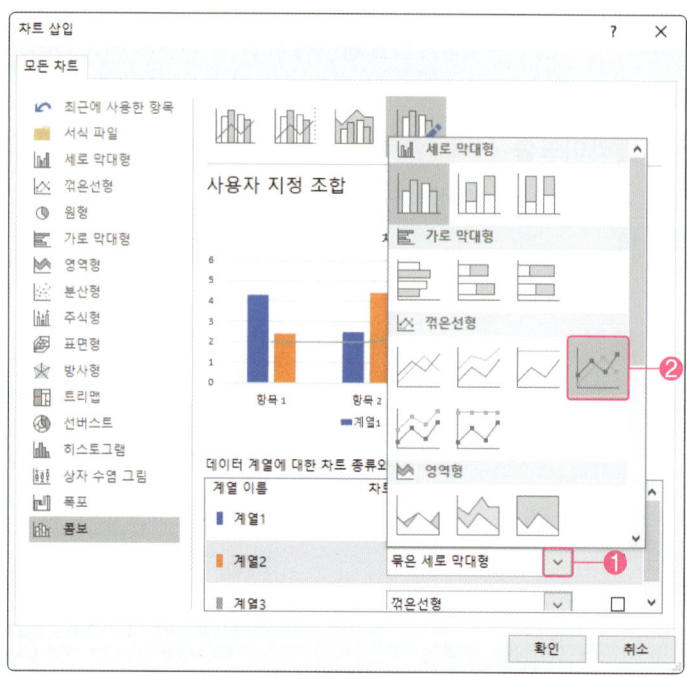

5 계열2의 **보조 축을 선택**한 후 **[확인]**을 클릭합니다.

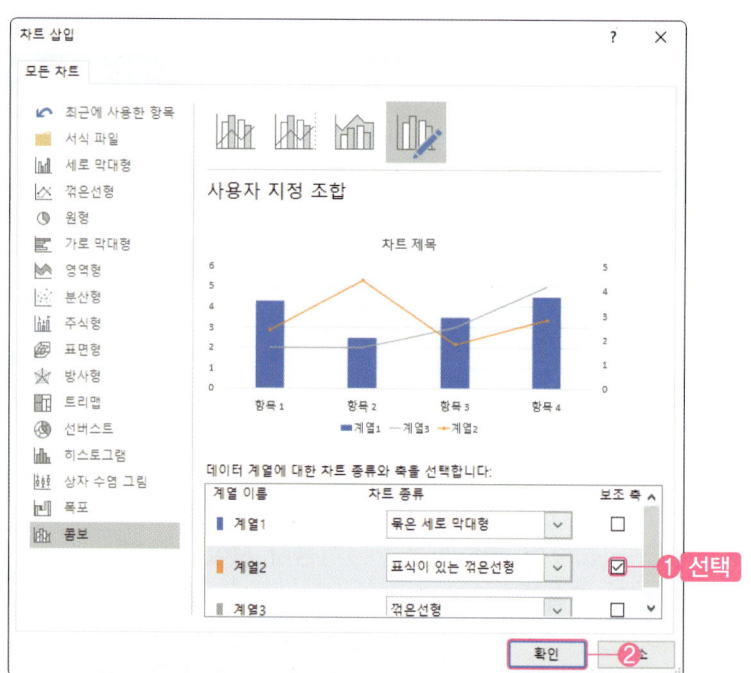

6 [Microsoft PowerPoint 차트] 프로그램이 실행되면 **4~5행을 드래그하여 선택**합니다.

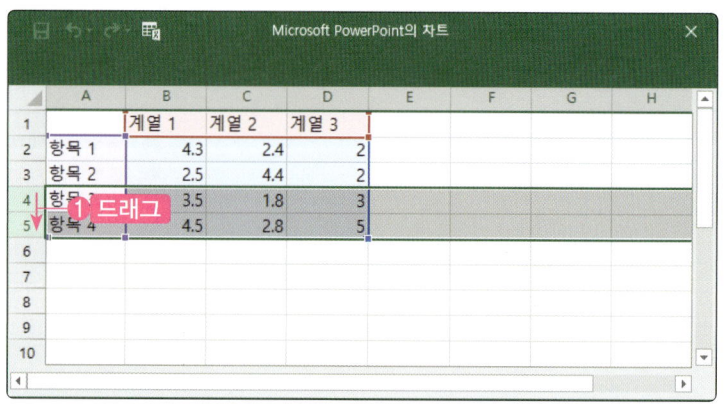

7 4~5행이 선택되면 **바로가기 메뉴의 [삭제]를 클릭**합니다.

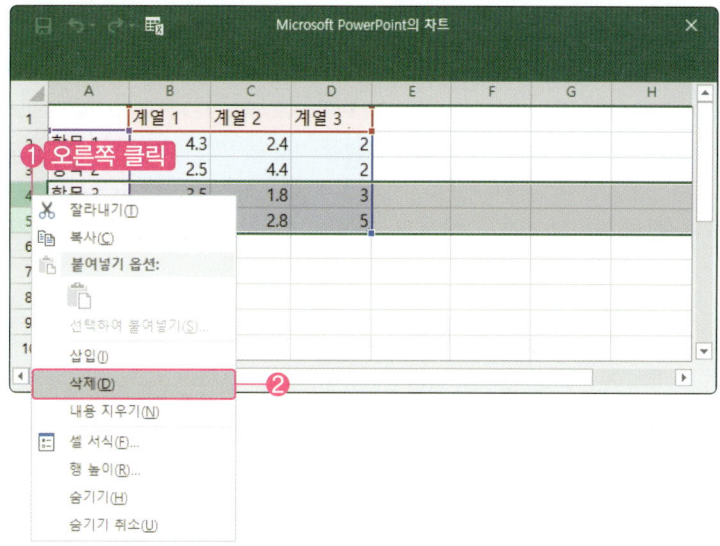

8 행이 삭제되면 ⁙ 부분에 마우스를 위치시킨 후 ↙ 모양으로 변경되면 드래그하여 차트 데이터 범위를 지정합니다.

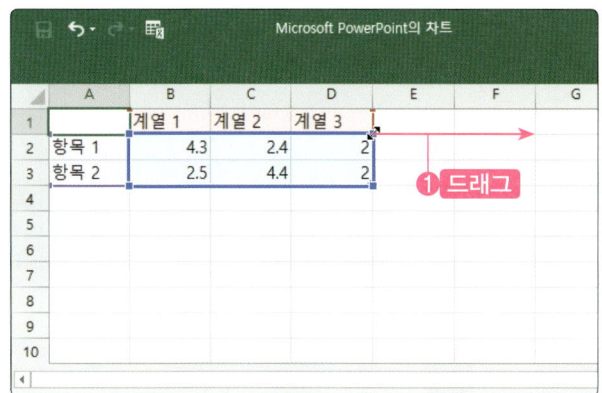
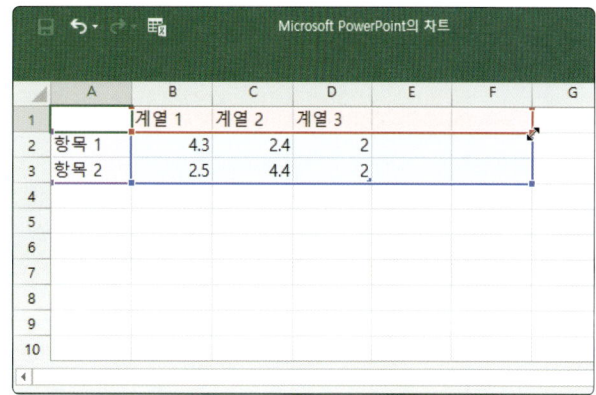

9 다음과 같이 **데이터를 입력**합니다.

	A	B	C	D	E	F
1		2014년	2015년	2016년	2017년	2018년
2	VR	20,340	41,000	74,000	133,000	240,000
3	MR	2,015	4,500	7,792	13,226	22,451

Chapter 06 · 차트 슬라이드

차트의 종류
- **세로 막대형** : 시간 경과에 따른 데이터 변화를 표시하거나 항목을 비교하는 경우에 사용합니다.
- **꺾은선형** : 분기나 월과 같이 일정한 기간 동안의 데이터 추세를 표시하는 경우에 사용합니다.
- **원형** : 전체 항목에 대한 각 항목의 비율을 표시하는 경우에 사용합니다.
- **가로 막대형** : 시간 경과에 따른 데이터 변화보다 항목을 비교하는 경우에 주로 사용합니다. 항목 이름이 길거나 값이 기간인 경우에도 사용합니다.
- **영역형** : 시간 경과에 따른 데이터 변화량을 강조하는 경우에 사용합니다.
- **분산형** : 여러 데이터 계열 사이의 관계를 표시하는 경우에 사용합니다.
- **도넛형** : 원형 차트와 마찬가지로 전체 항목에 대한 각 항목의 비율을 표시하는 경우에 사용합니다.

차트의 구성
차트는 차트 영역, 그림 영역, 차트 제목, 범례 등으로 구성되어 있습니다.

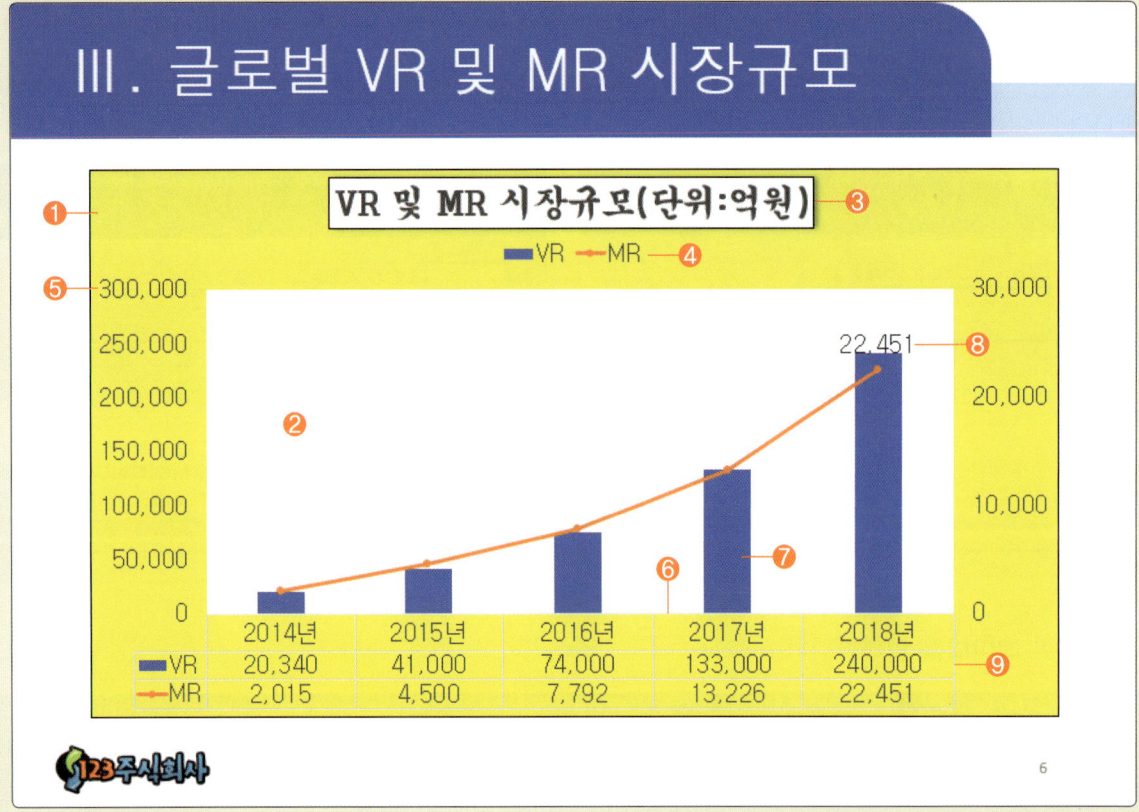

1. **차트 영역** : 모든 차트 요소를 포함한 차트 전체 입니다. 차트 요소는 차트 영역, 그림 영역, 차트 제목, 범례 등을 말합니다.
2. **그림 영역** : 2차원 차트에서는 데이터 계열을 포함한 축으로 둘러싸인 영역이며 3차원 차트에서는 세로 축, 세로 축 제목, 가로 축, 가로 축 제목을 포함합니다.
3. **차트 제목** : 차트의 제목입니다.
4. **범례** : 데이터 계열을 구분하는 색과 이름을 표시하는 곳입니다.
5. **세로 축** : 데이터 계열의 값을 표시하는 축입니다. '기본 세로 축'이라고도 합니다.
6. **가로 축** : 데이터 계열의 이름을 표시하는 축입니다.
7. **데이터 계열** : 관련 데이터 요소의 집합으로 수치 데이터를 나타내는 가로 막대, 세로 막대, 꺾은선 등을 말합니다. '계열'이라고도 합니다.
8. **데이터 레이블** : 데이터 요소의 데이터 계열 이름, 항목 이름, 값을 표시합니다.
9. **데이터 표** : 차트 데이터를 표시합니다.

STEP 02 차트 레이아웃 지정하기

1 파워포인트 프로그램을 선택한 후 [차트 도구] 정황 탭–[디자인] 탭–[데이터] 그룹에서 [행/열 전환]을 클릭합니다.

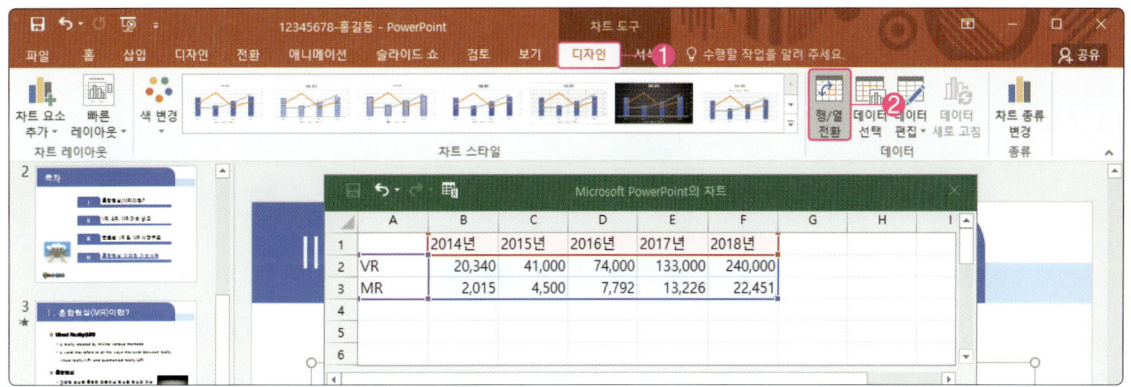

> **Tip**
> - Microsoft PowerPoint의 차트 프로그램을 종료하면 [행/열 전환]이 비활성화되어 사용할 수 없습니다.
> - Microsoft PowerPoint의 차트 프로그램을 종료한 경우 [차트 도구] 정황 탭–[디자인] 탭–[데이터] 그룹에서 [데이터 편집]을 클릭하여 Microsoft PowerPoint의 차트 프로그램을 실행합니다.

2 차트의 행/열이 전환되면 [닫기]를 눌러 Microsoft PowerPoint의 차트 프로그램을 닫습니다.

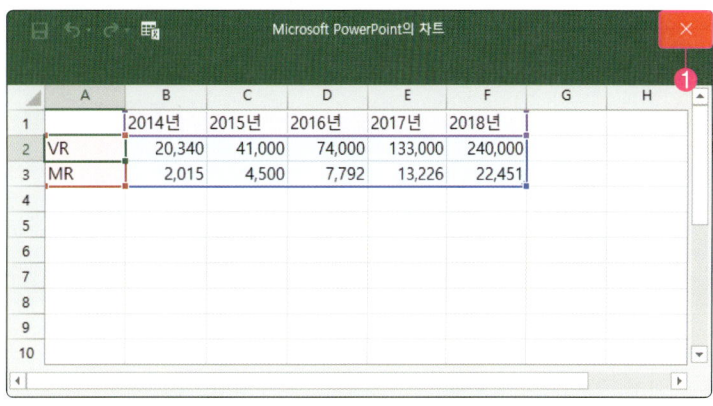

3 차트 제목을 드래그하여 블록으로 설정한 후 차트 제목(VR 및 MR 시장규모(단위:억원))을 입력합니다.

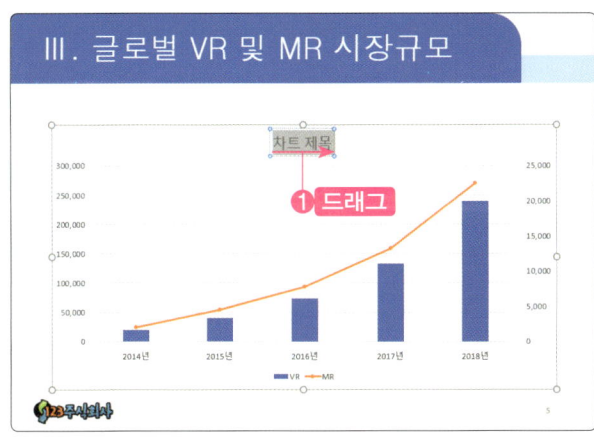 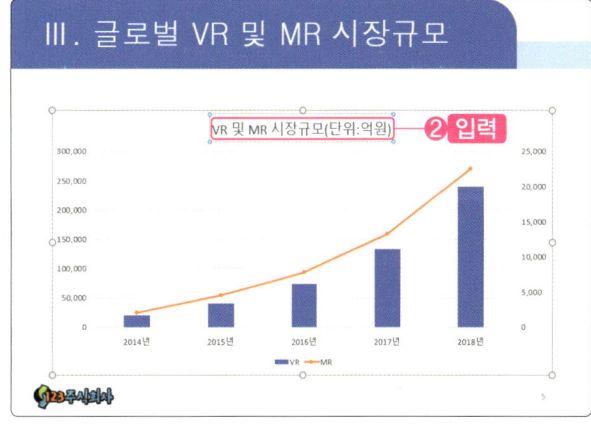

4 **차트를 선택**한 후 [차트 도구] 정황 탭-[디자인] 탭-[차트 레이아웃] 그룹에서 **[차트 요소 추가]**를 클릭한 다음 [범례]-**[없음]**을 클릭합니다.

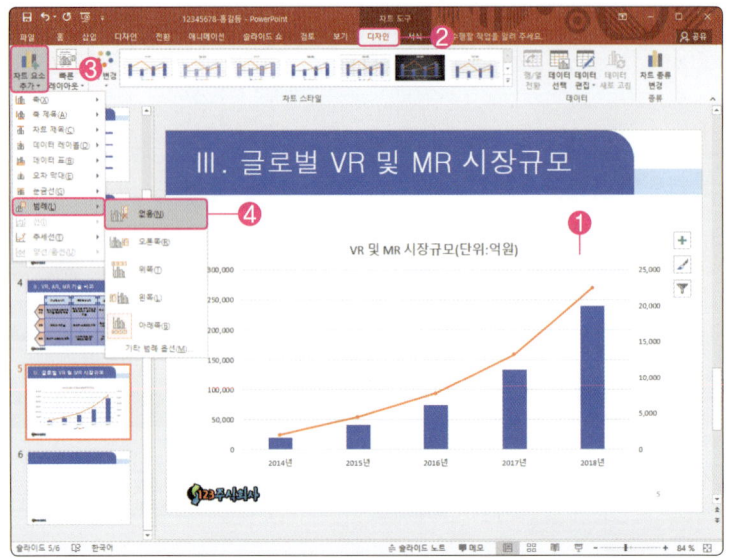

5 [차트 도구] 정황 탭-[디자인] 탭-[차트 레이아웃] 그룹에서 **[차트 요소 추가]**를 클릭한 다음 [데이터 표]-**[범례 표지 포함]**을 클릭합니다.

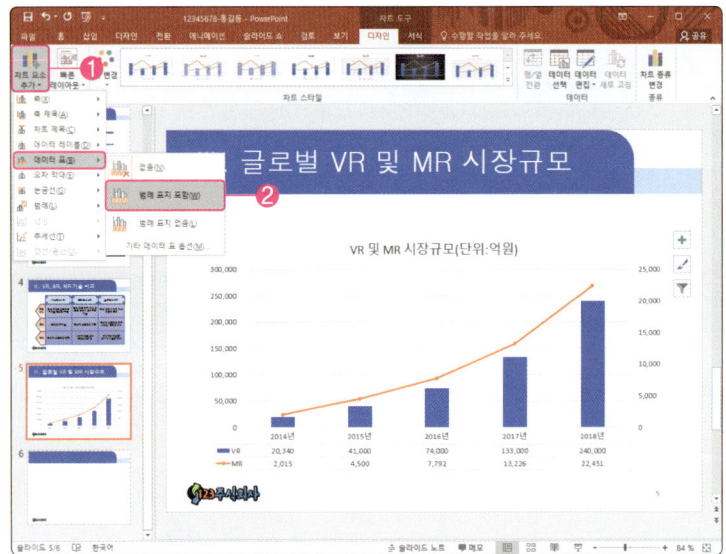

6 [차트 도구] 정황 탭-[디자인] 탭-[차트 레이아웃] 그룹에서 **[차트 요소 추가]**를 클릭한 다음 [눈금선]-**[기본 주 가로]**를 클릭하여 **선택 해제**합니다.

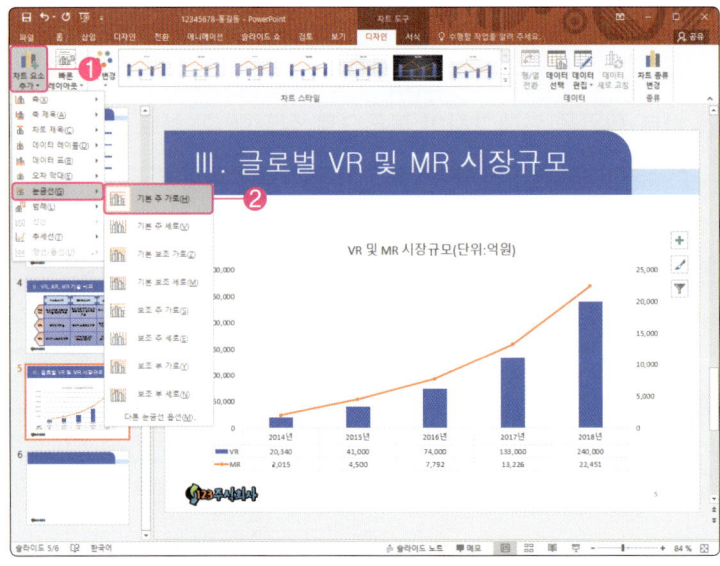

7 데이터 레이블을 지정하기 위해 'MR' 계열을 클릭한 후 다시 '2018년의 MR' 계열을 클릭합니다.

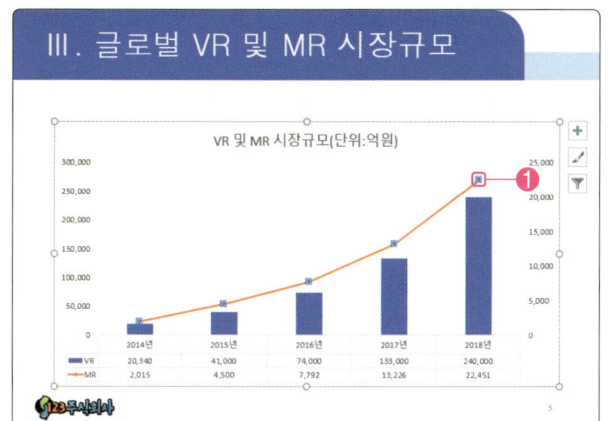 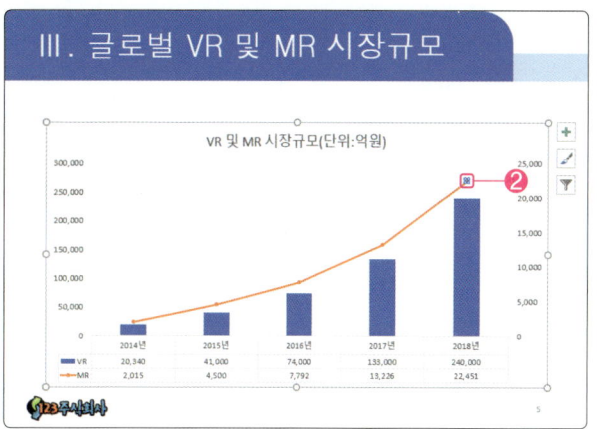

8 [차트 도구] 정황 탭-[디자인] 탭-[차트 레이아웃] 그룹에서 **[차트 요소 추가]**를 클릭한 후 [데이터 레이블]-**[위쪽]**을 클릭합니다.

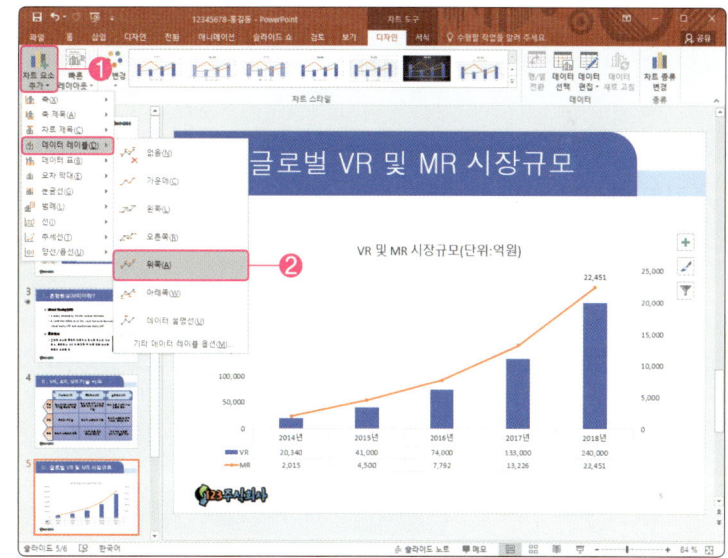

9 다음과 같이 차트의 **크기 조절점을 드래그하여 크기를 조절**합니다.

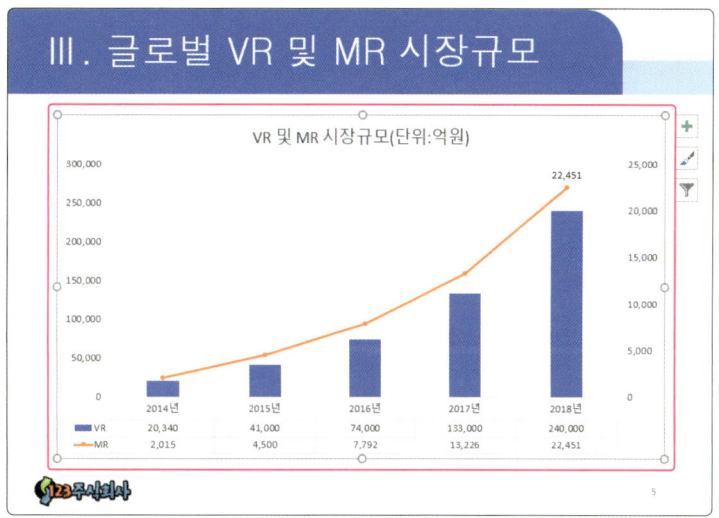

Chapter 06 · 차트 슬라이드 **85**

STEP 03 차트 글꼴 및 색상 지정하기

1 **차트를 선택**한 후 [홈] 탭-[글꼴] 그룹에서 **글꼴(돋움)과 글꼴 크기(16)를 선택**합니다.

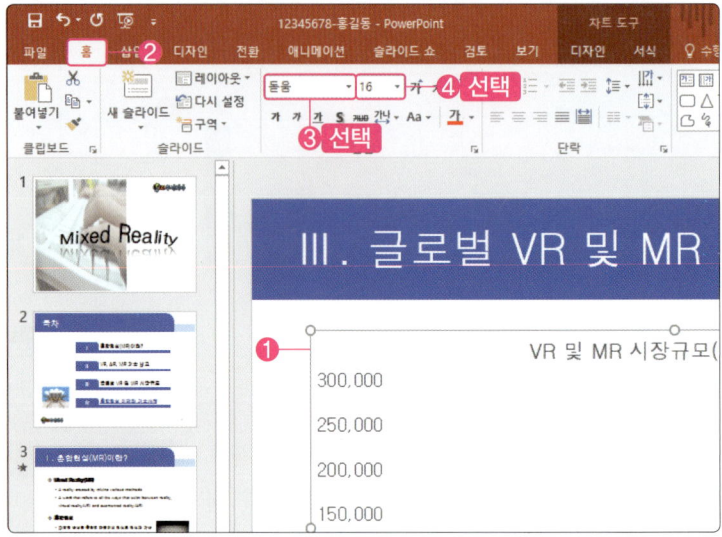

2 **차트 제목을 선택**한 후 [홈] 탭-[글꼴] 그룹에서 **글꼴(궁서)과 글꼴 크기(24), 가[굵게]를 선택**합니다.

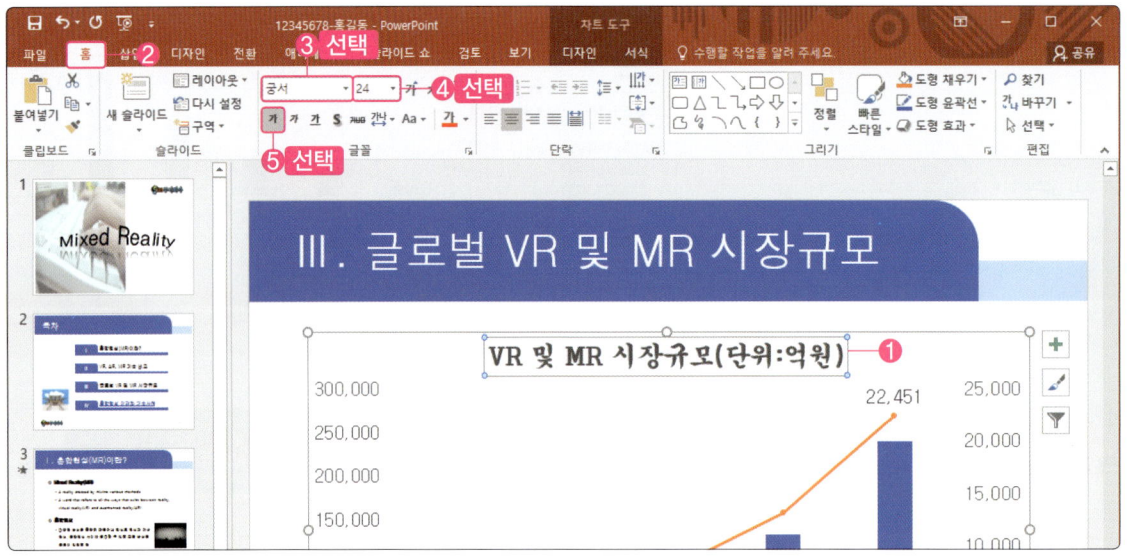

한가지 더!

차트 요소 선택하기
- 방법 1 : 차트를 선택한 후 [차트 도구] 정황 탭-[서식] 탭-[현재 선택 영역] 그룹에서 [차트 요소]의 [목록] 단추를 클릭한 다음 차트 요소(차트 영역, 그림 영역, 차트 제목, 범례 등)를 클릭합니다. 이 방법을 사용하면 한 번에 선택하기 힘든 차트 요소를 손쉽게 선택할 수 있습니다.
- 방법 2 : 차트 요소로 마우스 포인터를 가져가서 마우스 포인터가 ✥ 모양이나 I 모양으로 변경되었을 때 클릭합니다.

차트 요소 지정하기
- 차트 요소를 선택한 후 [차트 도구] 정황 탭-[서식] 탭-[현재 선택 영역] 그룹에서 [선택 영역 서식]을 클릭합니다. 해당 차트 요소의 서식 대화상자가 나타나면 서식을 지정한 후 [확인] 단추를 클릭합니다.

3 [차트 도구] 정황 탭-[서식] 탭-[도형 스타일] 그룹에서 **[도형 채우기]**를 클릭한 후 **[흰색, 배경 1]**을 클릭합니다.

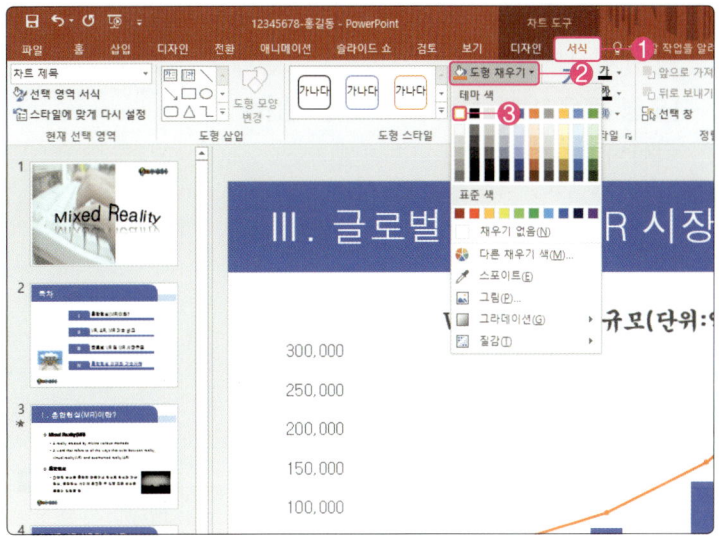

4 [차트 도구] 정황 탭-[서식] 탭-[도형 스타일] 그룹에서 **[도형 윤곽선]**을 클릭한 후 **[검정, 텍스트 1]**을 클릭합니다.

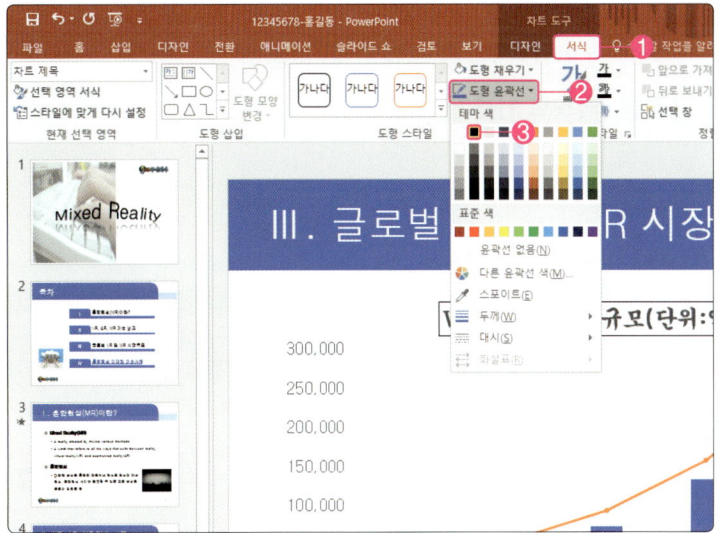

5 [차트 도구] 정황 탭-[서식] 탭-[도형 스타일] 그룹에서 **[도형 효과]**를 클릭한 후 **[그림자]**-**[오프셋 오른쪽]**을 클릭합니다.

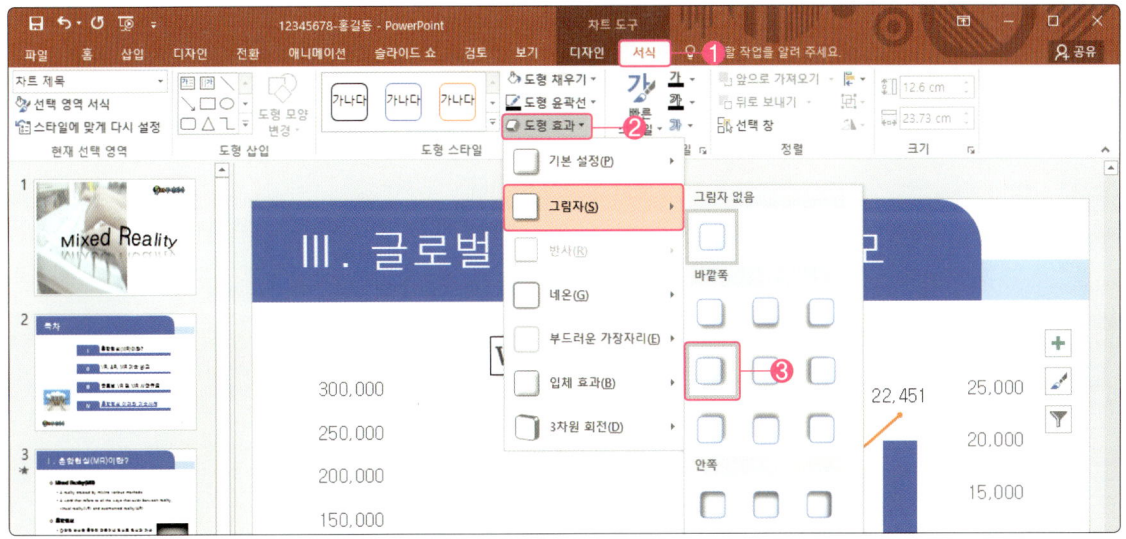

6 **차트를 선택**한 후 [차트 도구] 정황 탭-[서식] 탭-[도형 스타일] 그룹에서 **[도형 채우기]**를 클릭한 다음 **[노랑]**을 클릭합니다.

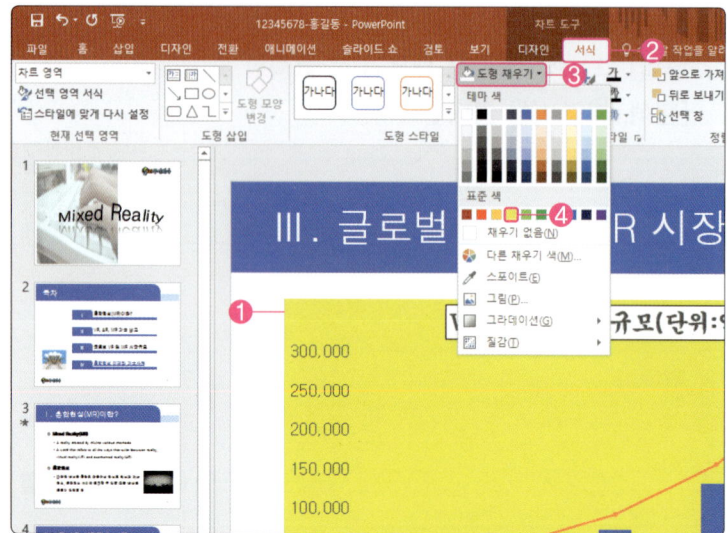

7 [차트 도구] 정황 탭-[서식] 탭-[도형 스타일] 그룹에서 **[도형 윤곽선]**을 클릭한 후 **[검정, 텍스트 1]**을 클릭합니다.

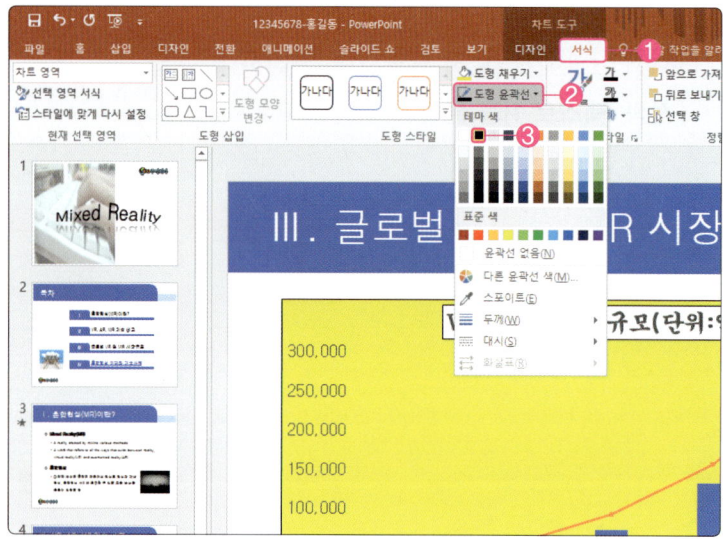

8 **그림 영역을 선택**한 후 [차트 도구] 정황 탭-[서식] 탭-[도형 스타일] 그룹에서 **[도형 채우기]**를 클릭한 다음 **[흰색, 배경 1]**을 클릭합니다.

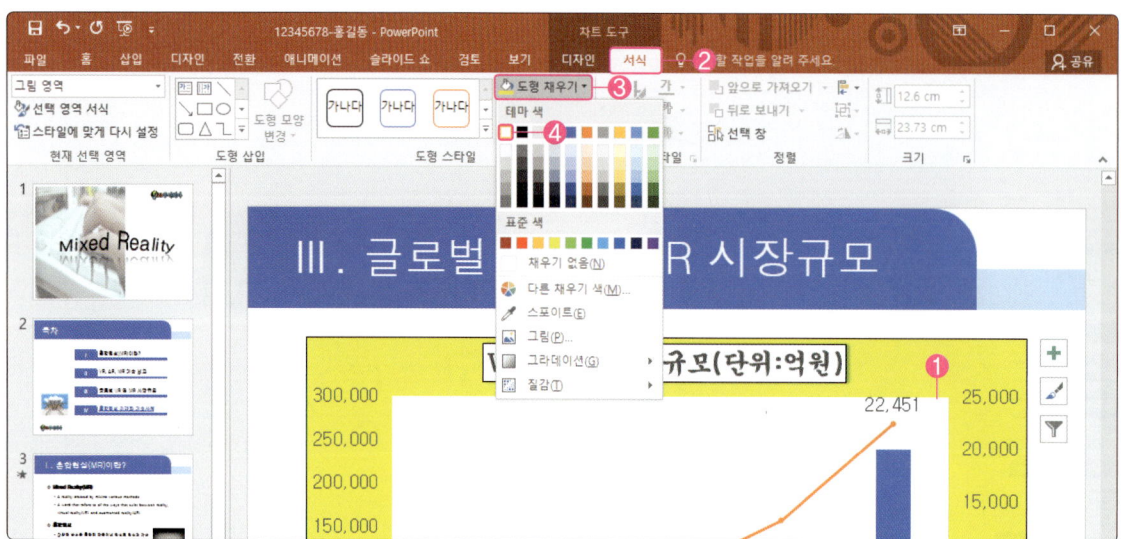

STEP 04 차트 축 서식 지정하기

1 [보조 세로 (값) 축]을 클릭한 후 바로가기 메뉴의 [축 서식]을 클릭합니다.

> **Tip**
> [세로 (값) 축]과 [보조 세로 (값) 축]은 세부 지시사항이 없으므로 수험자가 출력형태를 보고 판단하여 지정합니다.

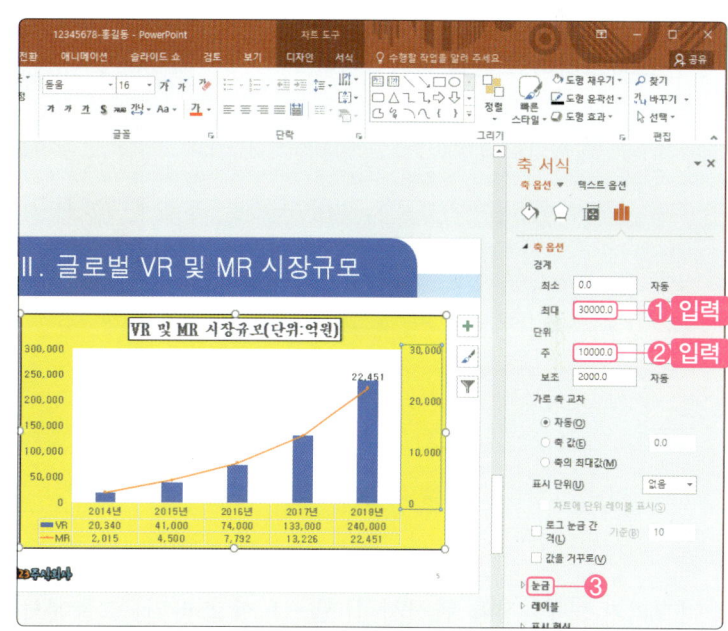

2 [축 서식] 설정 화면이 나타나면 **최대값(30000)**을 입력한 후 **단위(10000)**를 입력한 다음 [눈금]을 클릭합니다.

3 [눈금] 설정 화면이 나타나면 **주 눈금(바깥쪽)**을 선택한 후 ✕[닫기]를 클릭합니다.

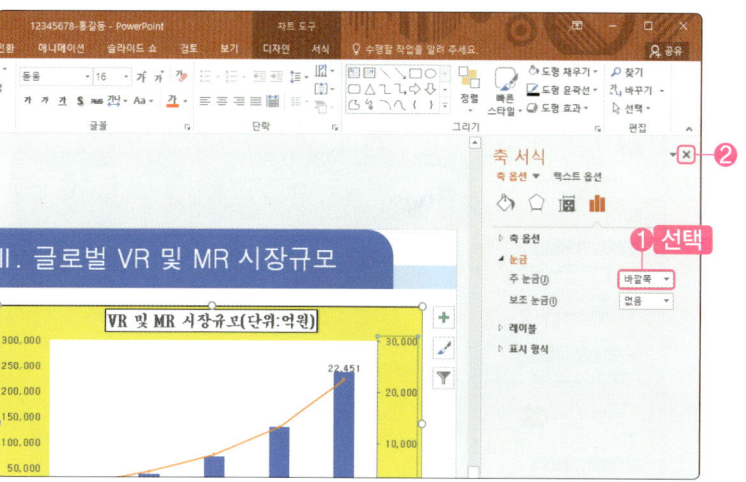

> **Tip**
> 눈금이 표시되지 않을 경우 [없음]을 선택한 후 다시 [바깥쪽]을 선택합니다.

Chapter 06 · 차트 슬라이드 **89**

STEP 05 도형 작성하기

1 [삽입] 탭–[일러스트레이션] 그룹에서 [도형]을 클릭한 후 ▷[오른쪽 화살표]를 클릭합니다.

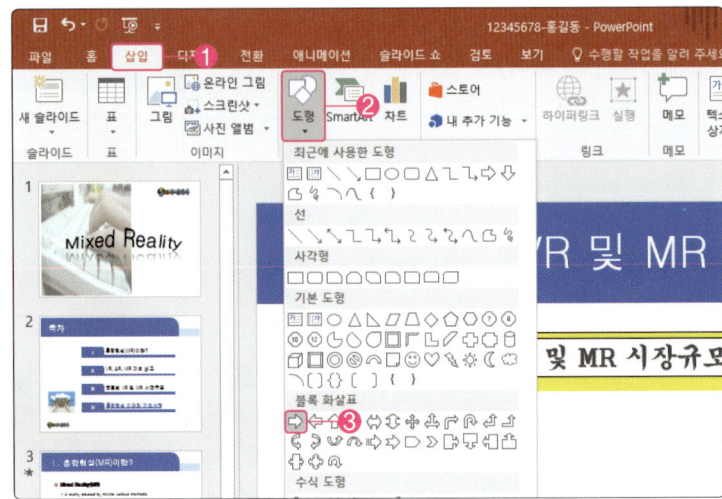

2 마우스 포인터 모양이 + 모양으로 변경되면 **드래그하여 도형을 작성**합니다.

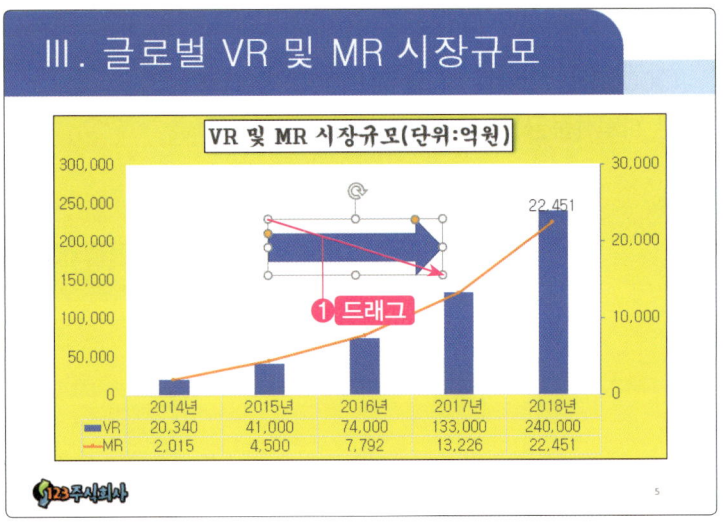

3 [그리기 도구] 정황 탭–[서식] 탭–[도형 스타일] 그룹에서 ▽[자세히]를 클릭한 다음 [미세효과 – 파랑, 강조 1]을 클릭합니다.

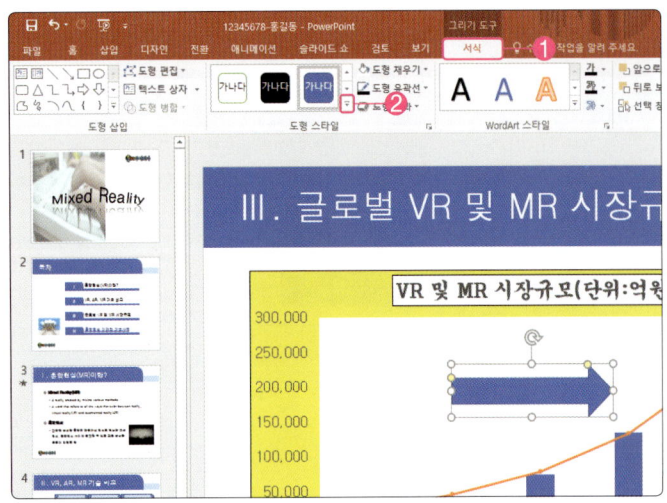
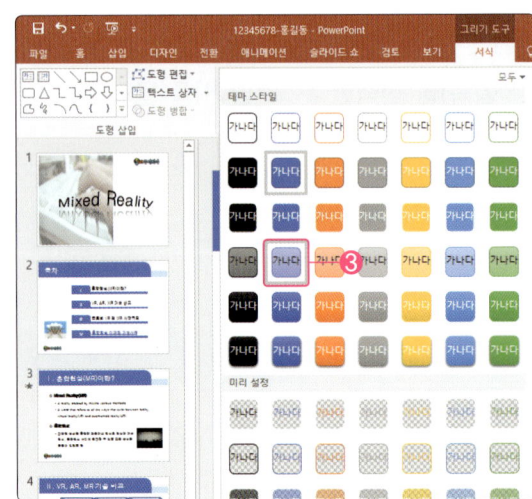

4 도형에 "지속적 성장세"를 입력합니다.

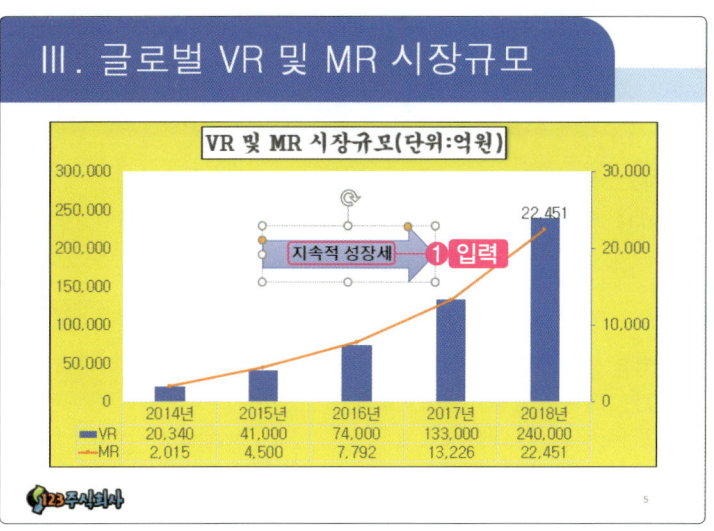

5 텍스트를 드래그하여 블록으로 설정한 다음 [홈] 탭-[글꼴] 그룹에서 글꼴(굴림), 글꼴 크기(18)를 선택합니다.

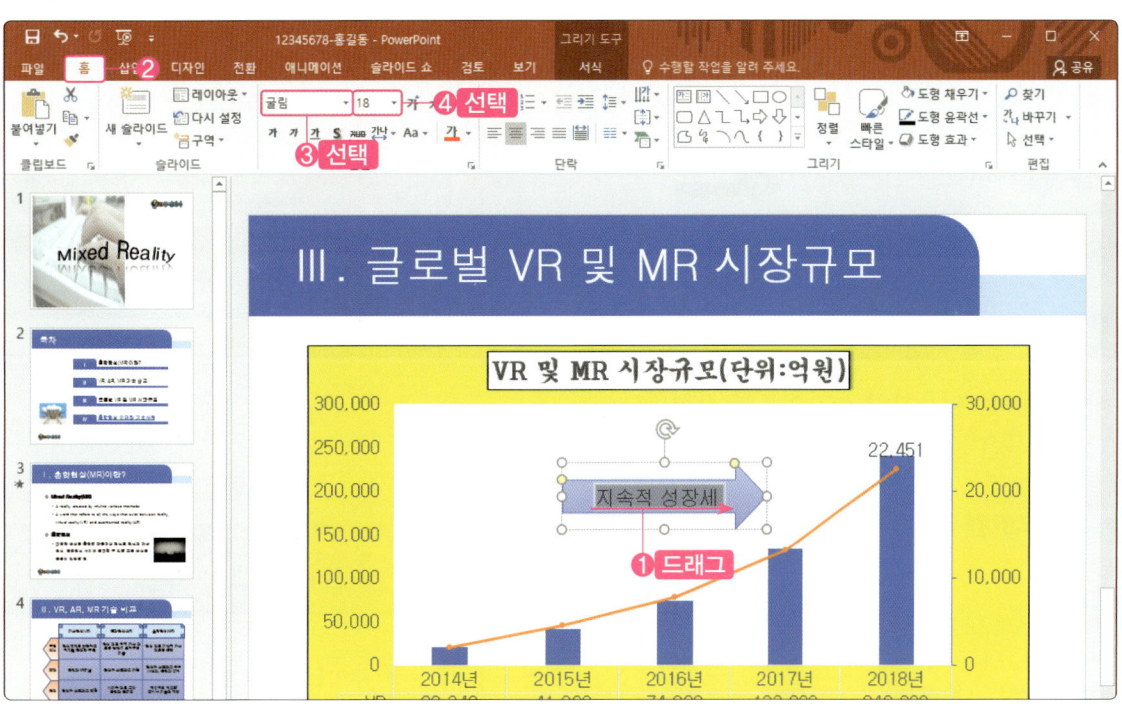

6 차트 슬라이드 작성이 완료되면 빠른 실행 도구 모음에서 [저장]을 클릭합니다.

Tip
[파일] 탭-[저장]을 클릭하거나 Ctrl+S를 눌러 답안을 저장할 수도 있습니다.

실전문제유형

문제유형 001 　 차트 슬라이드
　　　　　　　　　　　　　　　　　　　　Ch06_문제유형001.pptx

(1) 차트 작성 기능을 이용하여 슬라이드를 작성한다.
(2) 차트 : 종류(묶은 세로 막대형), 글꼴(돋움, 14pt), 외곽선

세부조건

※ 차트설명
- 차트제목 : 돋움, 24pt, 굵게, 채우기(흰색), 테두리, 그림자(오프셋: 왼쪽)
- 차트영역 : 채우기(노랑) 그림영역 : 채우기(흰색)
- 데이터 서식 : 2021년 계열을 표식이 있는 꺾은선형으로 변경 후 보조축으로 지정
- 값 표시 : 2021년 계열

① 도형 삽입
- 스타일 : 미세효과 – 파랑, 강조1
- 글꼴 : 돋움, 18pt

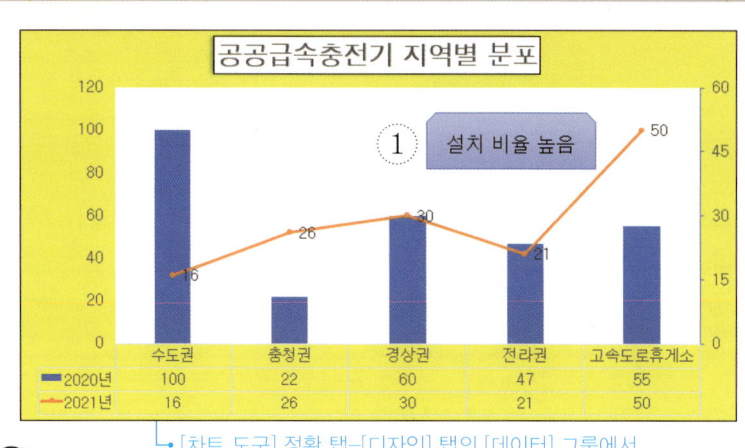

문제유형 002 　 차트 슬라이드
　　　　　　　　　　　　　　　　　　　　Ch06_문제유형002.pptx

(1) 차트 작성 기능을 이용하여 슬라이드를 작성한다.
(2) 차트 : 종류(묶은 세로 막대형), 글꼴(돋움, 16pt), 외곽선

세부조건

※ 차트설명
- 차트제목 : 궁서, 24pt, 굵게, 채우기(흰색), 테두리, 그림자(오프셋: 오른쪽)
- 차트영역 : 채우기(노랑) 그림영역 : 채우기(흰색)
- 데이터 서식 : 세계평균 계열을 표식이 있는 꺾은선형으로 변경 후 보조축으로 지정
- 값 표시 : 1960년 계열만

① 도형 삽입
- 스타일 : 미세효과 – 파랑, 강조1
- 글꼴 : 굴림, 18pt

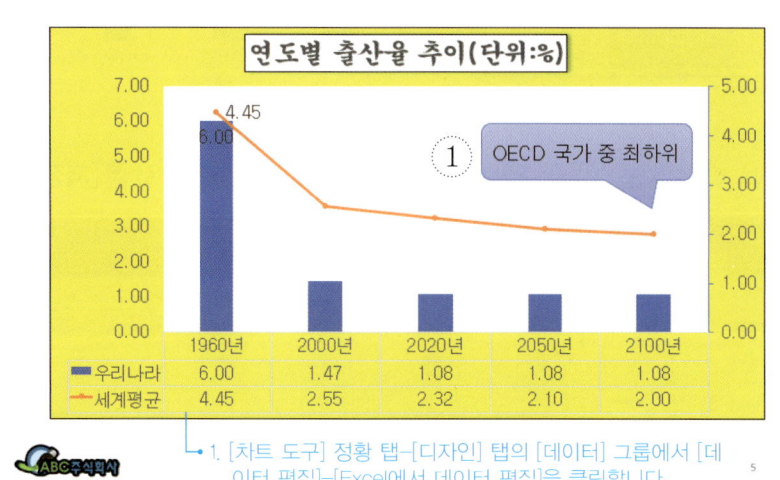

문제유형 003 — 차트 슬라이드

Ch06_문제유형003.pptx

(1) 차트 작성 기능을 이용하여 슬라이드를 작성한다.
(2) 차트 : 종류(묶은 세로 막대형), 글꼴(돋움, 16pt), 외곽선

세부조건

※ 차트설명
- 차트제목 : 궁서, 24pt, 굵게, 채우기(흰색), 테두리, 그림자(오프셋: 오른쪽)
- 차트영역 : 채우기(노랑) 그림영역 : 채우기(흰색)
- 데이터 서식 : 메달 수 계열을 표식이 있는 꺾은선형으로 변경 후 보조축으로 지정
- 값 표시 : 대한민국의 메달 수 요소만

① 도형 삽입
 - 스타일 : 미세효과 – 파랑, 강조1
 - 글꼴 : 굴림, 18pt

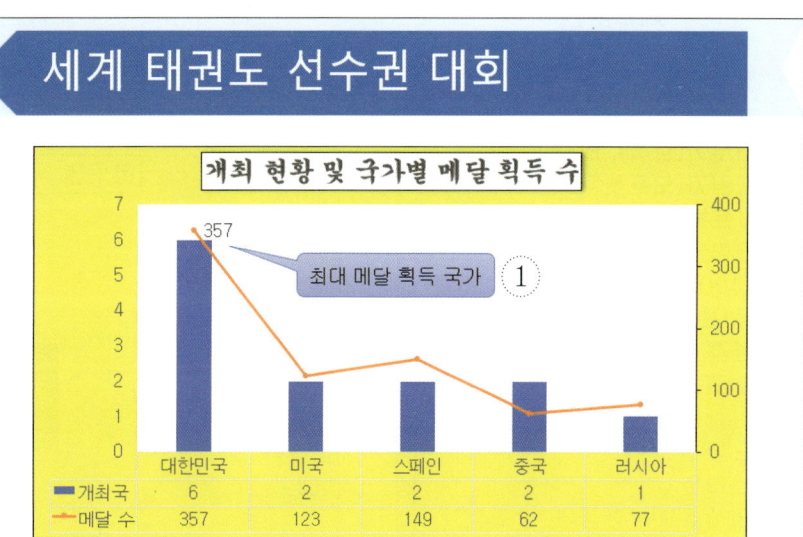

문제유형 004 — 차트 슬라이드

Ch06_문제유형004.pptx

(1) 차트 작성 기능을 이용하여 슬라이드를 작성한다.
(2) 차트 : 종류(묶은 세로 막대형), 글꼴(굴림, 16pt), 외곽선

세부조건

※ 차트설명
- 차트제목 : 굴림, 24pt, 굵게, 채우기(흰색), 테두리, 그림자(오프셋: 아래쪽)
- 차트영역 : 채우기(노랑) 그림영역 : 채우기(흰색)
- 데이터 서식 : 신재생발전량 계열을 표식이 있는 꺾은선형으로 변경 후 보조축으로 지정
- 값 표시 : 2020년의 신재생발전량 요소만

① 도형 삽입
 - 스타일 : 미세효과 – 파랑, 강조1
 - 글꼴 : 돋움, 18pt

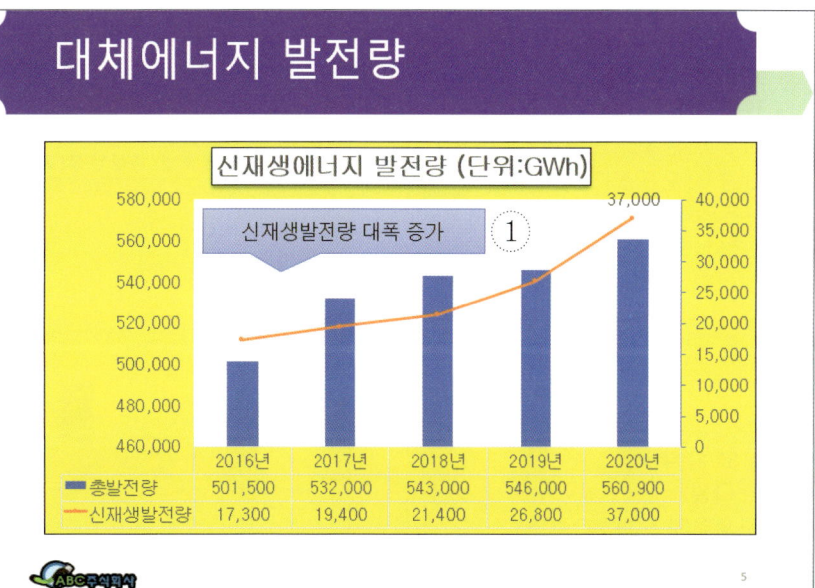

실전문제유형

문제유형 005   차트 슬라이드
Ch06_문제유형005.pptx

(1) 차트 작성 기능을 이용하여 슬라이드를 작성한다.
(2) 차트 : 종류(묶은 세로 막대형), 글꼴(돋움, 16pt), 외곽선

세부조건

※ 차트설명
- 차트제목 : 굴림, 24pt, 굵게, 채우기(흰색), 테두리, 그림자(오프셋: 오른쪽)
- 차트영역 : 채우기(노랑) 그림영역 : 채우기(흰색)
- 데이터 서식 : 유감횟수 계열을 표식이 있는 꺾은선형으로 변경 후 보조축으로 지정
- 값 표시 : 유감횟수 계열만

① 도형 삽입
- 스타일 : 미세효과 – 황금색, 강조4
- 글꼴 : 돋움, 18pt

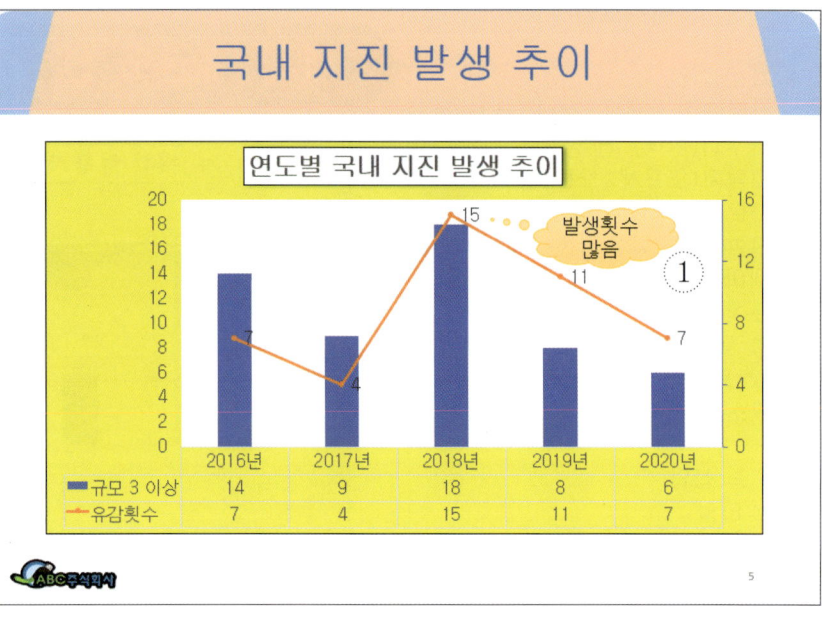

문제유형 006   차트 슬라이드
Ch06_문제유형006.pptx

(1) 차트 작성 기능을 이용하여 슬라이드를 작성한다.
(2) 차트 : 종류(묶은 세로 막대형), 글꼴(굴림, 16pt), 외곽선

1. [차트 도구] 정황 탭–[디자인] 탭의 [데이터] 그룹에서 [데이터 편집]–[Excel에서 데이터 편집]을 클릭합니다.
2. [Microsoft PowerPoint의 차트 – Excel] 프로그램이 열리면 [홈] 탭의 [표시 형식] 그룹에서 ♪[쉼표 스타일]을 클릭합니다.

세부조건

※ 차트설명
- 차트제목 : 궁서, 20pt, 굵게, 채우기(흰색), 테두리, 그림자(오프셋: 오른쪽)
- 차트영역 : 채우기(노랑) 그림영역 : 채우기(흰색)
- 데이터 서식 : AR(억원) 계열을 표식이 있는 꺾은선형으로 변경 후 보조축으로 지정
- 값 표시 : 2020년 계열만

① 도형 삽입
- 스타일 : 미세효과 – 파랑, 강조1
- 글꼴 : 돋움, 18pt

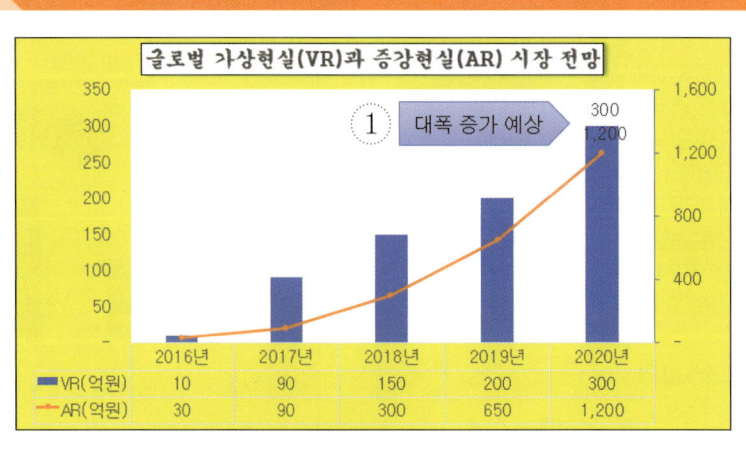

실전문제유형

문제유형 007 　 차트 슬라이드 　 Ch06_문제유형007.pptx

(1) 차트 작성 기능을 이용하여 슬라이드를 작성한다.
(2) 차트 : 종류(묶은 세로 막대형), 글꼴(돋움, 16pt), 외곽선

세부조건

※ 차트설명
- 차트제목 : 궁서, 24pt, 굵게, 채우기(흰색), 테두리, 그림자(오프셋: 위쪽)
- 차트영역 : 채우기(노랑)
  그림영역 : 채우기(흰색)
- 데이터 서식 : 직무만족도 계열을 표식이 있는 꺾은선형으로 변경 후 보조축으로 지정
- 값 표시 : OECD평균의 직무만족도 요소만

① 도형 삽입
  - 스타일 :
    미세효과 – 파랑, 강조1
  - 글꼴 : 돋움, 18pt

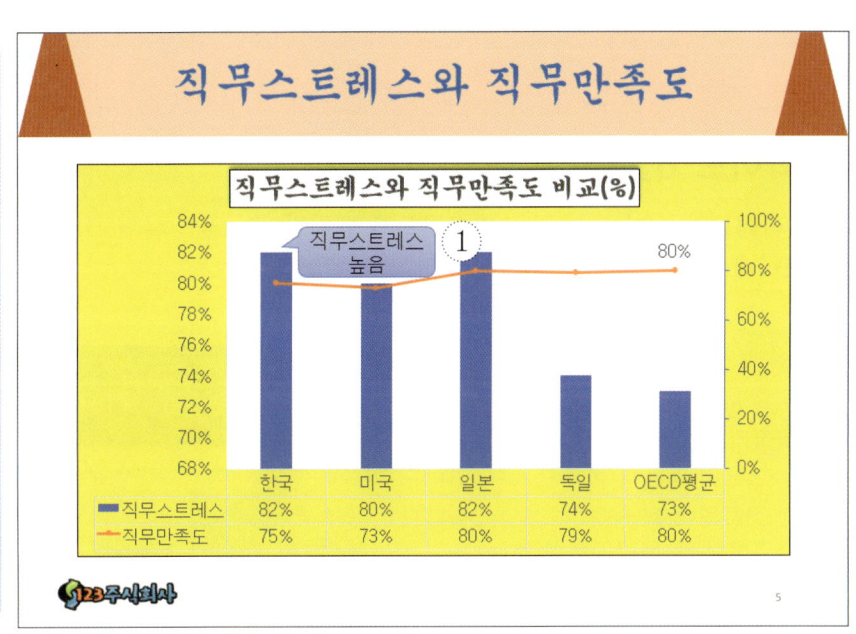

문제유형 008 　 차트 슬라이드 　 Ch06_문제유형008.pptx

(1) 차트 작성 기능을 이용하여 슬라이드를 작성한다.
(2) 차트 : 종류(묶은 세로 막대형), 글꼴(돋움, 16pt), 외곽선

세부조건

※ 차트설명
- 차트제목 : 굴림, 24pt, 굵게, 채우기(흰색), 테두리, 그림자(오프셋: 오른쪽)
- 차트영역 : 채우기(노랑)
  그림영역 : 채우기(흰색)
- 데이터 서식 : 시장규모 계열을 표식이 있는 꺾은선형으로 변경 후 보조축으로 지정
- 값 표시 : 2016년의 업체수 요소만

① 도형 삽입
  - 스타일 :
    미세효과 – 파랑, 강조1
  - 글꼴 : 돋움, 18pt

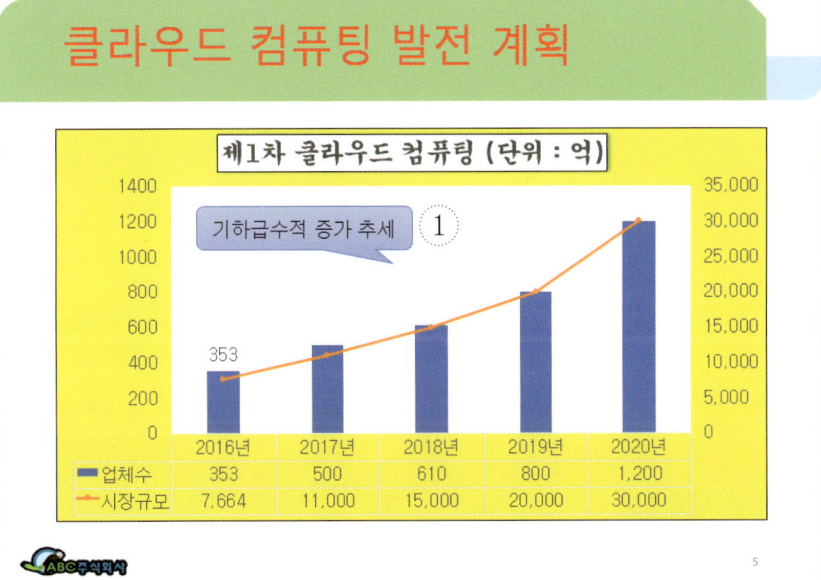

Chapter 07 도형 슬라이드

도형 슬라이드에서는 앞에서 배운 다양한 기능을 이용하여 도형을 삽입하고 수정하는 방법과 스마트아트(SmartArt)를 이용하여 도식화하고 개체의 그룹 지정 및 애니메이션 효과를 지정하는 문제가 출제됩니다.

[슬라이드 6] ≪도형 슬라이드≫ (100점)

(1) 슬라이드와 같이 도형 및 스마트아트를 배치한다(글꼴 : 굴림, 18pt).
(2) 애니메이션 순서 : ① ⇒ ②

세부조건

① 도형 및 스마트아트 편집
   - 스마트아트 디자인
     : 3차원 광택 처리,
     3차원 만화
   - 그룹화 후 애니메이션 효과
     : 닦아내기(위에서)

② 도형 편집
   - 그룹화 후 애니메이션 효과
     : 바운드

작업순서요약

① 도형을 작성한 후 채우기 색 및 글꼴을 지정합니다.
② 스마트아트(SmartArt)를 삽입한 후 SmartArt 스타일을 지정한 다음 글꼴을 지정합니다.
③ 도형을 그룹화한 후 애니메이션을 지정합니다.

STEP 01 도형 작성하기

📎 Chapter07.pptx

1 6번 슬라이드를 선택한 후 슬라이드 제목 (Ⅳ. 혼합현실 이해와 기술사례)을 입력한 다음 **텍스트 상자를 선택**하고 Delete 를 눌러 삭제합니다.

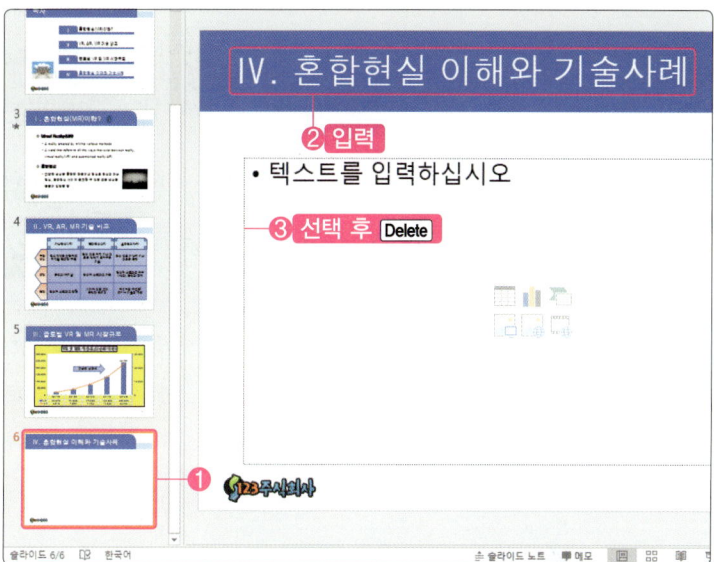

Tip
한글 자음(ㅈ)을 입력한 후 한자 를 누른다음 로마자 숫자(Ⅳ)를 선택합니다.

2 [삽입] 탭-[일러스트레이션] 그룹에서 [도형]을 클릭한 후 □[한쪽 모서리가 둥근 사각형]을 클릭합니다.

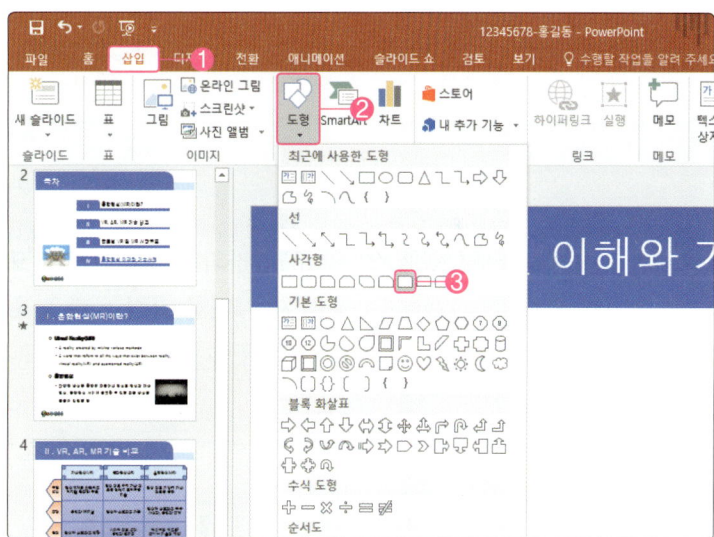

3 마우스 포인터 모양이 + 모양으로 변경되면 **드래그**하여 **도형을 작성**합니다.

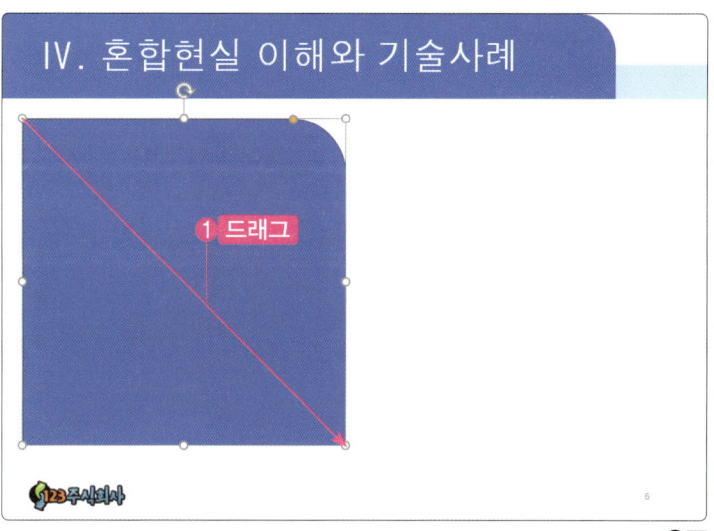

Chapter 07 · 도형 슬라이드 **97**

4 [그리기 도구] 정황 탭-[서식] 탭-[도형 스타일] 그룹에서 **[도형 채우기]**를 클릭한 후 **임의의 색을 지정**합니다.

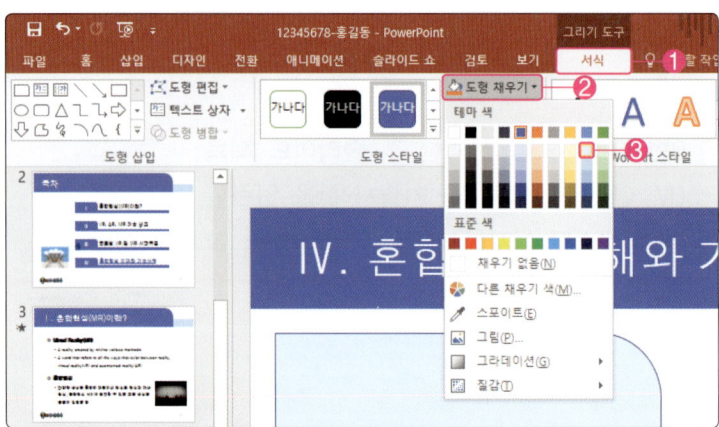

> **Tip**
> 채우기 색은 수험자가 임의의 색을 지정하며 채우기 색을 변경하지 않아도 감점되지 않습니다.

5 [삽입] 탭-[일러스트레이션] 그룹에서 **[도형]**을 클릭한 후 □**[모서리가 둥근 직사각형]**를 클릭합니다.

6 마우스 포인터 모양이 + 모양으로 변경되면 **드래그하여 도형을 작성**한 후 [그리기 도구] 정황 탭-[서식] 탭-[도형 스타일] 그룹에서 **[도형 채우기]**를 클릭한 다음 **임의의 색을 지정**합니다.

98 파워포인트 2016

7 [그리기 도구] 정황 탭-[서식] 탭-[도형 스타일] 그룹에서 **[도형 윤곽선]**을 클릭한 후 [두께]-**[2¼ pt]**를 클릭합니다. 그런다음 [도형 스타일] 그룹에서 **[도형 윤곽선]**을 클릭한 후 [대시]- **[파선]**을 클릭합니다.

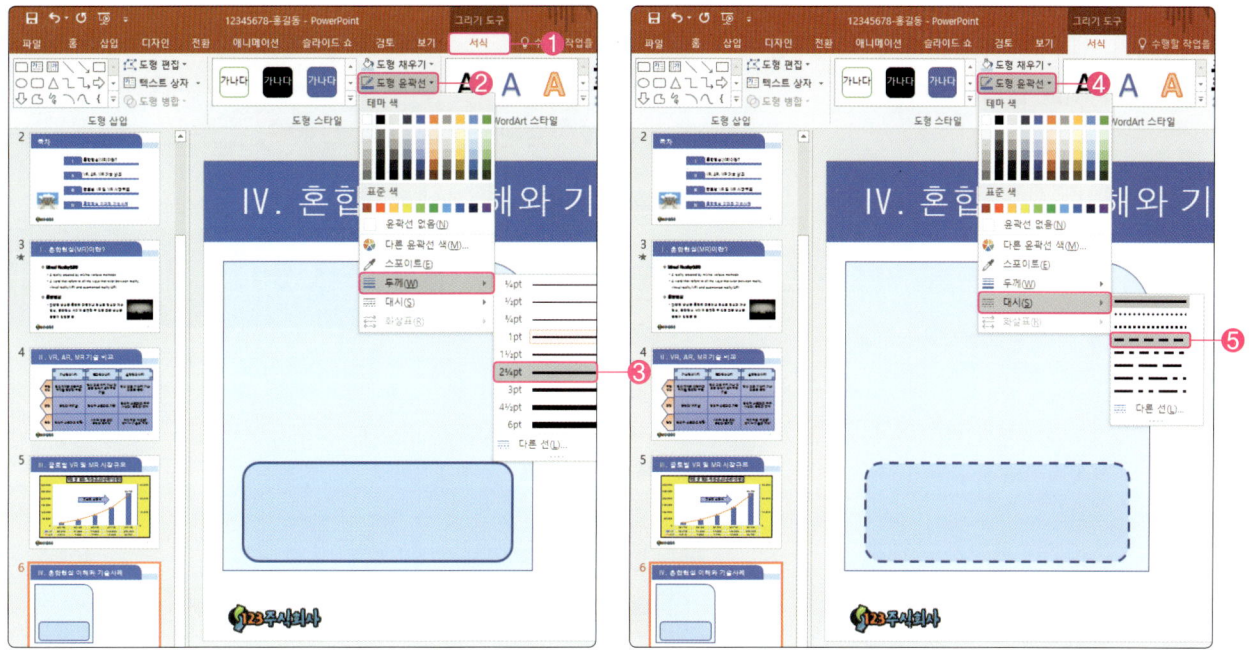

8 같은 방법으로 **도형을 작성**합니다. 그런다음 **텍스트를 입력**한 후 **도형 전체를 선택**한 다음 [홈] 탭-[글꼴] 그룹에서 **글꼴(굴림)**과 **글꼴 크기(18)**, **글꼴 색(검정, 텍스트 1)**을 선택합니다.

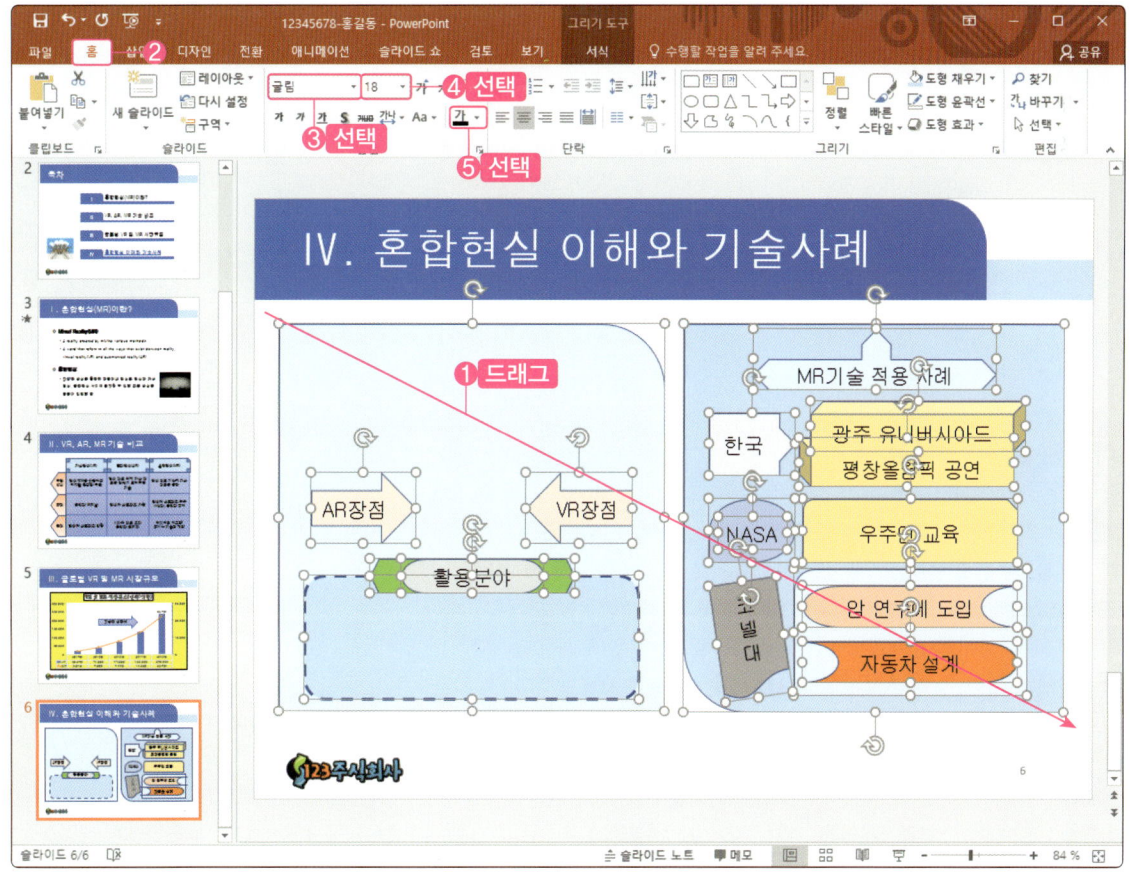

Chapter 07 • 도형 슬라이드 **99**

STEP 02 스마트아트(SmartArt) 작성하기

1 [삽입] 탭-[일러스트레이션] 그룹에서 [SmartArt]를 클릭합니다.

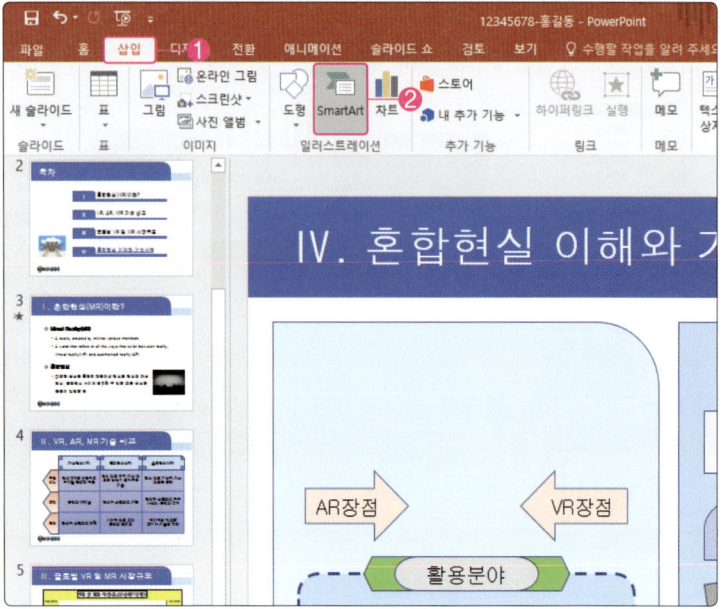

2 [SmartArt 그래픽 선택] 대화상자가 나타나면 [관계형]을 클릭한 후 [수렴 방사형]을 클릭한 다음 [확인] 단추를 클릭합니다.

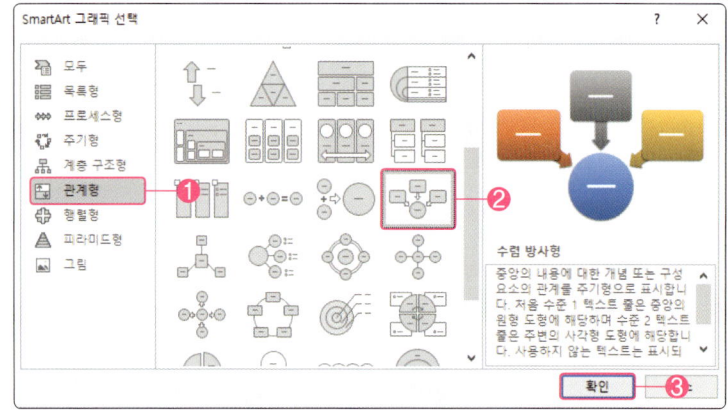

한가지 더!

스마트아트(SmartArt)의 종류
- **목록형** : 비순차적이거나 그룹화된 블록 정보를 표시하는 경우에 사용합니다.
- **프로세스형** : 작업, 프로세스 등의 진행 방향이나 순차적 단계를 표시하는 경우에 사용합니다.
- **주기형** : 단계, 작업, 이벤트 등의 이어지는 순서를 표시하는 경우에 사용합니다.
- **계층 구조형** : 조직의 계층 정보나 보고 관계를 표시하는 경우에 사용합니다.
- **관계형** : 두 내용 사이의 관계를 비교하거나 표시하는 경우에 사용합니다.
- **행렬형** : 전체에 대한 각 부분의 관계를 표시하는 경우에 사용합니다.
- **피라미드형** : 가장 큰 구성 요소가 맨 위나 맨 아래에 있는 비례 관계를 표시하는 경우에 사용합니다.
- **그림** : 그림과 그림의 내용을 표시하는 경우에 사용합니다.

3 스마트아트의 **도형을 클릭**하여 내용을 **입력**합니다.

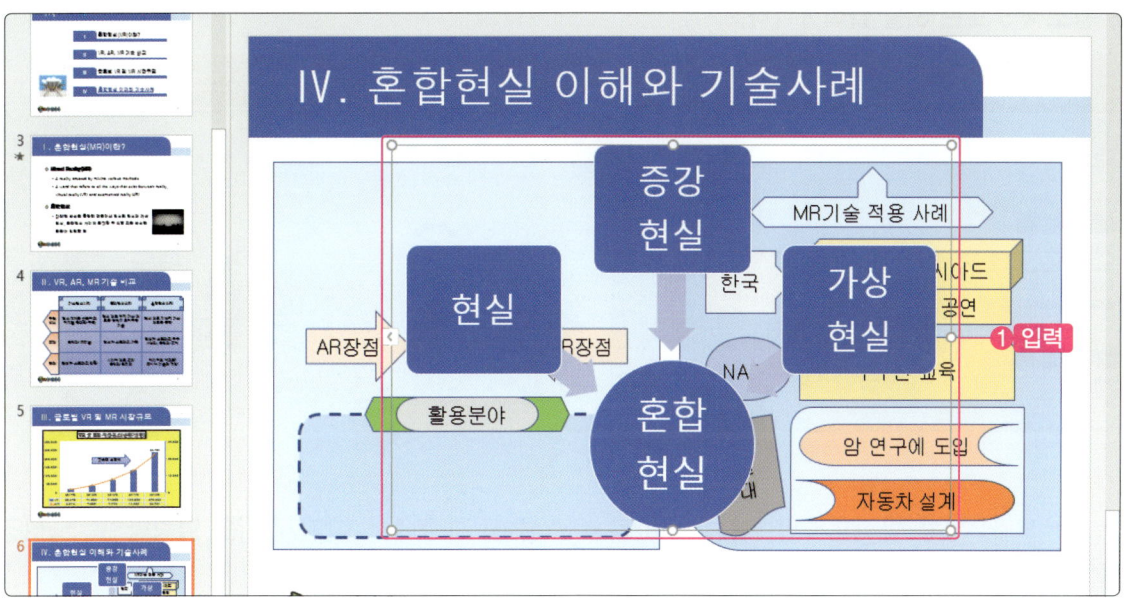

스마트아트(SmartArt) 텍스트 창 입력하기

스마트아트(SmartArt)에 텍스트를 입력하는 방법은 왼쪽 텍스트 창을 이용하여 입력하는 방법과 오른쪽에 표시된 스마트아트(SmartArt) 개체를 직접 클릭하여 입력하는 방법이 있습니다. 만약, 텍스트 창이 표시되지 않을 경우 왼쪽에 표시된 텍스트 창 화살표(<)를 클릭하면 표시되며, 텍스트 입력란의 [닫기]를 클릭하면 숨길 수 있습니다.

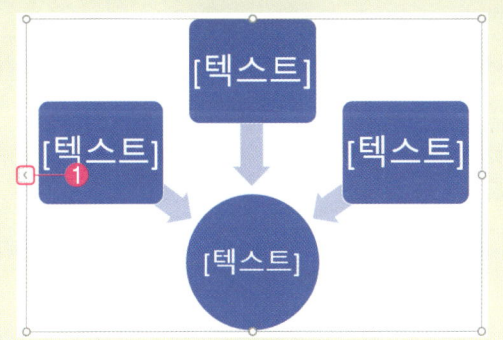 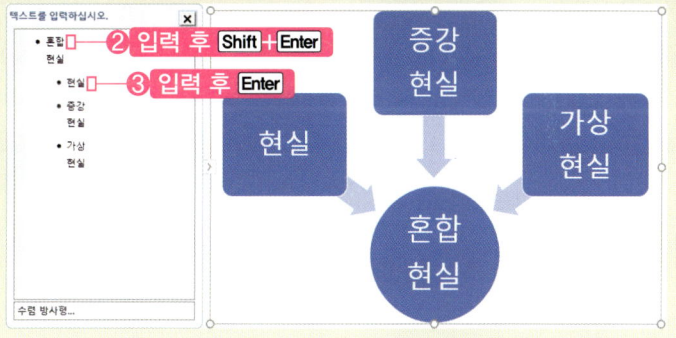

4 크기 조절점을 드래그하여 크기를 조절한 후 **위치를 이동**합니다.

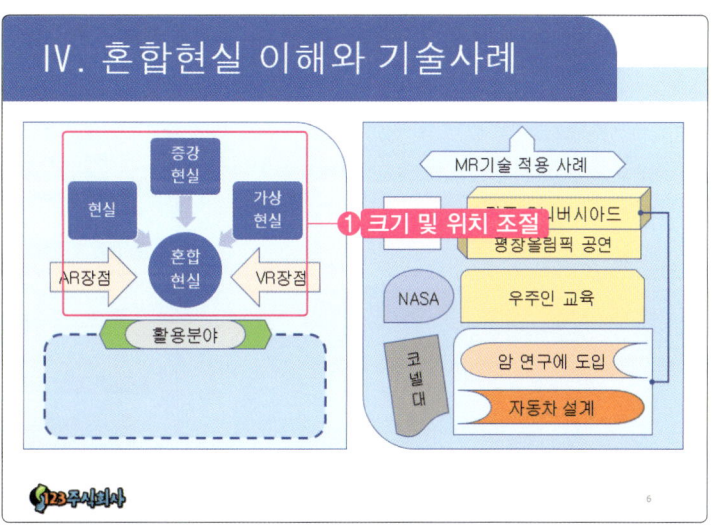

5 [SmartArt 도구] 정황 탭-[디자인] 탭-[SmartArt 스타일] 그룹에서 **[색 변경]**을 클릭한 후 **[색상형 범위 – 강조색 5 또는 6]**을 클릭합니다.

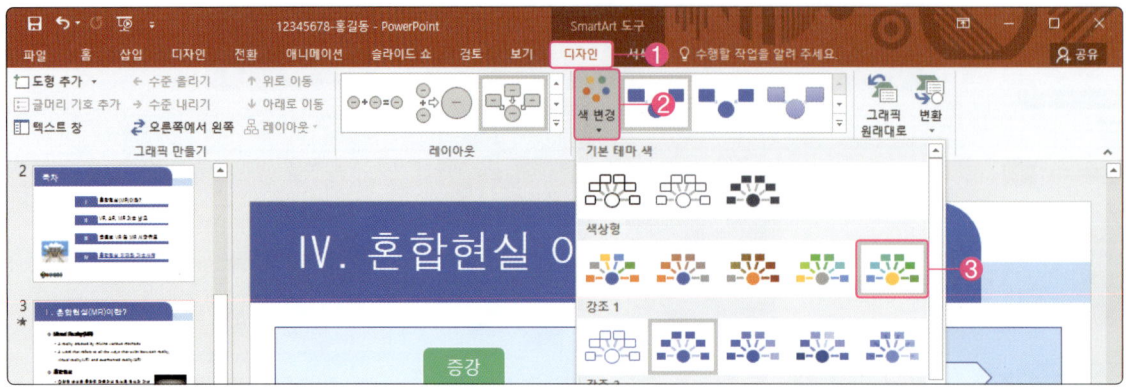

6 [SmartArt 도구] 정황 탭-[디자인] 탭-[SmartArt 스타일] 그룹에서 **[자세히]**를 클릭한 후 **[광택 처리]**를 클릭합니다.

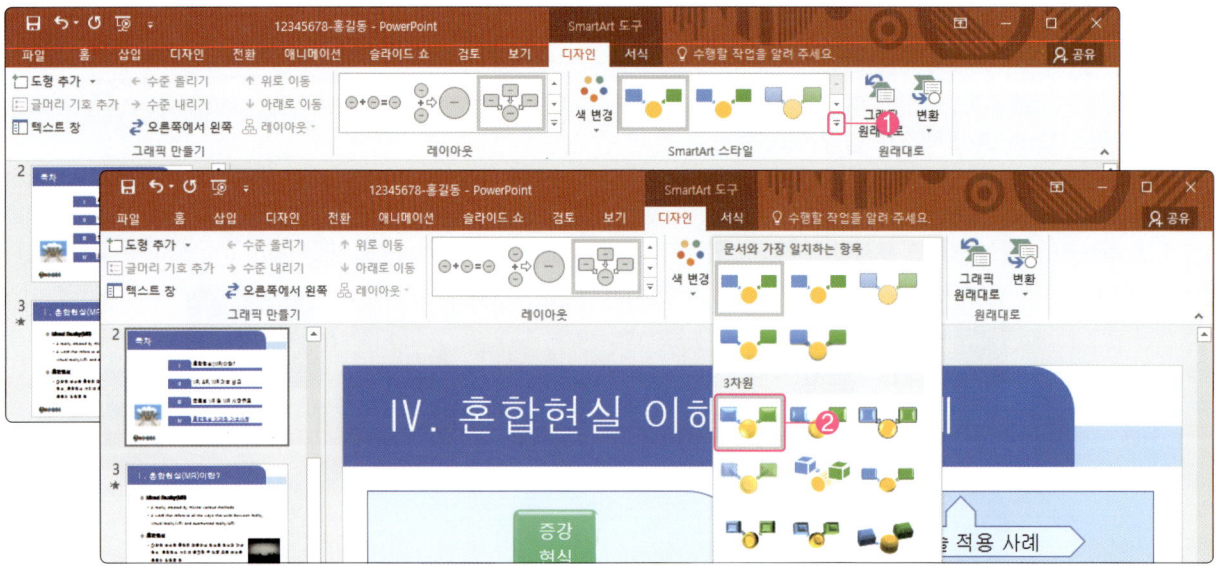

7 [홈] 탭-[글꼴] 그룹에서 **글꼴(굴림)과 글꼴 크기(18), 글꼴 색(검정, 텍스트 1)**을 선택합니다.

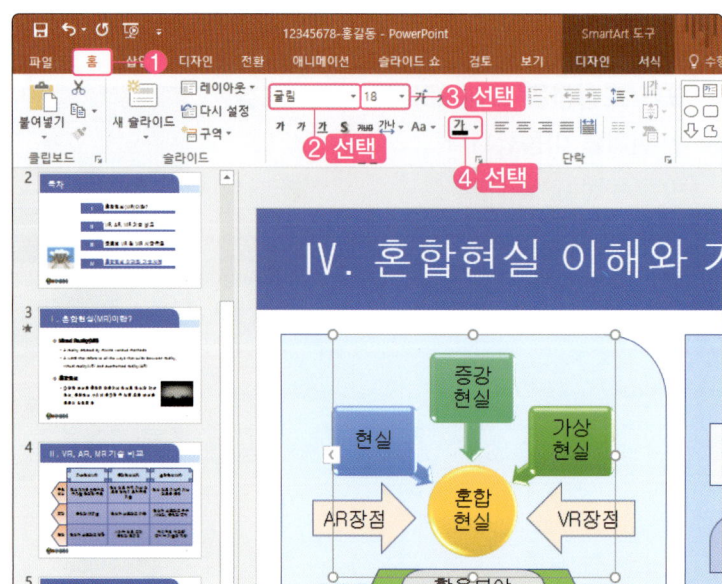

8 [삽입] 탭-[일러스트레이션] 그룹에서 [SmartArt]를 클릭합니다.

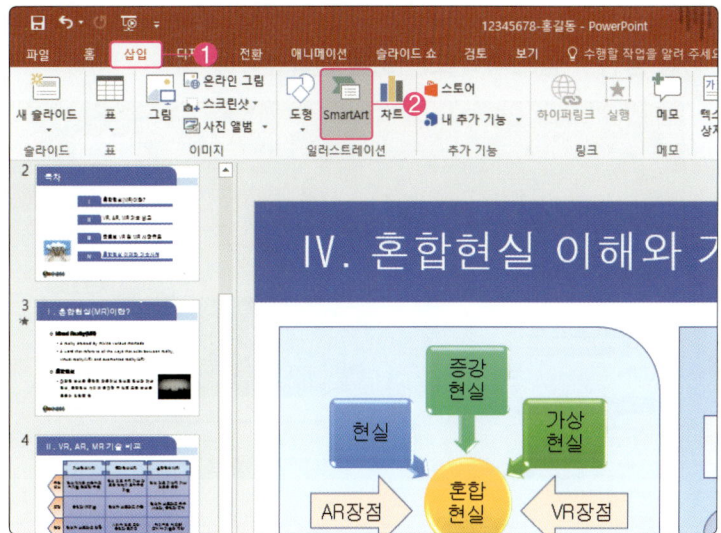

9 [SmartArt 그래픽 선택] 대화상자가 나타나면 [관계형]을 클릭한 후 ◯◯◯◯[선형 벤형]을 클릭한 다음 [확인] 단추를 클릭합니다.

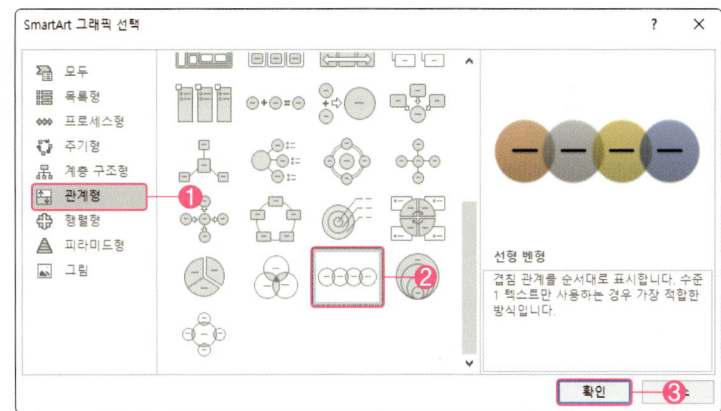

10 내용을 입력한 후 크기 조절점을 드래그하여 크기 및 위치를 조절합니다.

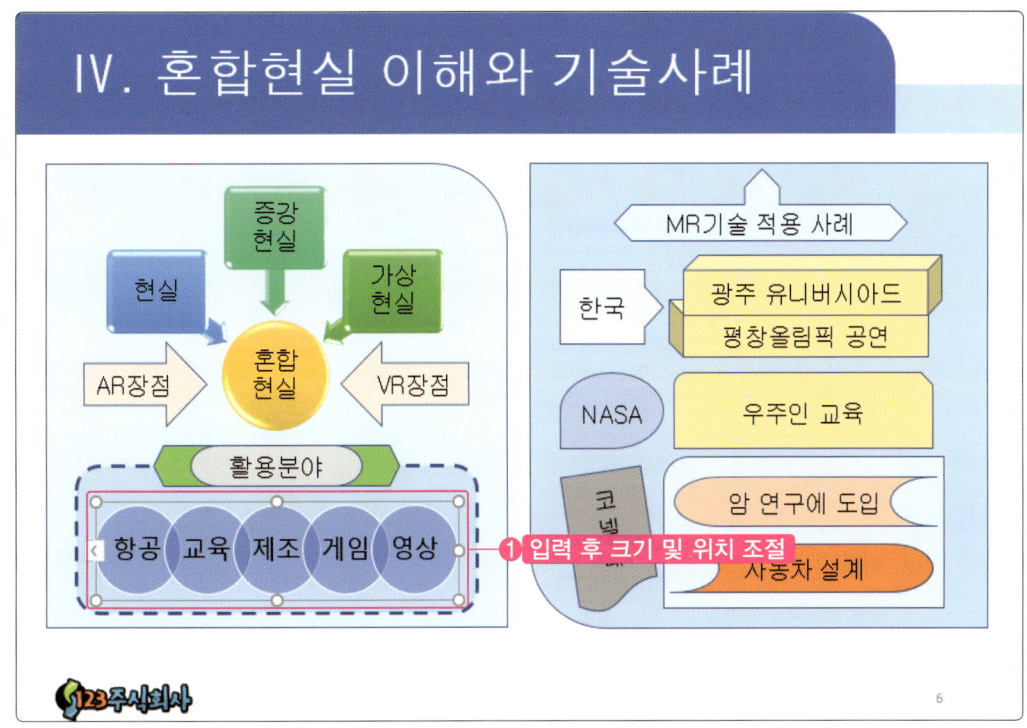

Chapter 07 · 도형 슬라이드 **103**

11 [SmartArt 도구] 정황 탭-[디자인] 탭-[SmartArt 스타일] 그룹에서 **[색 변경]**을 클릭한 후 [색상형 범위 - 강조색 4 또는 5]를 클릭합니다.

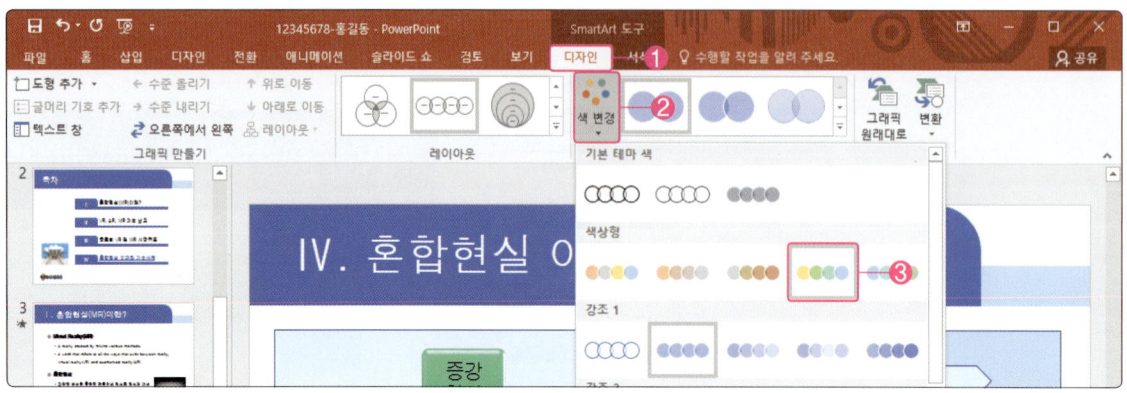

12 [SmartArt 도구] 정황 탭-[디자인] 탭-[SmartArt 스타일] 그룹에서 [자세히]를 클릭한 후 [만화]를 클릭합니다.

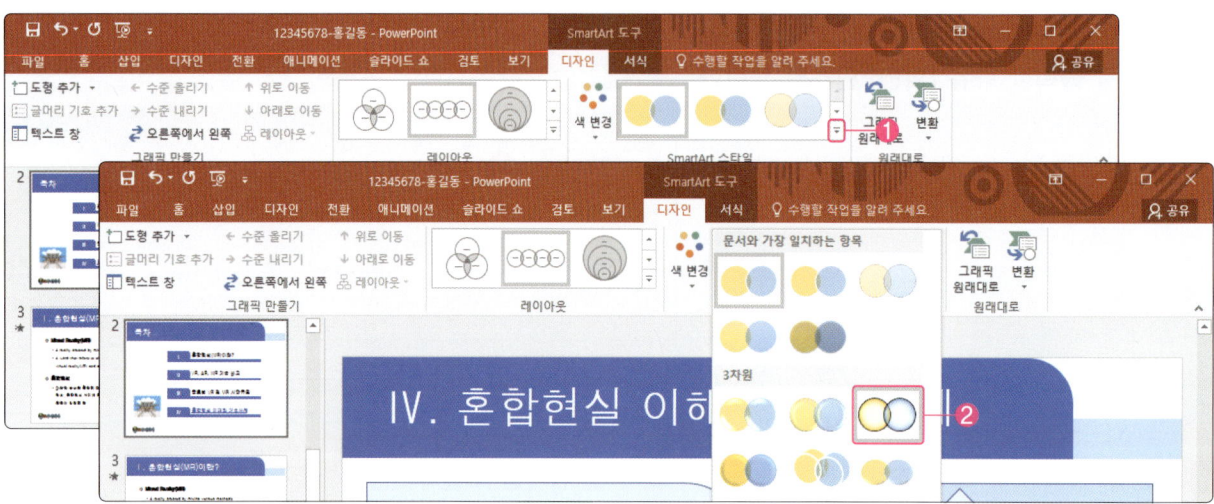

13 [홈] 탭-[글꼴] 그룹에서 **글꼴(굴림)과 글꼴 크기(18), 글꼴 색(검정, 텍스트 1)**을 선택합니다.

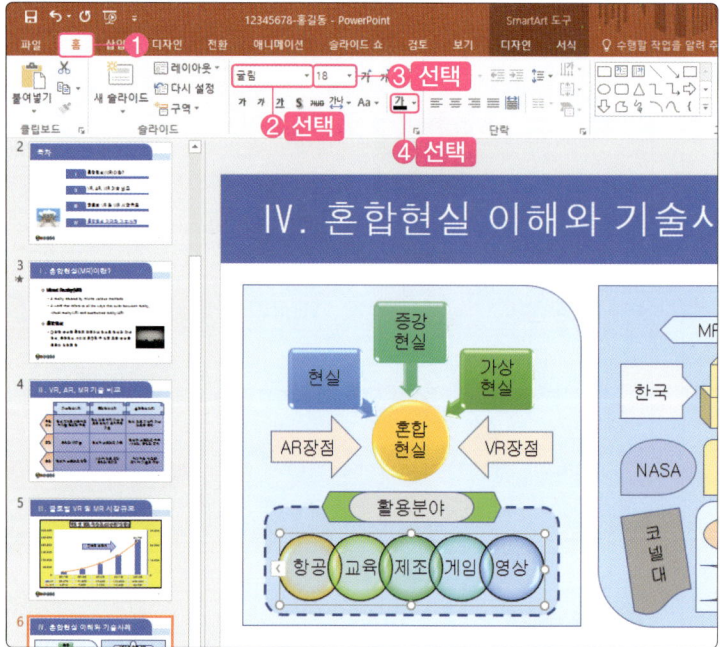

STEP 03 애니메이션 지정하기

1 왼쪽 도형 부분을 드래그하여 도형을 선택한 후 바로가기 메뉴의 [그룹화]-[그룹]을 클릭합니다.

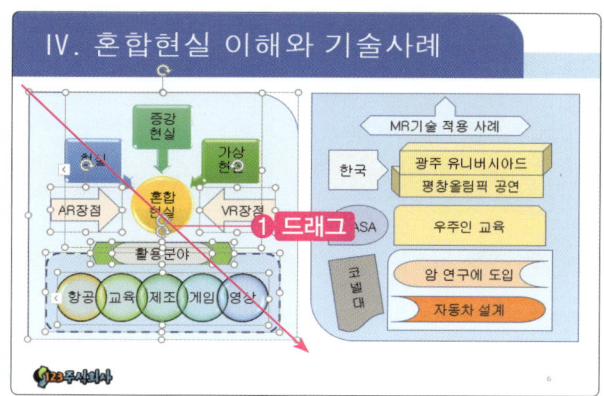
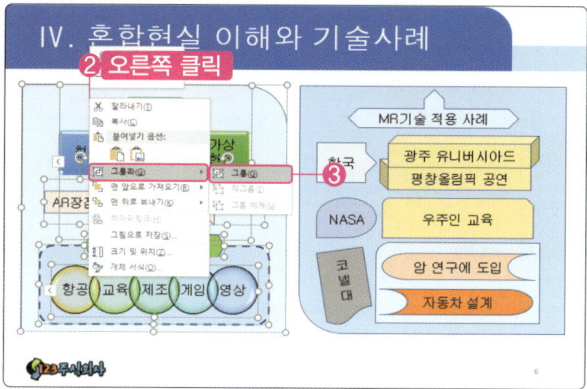

2 그룹이 지정되면 [애니메이션] 탭-[애니메이션] 그룹에서 [자세히]를 클릭한 후 [닦아내기]를 클릭합니다.

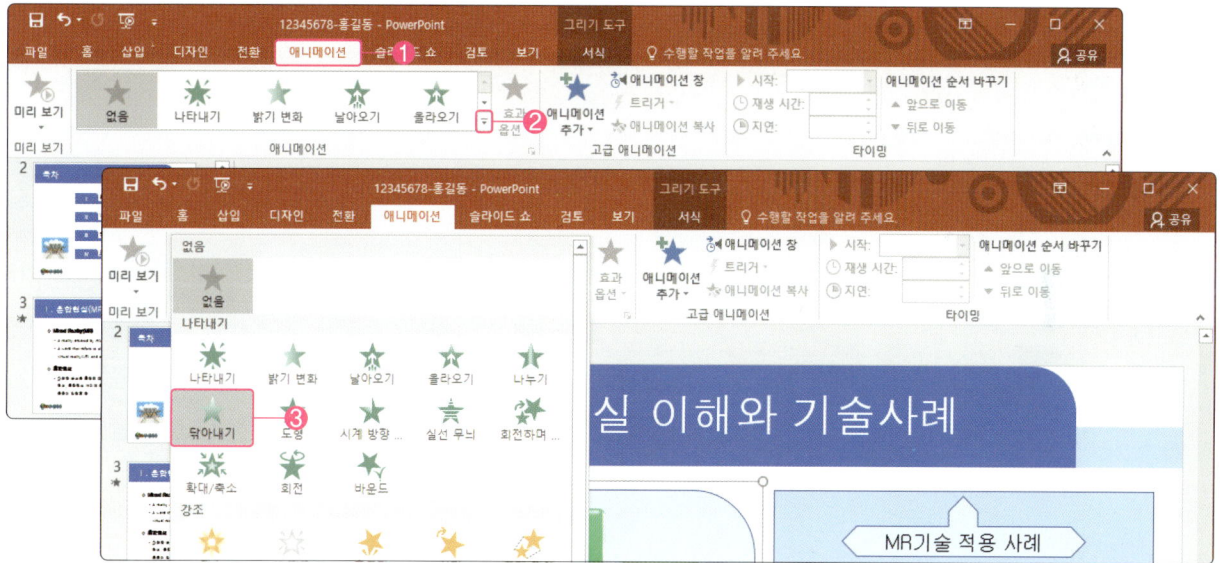

3 [애니메이션] 탭-[애니메이션] 그룹에서 [효과 옵션]을 클릭한 후 [위에서]를 클릭합니다.

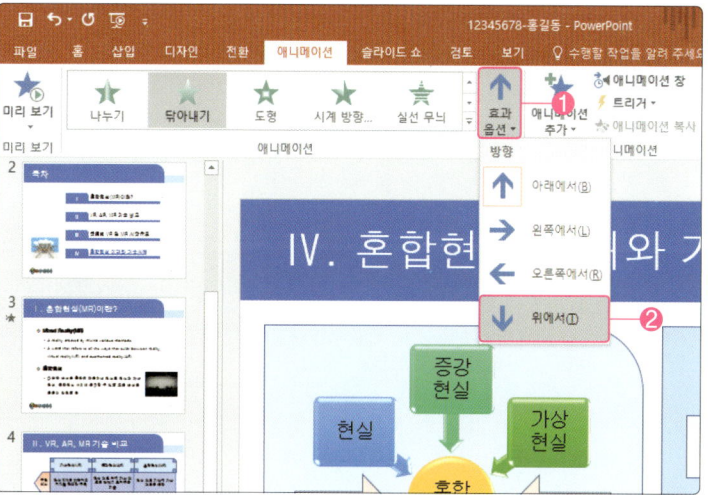

Chapter 07 · 도형 슬라이드 **105**

4 오른쪽 도형 부분을 드래그하여 도형을 선택한 후 바로가기 메뉴의 [그룹화]-**[그룹]**을 클릭합니다.

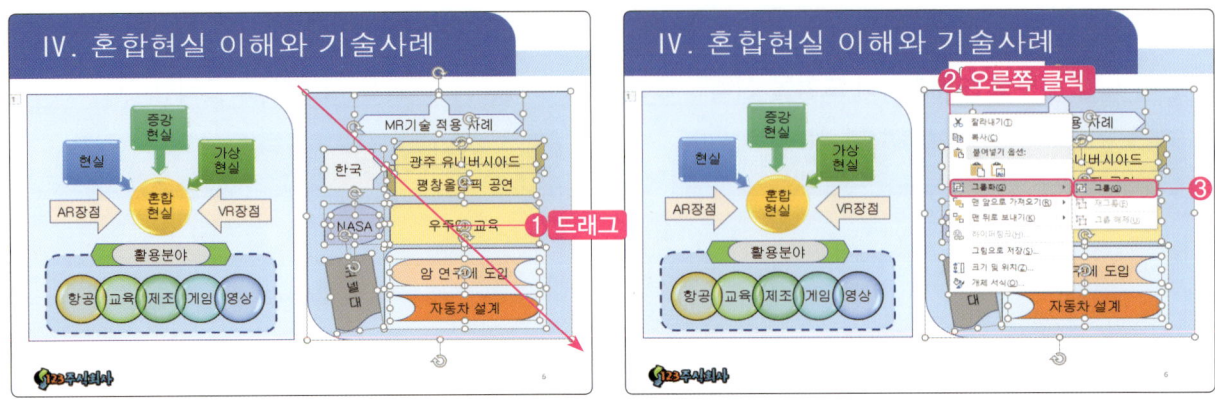

5 그룹이 지정되면 [애니메이션] 탭-[애니메이션] 그룹에서 **[자세히]**를 클릭한 후 **[바운드]**를 클릭합니다.

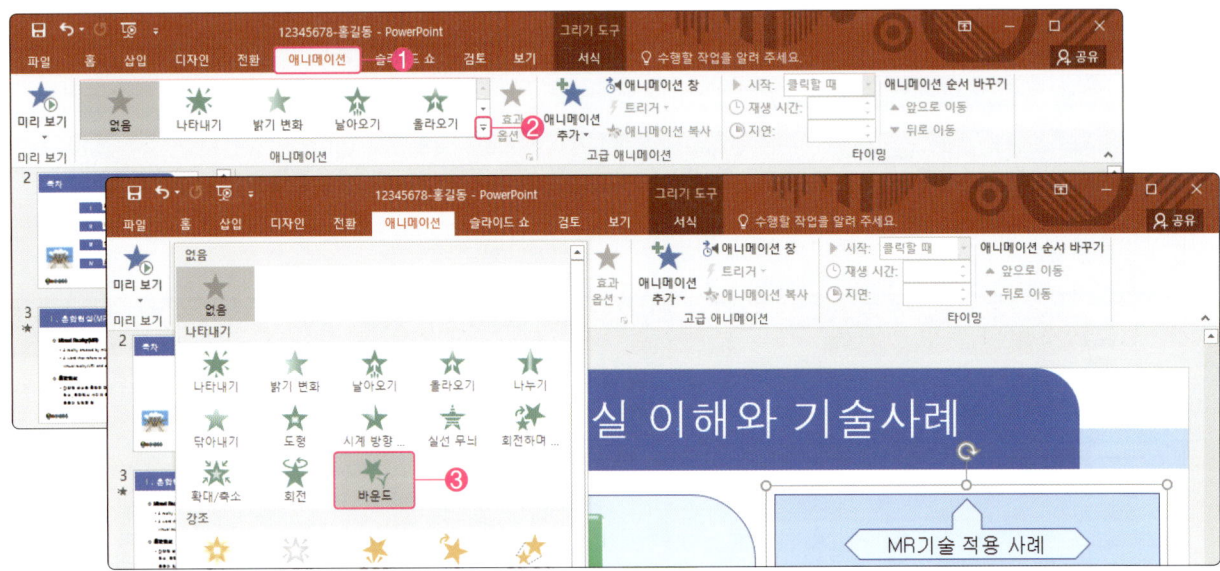

추가 나타내기 효과

애니메이션 효과가 목록에 표시되지 않는 경우 [추가 나타내기 효과]를 클릭한 후 [나타내기 효과 변경] 대화상자가 나타나면 애니메이션 효과를 선택한 다음 [확인]을 클릭합니다.

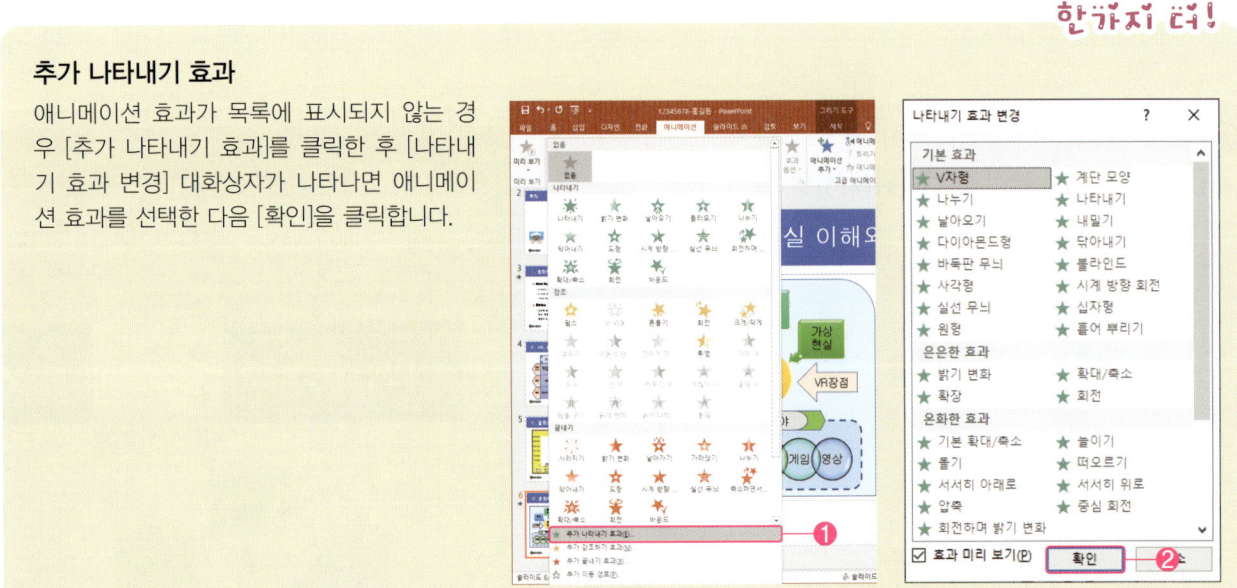

106 파워포인트 2016

6 모든 슬라이드 작성이 완료되면 답안을 저장하기 위해 **[파일] 탭을 클릭**한 후 **[저장]을 클릭**합니다.

> **Tip**
> 빠른 실행 도구 모음에서 [저장]을 클릭하거나 Ctrl+S 를 눌러 답안을 저장할 수도 있습니다.

7 답안을 전송하기 위해 KOAS 수험자용 프로그램에서 **[답안 전송] 단추를 클릭**합니다.

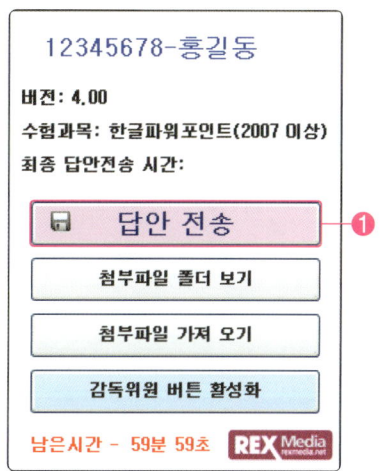

8 지금 전송할 것인지 묻는 대화상자가 나타나면 **[예] 단추를 클릭**합니다.

9 [답안전송] 대화상자가 나타나면 **파일 목록(12345678-홍길동.pptx)과 존재(있음)를 확인**한 후 **[답안전송] 단추를 클릭**합니다.

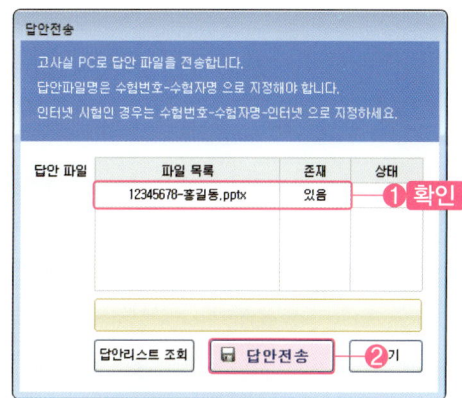

10 답안파일 전송을 성공하였다는 메시지가 나타나면 **[확인] 단추를 클릭**합니다.

11 [답안전송] 대화상자가 다시 나타나면 **[상태]에 '성공'이 표시되는지 확인**한 후 **[닫기] 단추를 클릭**합니다.

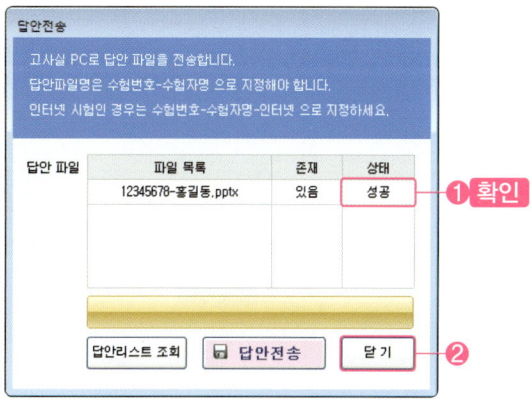

실전문제유형

문제유형 001 도형 슬라이드

Ch07_문제유형001.pptx

(1) 슬라이드와 같이 도형 및 스마트아트를 배치한다(글꼴 : 굴림, 18pt).
(2) 애니메이션 순서 : ① ⇒ ②

세부조건

① 도형 및 스마트아트 편집
  - 스마트아트 디자인
    : 3차원 경사, 3차원 만화
  - 그룹화 후 애니메이션 효과
    : 날아오기(왼쪽에서)

② 도형 편집
  - 그룹화 후 애니메이션 효과
    : 블라인드(세로)

도형의 채우기 색은 채점하지 않기 때문에 기본 색 또는 임의의 색을 지정합니다.

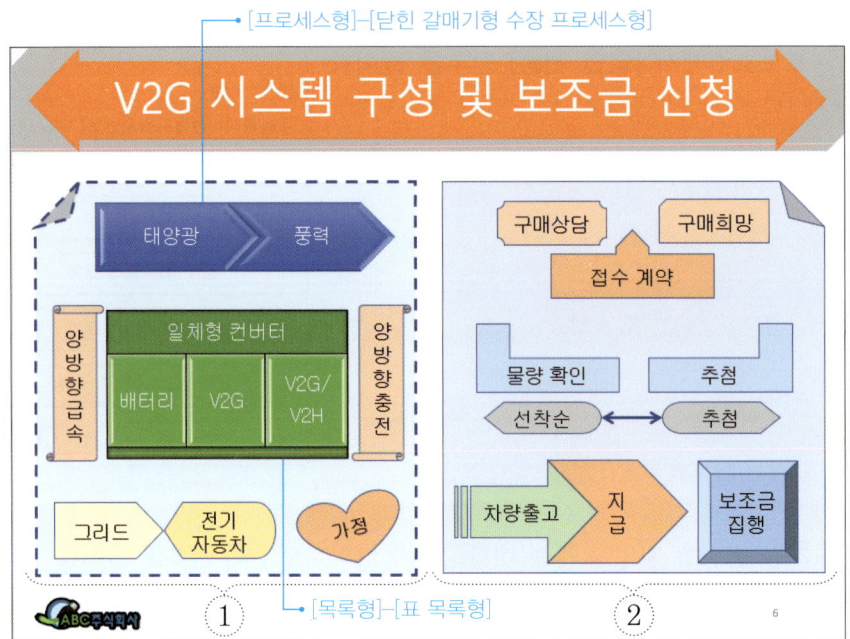

문제유형 002 도형 슬라이드

Ch07_문제유형002.pptx

(1) 슬라이드와 같이 도형 및 스마트아트를 배치한다(글꼴 : 굴림, 18pt).
(2) 애니메이션 순서 : ① ⇒ ②

세부조건

① 도형 및 스마트아트 편집
  - 그룹화 후 애니메이션 효과
    : 날아오기(왼쪽에서)

② 도형 편집
  - 스마트아트 디자인
    : 3차원 경사, 강한효과
  - 그룹화 후 애니메이션 효과
    : 블라인드(세로)

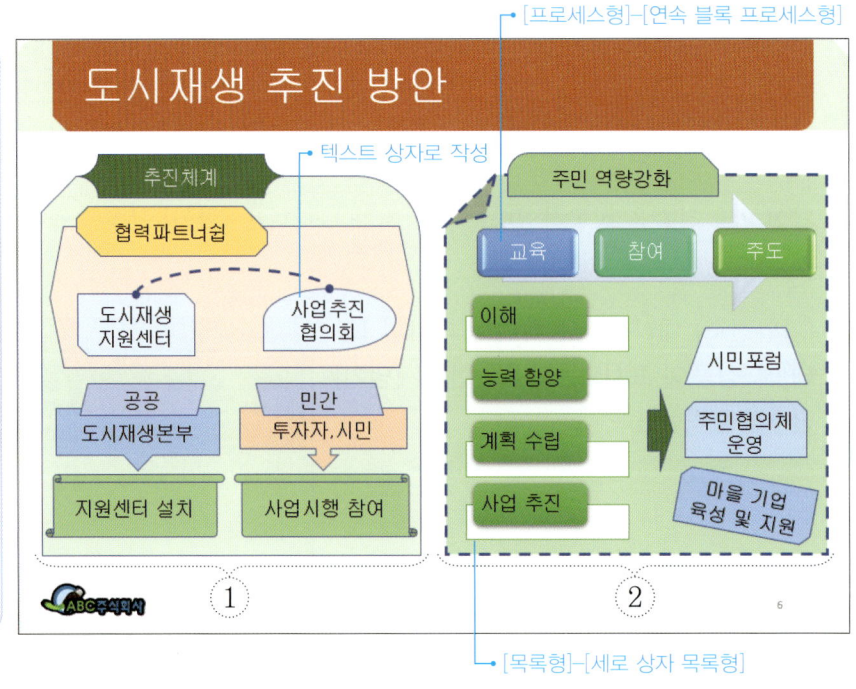

108 파워포인트 2016

실전문제유형

문제유형 003   도형 슬라이드

Ch07_문제유형003.pptx

(1) 슬라이드와 같이 도형 및 스마트아트를 배치한다(글꼴 : 굴림, 18pt).
(2) 애니메이션 순서 : ① ⇒ ②

> 스마트아트(SmartArt)를 그룹으로 지정할 수 없으면 삭제한 후 [삽입] 탭-[일러스트레이션] 그룹에서 [SmartArt]를 클릭하여 삽입합니다.

세부조건

① 도형 및 스마트아트 편집
 - 그룹화 후 애니메이션 효과
  : 닦아내기(위에서)

② 도형 편집
 - 스마트아트 디자인
  : 3차원 광택 처리,
   3차원 벽돌
 - 그룹화 후 애니메이션 효과
  : 바운드

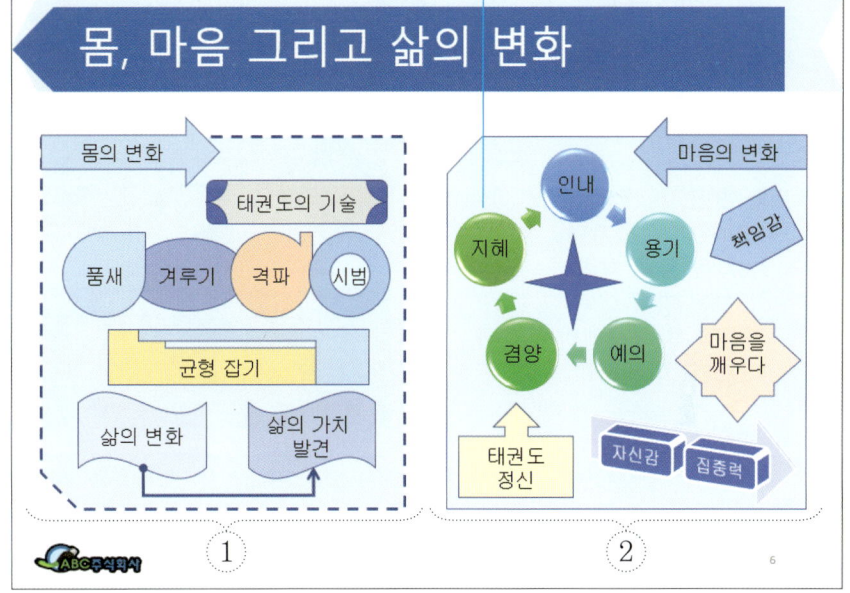

문제유형 004   도형 슬라이드

Ch07_문제유형004.pptx

(1) 슬라이드와 같이 도형 및 스마트아트를 배치한다(글꼴 : 굴림, 18pt).
(2) 애니메이션 순서 : ① ⇒ ②

세부조건

① 도형 및 스마트아트 편집
 - 그룹화 후 애니메이션 효과
  : 닦아내기(위에서)

② 도형 편집
 - 스마트아트 디자인
  : 3차원 벽돌, 강한 효과
 - 그룹화 후 애니메이션 효과
  : 바운드

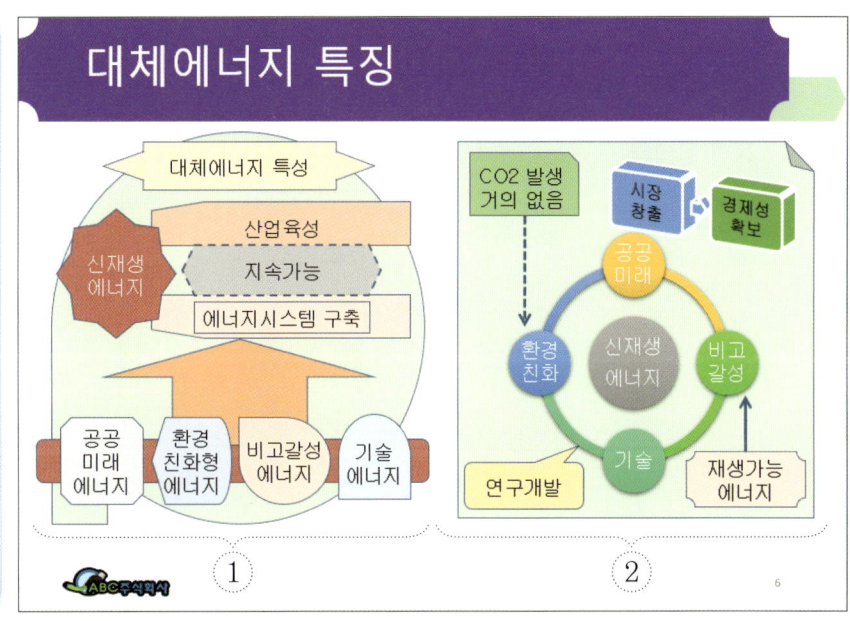

| 문제유형 005 | 도형 슬라이드 | Ch07_문제유형005.pptx |

(1) 슬라이드와 같이 도형 및 스마트아트를 배치한다(글꼴 : 돋움, 18pt).
(2) 애니메이션 순서 : ① ⇒ ②

세부조건

① 도형 및 스마트아트 편집
 - 그룹화 후 애니메이션 효과
  : 실선 무늬(세로)

② 도형 편집
 - 스마트아트 디자인
  : 3차원 광택 처리,
   3차원 벽돌
 - 그룹화 후 애니메이션 효과
  : 올라오기(서서히 위로)

| 문제유형 006 | 도형 슬라이드 | Ch07_문제유형006.pptx |

(1) 슬라이드와 같이 도형 및 스마트아트를 배치한다(글꼴 : 굴림, 18pt).
(2) 애니메이션 순서 : ② ⇒ ①

세부조건

① 도형 및 스마트아트 편집
 - 그룹화 후 애니메이션 효과
  : 실선 무늬(세로)

② 도형 편집
 - 스마트아트 디자인
  : 3차원 광택 처리,
   강한 효과
 - 그룹화 후 애니메이션 효과
  : 올라오기(서서히 아래로)

실전문제유형

문제유형 007   도형 슬라이드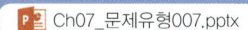

(1) 슬라이드와 같이 도형 및 스마트아트를 배치한다(글꼴 : 굴림, 18pt).
(2) 애니메이션 순서 : ① ⇒ ②

세부조건

① 도형 및 스마트아트 편집
  - 스마트아트 디자인
    : 3차원 경사, 3차원 벽돌
  - 그룹화 후 애니메이션 효과
    : 날아오기(왼쪽에서)

② 도형 편집
  - 그룹화 후 애니메이션 효과
    : 블라인드(세로)

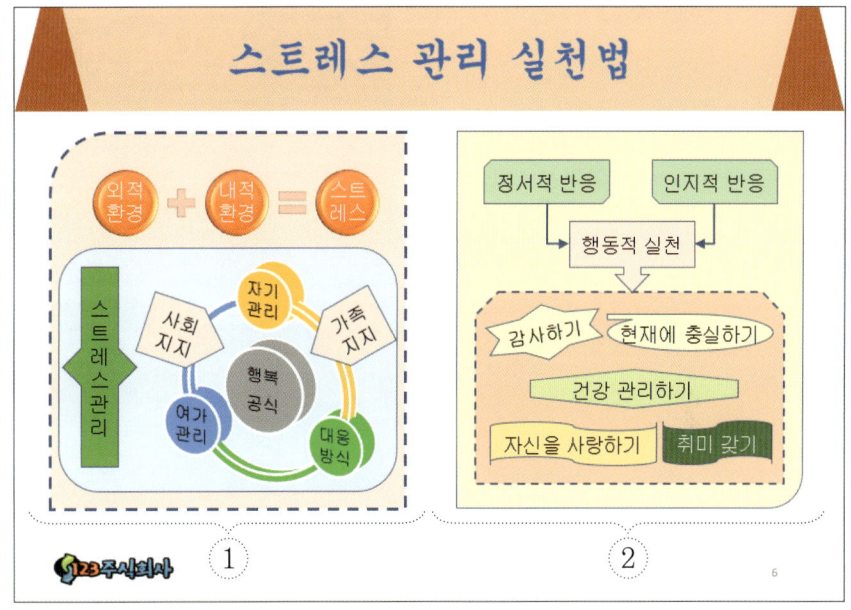

문제유형 008   도형 슬라이드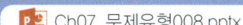

(1) 슬라이드와 같이 도형 및 스마트아트를 배치한다(글꼴 : 굴림, 18pt).
(2) 애니메이션 순서 : ① ⇒ ②

세부조건

① 도형 및 스마트아트 편집
  - 스마트아트 디자인
    : 3차원 만화, 3차원 경사
  - 그룹화 후 애니메이션 효과
    : 나누기(세로 바깥쪽으로)

② 도형 편집
  - 그룹화 후 애니메이션 효과
    : 회전하며 밝기 변화

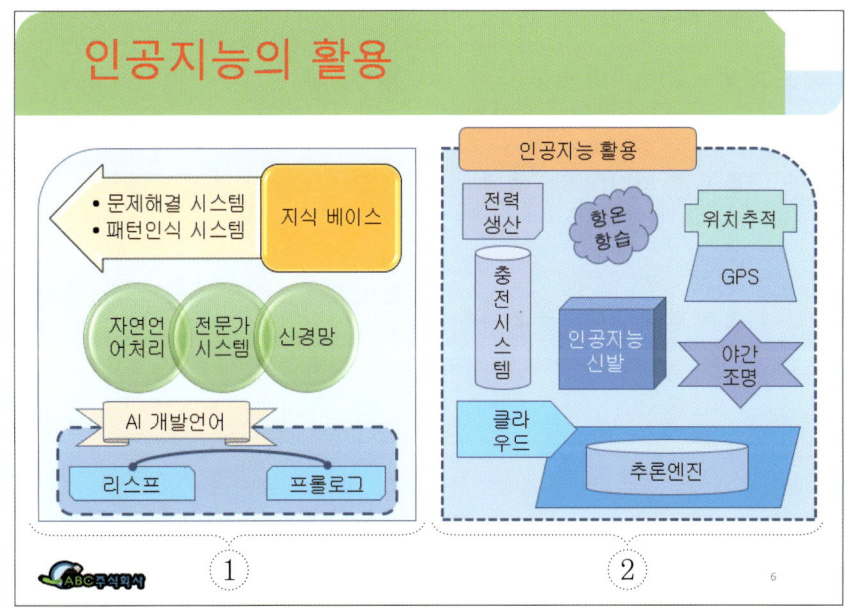

Chapter 07 • 도형 슬라이드

| 문제유형 009 | 도형 슬라이드 |

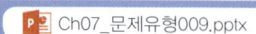

(1) 슬라이드와 같이 도형 및 스마트아트를 배치한다(글꼴 : 돋움, 18pt).
(2) 애니메이션 순서 : ① ⇒ ②

세부조건

① 도형 및 스마트아트 편집
  - 스마트아트 디자인
    : 3차원 만화, 3차원 경사
  - 그룹화 후 애니메이션 효과
    : 닦아내기(위에서)

② 도형 편집
  - 그룹화 후 애니메이션 효과
    : 바운드

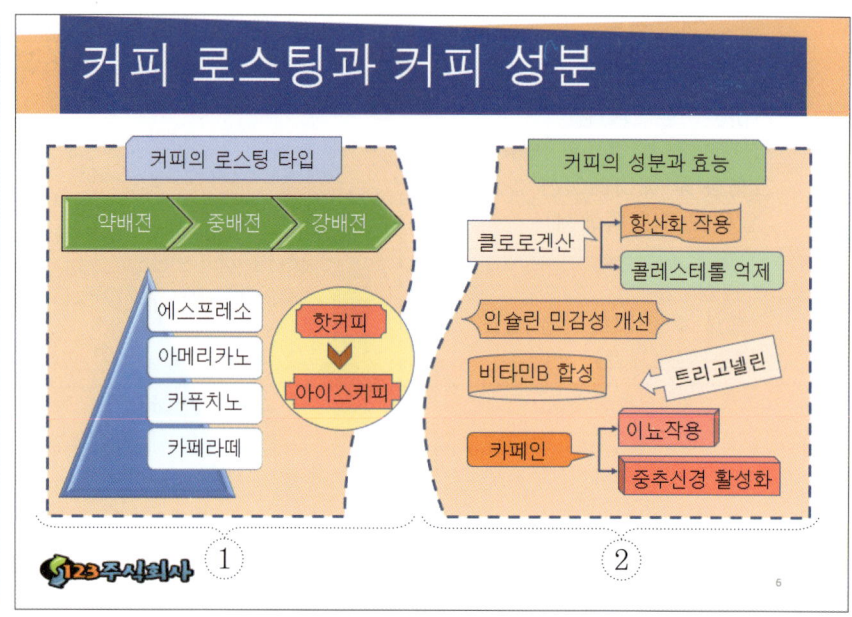

| 문제유형 010 | 도형 슬라이드 |

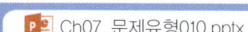

(1) 슬라이드와 같이 도형 및 스마트아트를 배치한다(글꼴 : 굴림, 18pt).
(2) 애니메이션 순서 : ① ⇒ ②

세부조건

① 도형 및 스마트아트 편집
  - 스마트아트 디자인
    : 3차원 만화, 3차원 경사
  - 그룹화 후 애니메이션 효과
    : 닦아내기(위에서)

② 도형 편집
  - 그룹화 후 애니메이션 효과
    : 바운드

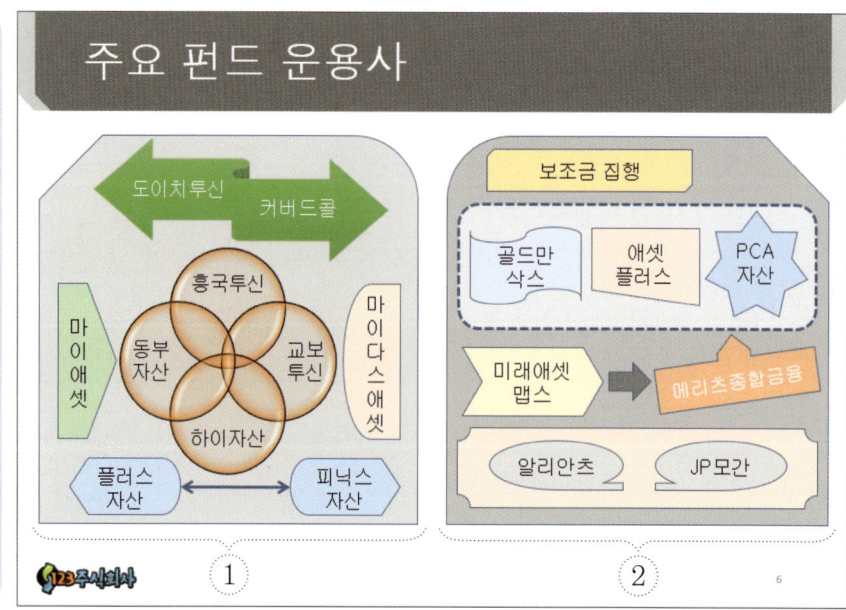

ITQ Powerpoint 2016

PART 02

실전모의고사

제 01 회 　실전모의고사
제 02 회 　실전모의고사
제 03 회 　실전모의고사
제 04 회 　실전모의고사
제 05 회 　실전모의고사
제 06 회 　실전모의고사
제 07 회 　실전모의고사
제 08 회 　실전모의고사
제 09 회 　실전모의고사
제 10 회 　실전모의고사
제 11 회 　실전모의고사
제 12 회 　실전모의고사
제 13 회 　실전모의고사
제 14 회 　실전모의고사
제 15 회 　실전모의고사

제01회 ITQ 실전모의고사

과목	코드	문제유형	시험시간	수험번호	성명
한글파워포인트	1142	A	60분		

수험자 유의사항

- 수험자는 문제지를 받는 즉시 문제지와 **수험표상의 시험과목(프로그램)이 동일한지 반드시 확인**하여야 합니다.
- 파일명은 본인의 "수험번호-성명"으로 입력하여 답안폴더(내 PC\문서\ITQ)에 하나의 파일로 저장해야 하며, 답안문서 파일명이 "수험번호-성명"과 일치하지 않거나, 답안파일을 전송하지 않아 미제출로 처리될 경우 실격 처리합니다(예:12345678-홍길동.pptx).
- 답안 작성을 마치면 파일을 저장하고, '답안 전송' 버튼을 선택하여 감독위원 PC로 답안을 전송하십시오. 수험생 정보와 저장한 파일명이 다를 경우 전송되지 않으므로 주의하시기 바랍니다.
- 답안 작성 중에도 **주기적으로 저장하고, '답안 전송'**하여야 문제 발생을 줄일 수 있습니다. 작업한 내용을 저장하지 않고 전송할 경우 이전에 저장된 내용이 전송되오니 이점 유의하시기 바랍니다.
- 답안문서는 지정된 경로 외의 다른 보조기억장치에 저장하는 경우, 지정된 시험 시간 외에 작성된 파일을 활용할 경우, 기타 통신수단(이메일, 메신저, 네트워크 등)을 이용하여 타인에게 전달 또는 외부 반출하는 경우는 부정 처리합니다.
- 시험 중 부주의 또는 고의로 시스템을 파손한 경우는 수험자가 변상해야 하며, 〈수험자 유의사항〉에 기재된 방법대로 이행하지 않아 생기는 불이익은 수험생 당사자의 책임임을 알려 드립니다.
- 시험을 완료한 수험자는 답안파일이 전송되었는지 확인한 후 감독위원의 지시에 따라 문제지를 제출하고 퇴실합니다.

답안 작성요령

- 온라인 답안 작성 절차
  수험자 등록 ⇒ 시험 시작 ⇒ 답안파일 저장 ⇒ 답안 전송 ⇒ 시험 종료
- 슬라이드의 크기는 A4 Paper로 설정하여 작성합니다.
- 슬라이드의 총 개수는 6개로 구성되어 있으며 슬라이드 1부터 순서대로 작업하고 반드시 문제와 세부 조건대로 합니다.
- 별도의 지시사항이 없는 경우 출력형태를 참조하여 글꼴색은 검정 또는 흰색으로 작성하고, 기타사항은 전체적인 균형을 고려하여 작성합니다.
- 슬라이드 도형 및 개체에 출력형태와 다른 스타일(그림자, 외곽선 등)을 적용했을 경우 감점처리 됩니다.
- 슬라이드 번호를 작성합니다(슬라이드 1에는 생략).
- 2~6번 슬라이드 제목 도형과 하단 로고는 슬라이드 마스터를 이용하여 출력형태와 동일하게 작성합니다 (슬라이드 1에는 생략).
- 문제와 세부조건, 세부조건 번호 ◯(점선원)는 입력하지 않습니다.
- 각 개체의 위치는 오른쪽의 슬라이드와 동일하게 구성합니다.
- 그림 삽입 문제의 경우 반드시 「내 PC\문서\ITQ\Picture」 폴더에서 정확한 파일을 선택하여 삽입하십시오.
- 각 슬라이드를 각각의 파일로 작업해서 저장할 경우 실격 처리됩니다.

kpc 한국생산성본부

[전체구성] (60점)

(1) 슬라이드 크기 및 순서 : 크기를 A4 용지로 설정하고 슬라이드 순서에 맞게 작성한다.
(2) 슬라이드 마스터 : 2~6슬라이드의 제목, 하단 로고, 슬라이드 번호는 슬라이드 마스터를 이용하여 작성한다.
   - 제목 글꼴(돋움, 40pt, 흰색), 가운데 맞춤, 도형(선 없음)
   - 하단 로고(「내 PC\문서\ITQ\Picture\로고1.jpg」, 배경(회색) 투명색으로 설정)

[슬라이드 1] ≪표지 디자인≫ (40점)

(1) 표지 디자인 : 도형, 워드아트 및 그림을 이용하여 작성한다.

세부조건

① 도형 편집
 - 도형에 그림 채우기 :
   「내 PC\문서\ITQ\Picture\그림1.jpg」, 투명도 50%
 - 도형 효과:
   (부드러운 가장자리 5포인트)

② 워드아트 삽입
 - 변환 : 위로 계단식
 - 글꼴 : 돋움, 굵게
 - 텍스트 반사 : 전체반사, 터치

③ 그림 삽입
 - 「내 PC\문서\ITQ\Picture\로고2.jpg」
 - 배경(회색) 투명색으로 설정

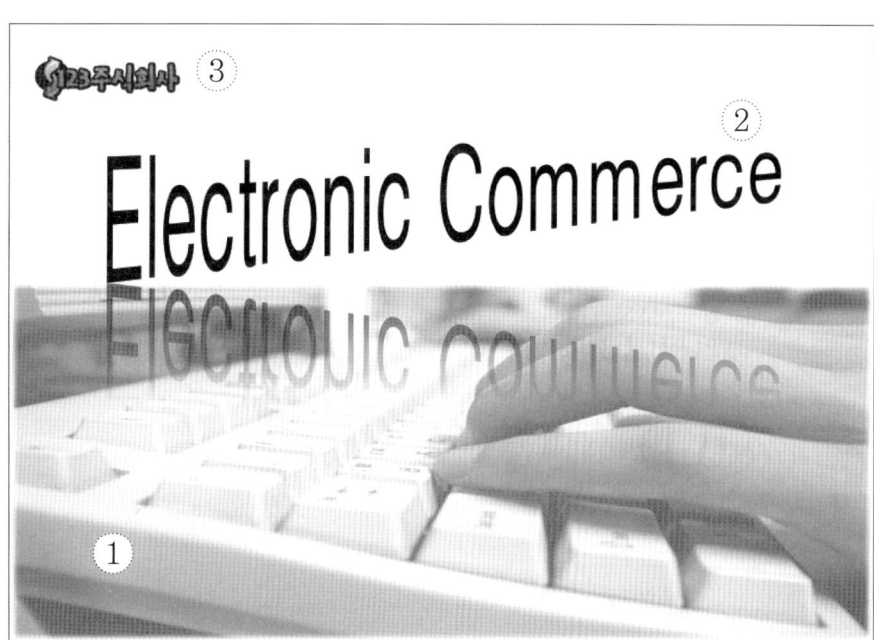

[슬라이드 2] ≪목차 슬라이드≫ (60점)

(1) 출력형태와 같이 도형을 이용하여 목차를 작성한다(글꼴 : 돋움, 24pt).
(2) 도형 : 선 없음

세부조건

① 텍스트에 하이퍼링크 적용
 → '슬라이드 3'

② 그림 삽입
 - 「내 PC\문서\ITQ\Picture\그림4.jpg」
 - 자르기 기능 이용

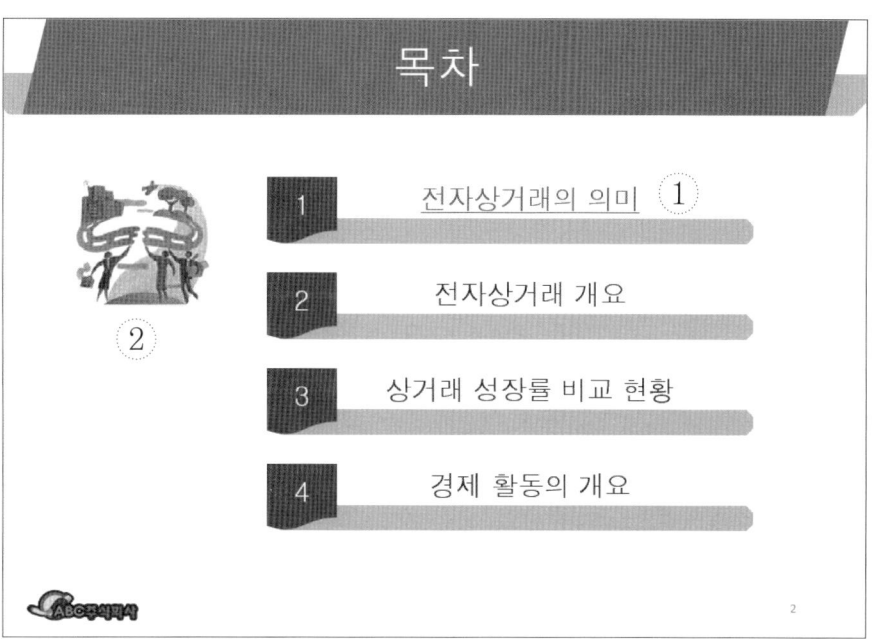

[슬라이드 3] ≪텍스트/동영상 슬라이드≫ (60점)

(1) 텍스트 작성 : 글머리 기호 사용(❖, ■)
  ❖문단(굴림, 24pt, 굵게, 줄간격 : 1.5줄), ■문단(굴림, 20pt, 줄간격 : 1.5줄)

세부조건

① 동영상 삽입 :
  - 「내 PC₩문서₩ITQ₩Picture₩동영상.wmv」
  - 자동실행, 반복재생 설정

[슬라이드 4] ≪표 슬라이드≫ (80점)

(1) 도형과 표 작성 기능을 이용하여 슬라이드를 작성한다(글꼴 : 돋움, 18pt).

세부조건

① 상단 도형 :
  2개 도형의 조합으로 작성

② 좌측 도형 :
  그라데이션 효과(선형 아래쪽)

③ 표 스타일 :
  테마 스타일 1 – 강조 2

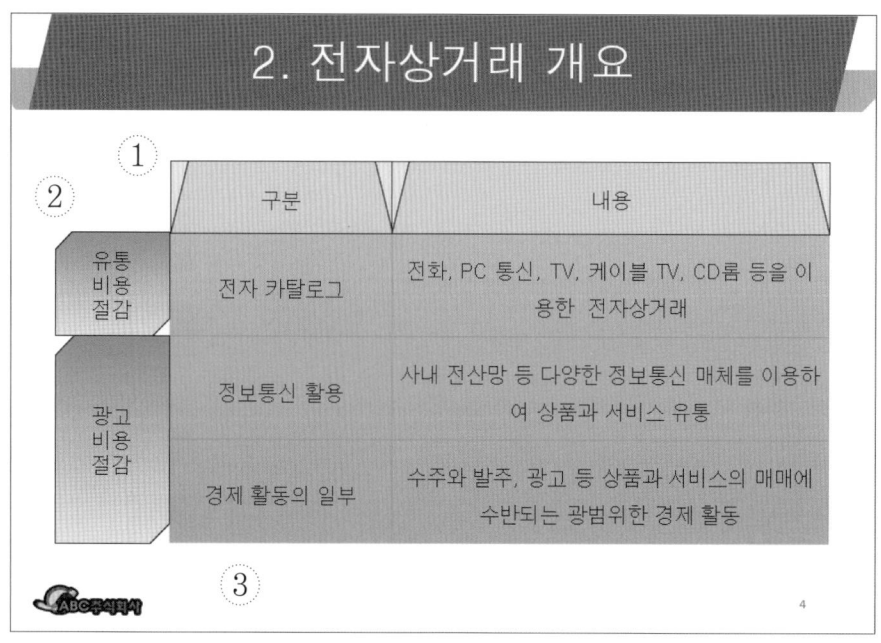

[슬라이드 5] ≪차트 슬라이드≫ (100점)

(1) 차트 작성 기능을 이용하여 슬라이드를 작성한다.
(2) 차트 : 종류(묶은 세로 막대형), 글꼴(돋움, 16pt), 외곽선

세부조건

※ 차트설명
- 차트제목 : 궁서, 24pt, 굵게,
  채우기(흰색), 테두리,
  그림자(오프셋 오른쪽)
- 차트영역 : 채우기(노랑)
  그림영역 : 채우기(흰색)
- 데이터 서식 : 오프라인 계열
  을 표식이 있는 꺾은선형으로
  변경 후 보조축으로 지정
- 값 표시 : 오프라인 계열만

① 도형 삽입
- 스타일 :
  미세효과 – 파랑, 강조1
- 글꼴 : 돋움, 18pt

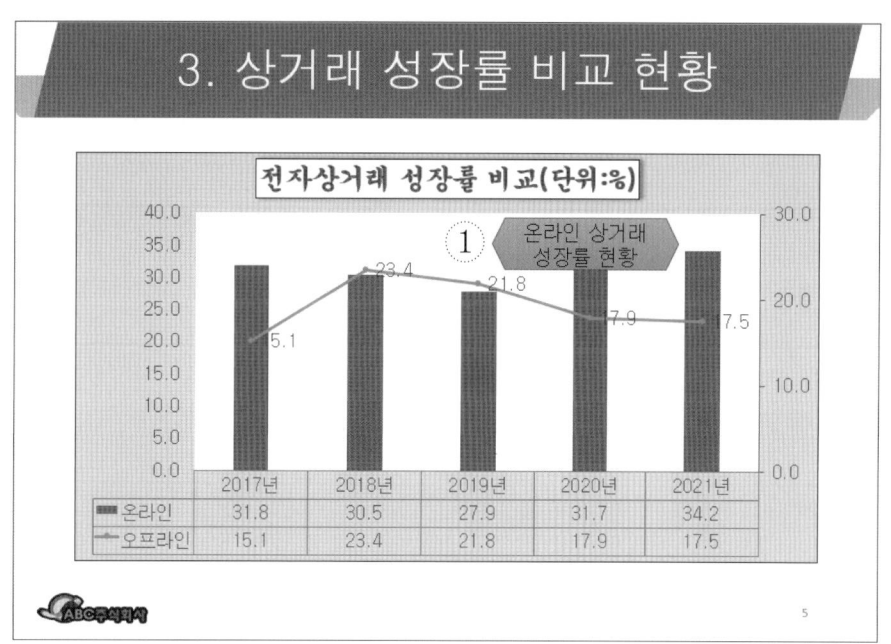

[슬라이드 6] ≪도형 슬라이드≫ (100점)

(1) 슬라이드와 같이 도형 및 스마트아트를 배치한다(글꼴 : 굴림, 18pt).
(2) 애니메이션 순서 : ① ⇒ ②

세부조건

① 도형 및 스마트아트 편집
- 스마트아트 디자인
  : 3차원 만화, 3차원 만화
- 그룹화 후 애니메이션 효과
  : 날아오기(왼쪽에서)

② 도형 편집
- 그룹화 후 애니메이션 효과
  : 블라인드(세로)

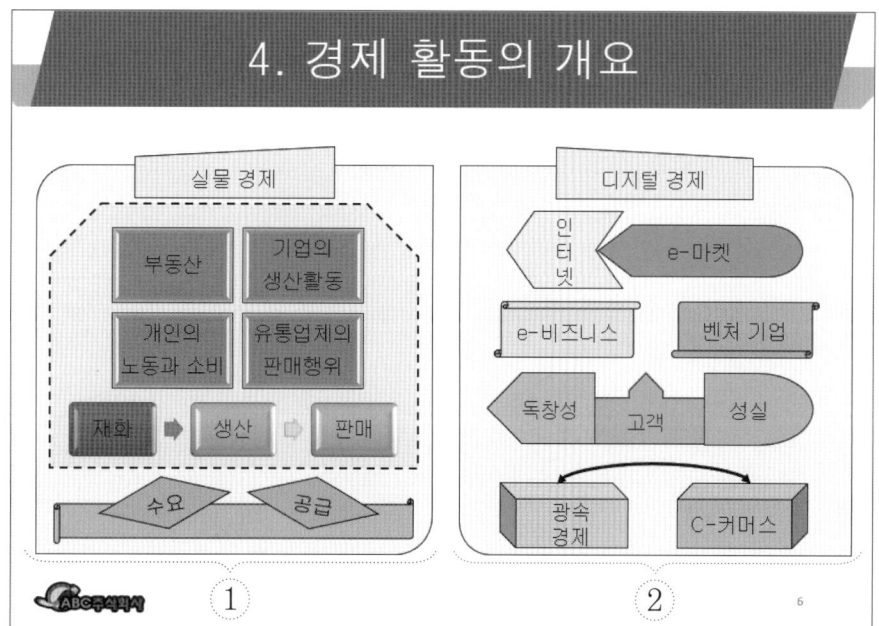

제02회 ITQ 실전모의고사

과목	코드	문제유형	시험시간	수험번호	성명
한글파워포인트	1142	B	60분		

수험자 유의사항

- 수험자는 문제지를 받는 즉시 문제지와 **수험표상의 시험과목(프로그램)이 동일한지 반드시 확인**하여야 합니다.
- 파일명은 본인의 "수험번호-성명"으로 입력하여 답안폴더(내 PC₩문서₩ITQ)에 하나의 파일로 저장해야 하며, 답안문서 파일명이 "수험번호-성명"과 일치하지 않거나, 답안파일을 전송하지 않아 미제출로 처리될 경우 실격 처리합니다(예:12345678-홍길동.pptx).
- 답안 작성을 마치면 파일을 저장하고, '답안 전송' 버튼을 선택하여 감독위원 PC로 답안을 전송하십시오. 수험생 정보와 저장한 파일명이 다를 경우 전송되지 않으므로 주의하시기 바랍니다.
- 답안 작성 중에도 **주기적으로 저장하고, '답안 전송'**하여야 문제 발생을 줄일 수 있습니다. 작업한 내용을 저장하지 않고 전송할 경우 이전에 저장된 내용이 전송되오니 이점 유의하시기 바랍니다.
- 답안문서는 지정된 경로 외의 다른 보조기억장치에 저장하는 경우, 지정된 시험 시간 외에 작성된 파일을 활용할 경우, 기타 통신수단(이메일, 메신저, 네트워크 등)을 이용하여 타인에게 전달 또는 외부 반출하는 경우는 부정 처리합니다.
- 시험 중 부주의 또는 고의로 시스템을 파손한 경우는 수험자가 변상해야 하며, 〈수험자 유의사항〉에 기재된 방법대로 이행하지 않아 생기는 불이익은 수험생 당사자의 책임임을 알려 드립니다.
- 시험을 완료한 수험자는 답안파일이 전송되었는지 확인한 후 감독위원의 지시에 따라 문제지를 제출하고 퇴실합니다.

답안 작성요령

- 온라인 답안 작성 절차
  수험자 등록 ⇒ 시험 시작 ⇒ 답안파일 저장 ⇒ 답안 전송 ⇒ 시험 종료
- 슬라이드의 크기는 A4 Paper로 설정하여 작성합니다.
- 슬라이드의 총 개수는 6개로 구성되어 있으며 슬라이드 1부터 순서대로 작업하고 반드시 문제와 세부 조건대로 합니다.
- 별도의 지시사항이 없는 경우 출력형태를 참조하여 글꼴색은 검정 또는 흰색으로 작성하고, 기타사항은 전체적인 균형을 고려하여 작성합니다.
- 슬라이드 도형 및 개체에 출력형태와 다른 스타일(그림자, 외곽선 등)을 적용했을 경우 감점처리 됩니다.
- 슬라이드 번호를 작성합니다(슬라이드 1에는 생략).
- 2~6번 슬라이드 제목 도형과 하단 로고는 슬라이드 마스터를 이용하여 출력형태와 동일하게 작성합니다(슬라이드 1에는 생략).
- 문제와 세부조건, 세부조건 번호 ◯(점선원)는 입력하지 않습니다.
- 각 개체의 위치는 오른쪽의 슬라이드와 동일하게 구성합니다.
- 그림 삽입 문제의 경우 반드시 「내 PC₩문서₩ITQ₩Picture」 폴더에서 정확한 파일을 선택하여 삽입하십시오.
- 각 슬라이드를 각각의 파일로 작업해서 저장할 경우 실격 처리됩니다.

[전체구성] (60점)

(1) 슬라이드 크기 및 순서 : 크기를 A4 용지로 설정하고 슬라이드 순서에 맞게 작성한다.
(2) 슬라이드 마스터 : 2~6슬라이드의 제목, 하단 로고, 슬라이드 번호는 슬라이드 마스터를 이용하여 작성한다.
　- 제목 글꼴(돋움, 40pt, 흰색), 왼쪽 맞춤, 도형(선 없음)
　- 하단 로고(「내 PC₩문서₩ITQ₩Picture₩로고2.jpg」, 배경(회색) 투명색으로 설정)

[슬라이드 1]　≪표지 디자인≫ (40점)

(1) 표지 디자인 : 도형, 워드아트 및 그림을 이용하여 작성한다.

세부조건

① 도형 편집
　- 도형에 그림 채우기 :
　　「내 PC₩문서₩ITQ₩Picture₩
　　그림1.jpg」, 투명도 50%
　- 도형 효과:
　　(부드러운 가장자리 5포인트)

② 워드아트 삽입
　- 변환 : 삼각형
　- 글꼴 : 돋움, 굵게
　- 텍스트 반사 : 근접 반사, 터치

③ 그림 삽입
　-「내 PC₩문서₩ITQ₩Picture₩
　　로고2.jpg」
　- 배경(회색) 투명색으로 설정

[슬라이드 2]　≪목차 슬라이드≫ (60점)

(1) 출력형태와 같이 도형을 이용하여 목차를 작성한다(글꼴 : 굴림, 24pt).
(2) 도형 : 선 없음

세부조건

① 텍스트에 하이퍼링크 적용
　→ '슬라이드 6'

② 그림 삽입
　-「내 PC₩문서₩ITQ₩Picture₩
　　그림4.jpg」
　- 자르기 기능 이용

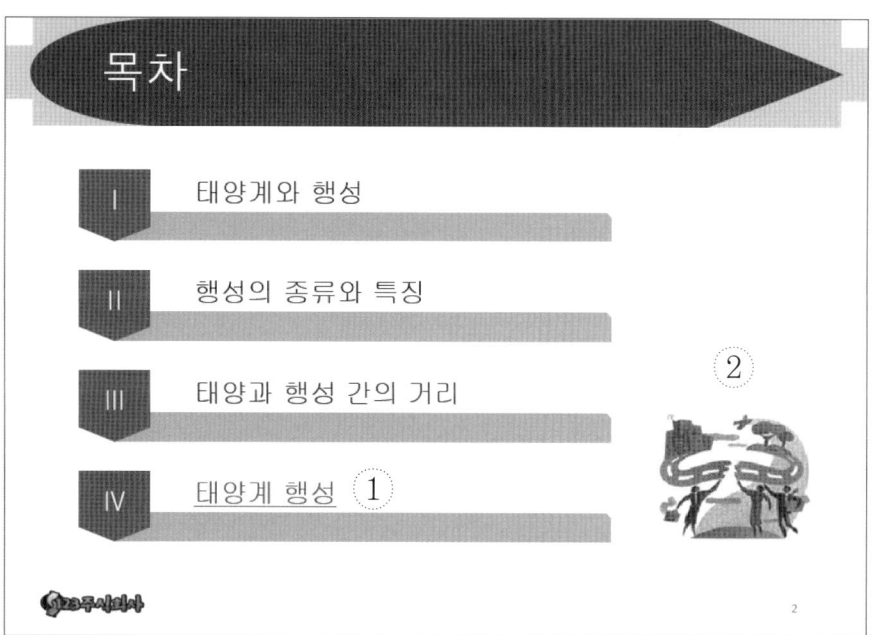

[슬라이드 3] ≪텍스트/동영상 슬라이드≫   (60점)

(1) 텍스트 작성 : 글머리 기호 사용(❖, ■)
  ❖문단(굴림, 24pt, 굵게, 줄간격 : 1.5줄), ■문단(굴림, 20pt, 줄간격 : 1.5줄)

세부조건

① 동영상 삽입 :
  - 「내 PC₩문서₩ITQ₩Picture₩동영상.wmv」
  - 자동실행, 반복재생 설정

Ⅰ. 태양계와 행성

❖ **The Solar System**
  ■ The solar system is the sun and all the planets, comets, meteoroid
  ■ A planet is a large, round object in space that moves around a star

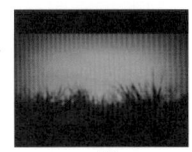

❖ **태양계에 속하는 행성**
  ■ 행성이란 타원 궤도를 가지고 태양 주위를 공전하며 스스로 에너지를 생성하지는 못하고 태양 빛을 반사하여 빛을 내는 천체로 수성, 금성, 지구, 화성, 목성, 토성, 천왕성, 해왕성이 있음

[슬라이드 4] ≪표 슬라이드≫   (80점)

(1) 도형과 표 작성 기능을 이용하여 슬라이드를 작성한다(글꼴 : 굴림, 18pt).

세부조건

① 상단 도형 :
  2개 도형의 조합으로 작성

② 좌측 도형 :
  그라데이션 효과(선형 아래쪽)

③ 표 스타일 :
  테마 스타일 1 - 강조 5

Ⅱ. 행성의 종류와 특징

	반지름	특징
수성	2,439km (지구의 0.38배)	태양계에서 가장 안쪽에 위치한 행성으로 표면은 절벽과 울퉁불퉁한 지형으로 일교차가 심함
화성	3,390km (지구의 절반)	표면에는 산화철이 매우 많아 붉은 행성이라고도 불리며 태양계에서 물의 흔적이 남아있는 행성
천왕성	25,559km (지구의 4배)	대기를 이루고 있는 메탄 때문에 푸른 행성으로 보이며 거리가 멀어 태양에너지를 거의 받지 못함

[슬라이드 5] ≪차트 슬라이드≫ (100점)

(1) 차트 작성 기능을 이용하여 슬라이드를 작성한다.
(2) 차트 : 종류(묶은 세로 막대형), 글꼴(돋움, 16pt), 외곽선

세부조건

※ 차트설명
- 차트제목 : 궁서, 24pt, 굵게, 채우기(흰색), 테두리, 그림자(오프셋 오른쪽)
- 차트영역 : 채우기(노랑) 그림영역 : 채우기(흰색)
- 데이터 서식 : 공전주기(일) 계열을 표식이 있는 꺾은선형으로 변경 후 보조축으로 지정
- 값 표시 : 지구의 거리(백만 킬로미터) 요소만

① 도형 삽입
  - 스타일 :
    미세효과 – 파랑, 강조1
  - 글꼴 : 돋움, 18pt

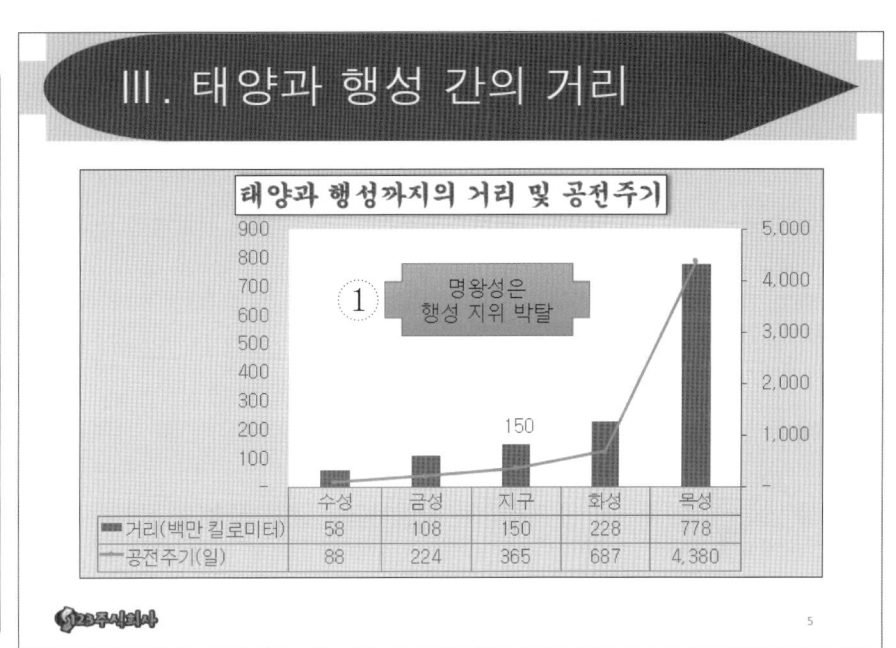

[슬라이드 6] ≪도형 슬라이드≫ (100점)

(1) 슬라이드와 같이 도형 및 스마트아트를 배치한다(글꼴 : 굴림, 18pt).
(2) 애니메이션 순서 : ① ⇒ ②

세부조건

① 도형 및 스마트아트 편집
  - 스마트아트 디자인
    : 3차원 경사,
    3차원 광택처리
  - 그룹화 후 애니메이션 효과
    : 날아오기(왼쪽에서)

② 도형 편집
  - 그룹화 후 애니메이션 효과
    : 블라인드(세로)

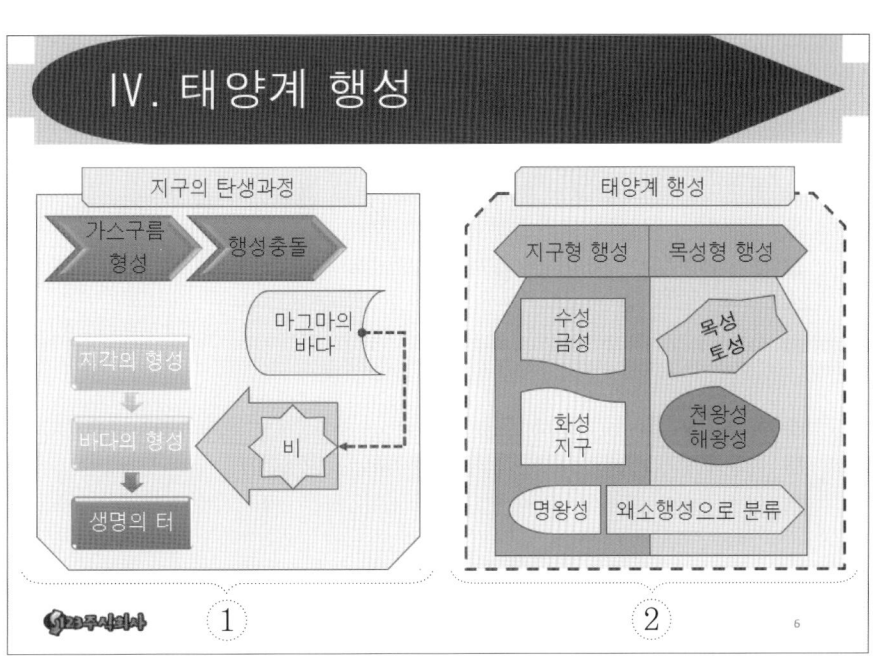

제03회 ITQ 실전모의고사

과목	코드	문제유형	시험시간	수험번호	성명
한글파워포인트	1142	C	60분		

수험자 유의사항

- 수험자는 문제지를 받는 즉시 문제지와 **수험표상의 시험과목(프로그램)이 동일한지 반드시 확인**하여야 합니다.
- 파일명은 본인의 "수험번호-성명"으로 입력하여 답안폴더(내 PC\문서\ITQ)에 하나의 파일로 저장해야 하며, 답안문서 파일명이 "수험번호-성명"과 일치하지 않거나, 답안파일을 전송하지 않아 미제출로 처리될 경우 실격 처리합니다(예:12345678-홍길동.pptx).
- 답안 작성을 마치면 파일을 저장하고, '답안 전송' 버튼을 선택하여 감독위원 PC로 답안을 전송하십시오. 수험생 정보와 저장한 파일명이 다를 경우 전송되지 않으므로 주의하시기 바랍니다.
- 답안 작성 중에도 **주기적으로 저장하고, '답안 전송'**하여야 문제 발생을 줄일 수 있습니다. 작업한 내용을 저장하지 않고 전송할 경우 이전에 저장된 내용이 전송되오니 이점 유의하시기 바랍니다.
- 답안문서는 지정된 경로 외의 다른 보조기억장치에 저장하는 경우, 지정된 시험 시간 외에 작성된 파일을 활용할 경우, 기타 통신수단(이메일, 메신저, 네트워크 등)을 이용하여 타인에게 전달 또는 외부 반출하는 경우는 부정 처리합니다.
- 시험 중 부주의 또는 고의로 시스템을 파손한 경우는 수험자가 변상해야 하며, 〈수험자 유의사항〉에 기재된 방법대로 이행하지 않아 생기는 불이익은 수험생 당사자의 책임임을 알려 드립니다.
- 시험을 완료한 수험자는 답안파일이 전송되었는지 확인한 후 감독위원의 지시에 따라 문제지를 제출하고 퇴실합니다.

답안 작성요령

- 온라인 답안 작성 절차
  수험자 등록 ⇒ 시험 시작 ⇒ 답안파일 저장 ⇒ 답안 전송 ⇒ 시험 종료
- 슬라이드의 크기는 A4 Paper로 설정하여 작성합니다.
- 슬라이드의 총 개수는 6개로 구성되어 있으며 슬라이드 1부터 순서대로 작업하고 반드시 문제와 세부 조건대로 합니다.
- 별도의 지시사항이 없는 경우 출력형태를 참조하여 글꼴색은 검정 또는 흰색으로 작성하고, 기타사항은 전체적인 균형을 고려하여 작성합니다.
- 슬라이드 도형 및 개체에 출력형태와 다른 스타일(그림자, 외곽선 등)을 적용했을 경우 감점처리 됩니다.
- 슬라이드 번호를 작성합니다(슬라이드 1에는 생략).
- 2~6번 슬라이드 제목 도형과 하단 로고는 슬라이드 마스터를 이용하여 출력형태와 동일하게 작성합니다 (슬라이드 1에는 생략).
- 문제와 세부조건, 세부조건 번호 ◌(점선원)는 입력하지 않습니다.
- 각 개체의 위치는 오른쪽의 슬라이드와 동일하게 구성합니다.
- 그림 삽입 문제의 경우 반드시 「내 PC\문서\ITQ\Picture」 폴더에서 정확한 파일을 선택하여 삽입하십시오.
- 각 슬라이드를 각각의 파일로 작업해서 저장할 경우 실격 처리됩니다.

kpc 한국생산성본부

[전체구성] (60점)

(1) 슬라이드 크기 및 순서 : 크기를 A4 용지로 설정하고 슬라이드 순서에 맞게 작성한다.
(2) 슬라이드 마스터 : 2~6슬라이드의 제목, 하단 로고, 슬라이드 번호는 슬라이드 마스터를 이용하여 작성한다.
  - 제목 글꼴(굴림, 40pt, 흰색), 가운데 맞춤, 도형(선 없음)
  - 하단 로고(「내 PC\문서\ITQ\Picture\로고1.jpg」, 배경(회색) 투명색으로 설정)

[슬라이드 1] ≪표지 디자인≫ (40점)

(1) 표지 디자인 : 도형, 워드아트 및 그림을 이용하여 작성한다.

세부조건

① 도형 편집
  - 도형에 그림 채우기 :
    「내 PC\문서\ITQ\Picture\그림2.jpg」, 투명도 50%
  - 도형 효과:
    (부드러운 가장자리 5포인트)

② 워드아트 삽입
  - 변환 : 역삼각형
  - 글꼴 : 돋움, 굵게
  - 텍스트 반사 : 근접 반사, 터치

③ 그림 삽입
  - 「내 PC\문서\ITQ\Picture\로고1.jpg」
  - 배경(회색) 투명색으로 설정

[슬라이드 2] ≪목차 슬라이드≫ (60점)

(1) 출력형태와 같이 도형을 이용하여 목차를 작성한다(글꼴 : 굴림, 24pt).
(2) 도형 : 선 없음

세부조건

① 텍스트에 하이퍼링크 적용
  → '슬라이드 4'

② 그림 삽입
  - 「내 PC\문서\ITQ\Picture\그림4.jpg」
  - 자르기 기능 이용

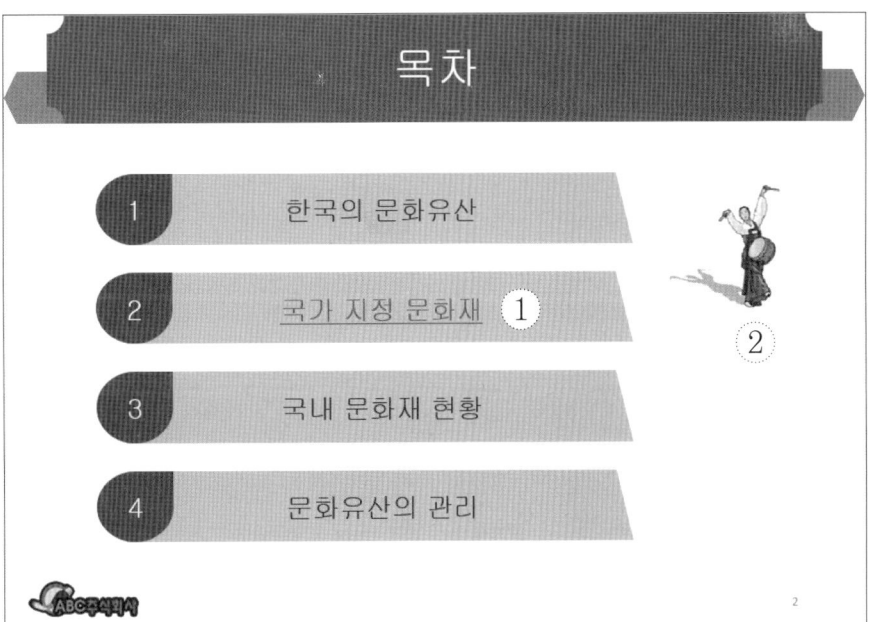

[슬라이드 3] ≪텍스트/동영상 슬라이드≫   (60점)

(1) 텍스트 작성 : 글머리 기호 사용(❖, ■)
　　❖문단(굴림, 24pt, 굵게, 줄간격 : 1.5줄), ■문단(굴림, 20pt, 줄간격 : 1.5줄)

세부조건

① 동영상 삽입 :
　- 「내 PC₩문서₩ITQ₩Picture₩
　　동영상.wmv」
　- 자동실행, 반복재생 설정

1. 한국의 문화유산

❖ Korea's cultural heritage
　■ Korea has a beautiful nature and a wealth of priceless cultural heritage as befits its five thousand year history and traditional culture

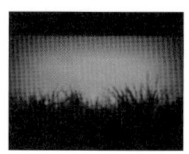

❖ 한국의 유네스코 등재유산
　■ 세계의 기록유산 : 훈민정음, 조선왕조실록, 직지심체요절, 승정원일기, 조선왕조의궤, 해인사 대장경판, 동의보감 등
　■ 인류무형문화유산 : 종묘제례 및 종묘제례악, 판소리, 강릉단오제, 강강술래, 남사당놀이, 줄타기 등

[슬라이드 4] ≪표 슬라이드≫   (80점)

(1) 도형과 표 작성 기능을 이용하여 슬라이드를 작성한다(글꼴 : 돋움, 18pt).

세부조건

① 상단 도형 :
　2개 도형의 조합으로 작성

② 좌측 도형 :
　그라데이션 효과(선형 아래쪽)

③ 표 스타일 :
　테마 스타일 1 - 강조 5

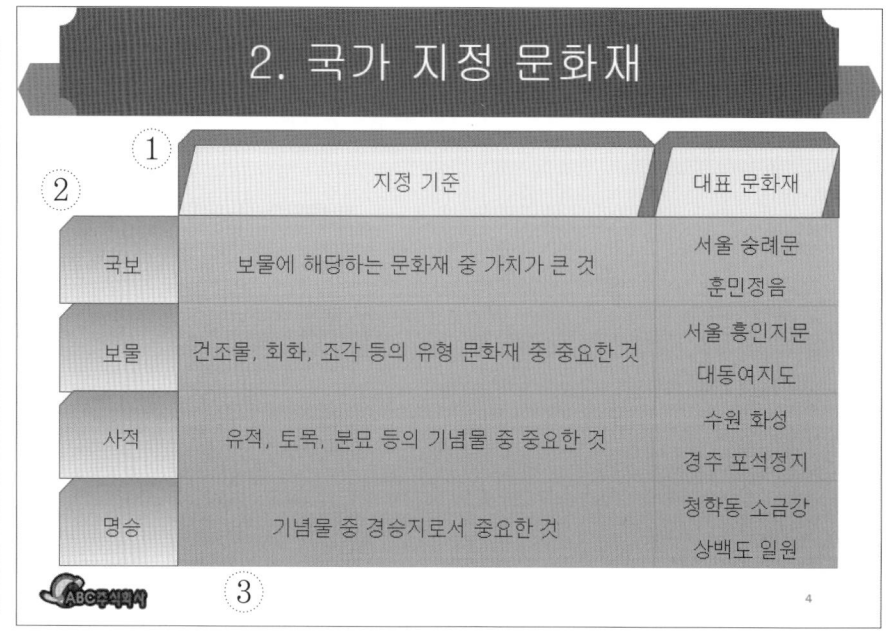

2. 국가 지정 문화재

	지정 기준	대표 문화재
국보	보물에 해당하는 문화재 중 가치가 큰 것	서울 숭례문 훈민정음
보물	건조물, 회화, 조각 등의 유형 문화재 중 중요한 것	서울 흥인지문 대동여지도
사적	유적, 토목, 분묘 등의 기념물 중 중요한 것	수원 화성 경주 포석정지
명승	기념물 중 경승지로서 중요한 것	청학동 소금강 상백도 일원

[슬라이드 5] ≪차트 슬라이드≫ (100점)

(1) 차트 작성 기능을 이용하여 슬라이드를 작성한다.
(2) 차트 : 종류(묶은 세로 막대형), 글꼴(돋움, 16pt), 외곽선

세부조건

※ 차트설명
- 차트제목 : 궁서, 24pt, 굵게, 채우기(흰색), 테두리, 그림자(오프셋 오른쪽)
- 차트영역 : 채우기(노랑)
  그림영역 : 채우기(흰색)
- 데이터 서식 : 중요민속문화재 계열을 표식이 있는 꺾은선형으로 변경 후 보조축으로 지정
- 값 표시 : 2021년 계열만

① 도형 삽입
  - 스타일 :
    미세효과 - 파랑, 강조1
  - 글꼴 : 돋움, 18pt

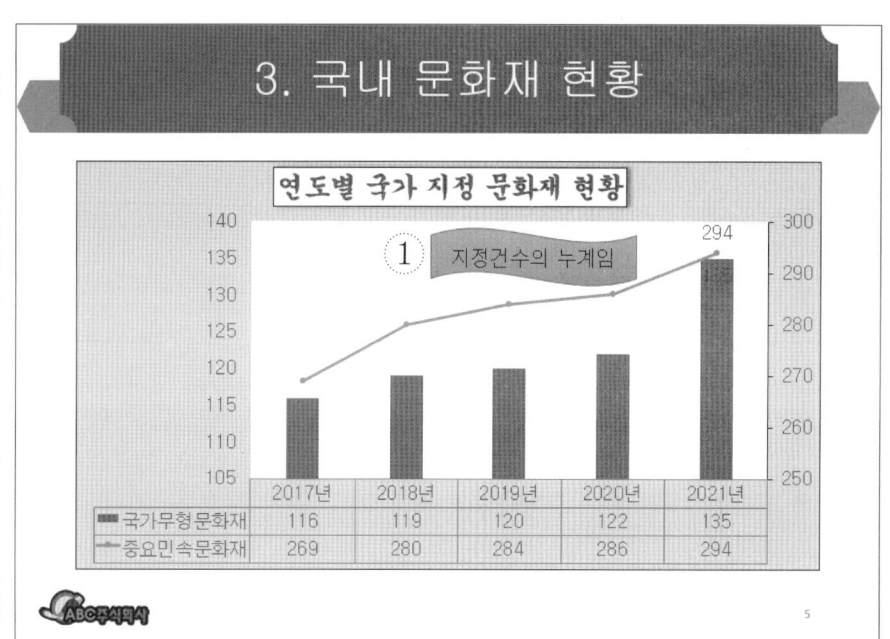

[슬라이드 6] ≪도형 슬라이드≫ (100점)

(1) 슬라이드와 같이 도형 및 스마트아트를 배치한다(글꼴 : 굴림, 18pt).
(2) 애니메이션 순서 : ① ⇒ ②

세부조건

① 도형 및 스마트아트 편집
  - 스마트아트 디자인
    : 3차원 경사, 3차원 만화
  - 그룹화 후 애니메이션 효과
    : 닦아내기(위에서)

② 도형 편집
  - 그룹화 후 애니메이션 효과
    : 바운드

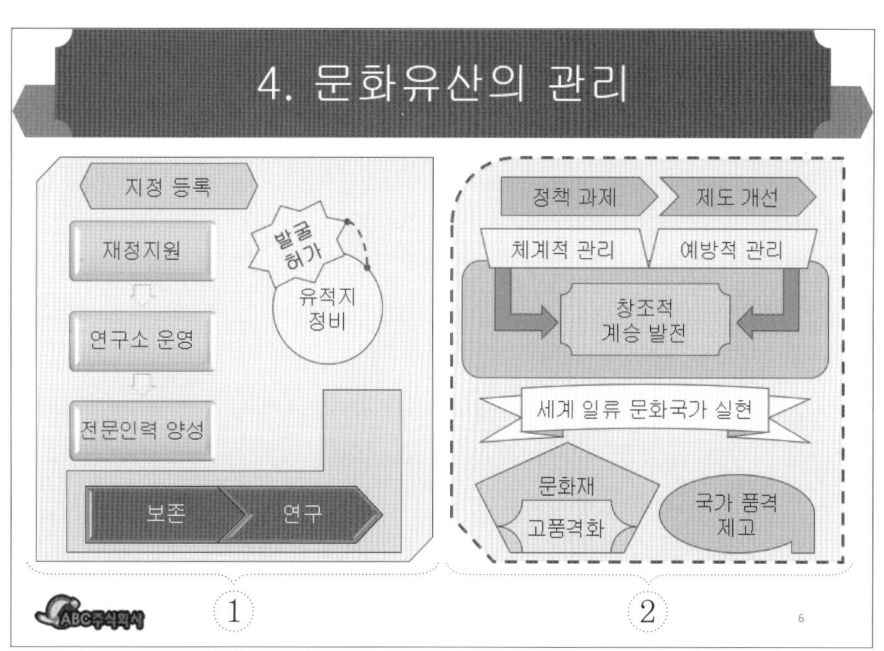

제04회 ITQ 실전모의고사

과목	코드	문제유형	시험시간	수험번호	성명
한글파워포인트	1142	D	60분		

수험자 유의사항

- 수험자는 문제지를 받는 즉시 문제지와 **수험표상의 시험과목(프로그램)이 동일한지 반드시 확인**하여야 합니다.
- 파일명은 본인의 "수험번호-성명"으로 입력하여 답안폴더(내 PC₩문서₩ITQ)에 하나의 파일로 저장해야 하며, 답안문서 파일명이 "수험번호-성명"과 일치하지 않거나, 답안파일을 전송하지 않아 미제출로 처리될 경우 실격 처리합니다(예:12345678-홍길동.pptx).
- 답안 작성을 마치면 파일을 저장하고, '답안 전송' 버튼을 선택하여 감독위원 PC로 답안을 전송하십시오. 수험생 정보와 저장한 파일명이 다를 경우 전송되지 않으므로 주의하시기 바랍니다.
- 답안 작성 중에도 **주기적으로 저장하고, '답안 전송'**하여야 문제 발생을 줄일 수 있습니다. 작업한 내용을 저장하지 않고 전송할 경우 이전에 저장된 내용이 전송되오니 이점 유의하시기 바랍니다.
- 답안문서는 지정된 경로 외의 다른 보조기억장치에 저장하는 경우, 지정된 시험 시간 외에 작성된 파일을 활용할 경우, 기타 통신수단(이메일, 메신저, 네트워크 등)을 이용하여 타인에게 전달 또는 외부 반출하는 경우는 부정 처리합니다.
- 시험 중 부주의 또는 고의로 시스템을 파손한 경우는 수험자가 변상해야 하며, 〈수험자 유의사항〉에 기재된 방법대로 이행하지 않아 생기는 불이익은 수험생 당사자의 책임임을 알려 드립니다.
- 시험을 완료한 수험자는 답안파일이 전송되었는지 확인한 후 감독위원의 지시에 따라 문제지를 제출하고 퇴실합니다.

답안 작성요령

- 온라인 답안 작성 절차
  수험자 등록 ⇒ 시험 시작 ⇒ 답안파일 저장 ⇒ 답안 전송 ⇒ 시험 종료
- 슬라이드의 크기는 A4 Paper로 설정하여 작성합니다.
- 슬라이드의 총 개수는 6개로 구성되어 있으며 슬라이드 1부터 순서대로 작업하고 반드시 문제와 세부 조건대로 합니다.
- 별도의 지시사항이 없는 경우 출력형태를 참조하여 글꼴색은 검정 또는 흰색으로 작성하고, 기타사항은 전체적인 균형을 고려하여 작성합니다.
- 슬라이드 도형 및 개체에 출력형태와 다른 스타일(그림자, 외곽선 등)을 적용했을 경우 감점처리 됩니다.
- 슬라이드 번호를 작성합니다(슬라이드 1에는 생략).
- 2~6번 슬라이드 제목 도형과 하단 로고는 슬라이드 마스터를 이용하여 출력형태와 동일하게 작성합니다 (슬라이드 1에는 생략).
- 문제와 세부조건, 세부조건 번호 ◌(점선원)는 입력하지 않습니다.
- 각 개체의 위치는 오른쪽의 슬라이드와 동일하게 구성합니다.
- 그림 삽입 문제의 경우 반드시 「내 PC₩문서₩ITQ₩Picture」 폴더에서 정확한 파일을 선택하여 삽입 하십시오.
- 각 슬라이드를 각각의 파일로 작업해서 저장할 경우 실격 처리됩니다.

kpc 한국생산성본부

[전체구성] (60점)

(1) 슬라이드 크기 및 순서 : 크기를 A4 용지로 설정하고 슬라이드 순서에 맞게 작성한다.
(2) 슬라이드 마스터 : 2~6슬라이드의 제목, 하단 로고, 슬라이드 번호는 슬라이드 마스터를 이용하여 작성한다.
 - 제목 글꼴(맑은 고딕, 40pt, 파랑), 가운데 맞춤, 도형(선 없음)
 - 하단 로고(「내 PC₩문서₩ITQ₩Picture₩로고2.jpg」, 배경(회색) 투명색으로 설정)

[슬라이드 1] ≪표지 디자인≫ (40점)

(1) 표지 디자인 : 도형, 워드아트 및 그림을 이용하여 작성한다.

세부조건

① 도형 편집
 - 도형에 그림 채우기 : 「내 PC₩문서₩ITQ₩Picture₩그림2.jpg」, 투명도 50%
 - 도형 효과: (부드러운 가장자리 5포인트)

② 워드아트 삽입
 - 변환 : 물결 1
 - 글꼴 : 돋움, 굵게
 - 텍스트 반사 : 전체반사, 터치

③ 그림 삽입
 - 「내 PC₩문서₩ITQ₩Picture₩로고2.jpg」
 - 배경(회색) 투명색으로 설정

[슬라이드 2] ≪목차 슬라이드≫ (60점)

(1) 출력형태와 같이 도형을 이용하여 목차를 작성한다(글꼴 : 굴림, 24pt).
(2) 도형 : 선 없음

세부조건

① 텍스트에 하이퍼링크 적용
 → '슬라이드 6'

② 그림 삽입
 - 「내 PC₩문서₩ITQ₩Picture₩그림5.jpg」
 - 자르기 기능 이용

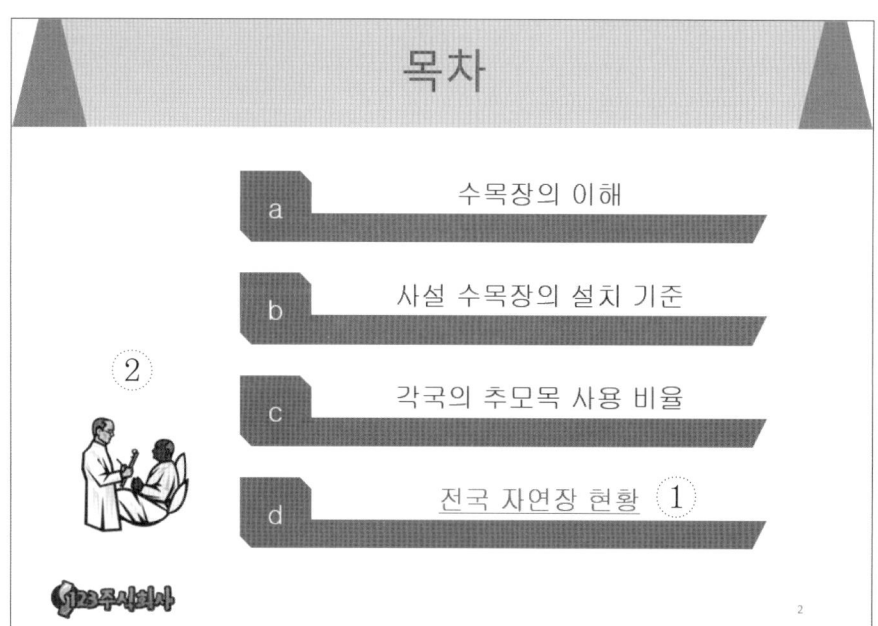

[슬라이드 3] ≪텍스트/동영상 슬라이드≫ (60점)

(1) 텍스트 작성 : 글머리 기호 사용(◆, ✓)
　　◆문단(굴림, 24pt, 굵게, 줄간격 : 1.5줄), ✓문단(굴림, 20pt, 줄간격 : 1.5줄)

세부조건

① 동영상 삽입 :
- 「내 PC\문서\ITQ\Picture\동영상.wmv」
- 자동실행, 반복재생 설정

a. 수목장의 이해

◆ **Natural Burials**
✓ The new type of burial service is rooted in the belief that it takes the dead back to nature in a more environment-friendly way

◆ **수목장이란?**
✓ 사람이 죽은 뒤 화장한 유골을 지정된 수목의 밑에 묻고 명패를 달아 고인의 넋을 기리는 장례법
✓ 외관은 묘지가 아닌 숲에 가까우며 조성 시에도 기존의 산림을 훼손하지 않는 친환경적인 장례법

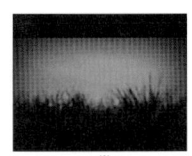

[슬라이드 4] ≪표 슬라이드≫ (80점)

(1) 도형과 표 작성 기능을 이용하여 슬라이드를 작성한다(글꼴 : 돋움, 18pt).

세부조건

① 상단 도형 :
　2개 도형의 조합으로 작성

② 좌측 도형 :
　그라데이션 효과(선형 아래쪽)

③ 표 스타일 :
　테마 스타일 1 - 강조 2

[슬라이드 5] ≪차트 슬라이드≫ (100점)

(1) 차트 작성 기능을 이용하여 슬라이드를 작성한다.
(2) 차트 : 종류(묶은 세로 막대형), 글꼴(돋움, 16pt), 외곽선

세부조건

※ 차트설명
- 차트제목 : 궁서, 24pt, 굵게, 채우기(흰색), 테두리, 그림자(오프셋 위쪽)
- 차트영역 : 채우기(노랑) 그림영역 : 채우기(흰색)
- 데이터 서식 : 참나무 계열을 표식이 있는 꺾은선형으로 변경 후 보조축으로 지정
- 값 표시 : 중국의 참나무 요소만

① 도형 삽입
- 스타일 : 미세효과 – 파랑, 강조1
- 글꼴 : 돋움, 18pt

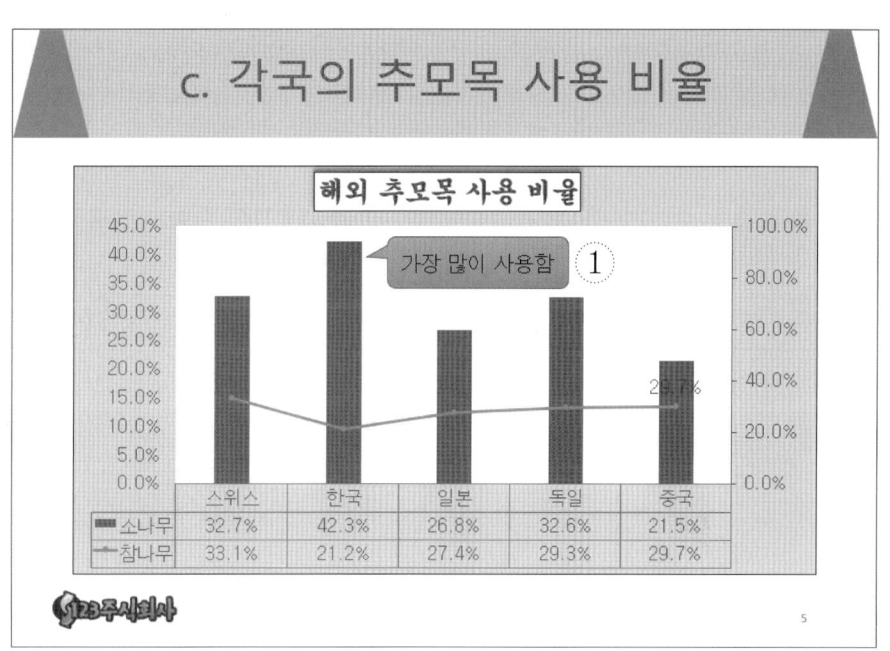

[슬라이드 6] ≪도형 슬라이드≫ (100점)

(1) 슬라이드와 같이 도형 및 스마트아트를 배치한다(글꼴 : 굴림, 18pt).
(2) 애니메이션 순서 : ① ⇒ ②

세부조건

① 도형 및 스마트아트 편집
- 스마트아트 디자인 : 3차원 경사, 강한 효과
- 그룹화 후 애니메이션 효과 : 날아오기(왼쪽에서)

② 도형 편집
- 그룹화 후 애니메이션 효과 : 블라인드(세로)

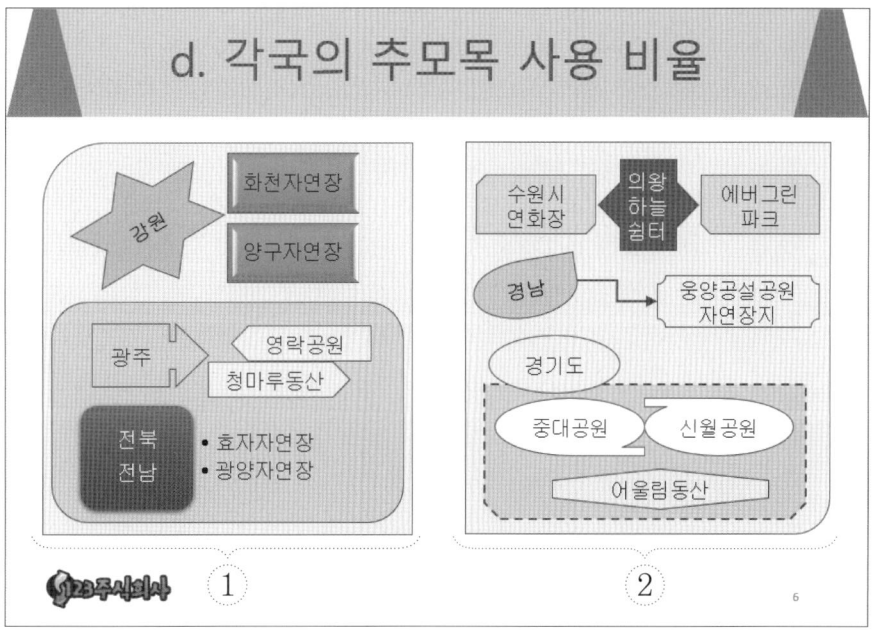

제05회 ITQ 실전모의고사

과목	코드	문제유형	시험시간	수험번호	성명
한글파워포인트	1142	E	60분		

수험자 유의사항

- 수험자는 문제지를 받는 즉시 문제지와 **수험표상의 시험과목(프로그램)이 동일한지 반드시 확인**하여야 합니다.
- 파일명은 본인의 "수험번호-성명"으로 입력하여 답안폴더(내 PC\문서\ITQ)에 하나의 파일로 저장해야 하며, 답안문서 파일명이 "수험번호-성명"과 일치하지 않거나, 답안파일을 전송하지 않아 미제출로 처리될 경우 실격 처리합니다(예:12345678-홍길동.pptx).
- 답안 작성을 마치면 파일을 저장하고, '답안 전송' 버튼을 선택하여 감독위원 PC로 답안을 전송하십시오. 수험생 정보와 저장한 파일명이 다를 경우 전송되지 않으므로 주의하시기 바랍니다.
- 답안 작성 중에도 **주기적으로 저장하고, '답안 전송'**하여야 문제 발생을 줄일 수 있습니다. 작업한 내용을 저장하지 않고 전송할 경우 이전에 저장된 내용이 전송되오니 이점 유의하시기 바랍니다.
- 답안문서는 지정된 경로 외의 다른 보조기억장치에 저장하는 경우, 지정된 시험 시간 외에 작성된 파일을 활용할 경우, 기타 통신수단(이메일, 메신저, 네트워크 등)을 이용하여 타인에게 전달 또는 외부 반출하는 경우는 부정 처리합니다.
- 시험 중 부주의 또는 고의로 시스템을 파손한 경우는 수험자가 변상해야 하며, 〈수험자 유의사항〉에 기재된 방법대로 이행하지 않아 생기는 불이익은 수험생 당사자의 책임임을 알려 드립니다.
- 시험을 완료한 수험자는 답안파일이 전송되었는지 확인한 후 감독위원의 지시에 따라 문제지를 제출하고 퇴실합니다.

답안 작성요령

- 온라인 답안 작성 절차
  수험자 등록 ⇒ 시험 시작 ⇒ 답안파일 저장 ⇒ 답안 전송 ⇒ 시험 종료
- 슬라이드의 크기는 A4 Paper로 설정하여 작성합니다.
- 슬라이드의 총 개수는 6개로 구성되어 있으며 슬라이드 1부터 순서대로 작업하고 반드시 문제와 세부 조건대로 합니다.
- 별도의 지시사항이 없는 경우 출력형태를 참조하여 글꼴색은 검정 또는 흰색으로 작성하고, 기타사항은 전체적인 균형을 고려하여 작성합니다.
- 슬라이드 도형 및 개체에 출력형태와 다른 스타일(그림자, 외곽선 등)을 적용했을 경우 감점처리 됩니다.
- 슬라이드 번호를 작성합니다(슬라이드 1에는 생략).
- 2~6번 슬라이드 제목 도형과 하단 로고는 슬라이드 마스터를 이용하여 출력형태와 동일하게 작성합니다 (슬라이드 1에는 생략).
- 문제와 세부조건, 세부조건 번호 ○(점선원)는 입력하지 않습니다.
- 각 개체의 위치는 오른쪽의 슬라이드와 동일하게 구성합니다.
- 그림 삽입 문제의 경우 반드시 「내 PC\문서\ITQ\Picture」 폴더에서 정확한 파일을 선택하여 삽입 하십시오.
- 각 슬라이드를 각각의 파일로 작업해서 저장할 경우 실격 처리됩니다.

[전체구성] (60점)

(1) 슬라이드 크기 및 순서 : 크기를 A4 용지로 설정하고 슬라이드 순서에 맞게 작성한다.
(2) 슬라이드 마스터 : 2~6슬라이드의 제목, 하단 로고, 슬라이드 번호는 슬라이드 마스터를 이용하여 작성한다.
   - 제목 글꼴(맑은 고딕, 40pt, 흰색), 왼쪽 맞춤, 도형(선 없음)
   - 하단 로고(「내 PC₩문서₩ITQ₩Picture₩로고1.jpg」, 배경(회색) 투명색으로 설정)

[슬라이드 1] ≪표지 디자인≫ (40점)

(1) 표지 디자인 : 도형, 워드아트 및 그림을 이용하여 작성한다.

세부조건

① 도형 편집
   - 도형에 그림 채우기 :
     「내 PC₩문서₩ITQ₩Picture₩
     그림2.jpg」, 투명도 50%
   - 도형 효과:
     (부드러운 가장자리 5포인트)

② 워드아트 삽입
   - 변환 : 위쪽 수축
   - 글꼴 : 돋움, 굵게
   - 텍스트 반사 : 1/2 반사, 터치

③ 그림 삽입
   - 「내 PC₩문서₩ITQ₩Picture₩
     로고1.jpg」
   - 배경(회색) 투명색으로 설정

[슬라이드 2] ≪목차 슬라이드≫ (60점)

(1) 출력형태와 같이 도형을 이용하여 목차를 작성한다(글꼴 : 굴림, 24pt).
(2) 도형 : 선 없음

세부조건

① 텍스트에 하이퍼링크 적용
   → '슬라이드 5'

② 그림 삽입
   - 「내 PC₩문서₩ITQ₩Picture₩
     그림4.jpg」
   - 자르기 기능 이용

[슬라이드 3] ≪텍스트/동영상 슬라이드≫ (60점)

(1) 텍스트 작성 : 글머리 기호 사용(➤, ■)
   ➤ 문단(굴림, 24pt, 굵게, 줄간격 : 1.5줄), ■ 문단(굴림, 20pt, 줄간격 : 1.5줄)

세부조건

① 동영상 삽입 :
   - 「내 PC₩문서₩ITQ₩Picture₩동영상.wmv」
   - 자동실행, 반복재생 설정

가. 재대혈의 의미

➤ **New analysis and reporting**
   ■ Umbilical cord blood(often called cord blood) is the blood left in the umbilical cord and placenta after the baby is born and the cord is cut

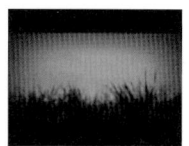

➤ **제대혈의 의미**
   ■ 출산 때 탯줄에서 나오는 탯줄의 혈액으로 백혈구와 적혈구, 혈소판 등을 만드는 조혈모세포를 다량으로 함유함
   ■ 연골과 뼈, 근육, 신경 등을 만드는 간엽줄기세포도 풍부하여 의료적 가치가 매우 높음

[슬라이드 4] ≪표 슬라이드≫ (80점)

(1) 도형과 표 작성 기능을 이용하여 슬라이드를 작성한다(글꼴 : 돋움, 18pt).

세부조건

① 상단 도형 :
   2개 도형의 조합으로 작성

② 좌측 도형 :
   그라데이션 효과(선형 아래쪽)

③ 표 스타일 :
   테마 스타일 1 - 강조 6

나. 줄기세포 비교

구분		배아 줄기세포	제대혈 줄기세포
난치성 질환 치료	공급원	수정란, 난자	탯줄 혈액
	획득용이성	어려움	쉬움
	대량생산	어려움	가능
즉각적 이식	분화능력	매우 뛰어남	뛰어남
	이식 거부반응 해결	어려움	가능
	환자 적용 유무	없음	있음

[슬라이드 5] ≪차트 슬라이드≫ (100점)

(1) 차트 작성 기능을 이용하여 슬라이드를 작성한다.
(2) 차트 : 종류(묶은 세로 막대형), 글꼴(돋움, 16pt), 외곽선

세부조건

※ 차트설명
- 차트제목 : 궁서, 24pt, 굵게, 채우기(흰색), 테두리, 그림자(오프셋 오른쪽)
- 차트영역 : 채우기(노랑)
  그림영역 : 채우기(흰색)
- 데이터 서식 : 성인(건) 계열을 표식이 있는 꺾은선형으로 변경 후 보조축으로 지정
- 값 표시 : 2022년의 성인(건) 요소만

① 도형 삽입
  - 스타일 :
    미세효과 – 녹색, 강조6
  - 글꼴 : 돋움, 18pt

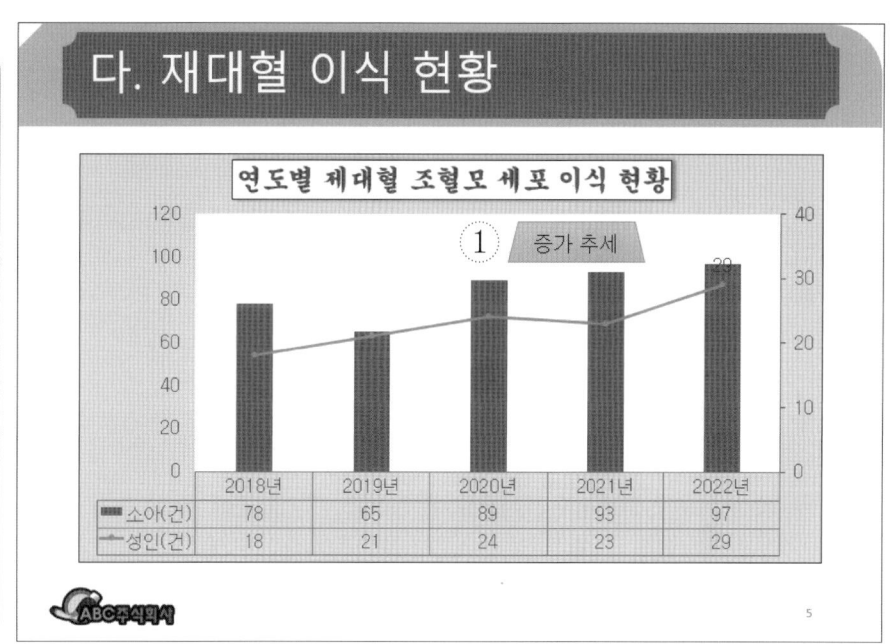

[슬라이드 6] ≪도형 슬라이드≫ (100점)

(1) 슬라이드와 같이 도형 및 스마트아트를 배치한다(글꼴 : 굴림, 18pt).
(2) 애니메이션 순서 : ① ⇒ ②

세부조건

① 도형 및 스마트아트 편집
  - 스마트아트 디자인
    : 3차원 경사, 3차원 만화
  - 그룹화 후 애니메이션 효과
    : 날아오기(왼쪽에서)

② 도형 편집
  - 그룹화 후 애니메이션 효과
    : 블라인드(세로)

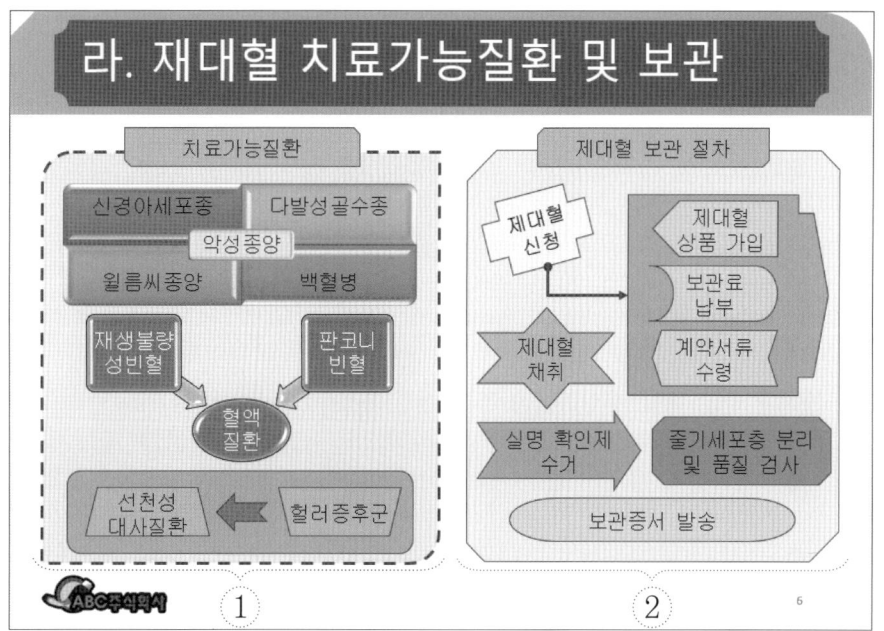

제 06 회 ITQ 실전모의고사

과목	코드	문제유형	시험시간	수험번호	성명
한글파워포인트	1142	A	60분		

수험자 유의사항

- 수험자는 문제지를 받는 즉시 문제지와 **수험표상의 시험과목(프로그램)이 동일한지 반드시 확인**하여야 합니다.
- 파일명은 본인의 "수험번호-성명"으로 입력하여 답안폴더(내 PC₩문서₩ITQ)에 하나의 파일로 저장해야 하며, 답안문서 파일명이 "수험번호-성명"과 일치하지 않거나, 답안파일을 전송하지 않아 미제출로 처리될 경우 실격 처리합니다(예:12345678-홍길동.pptx).
- 답안 작성을 마치면 파일을 저장하고, '답안 전송' 버튼을 선택하여 감독위원 PC로 답안을 전송하십시오. 수험생 정보와 저장한 파일명이 다를 경우 전송되지 않으므로 주의하시기 바랍니다.
- 답안 작성 중에도 **주기적으로 저장하고, '답안 전송'**하여야 문제 발생을 줄일 수 있습니다. 작업한 내용을 저장하지 않고 전송할 경우 이전에 저장된 내용이 전송되오니 이점 유의하시기 바랍니다.
- 답안문서는 지정된 경로 외의 다른 보조기억장치에 저장하는 경우, 지정된 시험 시간 외에 작성된 파일을 활용할 경우, 기타 통신수단(이메일, 메신저, 네트워크 등)을 이용하여 타인에게 전달 또는 외부 반출하는 경우는 부정 처리합니다.
- 시험 중 부주의 또는 고의로 시스템을 파손한 경우는 수험자가 변상해야 하며, 〈수험자 유의사항〉에 기재된 방법대로 이행하지 않아 생기는 불이익은 수험생 당사자의 책임임을 알려 드립니다.
- 시험을 완료한 수험자는 답안파일이 전송되었는지 확인한 후 감독위원의 지시에 따라 문제지를 제출하고 퇴실합니다.

답안 작성요령

- 온라인 답안 작성 절차
  수험자 등록 ⇒ 시험 시작 ⇒ 답안파일 저장 ⇒ 답안 전송 ⇒ 시험 종료
- 슬라이드의 크기는 A4 Paper로 설정하여 작성합니다.
- 슬라이드의 총 개수는 6개로 구성되어 있으며 슬라이드 1부터 순서대로 작업하고 반드시 문제와 세부 조건대로 합니다.
- 별도의 지시사항이 없는 경우 출력형태를 참조하여 글꼴색은 검정 또는 흰색으로 작성하고, 기타사항은 전체적인 균형을 고려하여 작성합니다.
- 슬라이드 도형 및 개체에 출력형태와 다른 스타일(그림자, 외곽선 등)을 적용했을 경우 감점처리 됩니다.
- 슬라이드 번호를 작성합니다(슬라이드 1에는 생략).
- 2~6번 슬라이드 제목 도형과 하단 로고는 슬라이드 마스터를 이용하여 출력형태와 동일하게 작성합니다 (슬라이드 1에는 생략).
- 문제와 세부조건, 세부조건 번호 ○(점선원)는 입력하지 않습니다.
- 각 개체의 위치는 오른쪽의 슬라이드와 동일하게 구성합니다.
- 그림 삽입 문제의 경우 반드시 「내 PC₩문서₩ITQ₩Picture」 폴더에서 정확한 파일을 선택하여 삽입하십시오.
- 각 슬라이드를 각각의 파일로 작업해서 저장할 경우 실격 처리됩니다.

[전체구성] (60점)

(1) 슬라이드 크기 및 순서 : 크기를 A4 용지로 설정하고 슬라이드 순서에 맞게 작성한다.
(2) 슬라이드 마스터 : 2~6슬라이드의 제목, 하단 로고, 슬라이드 번호는 슬라이드 마스터를 이용하여 작성한다.
 - 제목 글꼴(돋움, 40pt, 흰색), 왼쪽 맞춤, 도형(선 없음)
 - 하단 로고(「내 PC₩문서₩ITQ₩Picture₩로고3.jpg」, 배경(연보라) 투명색으로 설정)

[슬라이드 1] ≪표지 디자인≫ (40점)

(1) 표지 디자인 : 도형, 워드아트 및 그림을 이용하여 작성한다.

세부조건

① 도형 편집
 - 도형에 그림 채우기 :
   「내 PC₩문서₩ITQ₩Picture₩그림2.jpg」, 투명도 50%
 - 도형 효과:
   (부드러운 가장자리 5포인트)

② 워드아트 삽입
 - 변환 : 위쪽 팽창
 - 글꼴 : 궁서, 굵게
 - 텍스트 반사 : 전체 반사, 터치

③ 그림 삽입
 - 「내 PC₩문서₩ITQ₩Picture₩로고3.jpg」
 - 배경(연보라) 투명색으로 설정

[슬라이드 2] ≪목차 슬라이드≫ (60점)

(1) 출력형태와 같이 도형을 이용하여 목차를 작성한다(글꼴 : 굴림, 24pt).
(2) 도형 : 선 없음

세부조건

① 텍스트에 하이퍼링크 적용
 → '슬라이드 4'

② 그림 삽입
 - 「내 PC₩문서₩ITQ₩Picture₩그림4.jpg」
 - 자르기 기능 이용

[슬라이드 3] ≪텍스트/동영상 슬라이드≫ (60점)

(1) 텍스트 작성 : 글머리 기호 사용(❖, ✓)
　　❖문단(굴림, 24pt, 굵게, 줄간격 : 1.5줄), ✓문단(굴림, 20pt, 줄간격 : 1.5줄)

세부조건

① 동영상 삽입 :
　- 「내 PC₩문서₩ITQ₩Picture₩동영상.wmv」
　- 자동실행, 반복재생 설정

1. 레저산업의 개념

❖ Leisure industry
　✓ In 21th century, industry field that is getting attention newly is leisure
　✓ Systematic and continuous research and development about leisure industry should be achieved

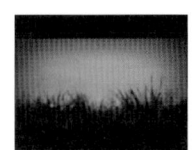

❖ 레저산업의 개념
　✓ 레저산업이란 레저 수요를 수용하기 위한 유형, 무형의 재화와 서비스를 공급, 제조, 판매하며 소비의 촉진을 위한 유형의 산업을 포괄적으로 지칭하는 것으로 보는 레저, 행동 레저, 취미레저 등을 포함

[슬라이드 4] ≪표 슬라이드≫ (80점)

(1) 도형과 표 작성 기능을 이용하여 슬라이드를 작성한다(글꼴 : 돋움, 18pt).

세부조건

① 상단 도형 :
　2개 도형의 조합으로 작성

② 좌측 도형 :
　그라데이션 효과(선형 아래쪽)

③ 표 스타일 :
　테마 스타일 1 - 강조 6

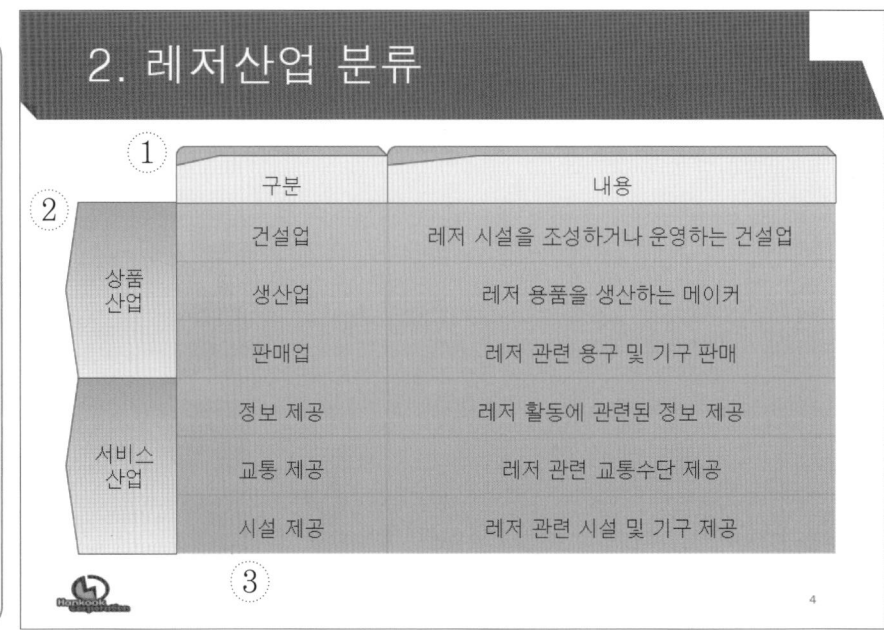

[슬라이드 5] ≪차트 슬라이드≫ (100점)

(1) 차트 작성 기능을 이용하여 슬라이드를 작성한다.
(2) 차트 : 종류(묶은 세로 막대형), 글꼴(굴림, 16pt), 외곽선

세부조건

※ 차트설명
- 차트제목 : 궁서, 24pt, 굵게, 채우기(흰색), 테두리, 그림자(오프셋 위쪽)
- 차트영역 : 채우기(노랑) 그림영역 : 채우기(흰색)
- 데이터 서식 : 여성 계열을 표식이 있는 꺾은선형으로 변경 후 보조축으로 지정
- 값 표시 : 등산의 여성 요소만

① 도형 삽입
 - 스타일 :
  미세효과 – 파랑, 강조1
 - 글꼴 : 돋움, 18pt

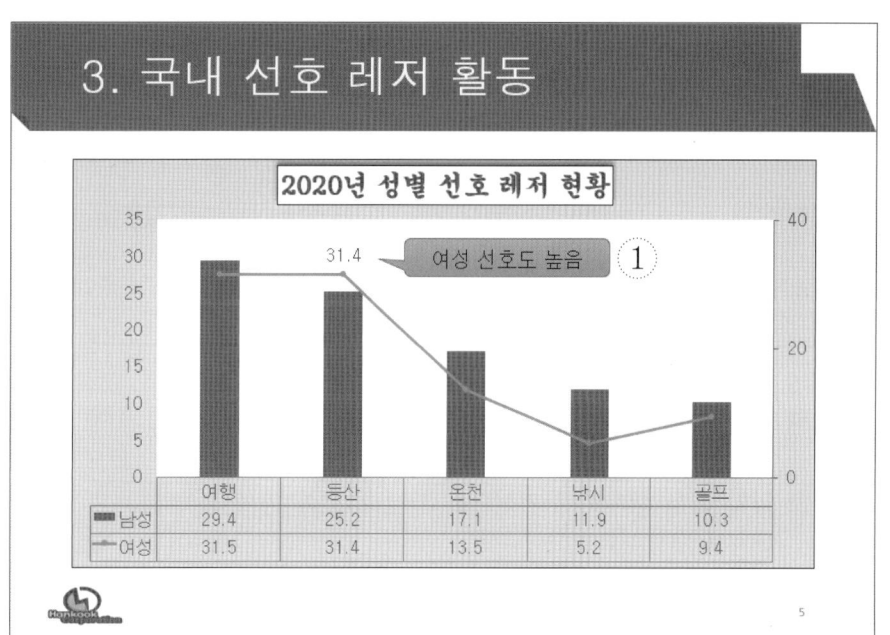

[슬라이드 6] ≪도형 슬라이드≫ (100점)

(1) 슬라이드와 같이 도형 및 스마트아트를 배치한다(글꼴 : 굴림, 18pt).
(2) 애니메이션 순서 : ① ⇒ ②

세부조건

① 도형 및 스마트아트 편집
 - 그룹화 후 애니메이션 효과
   : 날아오기(왼쪽에서)

② 도형 편집
 - 스마트아트 디자인
   : 3차원 경사, 3차원 만화
 - 그룹화 후 애니메이션 효과
   : 블라인드(세로)

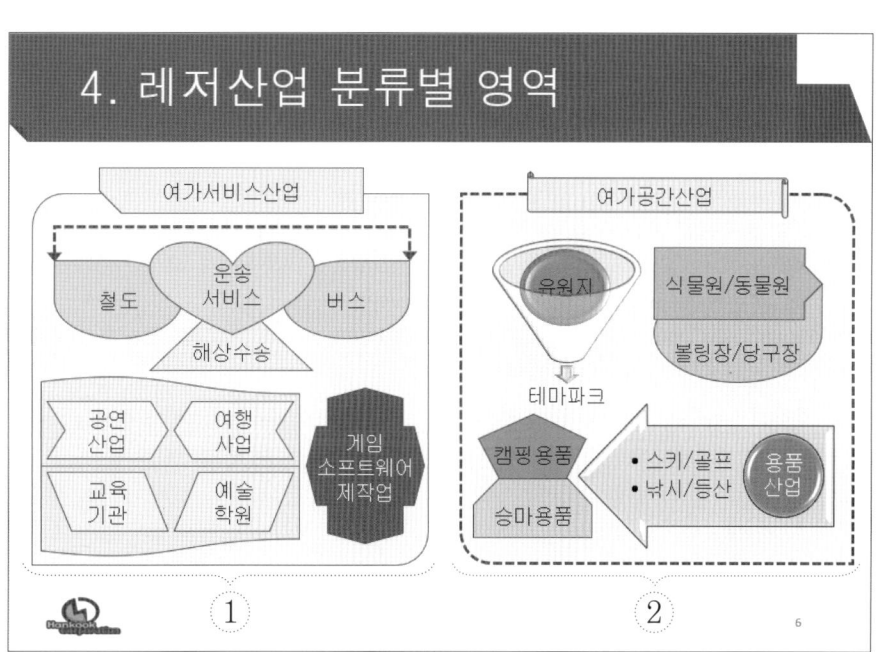

제07회 ITQ 실전모의고사

과목	코드	문제유형	시험시간	수험번호	성명
한글파워포인트	1142	B	60분		

수험자 유의사항

- 수험자는 문제지를 받는 즉시 문제지와 **수험표상의 시험과목(프로그램)이 동일한지 반드시 확인**하여야 합니다.
- 파일명은 본인의 "수험번호-성명"으로 입력하여 답안폴더(내 PC₩문서₩ITQ)에 하나의 파일로 저장해야 하며, 답안문서 파일명이 "수험번호-성명"과 일치하지 않거나, 답안파일을 전송하지 않아 미제출로 처리될 경우 실격 처리합니다(예:12345678-홍길동.pptx).
- 답안 작성을 마치면 파일을 저장하고, '답안 전송' 버튼을 선택하여 감독위원 PC로 답안을 전송하십시오. 수험생 정보와 저장한 파일명이 다를 경우 전송되지 않으므로 주의하시기 바랍니다.
- 답안 작성 중에도 **주기적으로 저장하고, '답안 전송'**하여야 문제 발생을 줄일 수 있습니다. 작업한 내용을 저장하지 않고 전송할 경우 이전에 저장된 내용이 전송되오니 이점 유의하시기 바랍니다.
- 답안문서는 지정된 경로 외의 다른 보조기억장치에 저장하는 경우, 지정된 시험 시간 외에 작성된 파일을 활용할 경우, 기타 통신수단(이메일, 메신저, 네트워크 등)을 이용하여 타인에게 전달 또는 외부 반출하는 경우는 부정 처리합니다.
- 시험 중 부주의 또는 고의로 시스템을 파손한 경우는 수험자가 변상해야 하며, 〈수험자 유의사항〉에 기재된 방법대로 이행하지 않아 생기는 불이익은 수험생 당사자의 책임임을 알려 드립니다.
- 시험을 완료한 수험자는 답안파일이 전송되었는지 확인한 후 감독위원의 지시에 따라 문제지를 제출하고 퇴실합니다.

답안 작성요령

- 온라인 답안 작성 절차
  수험자 등록 ⇒ 시험 시작 ⇒ 답안파일 저장 ⇒ 답안 전송 ⇒ 시험 종료
- 슬라이드의 크기는 A4 Paper로 설정하여 작성합니다.
- 슬라이드의 총 개수는 6개로 구성되어 있으며 슬라이드 1부터 순서대로 작업하고 반드시 문제와 세부 조건대로 합니다.
- 별도의 지시사항이 없는 경우 출력형태를 참조하여 글꼴색은 검정 또는 흰색으로 작성하고, 기타사항은 전체적인 균형을 고려하여 작성합니다.
- 슬라이드 도형 및 개체에 출력형태와 다른 스타일(그림자, 외곽선 등)을 적용했을 경우 감점처리 됩니다.
- 슬라이드 번호를 작성합니다(슬라이드 1에는 생략).
- 2~6번 슬라이드 제목 도형과 하단 로고는 슬라이드 마스터를 이용하여 출력형태와 동일하게 작성합니다 (슬라이드 1에는 생략).
- 문제와 세부조건, 세부조건 번호 ◯(점선원)는 입력하지 않습니다.
- 각 개체의 위치는 오른쪽의 슬라이드와 동일하게 구성합니다.
- 그림 삽입 문제의 경우 반드시 「내 PC₩문서₩ITQ₩Picture」 폴더에서 정확한 파일을 선택하여 삽입하십시오.
- 각 슬라이드를 각각의 파일로 작업해서 저장할 경우 실격 처리됩니다.

kpc 한국생산성본부

[전체구성] (60점)

(1) 슬라이드 크기 및 순서 : 크기를 A4 용지로 설정하고 슬라이드 순서에 맞게 작성한다.
(2) 슬라이드 마스터 : 2~6슬라이드의 제목, 하단 로고, 슬라이드 번호는 슬라이드 마스터를 이용하여 작성한다.
 - 제목 글꼴(맑은 고딕, 40pt, 흰색), 왼쪽 맞춤, 도형(선 없음)
 - 하단 로고(「내 PC\문서\ITQ\Picture\로고1.jpg」, 배경(회색) 투명색으로 설정)

[슬라이드 1] ≪표지 디자인≫ (40점)

(1) 표지 디자인 : 도형, 워드아트 및 그림을 이용하여 작성한다.

세부조건

① 도형 편집
 - 도형에 그림 채우기 :
  「내 PC\문서\ITQ\Picture\그림3.jpg」, 투명도 50%
 - 도형 효과:
  (부드러운 가장자리 5포인트)

② 워드아트 삽입
 - 변환 : 삼각형
 - 글꼴 : 돋움, 굵게
 - 텍스트 반사 : 1/2 반사, 터치

③ 그림 삽입
 - 「내 PC\문서\ITQ\Picture\로고1.jpg」
 - 배경(회색) 투명색으로 설정

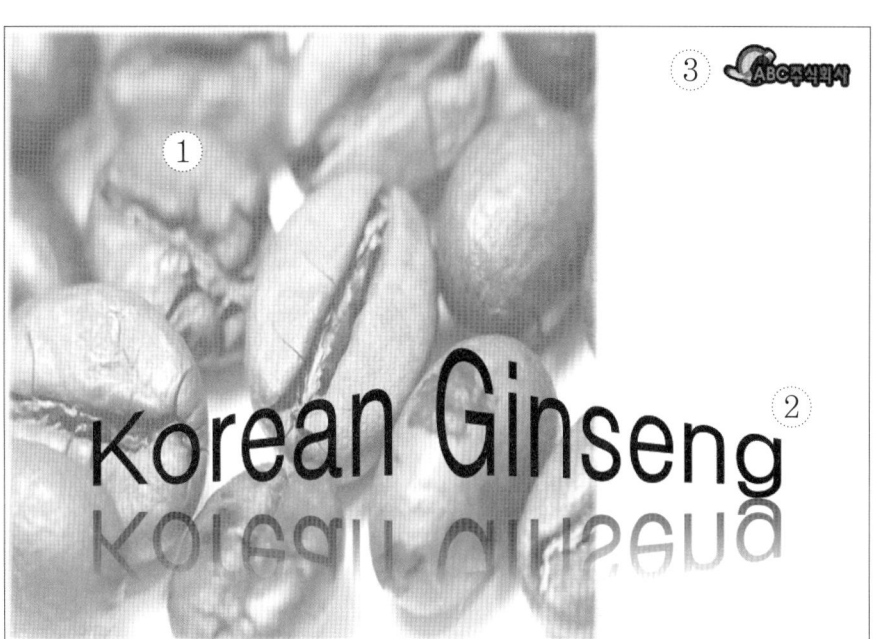

[슬라이드 2] ≪목차 슬라이드≫ (60점)

(1) 출력형태와 같이 도형을 이용하여 목차를 작성한다(글꼴 : 굴림, 24pt).
(2) 도형 : 선 없음

세부조건

① 텍스트에 하이퍼링크 적용
 → '슬라이드 3'

② 그림 삽입
 - 「내 PC\문서\ITQ\Picture\그림5.jpg」
 - 자르기 기능 이용

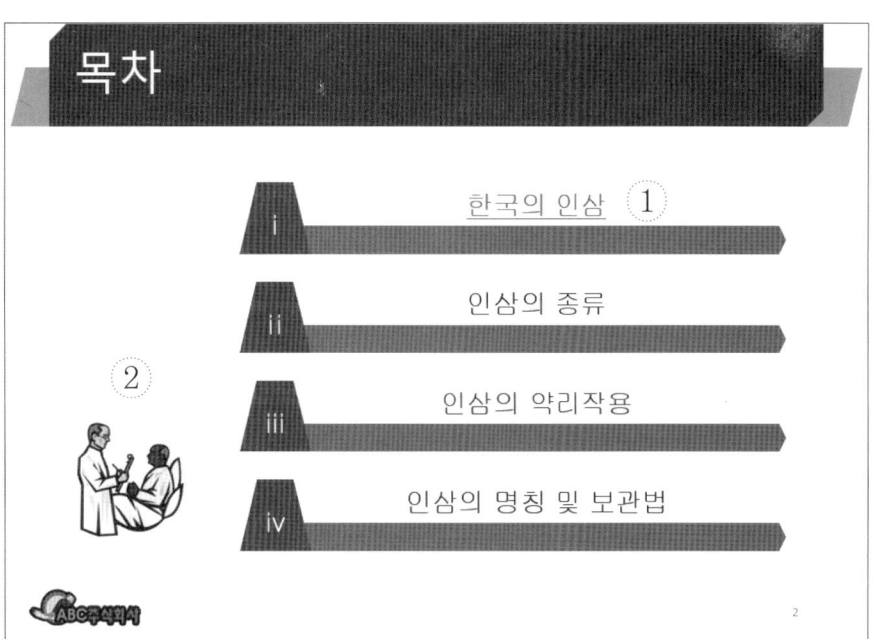

[슬라이드 3] ≪텍스트/동영상 슬라이드≫ (60점)

(1) 텍스트 작성 : 글머리 기호 사용(❖, ✓)

  ❖문단(굴림, 24pt, 굵게, 줄간격 : 1.5줄), ✓문단(굴림, 20pt, 줄간격 : 1.5줄)

세부조건

① 동영상 삽입 :
  - 「내 PC₩문서₩ITQ₩Picture₩동영상.wmv」
  - 자동실행, 반복재생 설정

i. 한국의 인삼

❖ Origin of Korea INSAM

  ✓ The Korean peninsula is the best place to grow ginseng, because ginseng has stringent requirements for the plant's growth, and Korea has the ideal temperature zone, plenty of rain in the summer, proper coldness in the winter, etc

❖ 한국의 인삼

  ✓ 예로부터 여러 가지 질병의 치료와 병의 회복 촉진에 놀라운 효험을 발휘하는 효능 때문에 신비의 영약이라 부름
  ✓ 인삼의 효능에 대하여 세계 각국의 저명한 학자들의 활발한 과학적 연구가 진행

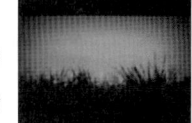

[슬라이드 4] ≪표 슬라이드≫ (80점)

(1) 도형과 표 작성 기능을 이용하여 슬라이드를 작성한다(글꼴 : 돋움, 18pt).

세부조건

① 상단 도형 :
  2개 도형의 조합으로 작성

② 좌측 도형 :
  그라데이션 효과(선형 아래쪽)

③ 표 스타일 :
  테마 스타일 1 - 강조 1

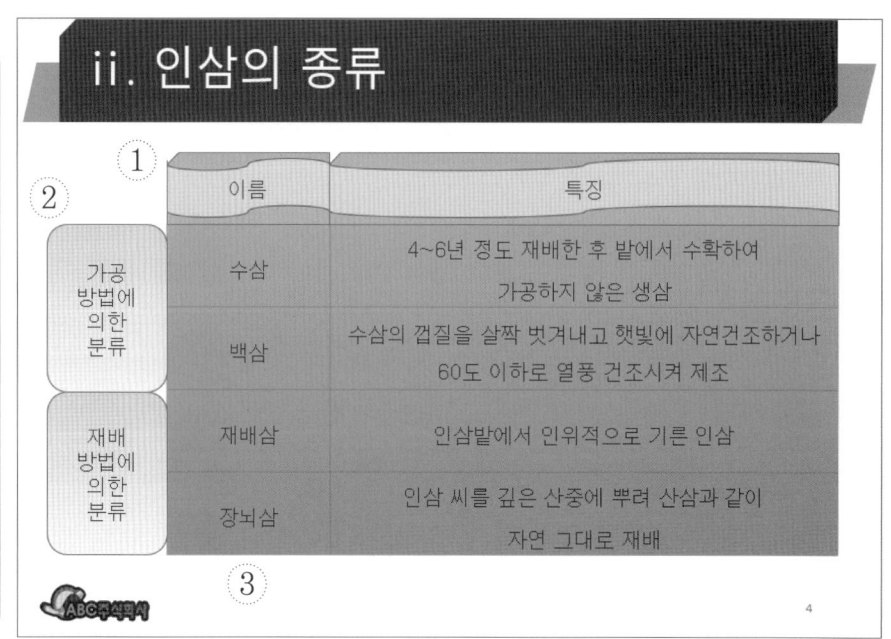

[슬라이드 5] ≪차트 슬라이드≫ (100점)

(1) 차트 작성 기능을 이용하여 슬라이드를 작성한다.
(2) 차트 : 종류(묶은 세로 막대형), 글꼴(돋움, 16pt), 외곽선

세부조건

※ 차트설명
- 차트제목 : 궁서, 24pt, 굵게, 채우기(흰색), 테두리, 그림자(오프셋 오른쪽)
- 차트영역 : 채우기(노랑) 그림영역 : 채우기(흰색)
- 데이터 서식 : 파낙사트리올계 계열을 표식이 있는 꺾은선형으로 변경 후 보조축으로 지정
- 값 표시 : 죽절삼 계열만

① 도형 삽입
 - 스타일 :
   미세효과 - 파랑, 강조1
 - 글꼴 : 돋움, 18pt

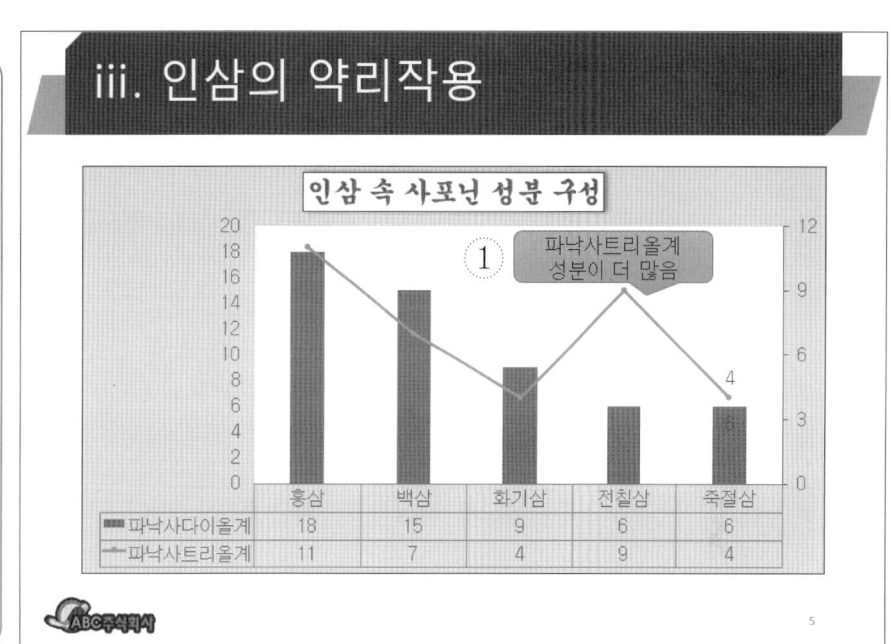

[슬라이드 6] ≪도형 슬라이드≫ (100점)

(1) 슬라이드와 같이 도형 및 스마트아트를 배치한다(글꼴 : 돋움, 18pt).
(2) 애니메이션 순서 : ① ⇒ ②

세부조건

① 도형 및 스마트아트 편집
 - 그룹화 후 애니메이션 효과
   : 닦아내기(위에서)

② 도형 편집
 - 스마트아트 디자인
   : 강한 효과, 3차원 경사
 - 그룹화 후 애니메이션 효과
   : 바운드

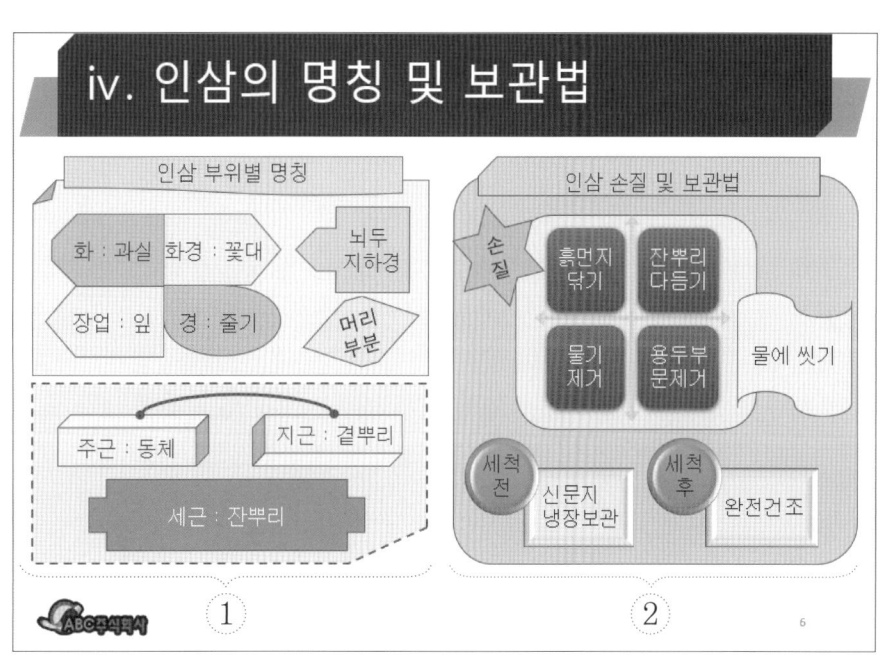

제08회 ITQ 실전모의고사

과목	코드	문제유형	시험시간	수험번호	성명
한글파워포인트	1142	C	60분		

수험자 유의사항

- 수험자는 문제지를 받는 즉시 문제지와 **수험표상의 시험과목(프로그램)이 동일한지 반드시 확인**하여야 합니다.
- 파일명은 본인의 "수험번호-성명"으로 입력하여 답안폴더(내 PC\문서\ITQ)에 하나의 파일로 저장해야 하며, 답안문서 파일명이 "수험번호-성명"과 일치하지 않거나, 답안파일을 전송하지 않아 미제출로 처리될 경우 실격 처리합니다(예:12345678-홍길동.pptx).
- 답안 작성을 마치면 파일을 저장하고, '답안 전송' 버튼을 선택하여 감독위원 PC로 답안을 전송하십시오. 수험생 정보와 저장한 파일명이 다를 경우 전송되지 않으므로 주의하시기 바랍니다.
- 답안 작성 중에도 **주기적으로 저장하고, '답안 전송'**하여야 문제 발생을 줄일 수 있습니다. 작업한 내용을 저장하지 않고 전송할 경우 이전에 저장된 내용이 전송되오니 이점 유의하시기 바랍니다.
- 답안문서는 지정된 경로 외의 다른 보조기억장치에 저장하는 경우, 지정된 시험 시간 외에 작성된 파일을 활용할 경우, 기타 통신수단(이메일, 메신저, 네트워크 등)을 이용하여 타인에게 전달 또는 외부 반출하는 경우는 부정 처리합니다.
- 시험 중 부주의 또는 고의로 시스템을 파손한 경우는 수험자가 변상해야 하며, 〈수험자 유의사항〉에 기재된 방법대로 이행하지 않아 생기는 불이익은 수험생 당사자의 책임임을 알려 드립니다.
- 시험을 완료한 수험자는 답안파일이 전송되었는지 확인한 후 감독위원의 지시에 따라 문제지를 제출하고 퇴실합니다.

답안 작성요령

- 온라인 답안 작성 절차
  수험자 등록 ⇒ 시험 시작 ⇒ 답안파일 저장 ⇒ 답안 전송 ⇒ 시험 종료
- 슬라이드의 크기는 A4 Paper로 설정하여 작성합니다.
- 슬라이드의 총 개수는 6개로 구성되어 있으며 슬라이드 1부터 순서대로 작업하고 반드시 문제와 세부조건대로 합니다.
- 별도의 지시사항이 없는 경우 출력형태를 참조하여 글꼴색은 검정 또는 흰색으로 작성하고, 기타사항은 전체적인 균형을 고려하여 작성합니다.
- 슬라이드 도형 및 개체에 출력형태와 다른 스타일(그림자, 외곽선 등)을 적용했을 경우 감점처리 됩니다.
- 슬라이드 번호를 작성합니다(슬라이드 1에는 생략).
- 2~6번 슬라이드 제목 도형과 하단 로고는 슬라이드 마스터를 이용하여 출력형태와 동일하게 작성합니다 (슬라이드 1에는 생략).
- 문제와 세부조건, 세부조건 번호 ◯(점선원)는 입력하지 않습니다.
- 각 개체의 위치는 오른쪽의 슬라이드와 동일하게 구성합니다.
- 그림 삽입 문제의 경우 반드시 「내 PC\문서\ITQ\Picture」 폴더에서 정확한 파일을 선택하여 삽입하십시오.
- 각 슬라이드를 각각의 파일로 작업해서 저장할 경우 실격 처리됩니다.

kpc 한국생산성본부

[전체구성]　(60점)

(1) 슬라이드 크기 및 순서 : 크기를 A4 용지로 설정하고 슬라이드 순서에 맞게 작성한다.
(2) 슬라이드 마스터 : 2~6슬라이드의 제목, 하단 로고, 슬라이드 번호는 슬라이드 마스터를 이용하여 작성한다.
　　- 제목 글꼴(맑은 고딕, 40pt, 빨강), 왼쪽 맞춤, 도형(선 없음)
　　- 하단 로고(「내 PC\문서\ITQ\Picture\로고1.jpg」, 배경(회색) 투명색으로 설정)

[슬라이드 1]　≪표지 디자인≫　(40점)

(1) 표지 디자인 : 도형, 워드아트 및 그림을 이용하여 작성한다.

세부조건

① 도형 편집
　- 도형에 그림 채우기 :
　　「내 PC\문서\ITQ\Picture\
　　그림1.jpg」, 투명도 50%
　- 도형 효과:
　　(부드러운 가장자리 5포인트)

② 워드아트 삽입
　- 변환 : 위쪽 수축
　- 글꼴 : 돋움, 굵게
　- 텍스트 반사 : 1/2 반사, 터치

③ 그림 삽입
　-「내 PC\문서\ITQ\Picture\
　　로고1.jpg」
　- 배경(회색) 투명색으로 설정

[슬라이드 2]　≪목차 슬라이드≫　(60점)

(1) 출력형태와 같이 도형을 이용하여 목차를 작성한다(글꼴 : 굴림, 24pt).
(2) 도형 : 선 없음

세부조건

① 텍스트에 하이퍼링크 적용
　→ '슬라이드 5'

② 그림 삽입
　-「내 PC\문서\ITQ\Picture\
　　그림4.jpg」
　- 자르기 기능 이용

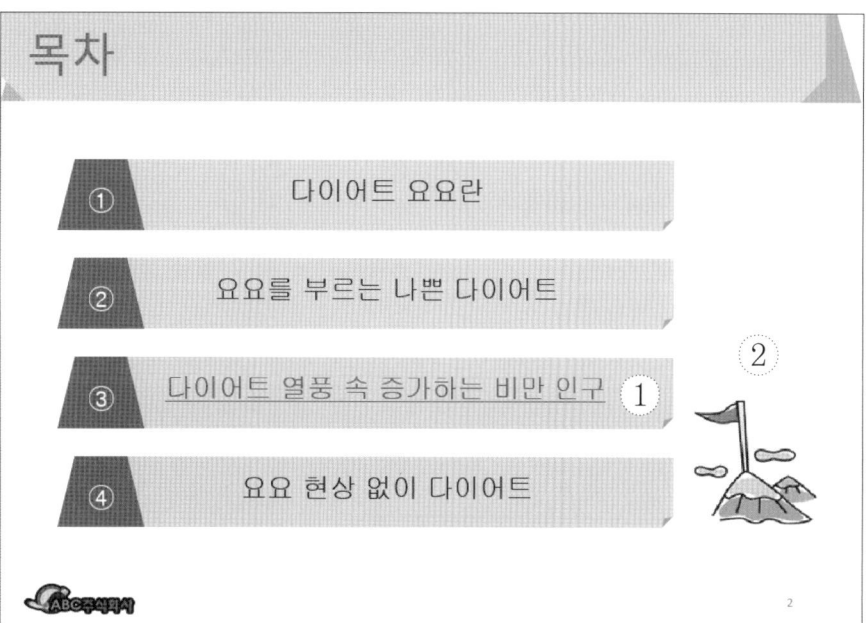

[슬라이드 3] ≪텍스트/동영상 슬라이드≫   (60점)

(1) 텍스트 작성 : 글머리 기호 사용(❖, ➢)
　　❖문단(굴림, 24pt, 굵게, 줄간격 : 1.5줄), ➢문단(굴림, 20pt, 줄간격 : 1.5줄)

세부조건

① 동영상 삽입 :
- 「내 PC₩문서₩ITQ₩Picture₩동영상.wmv」
- 자동실행, 반복재생 설정

① 다이어트 요요란

❖ Yo-yo dieting is
➢ This will be due to the diet reduced weight back to the previous weight, meaning 'come back' to the Filipino that is derived from the will, derives from the yo-yo with the principles of the gyroscope

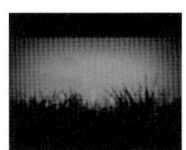

❖ 다이어트 요요란
➢ 다이어트로 인해 일시적으로 줄어든 체중이 이전의 체중으로 돌아오는 것
➢ 요요는 필리핀어로 '되돌아온다'는 뜻으로, 자이로스코프의 원리를 이용한 장난감 요요에서 유래함

[슬라이드 4] ≪표 슬라이드≫   (80점)

(1) 도형과 표 작성 기능을 이용하여 슬라이드를 작성한다(글꼴 : 돋움, 18pt).

세부조건

① 상단 도형 :
　2개 도형의 조합으로 작성

② 좌측 도형 :
　그라데이션 효과(선형 아래쪽)

③ 표 스타일 :
　테마 스타일 1 - 강조 6

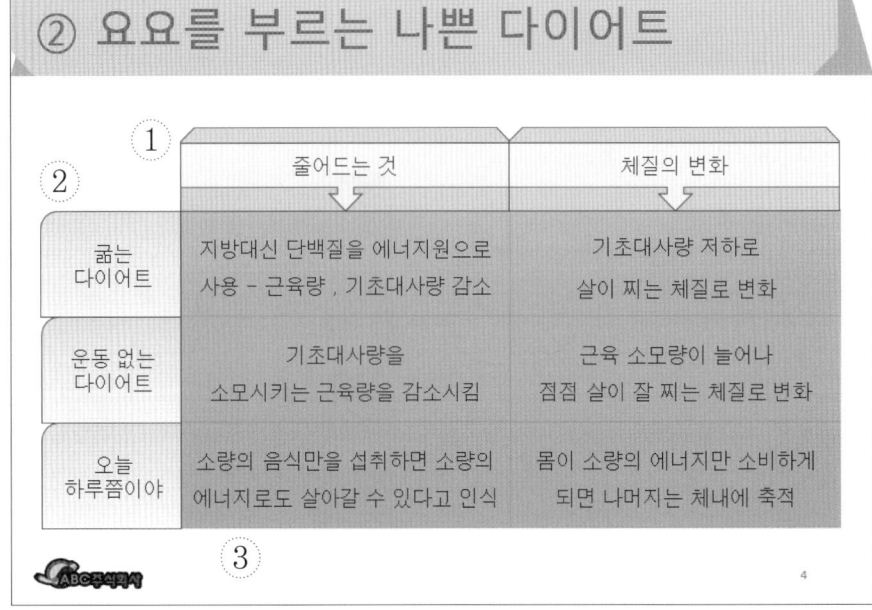

② 요요를 부르는 나쁜 다이어트

	줄어드는 것	체질의 변화
굶는 다이어트	지방대신 단백질을 에너지원으로 사용 - 근육량, 기초대사량 감소	기초대사량 저하로 살이 찌는 체질로 변화
운동 없는 다이어트	기초대사량을 소모시키는 근육량을 감소시킴	근육 소모량이 늘어나 점점 살이 잘 찌는 체질로 변화
오늘 하루쯤이야	소량의 음식만을 섭취하면 소량의 에너지로도 살아갈 수 있다고 인식	몸이 소량의 에너지만 소비하게 되면 나머지는 체내에 축적

[슬라이드 5] ≪차트 슬라이드≫ (100점)

(1) 차트 작성 기능을 이용하여 슬라이드를 작성한다.
(2) 차트 : 종류(묶은 세로 막대형), 글꼴(돋움, 16pt), 외곽선

세부조건

※ 차트설명
- 차트제목 : 궁서, 24pt, 굵게, 채우기(흰색), 테두리, 그림자(오프셋 오른쪽)
- 차트영역 : 채우기(노랑) 그림영역 : 채우기(흰색)
- 데이터 서식 : 고도비만율 계열을 표식이 있는 꺾은선형으로 변경 후 보조축으로 지정
- 값 표시 : 2020년의 고도비만율 요소만

① 도형 삽입
- 스타일 :
  미세효과 – 파랑, 강조1
- 글꼴 : 돋움, 18pt

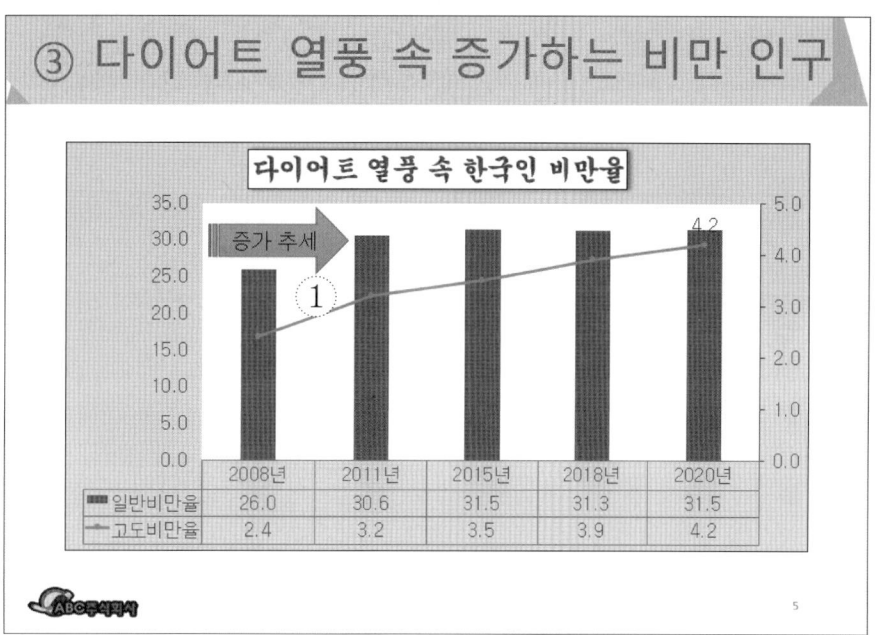

[슬라이드 6] ≪도형 슬라이드≫ (100점)

(1) 슬라이드와 같이 도형 및 스마트아트를 배치한다(글꼴 : 굴림, 18pt).
(2) 애니메이션 순서 : ① ⇒ ②

세부조건

① 도형 및 스마트아트 편집
- 그룹화 후 애니메이션 효과
  : 날아오기(왼쪽에서)

② 도형 편집
- 스마트아트 디자인
  : 강한 효과, 3차원 만화
- 그룹화 후 애니메이션 효과
  : 블라인드(세로)

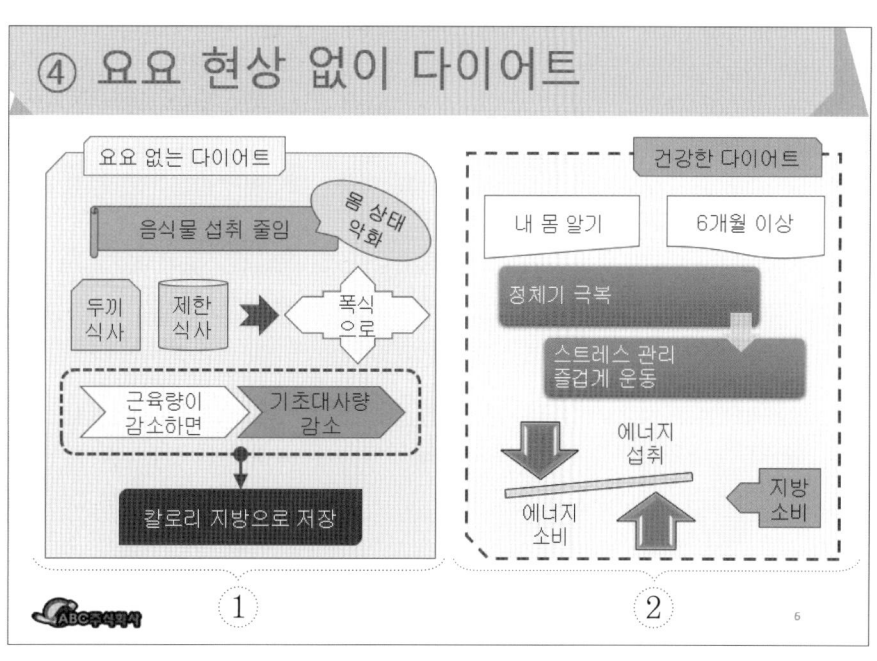

제09회 ITQ 실전모의고사

과목	코드	문제유형	시험시간	수험번호	성명
한글파워포인트	1142	D	60분		

수험자 유의사항

- 수험자는 문제지를 받는 즉시 문제지와 **수험표상의 시험과목(프로그램)이 동일한지 반드시 확인**하여야 합니다.
- 파일명은 본인의 "수험번호-성명"으로 입력하여 답안폴더(내 PC₩문서₩ITQ)에 하나의 파일로 저장해야 하며, 답안문서 파일명이 "수험번호-성명"과 일치하지 않거나, 답안파일을 전송하지 않아 미제출로 처리될 경우 실격 처리합니다(예:12345678-홍길동.pptx).
- 답안 작성을 마치면 파일을 저장하고, '답안 전송' 버튼을 선택하여 감독위원 PC로 답안을 전송하십시오. 수험생 정보와 저장한 파일명이 다를 경우 전송되지 않으므로 주의하시기 바랍니다.
- 답안 작성 중에도 **주기적으로 저장하고, '답안 전송'**하여야 문제 발생을 줄일 수 있습니다. 작업한 내용을 저장하지 않고 전송할 경우 이전에 저장된 내용이 전송되오니 이점 유의하시기 바랍니다.
- 답안문서는 지정된 경로 외의 다른 보조기억장치에 저장하는 경우, 지정된 시험 시간 외에 작성된 파일을 활용할 경우, 기타 통신수단(이메일, 메신저, 네트워크 등)을 이용하여 타인에게 전달 또는 외부 반출하는 경우는 부정 처리합니다.
- 시험 중 부주의 또는 고의로 시스템을 파손한 경우는 수험자가 변상해야 하며, 〈수험자 유의사항〉에 기재된 방법대로 이행하지 않아 생기는 불이익은 수험생 당사자의 책임임을 알려 드립니다.
- 시험을 완료한 수험자는 답안파일이 전송되었는지 확인한 후 감독위원의 지시에 따라 문제지를 제출하고 퇴실합니다.

답안 작성요령

- 온라인 답안 작성 절차
  수험자 등록 ⇒ 시험 시작 ⇒ 답안파일 저장 ⇒ 답안 전송 ⇒ 시험 종료
- 슬라이드의 크기는 A4 Paper로 설정하여 작성합니다.
- 슬라이드의 총 개수는 6개로 구성되어 있으며 슬라이드 1부터 순서대로 작업하고 반드시 문제와 세부 조건대로 합니다.
- 별도의 지시사항이 없는 경우 출력형태를 참조하여 글꼴색은 검정 또는 흰색으로 작성하고, 기타사항은 전체적인 균형을 고려하여 작성합니다.
- 슬라이드 도형 및 개체에 출력형태와 다른 스타일(그림자, 외곽선 등)을 적용했을 경우 감점처리 됩니다.
- 슬라이드 번호를 작성합니다(슬라이드 1에는 생략).
- 2~6번 슬라이드 제목 도형과 하단 로고는 슬라이드 마스터를 이용하여 출력형태와 동일하게 작성합니다(슬라이드 1에는 생략).
- 문제와 세부조건, 세부조건 번호 ○(점선원)는 입력하지 않습니다.
- 각 개체의 위치는 오른쪽의 슬라이드와 동일하게 구성합니다.
- 그림 삽입 문제의 경우 반드시 「내 PC₩문서₩ITQ₩Picture」 폴더에서 정확한 파일을 선택하여 삽입하십시오.
- 각 슬라이드를 각각의 파일로 작업해서 저장할 경우 실격 처리됩니다.

[전체구성] (60점)

(1) 슬라이드 크기 및 순서 : 크기를 A4 용지로 설정하고 슬라이드 순서에 맞게 작성한다.
(2) 슬라이드 마스터 : 2~6슬라이드의 제목, 하단 로고, 슬라이드 번호는 슬라이드 마스터를 이용하여 작성한다.
- 제목 글꼴(굴림, 40pt, 흰색), 왼쪽 맞춤, 도형(선 없음)
- 하단 로고(「내 PC₩문서₩ITQ₩Picture₩로고1.jpg」, 배경(회색) 투명색으로 설정)

[슬라이드 1] ≪표지 디자인≫ (40점)

(1) 표지 디자인 : 도형, 워드아트 및 그림을 이용하여 작성한다.

세부조건

① 도형 편집
- 도형에 그림 채우기 : 「내 PC₩문서₩ITQ₩Picture₩그림2.jpg」, 투명도 50%
- 도형 효과: (부드러운 가장자리 5포인트)

② 워드아트 삽입
- 변환 : 오른쪽 줄이기
- 글꼴 : 돋움, 굵게
- 텍스트 반사 : 근접 반사, 터치

③ 그림 삽입
- 「내 PC₩문서₩ITQ₩Picture₩로고1.jpg」
- 배경(회색) 투명색으로 설정

[슬라이드 2] ≪목차 슬라이드≫ (60점)

(1) 출력형태와 같이 도형을 이용하여 목차를 작성한다(글꼴 : 굴림, 24pt).
(2) 도형 : 선 없음

세부조건

① 텍스트에 하이퍼링크 적용
→ '슬라이드 4'

② 그림 삽입
- 「내 PC₩문서₩ITQ₩Picture₩그림5.jpg」
- 자르기 기능 이용

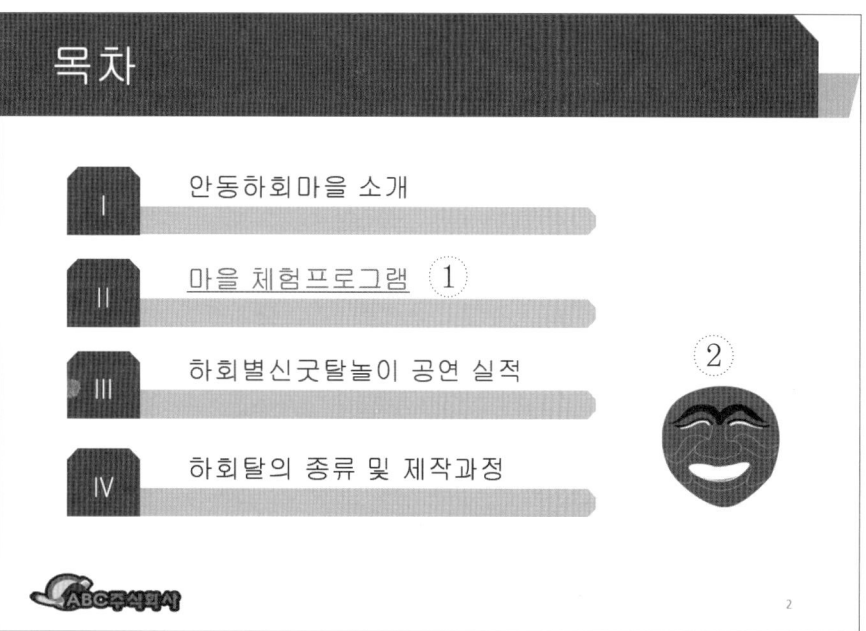

[슬라이드 3] ≪텍스트/동영상 슬라이드≫ (60점)

(1) 텍스트 작성 : 글머리 기호 사용(❖, ➢)
 ❖문단(굴림, 24pt, 굵게, 줄간격 : 1.5줄), ➢문단(굴림, 20pt, 줄간격 : 1.5줄)

세부조건

① 동영상 삽입 :
 - 「내 PC₩문서₩ITQ₩Picture₩동영상.wmv」
 - 자동실행, 반복재생 설정

Ⅰ. 안동하회마을 소개

❖ Village Introduction
 ➢ Hahoe is the village where the members of Ryu family which originated from Hahoe Village have lived together for 600 years

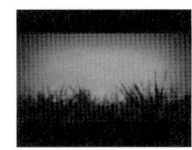

❖ 안동하회마을 소개
 ➢ 마을 이름을 하회라 한 것은 낙동강이 'S'자 모양으로 마을을 감싸 안고 흐르는 데서 유래
 ➢ 전통적인 유교문화가 살아 숨쉬고 있는 상징공간으로 가장 한국적이며 독창적인 문화를 간직한 씨족마을

[슬라이드 4] ≪표 슬라이드≫ (80점)

(1) 도형과 표 작성 기능을 이용하여 슬라이드를 작성한다(글꼴 : 돋움, 18pt).

세부조건

① 상단 도형 :
 2개 도형의 조합으로 작성

② 좌측 도형 :
 그라데이션 효과(선형 아래쪽)

③ 표 스타일 :
 테마 스타일 1 - 강조 1

Ⅱ. 마을 체험프로그램

	프로그램	내용
의례프로그램	전통 상례 시연	초종, 염습을 제외한 상여놀이와 같은 시연 위주의 진행
	전통 혼례 체험	신행행렬재현 - 시집가는 날
민속프로그램	세시풍속	단오에 행해지던 세시풍속 재연 및 민속놀이를 재연하고 체험
	마을장인 체험	짚을 이용한 공예품, 생활용기 등을 만들어 주거문화 체험
	전통생활문화 재연	다듬이질, 물동이이기, 물지게지기 등의 시연

[슬라이드 5] ≪차트 슬라이드≫　　　(100점)

(1) 차트 작성 기능을 이용하여 슬라이드를 작성한다.
(2) 차트 : 종류(묶은 세로 막대형), 글꼴(굴림, 16pt), 외곽선

세부조건

※ 차트설명
- 차트제목 : 궁서, 24pt, 굵게, 채우기(흰색), 테두리, 그림자(오프셋 아래쪽)
- 차트영역 : 채우기(노랑) 그림영역 : 채우기(흰색)
- 데이터 서식 : 국외 계열을 표식이 있는 꺾은선형으로 변경 후 보조축으로 지정
- 값 표시 : 2020년의 국외 요소만

① 도형 삽입
 - 스타일 : 미세효과 - 파랑, 강조1
 - 글꼴 : 돋움, 18pt

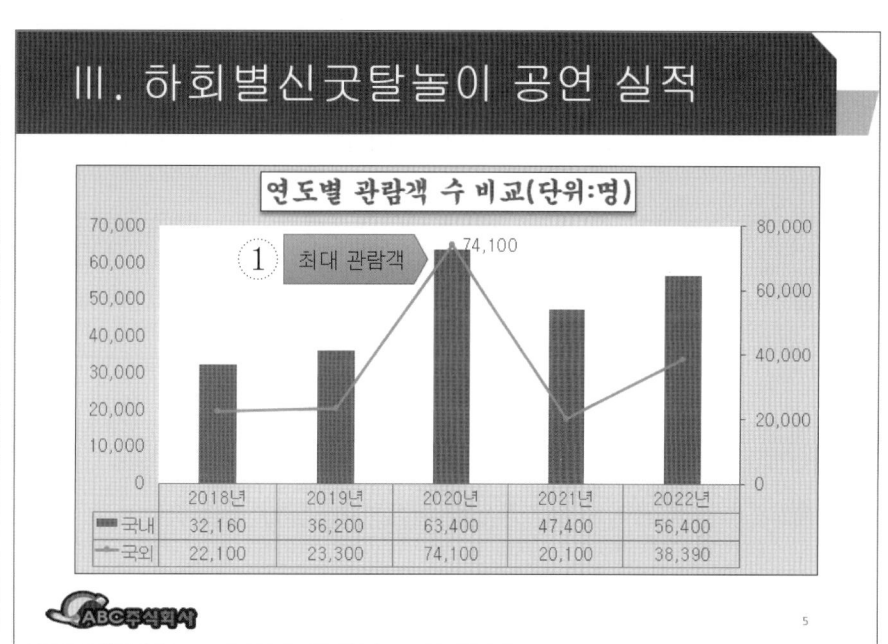

[슬라이드 6] ≪도형 슬라이드≫　　　(100점)

(1) 슬라이드와 같이 도형 및 스마트아트를 배치한다(글꼴 : 돋움, 18pt).
(2) 애니메이션 순서 : ① ⇒ ②

세부조건

① 도형 및 스마트아트 편집
 - 그룹화 후 애니메이션 효과 : 닦아내기(위에서)

② 도형 편집
 - 스마트아트 디자인 : 3차원 만화, 3차원 경사
 - 그룹화 후 애니메이션 효과 : 바운드

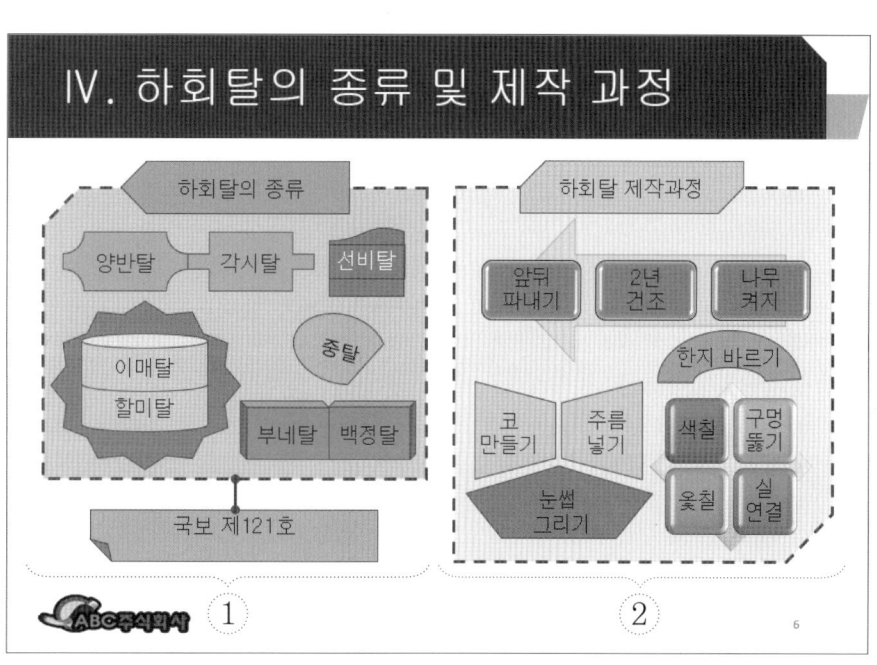

제10회 ITQ 실전모의고사

과목	코드	문제유형	시험시간	수험번호	성명
한글파워포인트	1142	E	60분		

수험자 유의사항

- 수험자는 문제지를 받는 즉시 문제지와 **수험표상의 시험과목(프로그램)이 동일한지 반드시 확인**하여야 합니다.
- 파일명은 본인의 "수험번호-성명"으로 입력하여 답안폴더(내 PC\문서\ITQ)에 하나의 파일로 저장해야 하며, 답안문서 파일명이 "수험번호-성명"과 일치하지 않거나, 답안파일을 전송하지 않아 미제출로 처리될 경우 실격 처리합니다(예:12345678-홍길동.pptx).
- 답안 작성을 마치면 파일을 저장하고, '답안 전송' 버튼을 선택하여 감독위원 PC로 답안을 전송하십시오. 수험생 정보와 저장한 파일명이 다를 경우 전송되지 않으므로 주의하시기 바랍니다.
- 답안 작성 중에도 **주기적으로 저장하고, '답안 전송'**하여야 문제 발생을 줄일 수 있습니다. 작업한 내용을 저장하지 않고 전송할 경우 이전에 저장된 내용이 전송되오니 이점 유의하시기 바랍니다.
- 답안문서는 지정된 경로 외의 다른 보조기억장치에 저장하는 경우, 지정된 시험 시간 외에 작성된 파일을 활용할 경우, 기타 통신수단(이메일, 메신저, 네트워크 등)을 이용하여 타인에게 전달 또는 외부 반출하는 경우는 부정 처리합니다.
- 시험 중 부주의 또는 고의로 시스템을 파손한 경우는 수험자가 변상해야 하며, 〈수험자 유의사항〉에 기재된 방법대로 이행하지 않아 생기는 불이익은 수험생 당사자의 책임임을 알려 드립니다.
- 시험을 완료한 수험자는 답안파일이 전송되었는지 확인한 후 감독위원의 지시에 따라 문제지를 제출하고 퇴실합니다.

답안 작성요령

- 온라인 답안 작성 절차
  수험자 등록 ⇒ 시험 시작 ⇒ 답안파일 저장 ⇒ 답안 전송 ⇒ 시험 종료
- 슬라이드의 크기는 A4 Paper로 설정하여 작성합니다.
- 슬라이드의 총 개수는 6개로 구성되어 있으며 슬라이드 1부터 순서대로 작업하고 반드시 문제와 세부 조건대로 합니다.
- 별도의 지시사항이 없는 경우 출력형태를 참조하여 글꼴색은 검정 또는 흰색으로 작성하고, 기타사항은 전체적인 균형을 고려하여 작성합니다.
- 슬라이드 도형 및 개체에 출력형태와 다른 스타일(그림자, 외곽선 등)을 적용했을 경우 감점처리 됩니다.
- 슬라이드 번호를 작성합니다(슬라이드 1에는 생략).
- 2~6번 슬라이드 제목 도형과 하단 로고는 슬라이드 마스터를 이용하여 출력형태와 동일하게 작성합니다(슬라이드 1에는 생략).
- 문제와 세부조건, 세부조건 번호 ◯(점선원)는 입력하지 않습니다.
- 각 개체의 위치는 오른쪽의 슬라이드와 동일하게 구성합니다.
- 그림 삽입 문제의 경우 반드시 「내 PC\문서\ITQ\Picture」 폴더에서 정확한 파일을 선택하여 삽입하십시오.
- 각 슬라이드를 각각의 파일로 작업해서 저장할 경우 실격 처리됩니다.

[전체구성] (60점)

(1) 슬라이드 크기 및 순서 : 크기를 A4 용지로 설정하고 슬라이드 순서에 맞게 작성한다.
(2) 슬라이드 마스터 : 2~6슬라이드의 제목, 하단 로고, 슬라이드 번호는 슬라이드 마스터를 이용하여 작성한다.
 - 제목 글꼴(맑은 고딕, 40pt, 빨강), 왼쪽 맞춤, 도형(선 없음)
 - 하단 로고(「내 PC₩문서₩ITQ₩Picture₩로고1.jpg」, 배경(회색) 투명색으로 설정)

[슬라이드 1] ≪표지 디자인≫ (40점)

(1) 표지 디자인 : 도형, 워드아트 및 그림을 이용하여 작성한다.

세부조건

① 도형 편집
 - 도형에 그림 채우기 :
  「내 PC₩문서₩ITQ₩Picture₩
  그림1.jpg」, 투명도 50%
 - 도형 효과:
  (부드러운 가장자리 5포인트)
② 워드아트 삽입
 - 변환 : 위로 기울기
 - 글꼴 : 굴림, 굵게
 - 텍스트 반사 : 전체 반사, 터치
③ 그림 삽입
 - 「내 PC₩문서₩ITQ₩Picture₩
  로고1.jpg」
 - 배경(회색) 투명색으로 설정

[슬라이드 2] ≪목차 슬라이드≫ (60점)

(1) 출력형태와 같이 도형을 이용하여 목차를 작성한다(글꼴 : 굴림, 24pt).
(2) 도형 : 선 없음

세부조건

① 텍스트에 하이퍼링크 적용
  → '슬라이드 4'

② 그림 삽입
 - 「내 PC₩문서₩ITQ₩Picture₩
  그림4.jpg」
 - 자르기 기능 이용

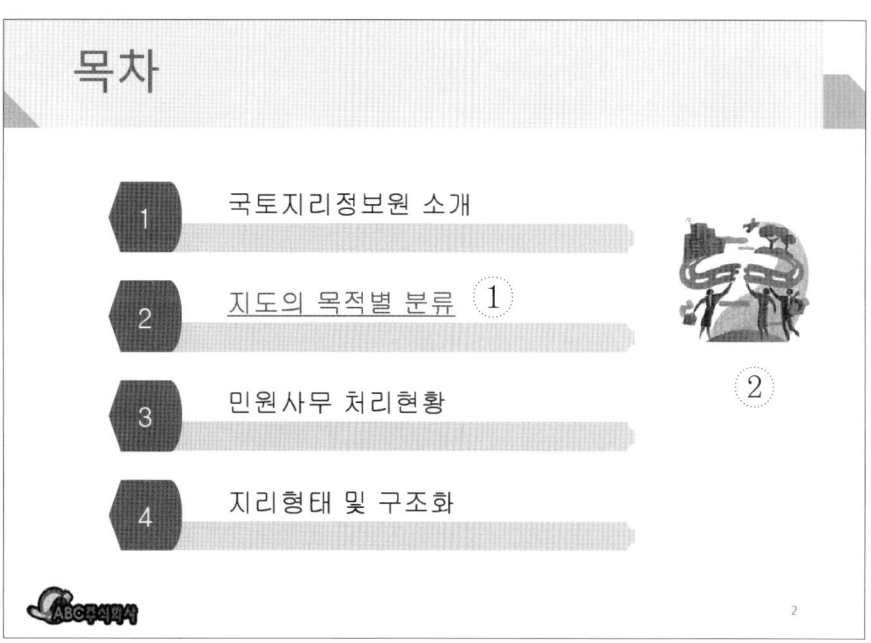

[슬라이드 3] ≪텍스트/동영상 슬라이드≫ (60점)

(1) 텍스트 작성 : 글머리 기호 사용(❖, ✓)
  ❖문단(굴림, 24pt, 굵게, 줄간격 : 1.5줄), ✓문단(굴림, 20pt, 줄간격 : 1.5줄)

세부조건

① 동영상 삽입 :
  - 「내 PC\문서\ITQ\Picture\동영상.wmv」
  - 자동실행, 반복재생 설정

1. 국토지리정보원 소개

❖ National Geographic Information Institute
  ✓ National Geographic Information Institute makes an provides the latest and accurate information to the public to realize "Digital Territory" in the Republic of Korea based on patriotic spirit on our land by producing.

❖ 국토지리정보원 소개
  ✓ 21세기 정보화 사회를 대비하여 보다 질 높은 국토지리 정보 제공
  ✓ 국가기본도 및 기준점 성과의 데이터베이스 구축사업과 함께 GPS 상시 관측소 설치, 운영

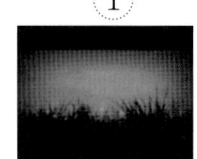

[슬라이드 4] ≪표 슬라이드≫ (80점)

(1) 도형과 표 작성 기능을 이용하여 슬라이드를 작성한다(글꼴 : 돋움, 18pt).

세부조건

① 상단 도형 :
  2개 도형의 조합으로 작성

② 좌측 도형 :
  그라데이션 효과(선형 아래쪽)

③ 표 스타일 :
  테마 스타일 1 - 강조 4

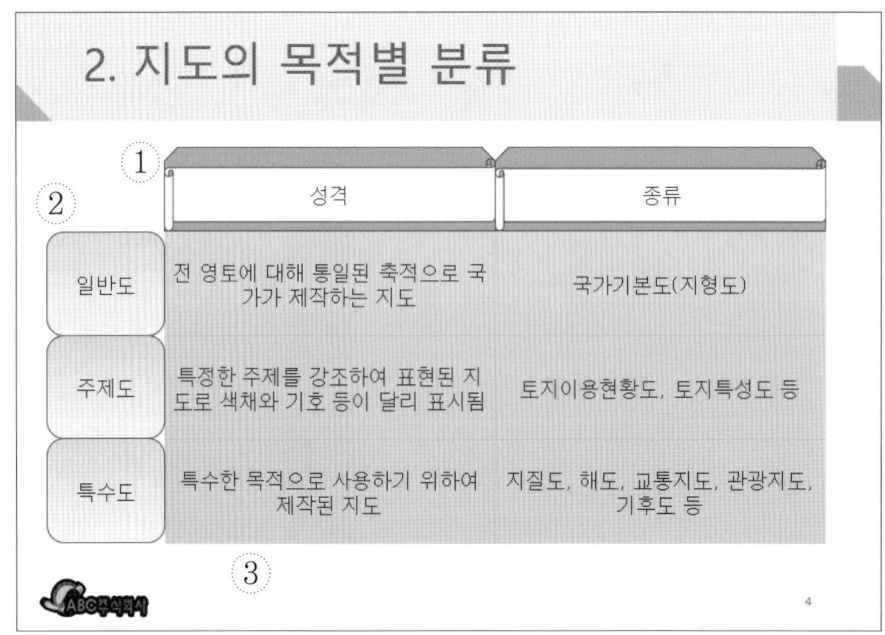

[슬라이드 5] ≪차트 슬라이드≫   (100점)

(1) 차트 작성 기능을 이용하여 슬라이드를 작성한다.
(2) 차트 : 종류(묶은 세로 막대형), 글꼴(돋움, 16pt), 외곽선

세부조건

※ 차트설명
- 차트제목 : 궁서, 24pt, 굵게, 채우기(흰색), 테두리, 그림자(오프셋 오른쪽)
- 차트영역 : 채우기(노랑) 그림영역 : 채우기(흰색)
- 데이터 서식 : 항공사진 계열을 표식이 있는 꺾은선형으로 변경 후 보조축으로 지정
- 값 표시 : 2020년의 항공사진 요소만

① 도형 삽입
 - 스타일 : 미세효과 – 파랑, 강조1
 - 글꼴 : 돋움, 18pt

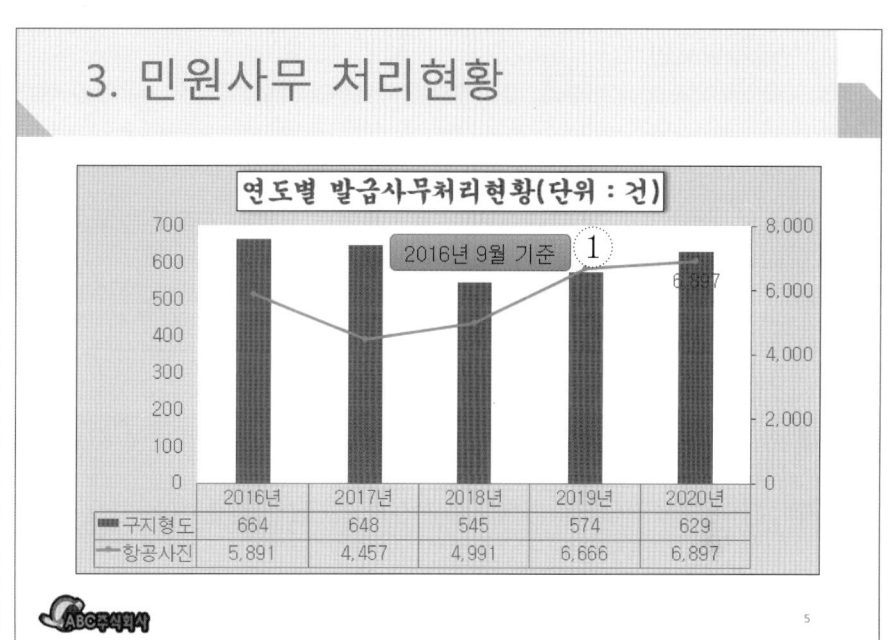

[슬라이드 6] ≪도형 슬라이드≫   (100점)

(1) 슬라이드와 같이 도형 및 스마트아트를 배치한다(글꼴 : 굴림, 18pt).
(2) 애니메이션 순서 : ① ⇒ ②

세부조건

① 도형 및 스마트아트 편집
 - 스마트아트 디자인
   : 3차원 광택 처리, 3차원 벽돌
 - 그룹화 후 애니메이션 효과
   : 날아오기(왼쪽에서)

② 도형 편집
 - 그룹화 후 애니메이션 효과
   : 블라인드(세로)

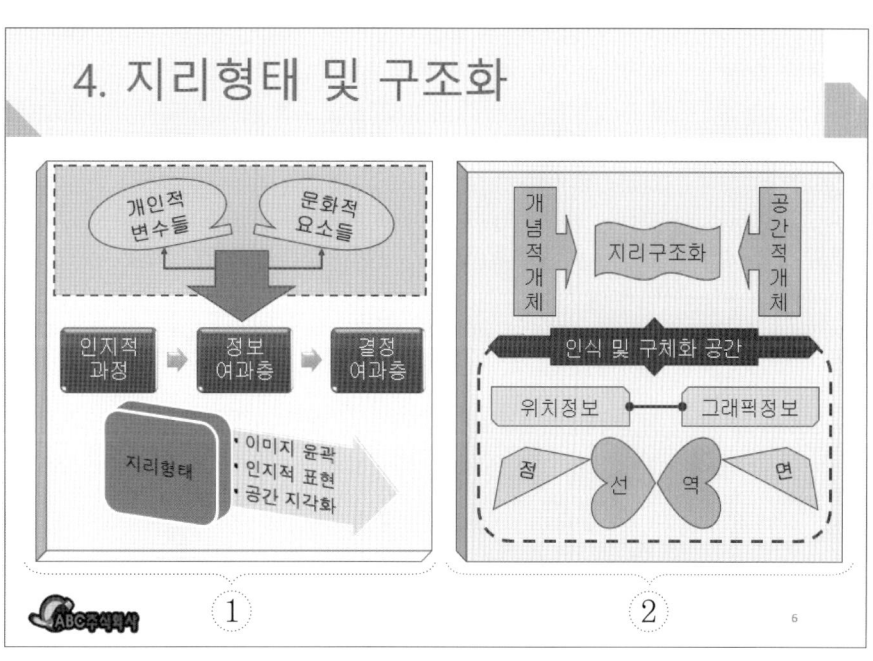

제11회 ITQ 실전모의고사

과목	코드	문제유형	시험시간	수험번호	성명
한글파워포인트	1142	A	60분		

수험자 유의사항

- 수험자는 문제지를 받는 즉시 문제지와 **수험표상의 시험과목(프로그램)이 동일한지 반드시 확인**하여야 합니다.
- 파일명은 본인의 "수험번호-성명"으로 입력하여 답안폴더(내 PC\문서\ITQ)에 하나의 파일로 저장해야 하며, 답안문서 파일명이 "수험번호-성명"과 일치하지 않거나, 답안파일을 전송하지 않아 미제출로 처리될 경우 실격 처리합니다(예:12345678-홍길동.pptx).
- 답안 작성을 마치면 파일을 저장하고, '답안 전송' 버튼을 선택하여 감독위원 PC로 답안을 전송하십시오. 수험생 정보와 저장한 파일명이 다를 경우 전송되지 않으므로 주의하시기 바랍니다.
- 답안 작성 중에도 **주기적으로 저장하고, '답안 전송'**하여야 문제 발생을 줄일 수 있습니다. 작업한 내용을 저장하지 않고 전송할 경우 이전에 저장된 내용이 전송되오니 이점 유의하시기 바랍니다.
- 답안문서는 지정된 경로 외의 다른 보조기억장치에 저장하는 경우, 지정된 시험 시간 외에 작성된 파일을 활용할 경우, 기타 통신수단(이메일, 메신저, 네트워크 등)을 이용하여 타인에게 전달 또는 외부 반출하는 경우는 부정 처리합니다.
- 시험 중 부주의 또는 고의로 시스템을 파손한 경우는 수험자가 변상해야 하며, 〈수험자 유의사항〉에 기재된 방법대로 이행하지 않아 생기는 불이익은 수험생 당사자의 책임임을 알려 드립니다.
- 시험을 완료한 수험자는 답안파일이 전송되었는지 확인한 후 감독위원의 지시에 따라 문제지를 제출하고 퇴실합니다.

답안 작성요령

- 온라인 답안 작성 절차
  수험자 등록 ⇒ 시험 시작 ⇒ 답안파일 저장 ⇒ 답안 전송 ⇒ 시험 종료
- 슬라이드의 크기는 A4 Paper로 설정하여 작성합니다.
- 슬라이드의 총 개수는 6개로 구성되어 있으며 슬라이드 1부터 순서대로 작업하고 반드시 문제와 세부조건대로 합니다.
- 별도의 지시사항이 없는 경우 출력형태를 참조하여 글꼴색은 검정 또는 흰색으로 작성하고, 기타사항은 전체적인 균형을 고려하여 작성합니다.
- 슬라이드 도형 및 개체에 출력형태와 다른 스타일(그림자, 외곽선 등)을 적용했을 경우 감점처리 됩니다.
- 슬라이드 번호를 작성합니다(슬라이드 1에는 생략).
- 2~6번 슬라이드 제목 도형과 하단 로고는 슬라이드 마스터를 이용하여 출력형태와 동일하게 작성합니다 (슬라이드 1에는 생략).
- 문제와 세부조건, 세부조건 번호 ◯(점선원)는 입력하지 않습니다.
- 각 개체의 위치는 오른쪽의 슬라이드와 동일하게 구성합니다.
- 그림 삽입 문제의 경우 반드시 「내 PC\문서\ITQ\Picture」 폴더에서 정확한 파일을 선택하여 삽입하십시오.
- 각 슬라이드를 각각의 파일로 작업해서 저장할 경우 실격 처리됩니다.

[전체구성] (60점)

(1) 슬라이드 크기 및 순서 : 크기를 A4 용지로 설정하고 슬라이드 순서에 맞게 작성한다.
(2) 슬라이드 마스터 : 2~6슬라이드의 제목, 하단 로고, 슬라이드 번호는 슬라이드 마스터를 이용하여 작성한다.
- 제목 글꼴(맑은 고딕, 36pt, 흰색), 가운데 맞춤, 도형(선 없음)
- 하단 로고(「내 PC₩문서₩ITQ₩Picture₩로고1.jpg」, 배경(회색) 투명색으로 설정)

[슬라이드 1] ≪표지 디자인≫ (40점)

(1) 표지 디자인 : 도형, 워드아트 및 그림을 이용하여 작성한다.

세부조건

① 도형 편집
- 도형에 그림 채우기 :
「내 PC₩문서₩ITQ₩Picture₩그림1.jpg」, 투명도 50%
- 도형 효과:
(부드러운 가장자리 5포인트)

② 워드아트 삽입
- 변환 : 수축
- 글꼴 : 돋움, 굵게
- 텍스트 반사 : 1/2 반사, 터치

③ 그림 삽입
- 「내 PC₩문서₩ITQ₩Picture₩로고1.jpg」
- 배경(회색) 투명색으로 설정

[슬라이드 2] ≪목차 슬라이드≫ (60점)

(1) 출력형태와 같이 도형을 이용하여 목차를 작성한다(글꼴 : 굴림, 24pt).
(2) 도형 : 선 없음

세부조건

① 텍스트에 하이퍼링크 적용
→ '슬라이드 3'

② 그림 삽입
- 「내 PC₩문서₩ITQ₩Picture₩그림4.jpg」
- 자르기 기능 이용

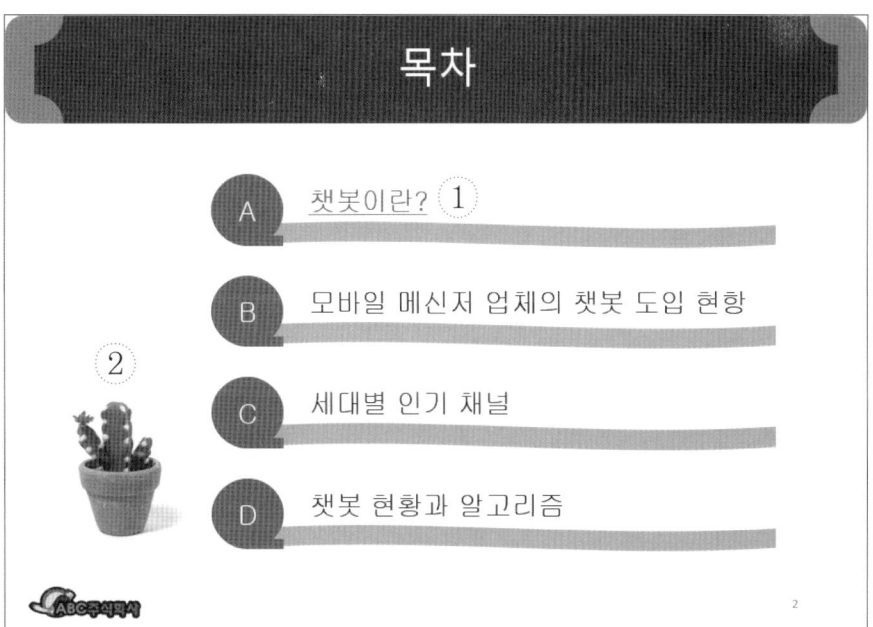

[슬라이드 3] ≪텍스트/동영상 슬라이드≫   (60점)

(1) 텍스트 작성 : 글머리 기호 사용(❖, ✓)
   ❖문단(굴림, 24pt, 굵게, 줄간격 : 1.5줄), ✓문단(굴림, 20pt, 줄간격 : 1.5줄)

세부조건

① 동영상 삽입 :
   - 「내 PC\문서\ITQ\Picture\동영상.wmv」
   - 자동실행, 반복재생 설정

A. 챗봇이란?

❖ What is Chatbot?
   ✓ A chatbot is a computer program which conducts a conversation via auditory or textual methods
   A chatbot is used in applications such as ecommerce customer service, call centers and Internet gaming

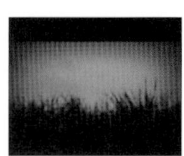

❖ 챗봇이란?
   ✓ 인간의 대화를 흉내 내는 컴퓨터 프로그램으로 사용자가 컴퓨터와 상호작용하는 방식을 사람과의 대화처럼 전환하는 기술
   ✓ 모바일 메신저 업체들은 챗봇 기술을 활용해 기업과 고객의 1:1 대화를 통해 원스톱 서비스를 제공할 계획

[슬라이드 4] ≪표 슬라이드≫   (80점)

(1) 도형과 표 작성 기능을 이용하여 슬라이드를 작성한다(글꼴 : 돋움, 18pt).

세부조건

① 상단 도형 :
   2개 도형의 조합으로 작성

② 좌측 도형 :
   그라데이션 효과(선형 아래쪽)

③ 표 스타일 :
   테마 스타일 1 - 강조 5

B. 모바일 메신저 업체의 챗봇 도입 현황

업체		내용
해외	페이스북	FB 메신저에 인공지능을 적용한 챗봇 베타 버전 공개
	텔레그램	대화창에서 이용 가능한 Inline Bots를 추가
	마이크로소프트	가상비서 서비스 코타나와 스카이프를 결합해 플랫폼 대화를 구현
국내	네이버	화장품/의류업체 등이 참여한 봇샵 오픈

[슬라이드 5] ≪차트 슬라이드≫ (100점)

(1) 차트 작성 기능을 이용하여 슬라이드를 작성한다.
(2) 차트 : 종류(묶은 세로 막대형), 글꼴(돋움, 16pt), 외곽선

세부조건

※ 차트설명
- 차트제목 : 궁서, 24pt, 굵게, 채우기(흰색), 테두리, 그림자(오프셋 오른쪽)
- 차트영역 : 채우기(노랑) 그림영역 : 채우기(흰색)
- 데이터 서식 : 베이비부머 계열을 표식이 있는 꺾은선형으로 변경 후 보조축으로 지정
- 값 표시 : 전화 계열만

① 도형 삽입
- 스타일 : 미세효과 - 파랑, 강조1
- 글꼴 : 돋움, 18pt

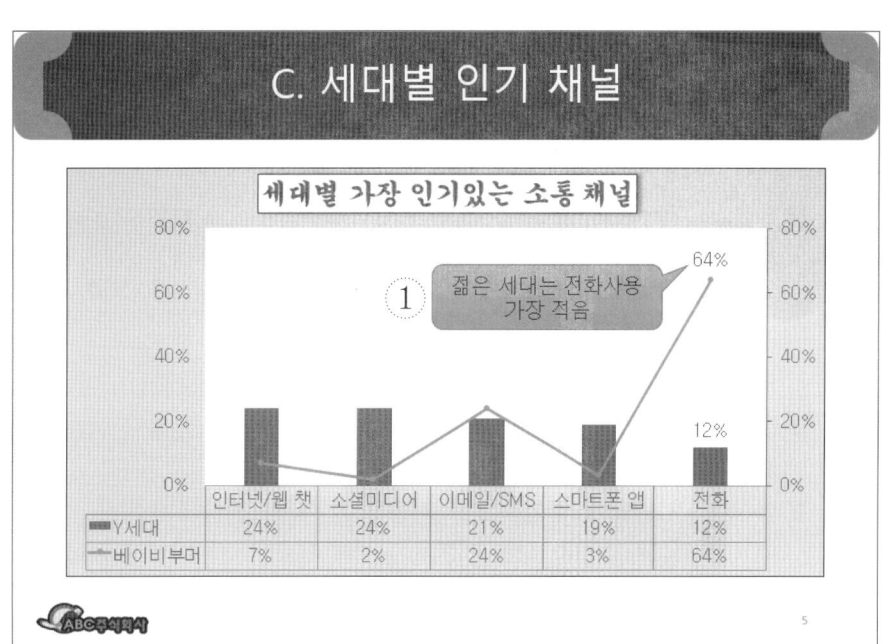

[슬라이드 6] ≪도형 슬라이드≫ (100점)

(1) 슬라이드와 같이 도형 및 스마트아트를 배치한다(글꼴 : 굴림, 18pt).
(2) 애니메이션 순서 : ① ⇒ ②

세부조건

① 도형 및 스마트아트 편집
- 그룹화 후 애니메이션 효과 : 시계 방향 회전

② 도형 편집
- 스마트아트 디자인 : 3차원 경사, 3차원 광택 처리
- 그룹화 후 애니메이션 효과 : 실선 무늬(세로)

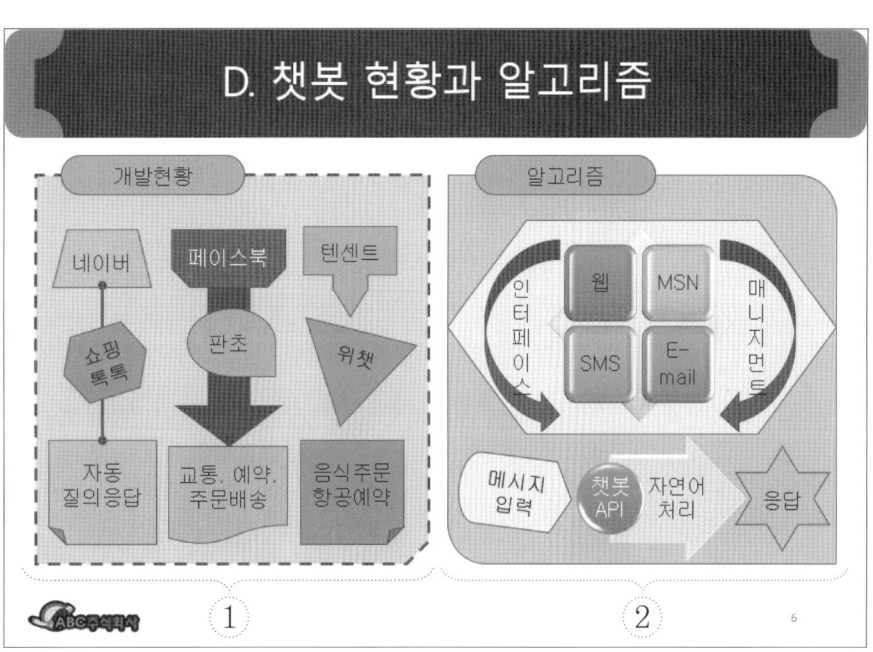

제12회 ITQ 실전모의고사

과목	코드	문제유형	시험시간	수험번호	성명
한글파워포인트	1142	B	60분		

수험자 유의사항

- 수험자는 문제지를 받는 즉시 문제지와 **수험표상의 시험과목(프로그램)이 동일한지 반드시 확인**하여야 합니다.
- 파일명은 본인의 "수험번호-성명"으로 입력하여 답안폴더(내 PC\문서\ITQ)에 하나의 파일로 저장해야 하며, 답안문서 파일명이 "수험번호-성명"과 일치하지 않거나, 답안파일을 전송하지 않아 미제출로 처리될 경우 실격 처리합니다(예:12345678-홍길동.pptx).
- 답안 작성을 마치면 파일을 저장하고, '답안 전송' 버튼을 선택하여 감독위원 PC로 답안을 전송하십시오. 수험생 정보와 저장한 파일명이 다를 경우 전송되지 않으므로 주의하시기 바랍니다.
- 답안 작성 중에도 **주기적으로 저장하고, '답안 전송'**하여야 문제 발생을 줄일 수 있습니다. 작업한 내용을 저장하지 않고 전송할 경우 이전에 저장된 내용이 전송되오니 이점 유의하시기 바랍니다.
- 답안문서는 지정된 경로 외의 다른 보조기억장치에 저장하는 경우, 지정된 시험 시간 외에 작성된 파일을 활용할 경우, 기타 통신수단(이메일, 메신저, 네트워크 등)을 이용하여 타인에게 전달 또는 외부 반출하는 경우는 부정 처리합니다.
- 시험 중 부주의 또는 고의로 시스템을 파손한 경우는 수험자가 변상해야 하며, 〈수험자 유의사항〉에 기재된 방법대로 이행하지 않아 생기는 불이익은 수험생 당사자의 책임임을 알려 드립니다.
- 시험을 완료한 수험자는 답안파일이 전송되었는지 확인한 후 감독위원의 지시에 따라 문제지를 제출하고 퇴실합니다.

답안 작성요령

- 온라인 답안 작성 절차
  수험자 등록 ⇒ 시험 시작 ⇒ 답안파일 저장 ⇒ 답안 전송 ⇒ 시험 종료
- 슬라이드의 크기는 A4 Paper로 설정하여 작성합니다.
- 슬라이드의 총 개수는 6개로 구성되어 있으며 슬라이드 1부터 순서대로 작업하고 반드시 문제와 세부 조건대로 합니다.
- 별도의 지시사항이 없는 경우 출력형태를 참조하여 글꼴색은 검정 또는 흰색으로 작성하고, 기타사항은 전체적인 균형을 고려하여 작성합니다.
- 슬라이드 도형 및 개체에 출력형태와 다른 스타일(그림자, 외곽선 등)을 적용했을 경우 감점처리 됩니다.
- 슬라이드 번호를 작성합니다(슬라이드 1에는 생략).
- 2~6번 슬라이드 제목 도형과 하단 로고는 슬라이드 마스터를 이용하여 출력형태와 동일하게 작성합니다(슬라이드 1에는 생략).
- 문제와 세부조건, 세부조건 번호 ○(점선원)는 입력하지 않습니다.
- 각 개체의 위치는 오른쪽의 슬라이드와 동일하게 구성합니다.
- 그림 삽입 문제의 경우 반드시 「내 PC\문서\ITQ\Picture」 폴더에서 정확한 파일을 선택하여 삽입 하십시오.
- 각 슬라이드를 각각의 파일로 작업해서 저장할 경우 실격 처리됩니다.

[전체구성] (60점)

(1) 슬라이드 크기 및 순서 : 크기를 A4 용지로 설정하고 슬라이드 순서에 맞게 작성한다.
(2) 슬라이드 마스터 : 2~6슬라이드의 제목, 하단 로고, 슬라이드 번호는 슬라이드 마스터를 이용하여 작성한다.
　　- 제목 글꼴(맑은 고딕, 40pt, 흰색), 왼쪽 맞춤, 도형(선 없음)
　　- 하단 로고(「내 PC₩문서₩ITQ₩Picture₩로고1.jpg」, 배경(회색) 투명색으로 설정)

[슬라이드 1] ≪표지 디자인≫ (40점)

(1) 표지 디자인 : 도형, 워드아트 및 그림을 이용하여 작성한다.

세부조건

① 도형 편집
　- 도형에 그림 채우기 :
　　「내 PC₩문서₩ITQ₩Picture₩
　　그림1.jpg」, 투명도 50%
　- 도형 효과:
　　(부드러운 가장자리 5포인트)

② 워드아트 삽입
　- 변환 : 위쪽 수축
　- 글꼴 : 돋움, 굵게
　- 텍스트 반사 : 1/2 반사, 터치

③ 그림 삽입
　-「내 PC₩문서₩ITQ₩Picture₩
　　로고1.jpg」
　- 배경(회색) 투명색으로 설정

[슬라이드 2] ≪목차 슬라이드≫ (60점)

(1) 출력형태와 같이 도형을 이용하여 목차를 작성한다(글꼴 : 굴림, 24pt).
(2) 도형 : 선 없음

세부조건

① 텍스트에 하이퍼링크 적용
　→ '슬라이드 5'

② 그림 삽입
　-「내 PC₩문서₩ITQ₩Picture₩
　　그림4.jpg」
　- 자르기 기능 이용

[슬라이드 3] ≪텍스트/동영상 슬라이드≫ (60점)

(1) 텍스트 작성 : 글머리 기호 사용(➤, ■)
   ➤문단(굴림, 24pt, 굵게, 줄간격 : 1.5줄), ■문단(굴림, 20pt, 줄간격 : 1.5줄)

세부조건

① 동영상 삽입 :
   - 「내 PC₩문서₩ITQ₩Picture₩ 동영상.wmv」
   - 자동실행, 반복재생 설정

i. 통계학의 응용분야

➤ New analysis and reporting
   ■ New nonparametric tests (in PASW Statistics Base)
   ■ Post-computed categories (in PASW Custom Tables)
   ■ Rule checking in Secondary SPC Charts (in PASW Statistics Base)

➤ 통계학의 적용 사례
   ■ 핵연료와 대체에너지원의 안전성과 경제성 분석
   대기, 수질, 토양 오염원의 환경영향 평가를 위한 연구의
   설계와 분석, 실업률 추정, 제품 및 서비스에 대한
   소비자 수요 분석

[슬라이드 4] ≪표 슬라이드≫ (80점)

(1) 도형과 표 작성 기능을 이용하여 슬라이드를 작성한다(글꼴 : 돋움, 18pt).

세부조건

① 상단 도형 :
   2개 도형의 조합으로 작성

② 좌측 도형 :
   그라데이션 효과(선형 아래쪽)

③ 표 스타일 :
   테마 스타일 1 - 강조 4

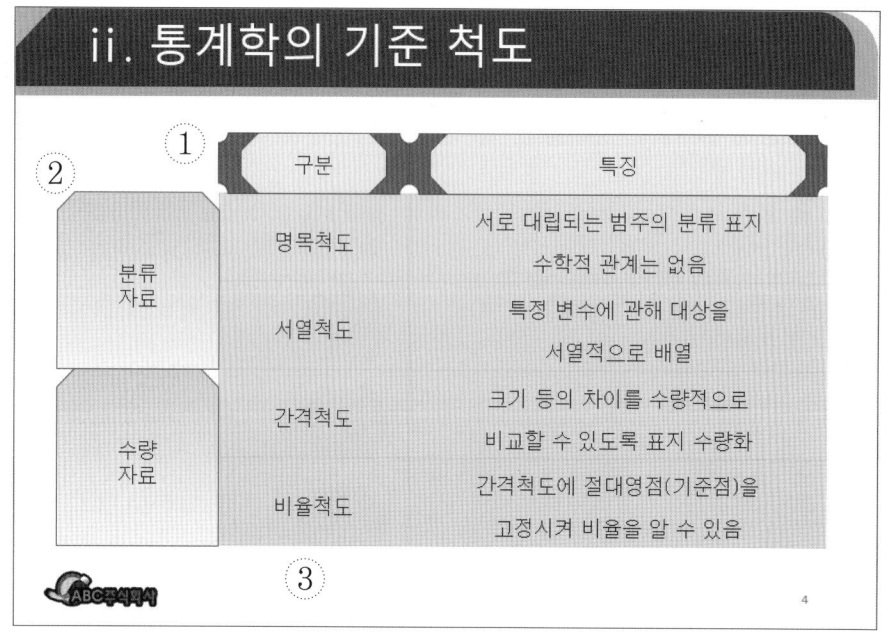

[슬라이드 5] ≪차트 슬라이드≫   (100점)

(1) 차트 작성 기능을 이용하여 슬라이드를 작성한다.
(2) 차트 : 종류(묶은 세로 막대형), 글꼴(돋움, 16pt), 외곽선

세부조건

※ 차트설명
- 차트제목 : 궁서, 24pt, 굵게, 채우기(흰색), 테두리, 그림자(오프셋 오른쪽)
- 차트영역 : 채우기(노랑) 그림영역 : 채우기(흰색)
- 데이터 서식 : 중학생(명) 계열을 표식이 있는 꺾은선형으로 변경 후 보조축으로 지정
- 값 표시 : 2020년의 중학생(명) 요소만

① 도형 삽입
- 스타일 : 미세효과 - 파랑, 강조1
- 글꼴 : 돋움, 18pt

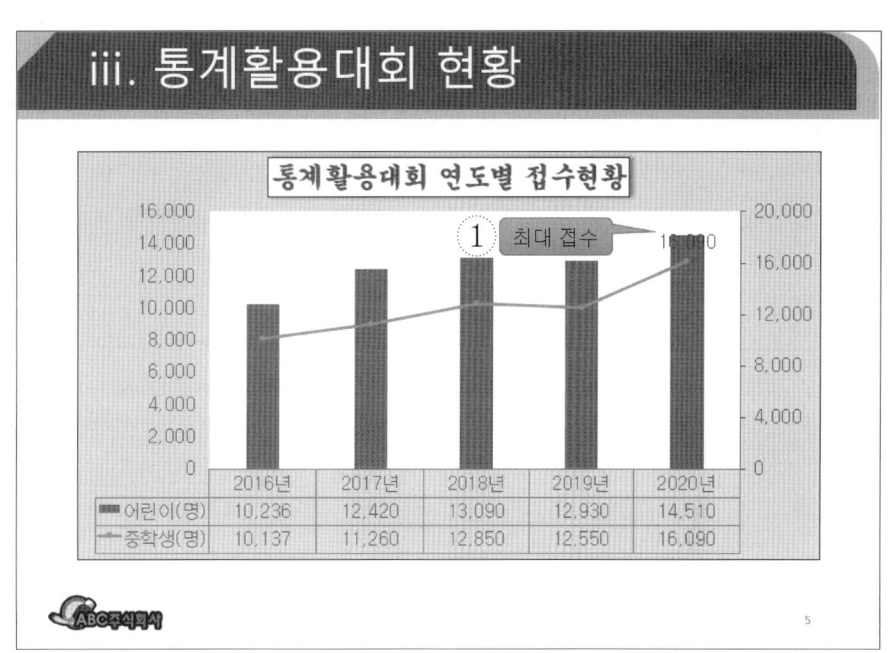

[슬라이드 6] ≪도형 슬라이드≫   (100점)

(1) 슬라이드와 같이 도형 및 스마트아트를 배치한다(글꼴 : 굴림, 18pt).
(2) 애니메이션 순서 : ① ⇒ ②

세부조건

① 도형 및 스마트아트 편집
- 스마트아트 디자인 : 3차원 광택 처리, 3차원 벽돌
- 그룹화 후 애니메이션 효과 : 시계 방향 회전

② 도형 편집
- 그룹화 후 애니메이션 효과 : 실선 무늬(세로)

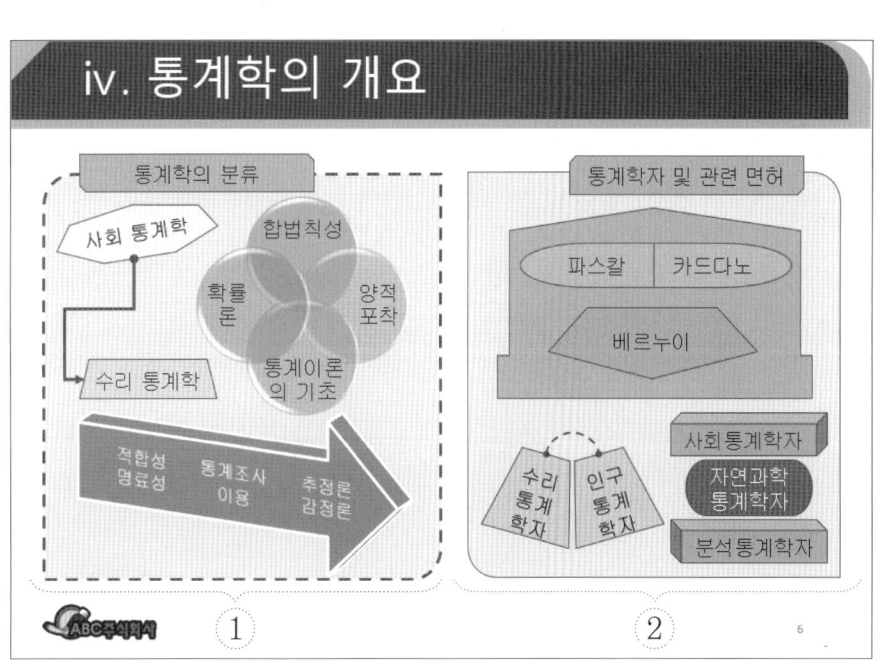

제13회 ITQ 실전모의고사

과목	코드	문제유형	시험시간	수험번호	성명
한글파워포인트	1142	C	60분		

수험자 유의사항

- 수험자는 문제지를 받는 즉시 문제지와 **수험표상의 시험과목(프로그램)이 동일한지 반드시 확인**하여야 합니다.
- 파일명은 본인의 "수험번호-성명"으로 입력하여 답안폴더(내 PC₩문서₩ITQ)에 하나의 파일로 저장해야 하며, 답안문서 파일명이 "수험번호-성명"과 일치하지 않거나, 답안파일을 전송하지 않아 미제출로 처리될 경우 실격 처리합니다(예:12345678-홍길동.pptx).
- 답안 작성을 마치면 파일을 저장하고, '답안 전송' 버튼을 선택하여 감독위원 PC로 답안을 전송하십시오. 수험생 정보와 저장한 파일명이 다를 경우 전송되지 않으므로 주의하시기 바랍니다.
- 답안 작성 중에도 **주기적으로 저장하고, '답안 전송'**하여야 문제 발생을 줄일 수 있습니다. 작업한 내용을 저장하지 않고 전송할 경우 이전에 저장된 내용이 전송되오니 이점 유의하시기 바랍니다.
- 답안문서는 지정된 경로 외의 다른 보조기억장치에 저장하는 경우, 지정된 시험 시간 외에 작성된 파일을 활용할 경우, 기타 통신수단(이메일, 메신저, 네트워크 등)을 이용하여 타인에게 전달 또는 외부 반출하는 경우는 부정 처리합니다.
- 시험 중 부주의 또는 고의로 시스템을 파손한 경우는 수험자가 변상해야 하며, 〈수험자 유의사항〉에 기재된 방법대로 이행하지 않아 생기는 불이익은 수험생 당사자의 책임임을 알려 드립니다.
- 시험을 완료한 수험자는 답안파일이 전송되었는지 확인한 후 감독위원의 지시에 따라 문제지를 제출하고 퇴실합니다.

답안 작성요령

- 온라인 답안 작성 절차
  수험자 등록 ⇒ 시험 시작 ⇒ 답안파일 저장 ⇒ 답안 전송 ⇒ 시험 종료
- 슬라이드의 크기는 A4 Paper로 설정하여 작성합니다.
- 슬라이드의 총 개수는 6개로 구성되어 있으며 슬라이드 1부터 순서대로 작업하고 반드시 문제와 세부 조건대로 합니다.
- 별도의 지시사항이 없는 경우 출력형태를 참조하여 글꼴색은 검정 또는 흰색으로 작성하고, 기타사항은 전체적인 균형을 고려하여 작성합니다.
- 슬라이드 도형 및 개체에 출력형태와 다른 스타일(그림자, 외곽선 등)을 적용했을 경우 감점처리 됩니다.
- 슬라이드 번호를 작성합니다(슬라이드 1에는 생략).
- 2~6번 슬라이드 제목 도형과 하단 로고는 슬라이드 마스터를 이용하여 출력형태와 동일하게 작성합니다 (슬라이드 1에는 생략).
- 문제와 세부조건, 세부조건 번호 ◯(점선원)는 입력하지 않습니다.
- 각 개체의 위치는 오른쪽의 슬라이드와 동일하게 구성합니다.
- 그림 삽입 문제의 경우 반드시 「내 PC₩문서₩ITQ₩Picture」 폴더에서 정확한 파일을 선택하여 삽입하십시오.
- 각 슬라이드를 각각의 파일로 작업해서 저장할 경우 실격 처리됩니다.

[전체구성] (60점)

(1) 슬라이드 크기 및 순서 : 크기를 A4 용지로 설정하고 슬라이드 순서에 맞게 작성한다.
(2) 슬라이드 마스터 : 2~6슬라이드의 제목, 하단 로고, 슬라이드 번호는 슬라이드 마스터를 이용하여 작성한다.
 - 제목 글꼴(돋움, 40pt, 흰색), 왼쪽 맞춤, 도형(선 없음)
 - 하단 로고(「내 PC₩문서₩ITQ₩Picture₩로고2.jpg」, 배경(회색) 투명색으로 설정)

[슬라이드 1] ≪표지 디자인≫ (40점)

(1) 표지 디자인 : 도형, 워드아트 및 그림을 이용하여 작성한다.

세부조건

① 도형 편집
 - 도형에 그림 채우기 :
  「내 PC₩문서₩ITQ₩Picture₩그림1.jpg」, 투명도 50%
 - 도형 효과:
  (부드러운 가장자리 5포인트)

② 워드아트 삽입
 - 변환 : 삼각형
 - 글꼴 : 돋움, 굵게
 - 텍스트 반사 : 근접 반사, 터치

③ 그림 삽입
 - 「내 PC₩문서₩ITQ₩Picture₩로고2.jpg」
 - 배경(회색) 투명색으로 설정

[슬라이드 2] ≪목차 슬라이드≫ (60점)

(1) 출력형태와 같이 도형을 이용하여 목차를 작성한다(글꼴 : 돋움, 24pt).
(2) 도형 : 선 없음

세부조건

① 텍스트에 하이퍼링크 적용
 → '슬라이드 3'

② 그림 삽입
 - 「내 PC₩문서₩ITQ₩Picture₩그림4.jpg」
 - 자르기 기능 이용

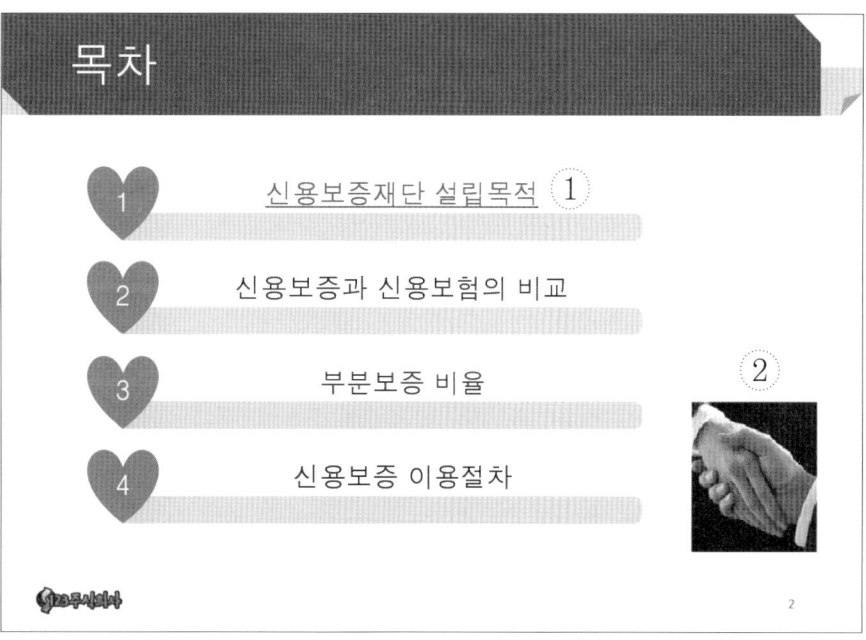

[슬라이드 3] ≪텍스트/동영상 슬라이드≫ (60점)

(1) 텍스트 작성 : 글머리 기호 사용(■, ✓)
- ■문단(굴림, 24pt, 굵게, 줄간격 : 1.5줄), ✓문단(굴림, 20pt, 줄간격 : 1.5줄)

세부조건

① 동영상 삽입 :
- 「내 PC₩문서₩ITQ₩Picture₩동영상.wmv」
- 자동실행, 반복재생 설정

1. 신용보증재단 설립목적

- **Credit Guarantee Federation**
  - ✓ CGF will do its utmost ability to take a step towards the win-win situation for the small businesses
  - ✓ CGF will strive for a bright future with a new attitude based on trust, loyalty and passion
- **신용보증 재단 설립목적**
  - ✓ 담보 능력이 부족한 소기업, 소상공인 등과 개인의 채무를 보증하게 함으로써 자금융통을 원활히 하고 지역경제 활성화와 서민의 복리 증진에 이바지함

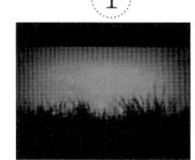

[슬라이드 4] ≪표 슬라이드≫ (80점)

(1) 도형과 표 작성 기능을 이용하여 슬라이드를 작성한다(글꼴 : 굴림, 18pt).

세부조건

① 상단 도형 :
   2개 도형의 조합으로 작성

② 좌측 도형 :
   그라데이션 효과(선형 아래쪽)

③ 표 스타일 :
   테마 스타일 1 - 강조 4

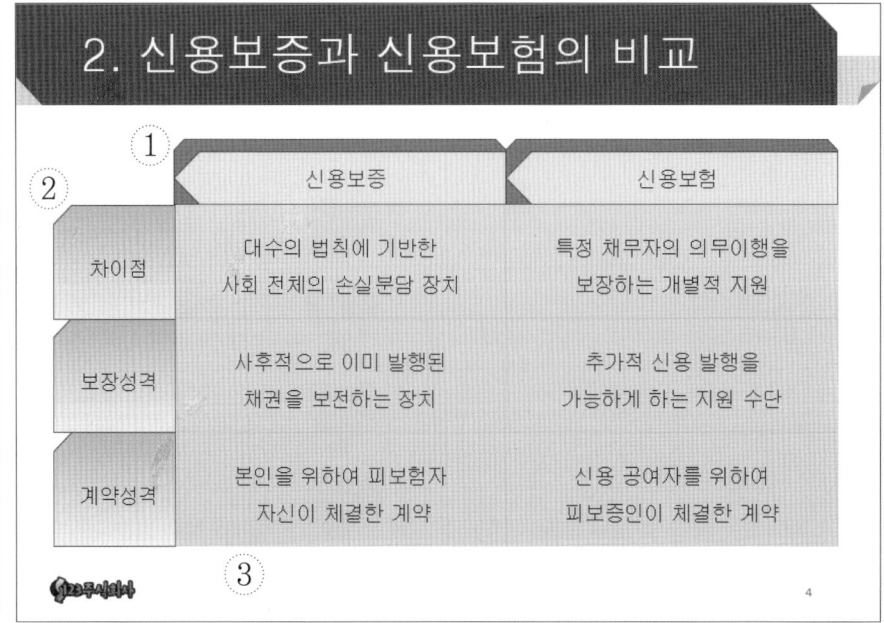

[슬라이드 5] ≪차트 슬라이드≫   (100점)

(1) 차트 작성 기능을 이용하여 슬라이드를 작성한다.
(2) 차트 : 종류(묶은 세로 막대형), 글꼴(돋움, 16pt), 외곽선

세부조건

※ 차트설명
- 차트제목 : 궁서, 24pt, 굵게, 채우기(흰색), 테두리, 그림자(오프셋 왼쪽)
- 차트영역 : 채우기(노랑)
  그림영역 : 채우기(흰색)
- 데이터 서식 : 10년 초과 계열을 표식이 있는 꺾은선형으로 변경 후 보조축으로 지정
- 값 표시 : B4~E3의 10년 초과 요소만

① 도형 삽입
 - 스타일 :
   미세효과 – 파랑, 강조1
 - 글꼴 : 돋움, 18pt

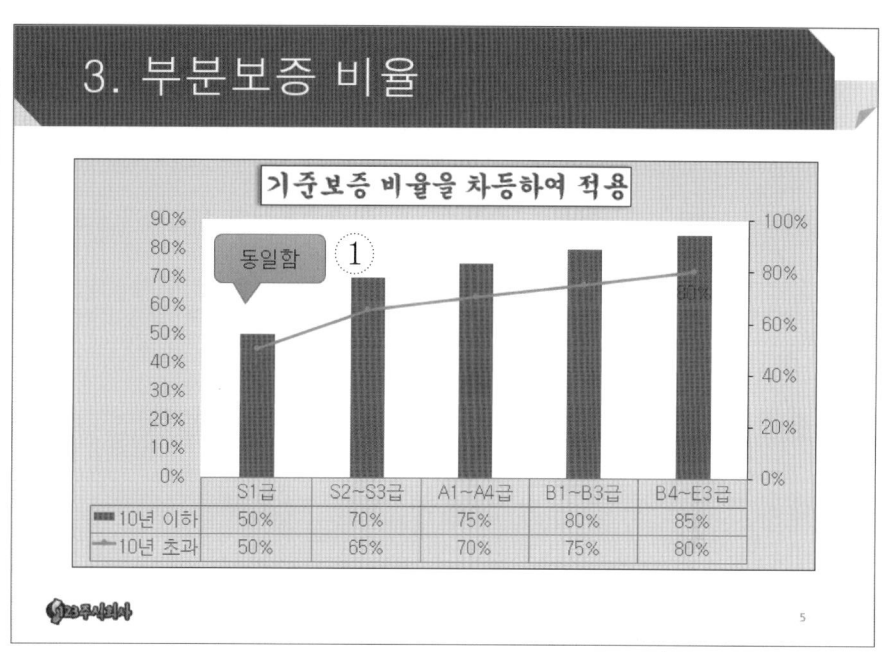

[슬라이드 6] ≪도형 슬라이드≫   (100점)

(1) 슬라이드와 같이 도형 및 스마트아트를 배치한다(글꼴 : 굴림, 18pt).
(2) 애니메이션 순서 : ① ⇒ ②

세부조건

① 도형 및 스마트아트 편집
 - 그룹화 후 애니메이션 효과
   : 시계 방향 회전

② 도형 편집
 - 스마트아트 디자인
   : 3차원 만화, 3차원 경사
 - 그룹화 후 애니메이션 효과
   : 실선 무늬(세로)

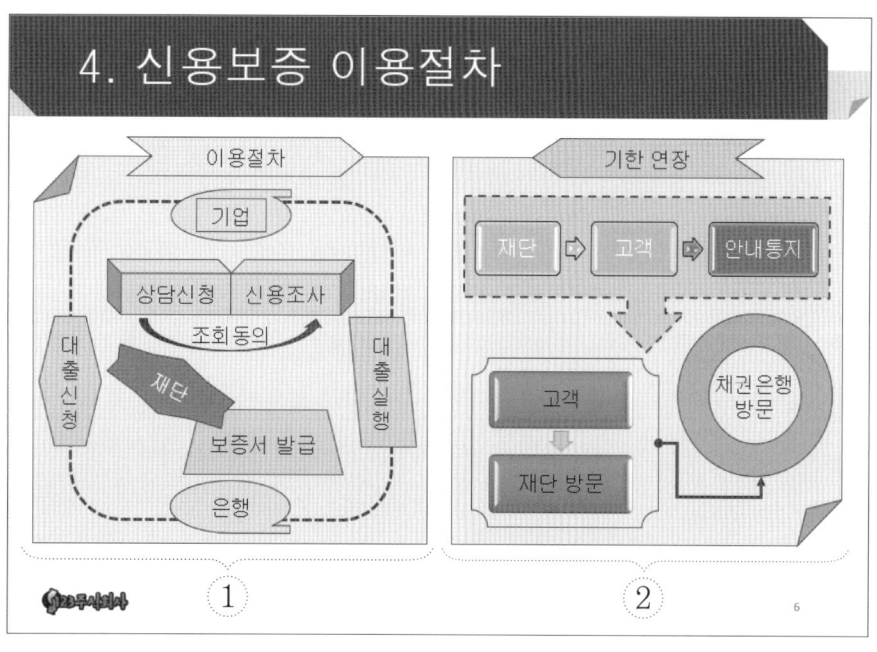

제14회 ITQ 실전모의고사

과목	코드	문제유형	시험시간	수험번호	성명
한글파워포인트	1142	D	60분		

수험자 유의사항

- 수험자는 문제지를 받는 즉시 문제지와 **수험표상의 시험과목(프로그램)이 동일한지 반드시 확인**하여야 합니다.
- 파일명은 본인의 "수험번호-성명"으로 입력하여 답안폴더(내 PC\문서\ITQ)에 하나의 파일로 저장해야 하며, 답안문서 파일명이 "수험번호-성명"과 일치하지 않거나, 답안파일을 전송하지 않아 미제출로 처리될 경우 실격 처리합니다(예:12345678-홍길동.pptx).
- 답안 작성을 마치면 파일을 저장하고, '답안 전송' 버튼을 선택하여 감독위원 PC로 답안을 전송하십시오. 수험생 정보와 저장한 파일명이 다를 경우 전송되지 않으므로 주의하시기 바랍니다.
- 답안 작성 중에도 **주기적으로 저장하고, '답안 전송'**하여야 문제 발생을 줄일 수 있습니다. 작업한 내용을 저장하지 않고 전송할 경우 이전에 저장된 내용이 전송되오니 이점 유의하시기 바랍니다.
- 답안문서는 지정된 경로 외의 다른 보조기억장치에 저장하는 경우, 지정된 시험 시간 외에 작성된 파일을 활용할 경우, 기타 통신수단(이메일, 메신저, 네트워크 등)을 이용하여 타인에게 전달 또는 외부 반출하는 경우는 부정 처리합니다.
- 시험 중 부주의 또는 고의로 시스템을 파손한 경우는 수험자가 변상해야 하며, 〈수험자 유의사항〉에 기재된 방법대로 이행하지 않아 생기는 불이익은 수험생 당사자의 책임임을 알려 드립니다.
- 시험을 완료한 수험자는 답안파일이 전송되었는지 확인한 후 감독위원의 지시에 따라 문제지를 제출하고 퇴실합니다.

답안 작성요령

- 온라인 답안 작성 절차
  수험자 등록 ⇒ 시험 시작 ⇒ 답안파일 저장 ⇒ 답안 전송 ⇒ 시험 종료
- 슬라이드의 크기는 A4 Paper로 설정하여 작성합니다.
- 슬라이드의 총 개수는 6개로 구성되어 있으며 슬라이드 1부터 순서대로 작업하고 반드시 문제와 세부 조건대로 합니다.
- 별도의 지시사항이 없는 경우 출력형태를 참조하여 글꼴색은 검정 또는 흰색으로 작성하고, 기타사항은 전체적인 균형을 고려하여 작성합니다.
- 슬라이드 도형 및 개체에 출력형태와 다른 스타일(그림자, 외곽선 등)을 적용했을 경우 감점처리 됩니다.
- 슬라이드 번호를 작성합니다(슬라이드 1에는 생략).
- 2~6번 슬라이드 제목 도형과 하단 로고는 슬라이드 마스터를 이용하여 출력형태와 동일하게 작성합니다(슬라이드 1에는 생략).
- 문제와 세부조건, 세부조건 번호 ○(점선원)는 입력하지 않습니다.
- 각 개체의 위치는 오른쪽의 슬라이드와 동일하게 구성합니다.
- 그림 삽입 문제의 경우 반드시 「내 PC\문서\ITQ\Picture」 폴더에서 정확한 파일을 선택하여 삽입하십시오.
- 각 슬라이드를 각각의 파일로 작업해서 저장할 경우 실격 처리됩니다.

kpc 한국생산성본부

[전체구성] (60점)

(1) 슬라이드 크기 및 순서 : 크기를 A4 용지로 설정하고 슬라이드 순서에 맞게 작성한다.
(2) 슬라이드 마스터 : 2~6슬라이드의 제목, 하단 로고, 슬라이드 번호는 슬라이드 마스터를 이용하여 작성한다.
 - 제목 글꼴(돋움, 40pt, 흰색), 가운데 맞춤, 도형(선 없음)
 - 하단 로고(「내 PC\문서\ITQ\Picture\로고1.jpg」, 배경(회색) 투명색으로 설정)

[슬라이드 1] ≪표지 디자인≫ (40점)

(1) 표지 디자인 : 도형, 워드아트 및 그림을 이용하여 작성한다.

세부조건

① 도형 편집
 - 도형에 그림 채우기 :
  「내 PC\문서\ITQ\Picture\
  그림1.jpg」, 투명도 50%
 - 도형 효과:
  (부드러운 가장자리 5포인트)

② 워드아트 삽입
 - 변환 : 갈매기형 수장
 - 글꼴 : 돋움, 굵게
 - 텍스트 반사 : 근접 반사, 터치

③ 그림 삽입
 - 「내 PC\문서\ITQ\Picture\
  로고1.jpg」
 - 배경(회색) 투명색으로 설정

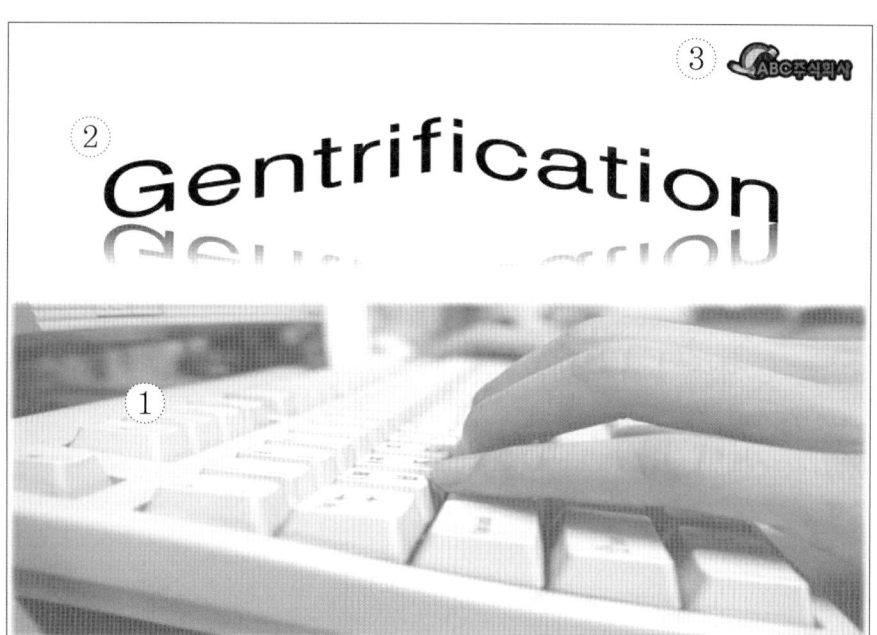

[슬라이드 2] ≪목차 슬라이드≫ (60점)

(1) 출력형태와 같이 도형을 이용하여 목차를 작성한다(글꼴 : 굴림, 24pt).
(2) 도형 : 선 없음

세부조건

① 텍스트에 하이퍼링크 적용
 → '슬라이드 4'

② 그림 삽입
 - 「내 PC\문서\ITQ\Picture\
  그림5.jpg」
 - 자르기 기능 이용

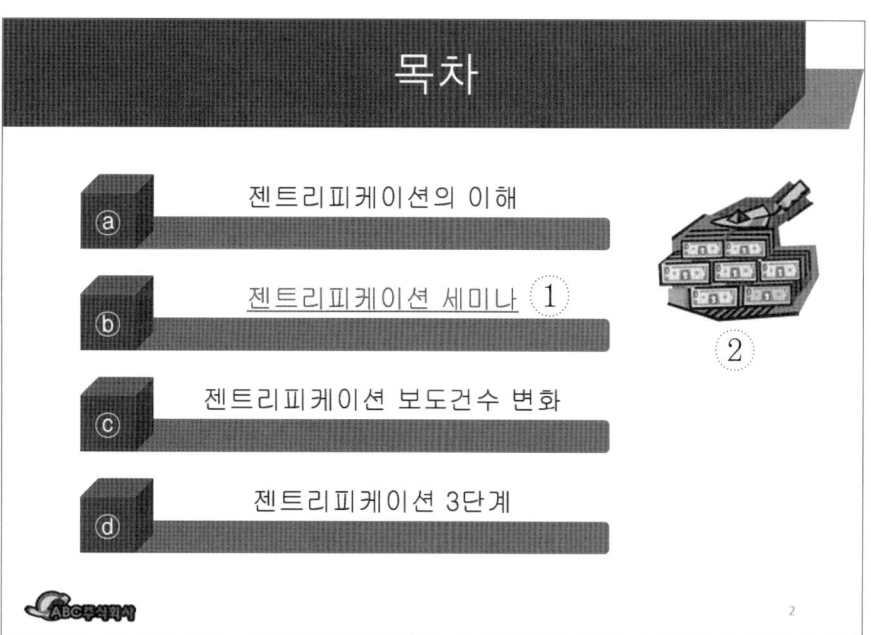

[슬라이드 3] ≪텍스트/동영상 슬라이드≫   (60점)

(1) 텍스트 작성 : 글머리 기호 사용(❖, ✓)
   ❖문단(굴림, 24pt, 굵게, 줄간격 : 1.5줄), ✓문단(굴림, 20pt, 줄간격 : 1.5줄)

세부조건

① 동영상 삽입 :
   - 「내 PC\문서\ITQ\Picture\동영상.wmv」
   - 자동실행, 반복재생 설정

[슬라이드 4] ≪표 슬라이드≫   (80점)

(1) 도형과 표 작성 기능을 이용하여 슬라이드를 작성한다(글꼴 : 돋움, 18pt).

세부조건

① 상단 도형 :
   2개 도형의 조합으로 작성

② 좌측 도형 :
   그라데이션 효과(선형 아래쪽)

③ 표 스타일 :
   테마 스타일 1 - 강조 2

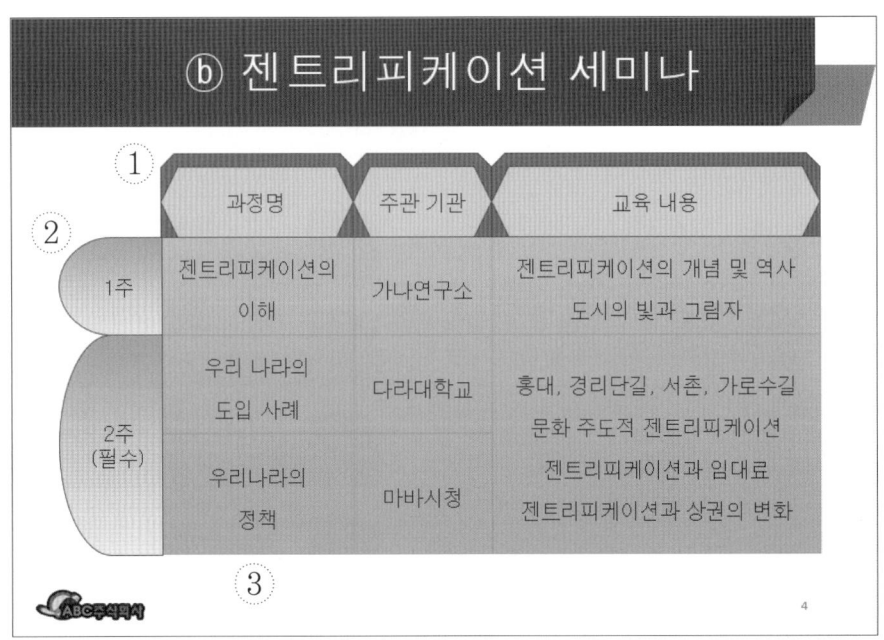

[슬라이드 5] ≪차트 슬라이드≫ (100점)

(1) 차트 작성 기능을 이용하여 슬라이드를 작성한다.
(2) 차트 : 종류(묶은 세로 막대형), 글꼴(돋움, 16pt), 외곽선

세부조건

※ 차트설명
- 차트제목 : 궁서, 24pt, 굵게, 채우기(흰색), 테두리, 그림자(오프셋 오른쪽)
- 차트영역 : 채우기(노랑) 그림영역 : 채우기(흰색)
- 데이터 서식 : 변화율 계열을 표식이 있는 꺾은선형으로 변경 후 보조축으로 지정
- 값 표시 : 2015년의 변화율 요소만

① 도형 삽입
 - 스타일 :
   미세효과 - 파랑, 강조1
 - 글꼴 : 돋움, 18pt

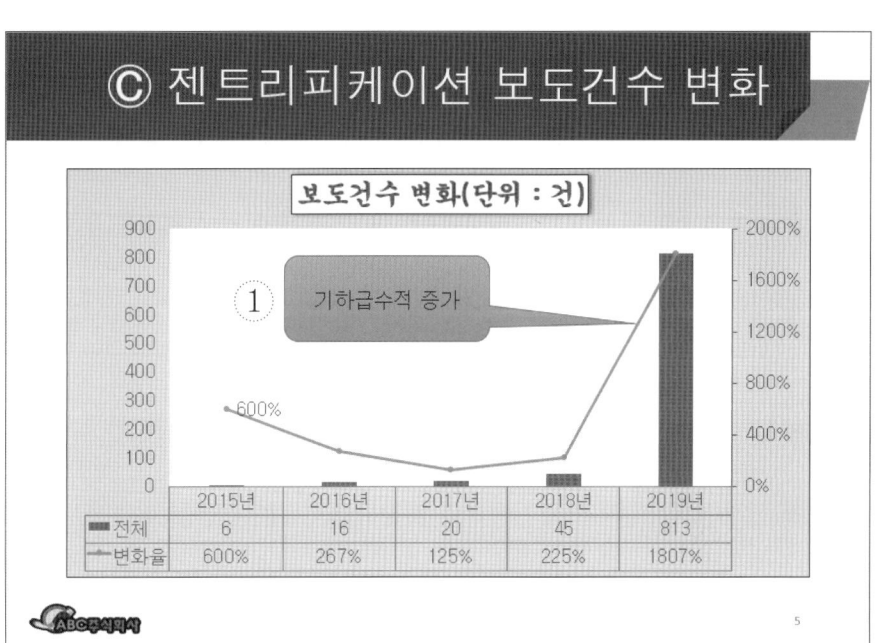

[슬라이드 6] ≪도형 슬라이드≫ (100점)

(1) 슬라이드와 같이 도형 및 스마트아트를 배치한다(글꼴 : 굴림, 18pt).
(2) 애니메이션 순서 : ① ⇒ ②

세부조건

① 도형 및 스마트아트 편집
 - 그룹화 후 애니메이션 효과
   : 닦아내기(왼쪽에서)

② 도형 편집
 - 스마트아트 디자인
   : 3차원 경사, 3차원 만화
 - 그룹화 후 애니메이션 효과
   : 블라인드(세로)

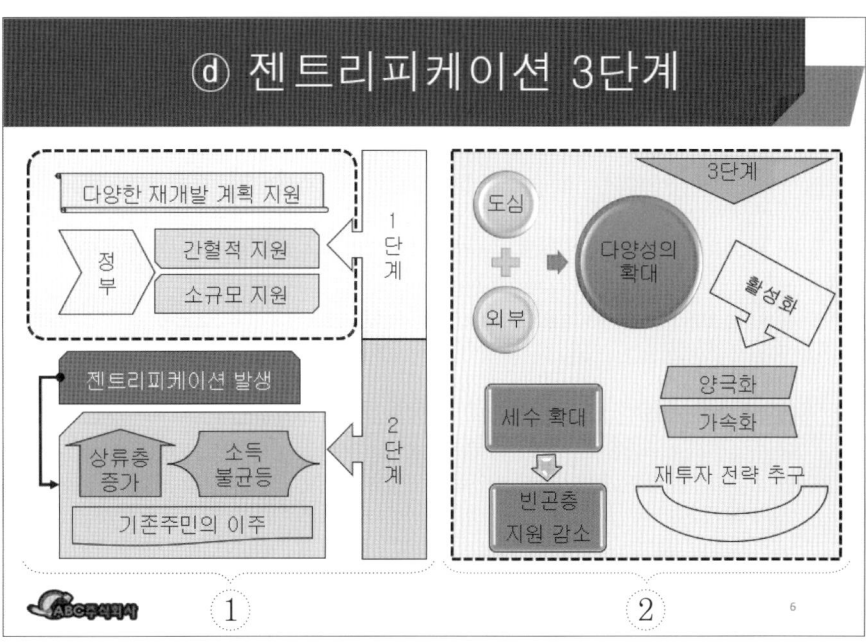

제 15 회 ITQ 실전모의고사

과목	코드	문제유형	시험시간	수험번호	성명
한글파워포인트	1142	E	60분		

수험자 유의사항

- 수험자는 문제지를 받는 즉시 문제지와 **수험표상의 시험과목(프로그램)이 동일한지 반드시 확인**하여야 합니다.
- 파일명은 본인의 "수험번호-성명"으로 입력하여 답안폴더(내 PC₩문서₩ITQ)에 하나의 파일로 저장해야 하며, 답안문서 파일명이 "수험번호-성명"과 일치하지 않거나, 답안파일을 전송하지 않아 미제출로 처리될 경우 실격 처리합니다(예:12345678-홍길동.pptx).
- 답안 작성을 마치면 파일을 저장하고, '답안 전송' 버튼을 선택하여 감독위원 PC로 답안을 전송하십시오. 수험생 정보와 저장한 파일명이 다를 경우 전송되지 않으므로 주의하시기 바랍니다.
- 답안 작성 중에도 **주기적으로 저장하고, '답안 전송'**하여야 문제 발생을 줄일 수 있습니다. 작업한 내용을 저장하지 않고 전송할 경우 이전에 저장된 내용이 전송되오니 이점 유의하시기 바랍니다.
- 답안문서는 지정된 경로 외의 다른 보조기억장치에 저장하는 경우, 지정된 시험 시간 외에 작성된 파일을 활용할 경우, 기타 통신수단(이메일, 메신저, 네트워크 등)을 이용하여 타인에게 전달 또는 외부 반출하는 경우는 부정 처리합니다.
- 시험 중 부주의 또는 고의로 시스템을 파손한 경우는 수험자가 변상해야 하며, 〈수험자 유의사항〉에 기재된 방법대로 이행하지 않아 생기는 불이익은 수험생 당사자의 책임임을 알려 드립니다.
- 시험을 완료한 수험자는 답안파일이 전송되었는지 확인한 후 감독위원의 지시에 따라 문제지를 제출하고 퇴실합니다.

답안 작성요령

- 온라인 답안 작성 절차
  수험자 등록 ⇒ 시험 시작 ⇒ 답안파일 저장 ⇒ 답안 전송 ⇒ 시험 종료
- 슬라이드의 크기는 A4 Paper로 설정하여 작성합니다.
- 슬라이드의 총 개수는 6개로 구성되어 있으며 슬라이드 1부터 순서대로 작업하고 반드시 문제와 세부 조건대로 합니다.
- 별도의 지시사항이 없는 경우 출력형태를 참조하여 글꼴색은 검정 또는 흰색으로 작성하고, 기타사항은 전체적인 균형을 고려하여 작성합니다.
- 슬라이드 도형 및 개체에 출력형태와 다른 스타일(그림자, 외곽선 등)을 적용했을 경우 감점처리 됩니다.
- 슬라이드 번호를 작성합니다(슬라이드 1에는 생략).
- 2~6번 슬라이드 제목 도형과 하단 로고는 슬라이드 마스터를 이용하여 출력형태와 동일하게 작성합니다 (슬라이드 1에는 생략).
- 문제와 세부조건, 세부조건 번호 ○(점선원)는 입력하지 않습니다.
- 각 개체의 위치는 오른쪽의 슬라이드와 동일하게 구성합니다.
- 그림 삽입 문제의 경우 반드시 「내 PC₩문서₩ITQ₩Picture」 폴더에서 정확한 파일을 선택하여 삽입하십시오.
- 각 슬라이드를 각각의 파일로 작업해서 저장할 경우 실격 처리됩니다.

kpc 한국생산성본부

[전체구성] (60점)

(1) 슬라이드 크기 및 순서 : 크기를 A4 용지로 설정하고 슬라이드 순서에 맞게 작성한다.
(2) 슬라이드 마스터 : 2~6슬라이드의 제목, 하단 로고, 슬라이드 번호는 슬라이드 마스터를 이용하여 작성한다.
 - 제목 글꼴(맑은 고딕, 40pt, 흰색), 가운데 맞춤, 도형(선 없음)
 - 하단 로고(「내 PC₩문서₩ITQ₩Picture₩로고1.jpg」, 배경(회색) 투명색으로 설정)

[슬라이드 1] ≪표지 디자인≫ (40점)

(1) 표지 디자인 : 도형, 워드아트 및 그림을 이용하여 작성한다.

세부조건

① 도형 편집
 - 도형에 그림 채우기 :
  「내 PC₩문서₩ITQ₩Picture₩
  그림1.jpg」, 투명도 50%
 - 도형 효과 :
  (부드러운 가장자리 5포인트)

② 워드아트 삽입
 - 변환 : 갈매기형 수장
 - 글꼴 : 굴림, 굵게
 - 텍스트 반사 : 전체 반사, 터치

③ 그림 삽입
 - 「내 PC₩문서₩ITQ₩Picture₩
  로고1.jpg」
 - 배경(회색) 투명색으로 설정

[슬라이드 2] ≪목차 슬라이드≫ (60점)

(1) 출력형태와 같이 도형을 이용하여 목차를 작성한다(글꼴 : 굴림, 24pt).
(2) 도형 : 선 없음

세부조건

① 텍스트에 하이퍼링크 적용
 → '슬라이드 4'

② 그림 삽입
 - 「내 PC₩문서₩ITQ₩Picture₩
  그림4.jpg」
 - 자르기 기능 이용

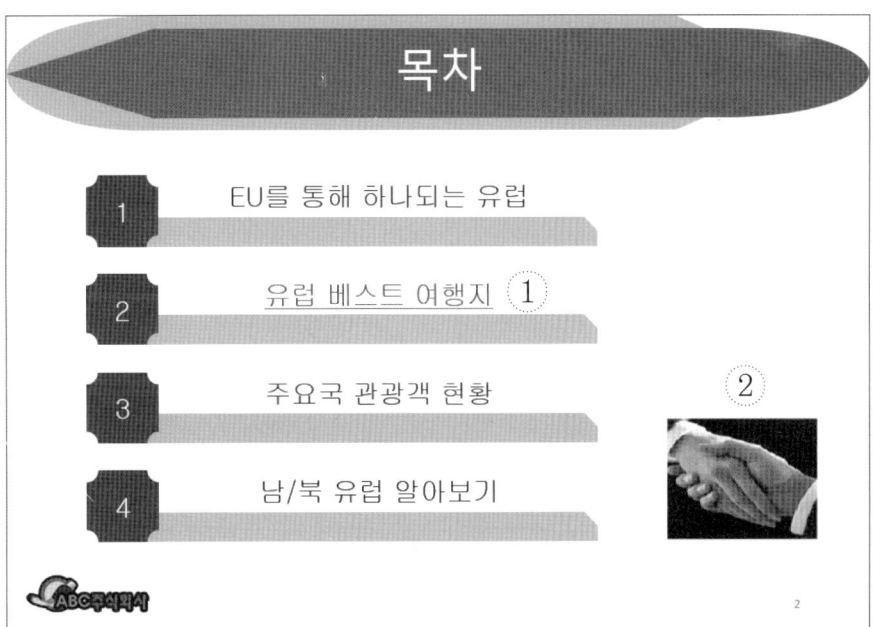

[슬라이드 3] ≪텍스트/동영상 슬라이드≫   (60점)

(1) 텍스트 작성 : 글머리 기호 사용(❖, ✓)
  ❖문단(굴림, 24pt, 굵게, 줄간격 : 1.5줄), ✓문단(굴림, 20pt, 줄간격 : 1.5줄)

세부조건

① 동영상 삽입 :
  - 「내 PC\문서\ITQ\Picture\동영상.wmv」
  - 자동실행, 반복재생 설정

1. EU를 통해 하나되는 유럽

❖ European Union
  ✓ The European Union (EU) is a politico-economic union of 28 member states that are located primarily in Europe

❖ 유럽의 지역별 분류
  ✓ 스칸디나비아 반도를 포함한 북부 유럽
  ✓ 산업이 발달한 알프스 산맥 위쪽의 서부 유럽
  ✓ 고대 그리스, 로마 문화가 꽃피었던 알프스 남쪽의 남부 유럽
  ✓ 과거 사회주의 국가가 많았던 동부 유럽

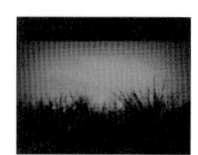

[슬라이드 4] ≪표 슬라이드≫   (80점)

(1) 도형과 표 작성 기능을 이용하여 슬라이드를 작성한다(글꼴 : 돋움, 18pt).

세부조건

① 상단 도형 :
  2개 도형의 조합으로 작성

② 좌측 도형 :
  그라데이션 효과(선형 아래쪽)

③ 표 스타일 :
  테마 스타일 1 - 강조 6

2. 유럽 베스트 여행지

	여행국	여행지
서유럽	프랑스	개선문, 샹젤리제 거리, 루브르 박물관
	스위스	베른, 루체른, 취리히
	영국	국회의사당, 빅벤, 대영 박물관
동유럽	체코	프라하, 카를로비바리, 플젠
	오스트리아	잘부르크, 짤츠캄머굿, 할슈타트
	독일	뮌헨, 퓌센, 밤베르크

[슬라이드 5] ≪차트 슬라이드≫   (100점)

(1) 차트 작성 기능을 이용하여 슬라이드를 작성한다.
(2) 차트 : 종류(묶은 세로 막대형), 글꼴(돋움, 16pt), 외곽선

세부조건

※ 차트설명
- 차트제목 : 궁서, 24pt, 굵게, 채우기(흰색), 테두리, 그림자(오프셋 오른쪽)
- 차트영역 : 채우기(노랑)
  그림영역 : 채우기(흰색)
- 데이터 서식 : 국외 여행객 계열을 표식이 있는 꺾은선형으로 변경 후 보조축으로 지정
- 값 표시 : 독일의 국외 여행객 요소만

① 도형 삽입
- 스타일 :
  미세효과 – 파랑, 강조1
- 글꼴 : 돋움, 18pt

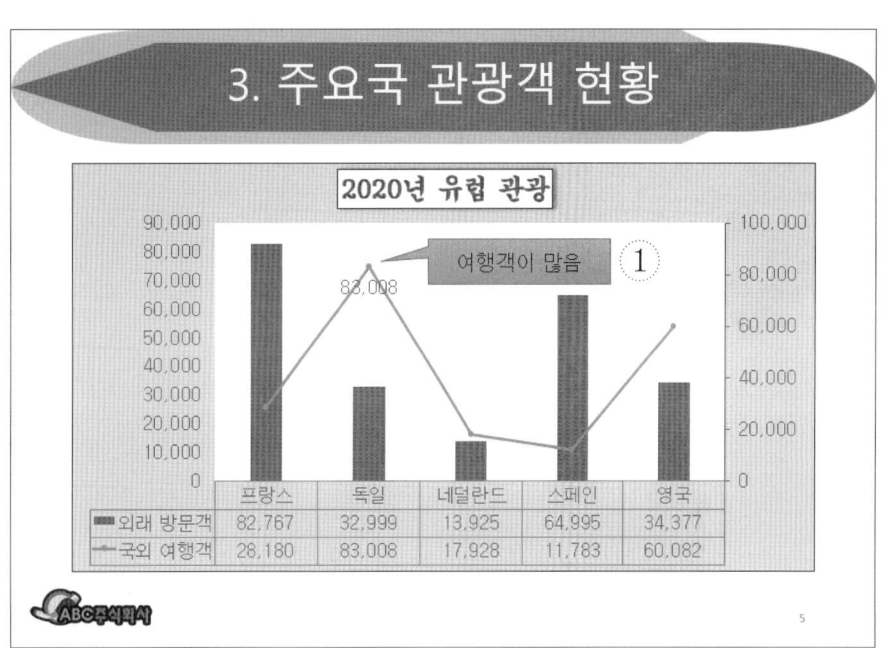

[슬라이드 6] ≪도형 슬라이드≫   (100점)

(1) 슬라이드와 같이 도형 및 스마트아트를 배치한다(글꼴 : 굴림, 18pt).
(2) 애니메이션 순서 : ① ⇒ ②

세부조건

① 도형 및 스마트아트 편집
- 스마트아트 디자인
  : 3차원 만화, 3차원 경사
- 그룹화 후 애니메이션 효과
  : 닦아내기(위에서)

② 도형 편집
- 그룹화 후 애니메이션 효과
  : 바운드

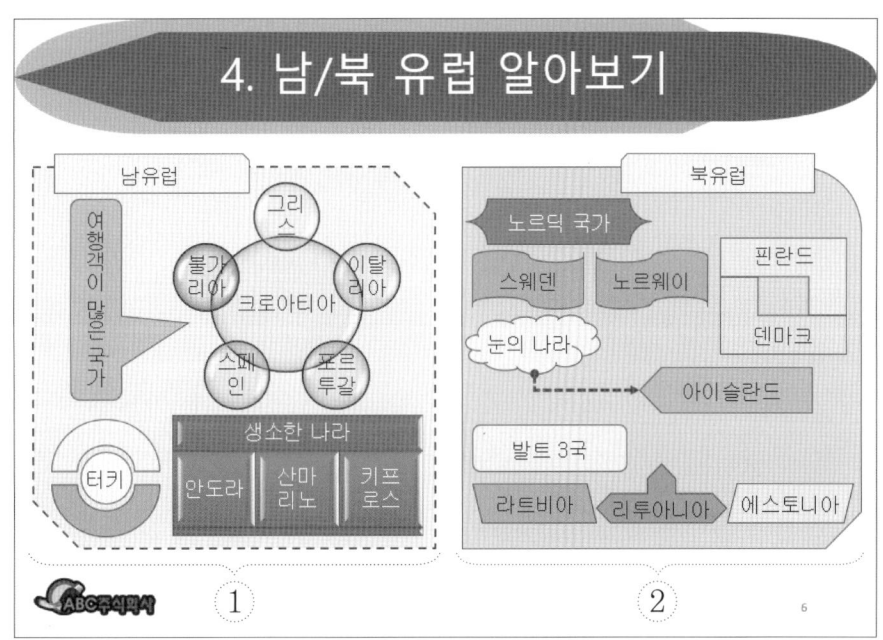

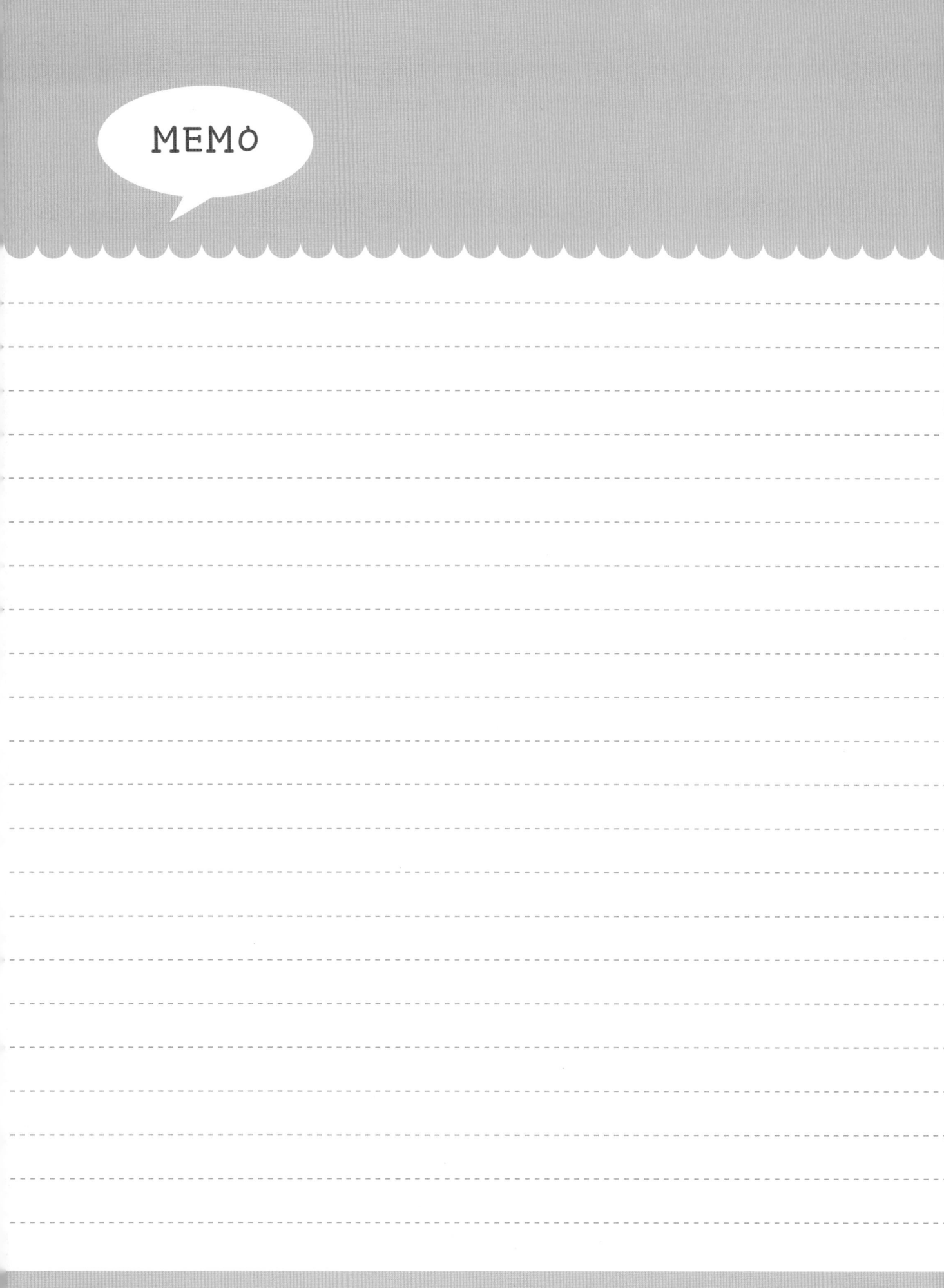

ITQ Powerpoint 2016

PART 03

기출예상문제

제 01 회   기출예상문제
제 02 회   기출예상문제
제 03 회   기출예상문제
제 04 회   기출예상문제
제 05 회   기출예상문제
제 06 회   기출예상문제
제 07 회   기출예상문제
제 08 회   기출예상문제
제 09 회   기출예상문제
제 10 회   기출예상문제

제 01회 정보기술자격(ITQ) 시험

MS오피스

과목	코드	문제유형	시험시간	수험번호	성명
한글파워포인트	1142	A	60분		

수험자 유의사항

- 수험자는 문제지를 받는 즉시 문제지와 **수험표상의 시험과목(프로그램)이 동일한지 반드시 확인**하여야 합니다.
- 파일명은 본인의 "수험번호-성명"으로 입력하여 답안폴더(내 PC₩문서₩ITQ)에 하나의 파일로 저장해야 하며, 답안문서 파일명이 "수험번호-성명"과 일치하지 않거나, 답안파일을 전송하지 않아 미제출로 처리될 경우 실격 처리합니다(예:12345678-홍길동.pptx).
- 답안 작성을 마치면 파일을 저장하고, '답안 전송' 버튼을 선택하여 감독위원 PC로 답안을 전송하십시오. 수험생 정보와 저장한 파일명이 다를 경우 전송되지 않으므로 주의하시기 바랍니다.
- 답안 작성 중에도 **주기적으로 저장하고, '답안 전송'**하여야 문제 발생을 줄일 수 있습니다. 작업한 내용을 저장하지 않고 전송할 경우 이전에 저장된 내용이 전송되오니 이점 유의하시기 바랍니다.
- 답안문서는 지정된 경로 외의 다른 보조기억장치에 저장하는 경우, 지정된 시험 시간 외에 작성된 파일을 활용할 경우, 기타 통신수단(이메일, 메신저, 네트워크 등)을 이용하여 타인에게 전달 또는 외부 반출하는 경우는 부정 처리합니다.
- 시험 중 부주의 또는 고의로 시스템을 파손한 경우는 수험자가 변상해야 하며, 〈수험자 유의사항〉에 기재된 방법대로 이행하지 않아 생기는 불이익은 수험생 당사자의 책임임을 알려 드립니다.
- 시험을 완료한 수험자는 답안파일이 전송되었는지 확인한 후 감독위원의 지시에 따라 문제지를 제출하고 퇴실합니다.

답안 작성요령

- 온라인 답안 작성 절차
  수험자 등록 ⇒ 시험 시작 ⇒ 답안파일 저장 ⇒ 답안 전송 ⇒ 시험 종료
- 슬라이드의 크기는 A4 Paper로 설정하여 작성합니다.
- 슬라이드의 총 개수는 6개로 구성되어 있으며 슬라이드 1부터 순서대로 작업하고 반드시 문제와 세부조건대로 합니다.
- 별도의 지시사항이 없는 경우 출력형태를 참조하여 글꼴색은 검정 또는 흰색으로 작성하고, 기타사항은 전체적인 균형을 고려하여 작성합니다.
- 슬라이드 도형 및 개체에 출력형태와 다른 스타일(그림자, 외곽선 등)을 적용했을 경우 감점처리 됩니다.
- 슬라이드 번호를 작성합니다(슬라이드 1에는 생략).
- 2~6번 슬라이드 제목 도형과 하단 로고는 슬라이드 마스터를 이용하여 출력형태와 동일하게 작성합니다(슬라이드 1에는 생략).
- 문제와 세부조건, 세부조건 번호 ○(점선원)는 입력하지 않습니다.
- 각 개체의 위치는 오른쪽의 슬라이드와 동일하게 구성합니다.
- 그림 삽입 문제의 경우 반드시 「내 PC₩문서₩ITQ₩Picture」 폴더에서 정확한 파일을 선택하여 삽입하십시오.
- 각 슬라이드를 각각의 파일로 작업해서 저장할 경우 실격 처리됩니다.

kpc 한국생산성본부

[전체구성] (60점)

(1) 슬라이드 크기 및 순서 : 크기를 A4 용지로 설정하고 슬라이드 순서에 맞게 작성한다.
(2) 슬라이드 마스터 : 2~6슬라이드의 제목, 하단 로고, 슬라이드 번호는 슬라이드 마스터를 이용하여 작성한다.
 - 제목 글꼴(돋움, 40pt, 흰색), 가운데 맞춤, 도형(선 없음)
 - 하단 로고(「내 PC₩문서₩ITQ₩Picture₩로고2.jpg」, 배경(회색) 투명색으로 설정)

[슬라이드 1] ≪표지 디자인≫ (40점)

(1) 표지 디자인 : 도형, 워드아트 및 그림을 이용하여 작성한다.

세부조건

① 도형 편집
 - 도형에 그림 채우기 :
   「내 PC₩문서₩ITQ₩Picture₩그림3.jpg」, 투명도 50%
 - 도형 효과:
   (부드러운 가장자리 5포인트)
② 워드아트 삽입
 - 변환 : 휘어 올라오기
 - 글꼴 : 돋움, 굵게
 - 텍스트 반사 : 근접 반사, 4pt 오프셋
③ 그림 삽입
 - 「내 PC₩문서₩ITQ₩Picture₩로고2.jpg」
 - 배경(회색) 투명색으로 설정

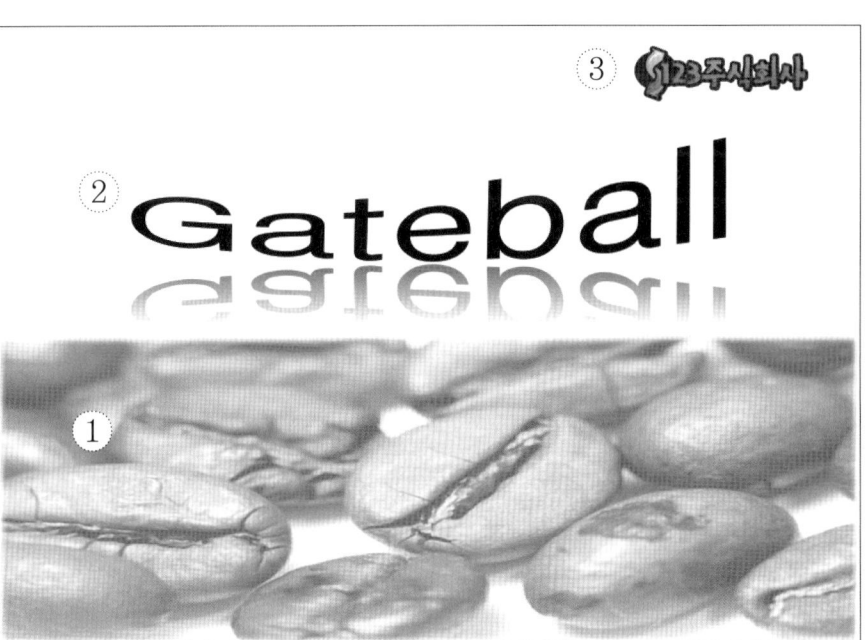

[슬라이드 2] ≪목차 슬라이드≫ (60점)

(1) 출력형태와 같이 도형을 이용하여 목차를 작성한다(글꼴 : 굴림, 24pt).
(2) 도형 : 선 없음

세부조건

① 텍스트에 하이퍼링크 적용
 → '슬라이드 6'

② 그림 삽입
 - 「내 PC₩문서₩ITQ₩Picture₩그림4.jpg」
 - 자르기 기능 이용

[슬라이드 3] ≪텍스트/동영상 슬라이드≫ (60점)

(1) 텍스트 작성 : 글머리 기호 사용(❖, ■)
　❖문단(굴림, 24pt, 굵게, 줄간격 : 1.5줄), ■문단(굴림, 20pt, 줄간격 : 1.5줄)

세부조건

① 동영상 삽입 :
　- 「내 PC₩문서₩ITQ₩Picture₩동영상.wmv」
　- 자동실행, 반복재생 설정

A. 게이트볼의 정의

❖ **The Game**
　■ It is a game played between two teams, each with 5 players
　■ The winner is decided by the total number of points achieved during the 30-minute game

❖ **게이트볼의 정의**
　■ 게이트볼은 T 자 모양의 막대기로 공을 쳐서 경기장 안의 게이트(문) 3군데를 통과시킨 다음 경기장 중앙에 세운 20cm 골폴에 맞히는 구기

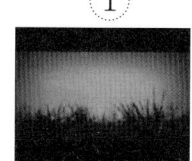

[슬라이드 4] ≪표 슬라이드≫ (80점)

(1) 도형과 표 작성 기능을 이용하여 슬라이드를 작성한다(글꼴 : 돋움, 18pt).

세부조건

① 상단 도형 :
　2개 도형의 조합으로 작성

② 좌측 도형 :
　그라데이션 효과(선형 아래쪽)

③ 표 스타일 :
　테마 스타일 1 - 강조 6

B. 생활체육 행사일정

	일자	장소	주관 및 내용
테니스 대회	2019. 02. 18~19	목동 테니스장	한국테니스협회 클럽, 동호회 개인전
배드민턴 대회	2019. 02. 20~21	문화체육관	한국배드민턴협회 5개 도시 초청 배드민턴 대회
게이트볼 대회	2019. 02. 25~26	신설동 게이트볼구장	한국게이트볼연맹 영지/수림/본클럽대항

[슬라이드 5] ≪차트 슬라이드≫ (100점)

(1) 차트 작성 기능을 이용하여 슬라이드를 작성한다.
(2) 차트 : 종류(묶은 세로 막대형), 글꼴(돋움, 16pt), 외곽선

세부조건

※ 차트설명
- 차트제목 : 궁서, 24pt, 굵게,
  채우기(흰색), 테두리,
  그림자(오프셋 오른쪽)
- 차트영역 : 채우기(노랑)
  그림영역 : 채우기(흰색)
- 데이터 서식 : 2020년 계열을
  표식이 있는 꺾은선형으로 변
  경 후 보조축으로 지정
- 값 표시 : 60대의 2020년 요
  소만

① 도형 삽입
  - 스타일 :
    미세효과 – 파랑, 강조1
  - 글꼴 : 굴림, 18pt

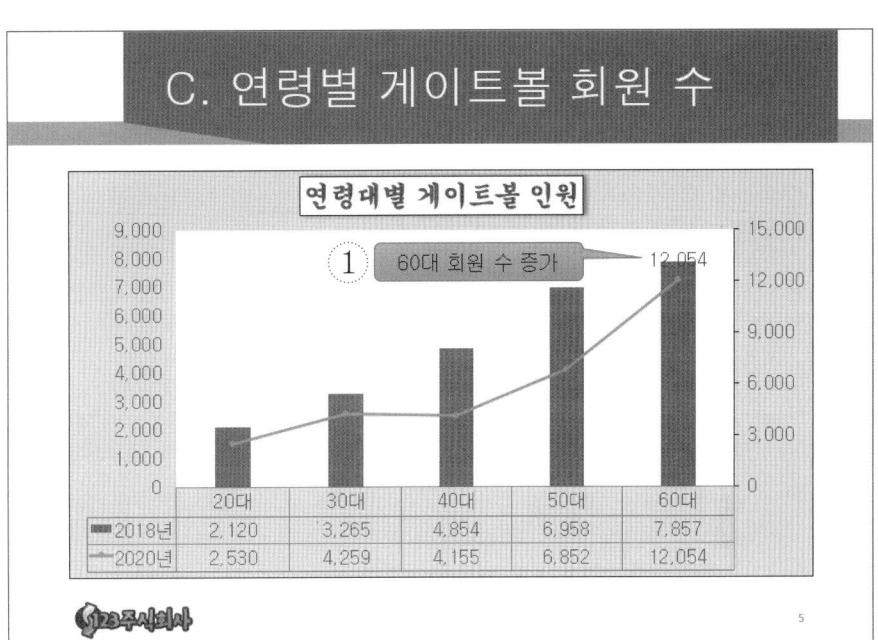

[슬라이드 6] ≪도형 슬라이드≫ (100점)

(1) 슬라이드와 같이 도형 및 스마트아트를 배치한다(글꼴 : 굴림, 18pt).
(2) 애니메이션 순서 : ① ⇒ ②

세부조건

① 도형 및 스마트아트 편집
  - 스마트아트 디자인
    : 3차원 광택처리,
    3차원 만화
  - 그룹화 후 애니메이션 효과
    : 시계 방향 회전

② 도형 편집
  - 그룹화 후 애니메이션 효과
    : 실선무늬(세로)

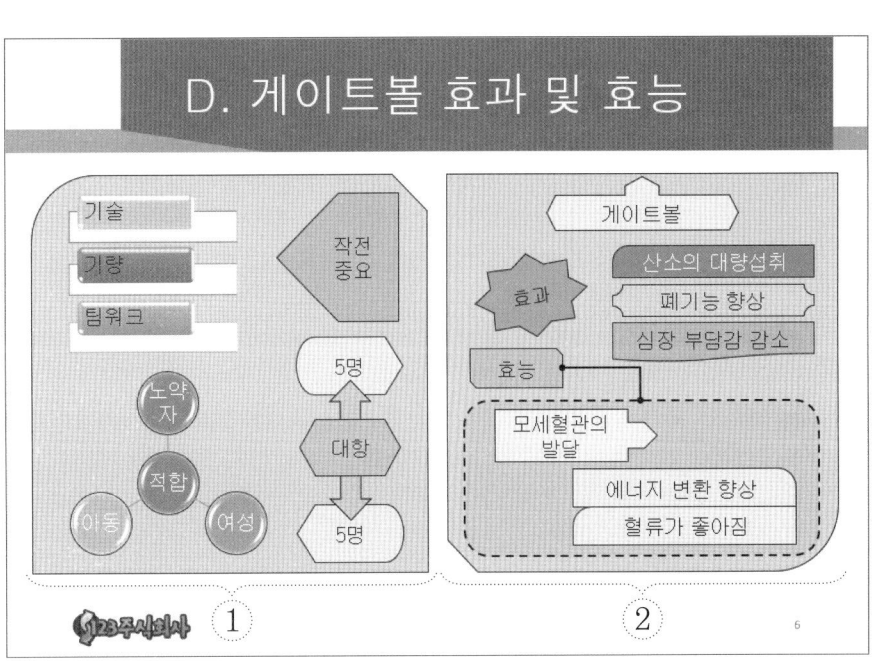

제02회 정보기술자격(ITQ) 시험

MS오피스

과목	코드	문제유형	시험시간	수험번호	성명
한글파워포인트	1142	B	60분		

수험자 유의사항

- 수험자는 문제지를 받는 즉시 문제지와 **수험표상의 시험과목(프로그램)이 동일한지 반드시 확인**하여야 합니다.
- 파일명은 본인의 "수험번호-성명"으로 입력하여 답안폴더(내 PC\문서\ITQ)에 하나의 파일로 저장해야 하며, 답안문서 파일명이 "수험번호-성명"과 일치하지 않거나, 답안파일을 전송하지 않아 미제출로 처리될 경우 실격 처리합니다(예:12345678-홍길동.pptx).
- 답안 작성을 마치면 파일을 저장하고, '답안 전송' 버튼을 선택하여 감독위원 PC로 답안을 전송하십시오. 수험생 정보와 저장한 파일명이 다를 경우 전송되지 않으므로 주의하시기 바랍니다.
- 답안 작성 중에도 **주기적으로 저장하고, '답안 전송'**하여야 문제 발생을 줄일 수 있습니다. 작업한 내용을 저장하지 않고 전송할 경우 이전에 저장된 내용이 전송되오니 이점 유의하시기 바랍니다.
- 답안문서는 지정된 경로 외의 다른 보조기억장치에 저장하는 경우, 지정된 시험 시간 외에 작성된 파일을 활용할 경우, 기타 통신수단(이메일, 메신저, 네트워크 등)을 이용하여 타인에게 전달 또는 외부 반출하는 경우는 부정 처리합니다.
- 시험 중 부주의 또는 고의로 시스템을 파손한 경우는 수험자가 변상해야 하며, 〈수험자 유의사항〉에 기재된 방법대로 이행하지 않아 생기는 불이익은 수험생 당사자의 책임임을 알려 드립니다.
- 시험을 완료한 수험자는 답안파일이 전송되었는지 확인한 후 감독위원의 지시에 따라 문제지를 제출하고 퇴실합니다.

답안 작성요령

- 온라인 답안 작성 절차
  수험자 등록 ⇒ 시험 시작 ⇒ 답안파일 저장 ⇒ 답안 전송 ⇒ 시험 종료
- 슬라이드의 크기는 A4 Paper로 설정하여 작성합니다.
- 슬라이드의 총 개수는 6개로 구성되어 있으며 슬라이드 1부터 순서대로 작업하고 반드시 문제와 세부 조건대로 합니다.
- 별도의 지시사항이 없는 경우 출력형태를 참조하여 글꼴색은 검정 또는 흰색으로 작성하고, 기타사항은 전체적인 균형을 고려하여 작성합니다.
- 슬라이드 도형 및 개체에 출력형태와 다른 스타일(그림자, 외곽선 등)을 적용했을 경우 감점처리 됩니다.
- 슬라이드 번호를 작성합니다(슬라이드 1에는 생략).
- 2~6번 슬라이드 제목 도형과 하단 로고는 슬라이드 마스터를 이용하여 출력형태와 동일하게 작성합니다(슬라이드 1에는 생략).
- 문제와 세부조건, 세부조건 번호 ◯(점선원)는 입력하지 않습니다.
- 각 개체의 위치는 오른쪽의 슬라이드와 동일하게 구성합니다.
- 그림 삽입 문제의 경우 반드시「내 PC\문서\ITQ\Picture」폴더에서 정확한 파일을 선택하여 삽입하십시오.
- 각 슬라이드를 각각의 파일로 작업해서 저장할 경우 실격 처리됩니다.

kpc 한국생산성본부

[전체구성] (60점)

(1) 슬라이드 크기 및 순서 : 크기를 A4 용지로 설정하고 슬라이드 순서에 맞게 작성한다.
(2) 슬라이드 마스터 : 2~6슬라이드의 제목, 하단 로고, 슬라이드 번호는 슬라이드 마스터를 이용하여 작성한다.
 - 제목 글꼴(돋움, 40pt, 흰색), 왼쪽 맞춤, 도형(선 없음)
 - 하단 로고(「내 PC₩문서₩ITQ₩Picture₩로고2.jpg」, 배경(회색) 투명색으로 설정)

[슬라이드 1] ≪표지 디자인≫ (40점)

(1) 표지 디자인 : 도형, 워드아트 및 그림을 이용하여 작성한다.

세부조건

① 도형 편집
 - 도형에 그림 채우기 :
  「내 PC₩문서₩ITQ₩Picture₩그림2.jpg」, 투명도 50%
 - 도형 효과:
  (부드러운 가장자리 5포인트)

② 워드아트 삽입
 - 변환 : 위로 기울기
 - 글꼴 : 굴림, 굵게
 - 텍스트 반사 : 근접 반사, 4pt 오프셋

③ 그림 삽입
 - 「내 PC₩문서₩ITQ₩Picture₩로고2.jpg」
 - 배경(회색) 투명색으로 설정

[슬라이드 2] ≪목차 슬라이드≫ (60점)

(1) 출력형태와 같이 도형을 이용하여 목차를 작성한다(글꼴 : 굴림, 24pt).
(2) 도형 : 선 없음

세부조건

① 텍스트에 하이퍼링크 적용
 → '슬라이드 4'

② 그림 삽입
 - 「내 PC₩문서₩ITQ₩Picture₩그림5.jpg」
 - 자르기 기능 이용

[슬라이드 3] ≪텍스트/동영상 슬라이드≫ (60점)

(1) 텍스트 작성 : 글머리 기호 사용(◆, ✓)
  ◆문단(굴림, 24pt, 굵게, 줄간격 : 1.5줄), ✓문단(굴림, 20pt, 줄간격 : 1.5줄)

세부조건

① 동영상 삽입 :
  - 「내 PC₩문서₩ITQ₩Picture₩동영상.wmv」
  - 자동실행, 반복재생 설정

1. 코노미

◆ Korea's Growing 'Hon (Solo)' Economy
  ✓ Recent socio-economic changes in Korea have given rise to the 'Hon (Solo)' Economy
  ✓ As a consequence, phrases such as 'Hon-sul', 'Hon-bab' have entered the lexicon

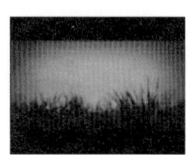

◆ 1코노미
  ✓ 숫자 1과 경제(economy)의 합성어로 혼자만의 생활을 즐기며 소비 활동을 하는 것으로 혼밥(혼자 밥 먹기), 혼술(혼자 술 마시기) 등 혼자서 즐기는 문화가 확산되면서 등장한 용어로 "미코노미"라고도 함

[슬라이드 4] ≪표 슬라이드≫ (80점)

(1) 도형과 표 작성 기능을 이용하여 슬라이드를 작성한다(글꼴 : 돋움, 18pt).

세부조건

① 상단 도형 :
  2개 도형의 조합으로 작성

② 좌측 도형 :
  그라데이션 효과(선형 아래쪽)

③ 표 스타일 :
  테마 스타일 1 - 강조 6

2. 1인 가구에 유용한 앱

	앱	기능
식사	이밥차	저렴하고 간단하게 차려 먹을 수 있는 요리 정보
	편의점 1+1	편의점 1+1 또는 2+1 행사 상품 목록 확인
	나만의 냉장고	편의점 증정 상품 보관해뒀다 필요 할 때 이용
사교	소모임	주제별 다양한 동호회 참여
	프렌트립	캠핑, 클라이밍 등 레포츠 위주 동호회 참여
	집밥	식사 같이 하며 친목 도모

[슬라이드 5] ≪차트 슬라이드≫ (100점)

(1) 차트 작성 기능을 이용하여 슬라이드를 작성한다.
(2) 차트 : 종류(묶은 세로 막대형), 글꼴(돋움, 16pt), 외곽선

세부조건

※ 차트설명
- 차트제목 : 궁서, 24pt, 굵게, 채우기(흰색), 테두리, 그림자(오프셋 위쪽)
- 차트영역 : 채우기(노랑) 그림영역 : 채우기(흰색)
- 데이터 서식 : 2020년 계열을 표식이 있는 꺾은선형으로 변경 후 보조축으로 지정
- 값 표시 : 대전의 2020년 요소만

① 도형 삽입
 - 스타일 :
  미세효과 - 파랑, 강조1
 - 글꼴 : 굴림, 18pt

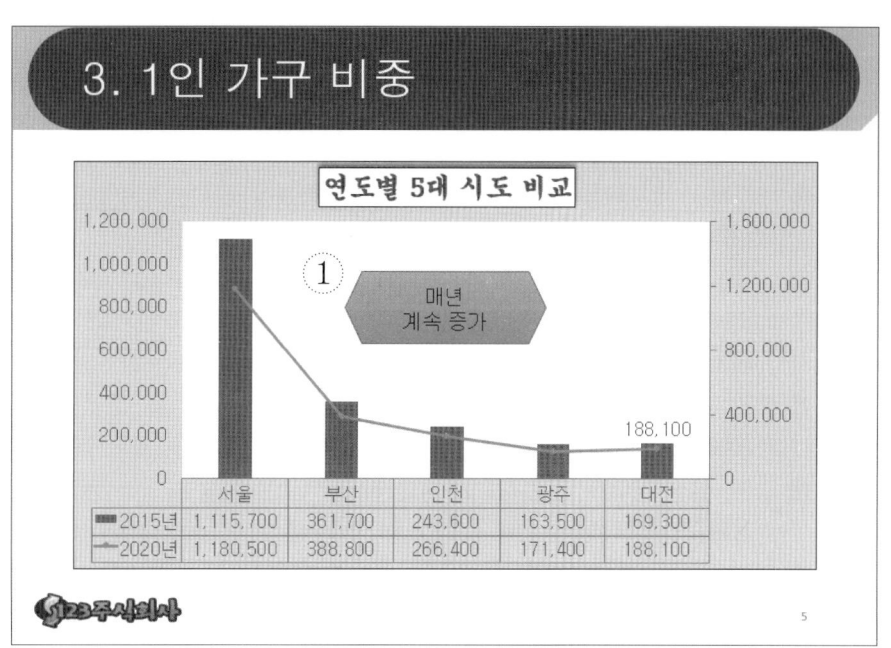

[슬라이드 6] ≪도형 슬라이드≫ (100점)

(1) 슬라이드와 같이 도형 및 스마트아트를 배치한다(글꼴 : 굴림, 18pt).
(2) 애니메이션 순서 : ① ⇒ ②

세부조건

① 도형 및 스마트아트 편집
 - 스마트아트 디자인
  : 3차원 만화, 3차원 경사
 - 그룹화 후 애니메이션 효과
  : 시계 방향 회전

② 도형 편집
 - 그룹화 후 애니메이션 효과
  : 실선무늬(세로)

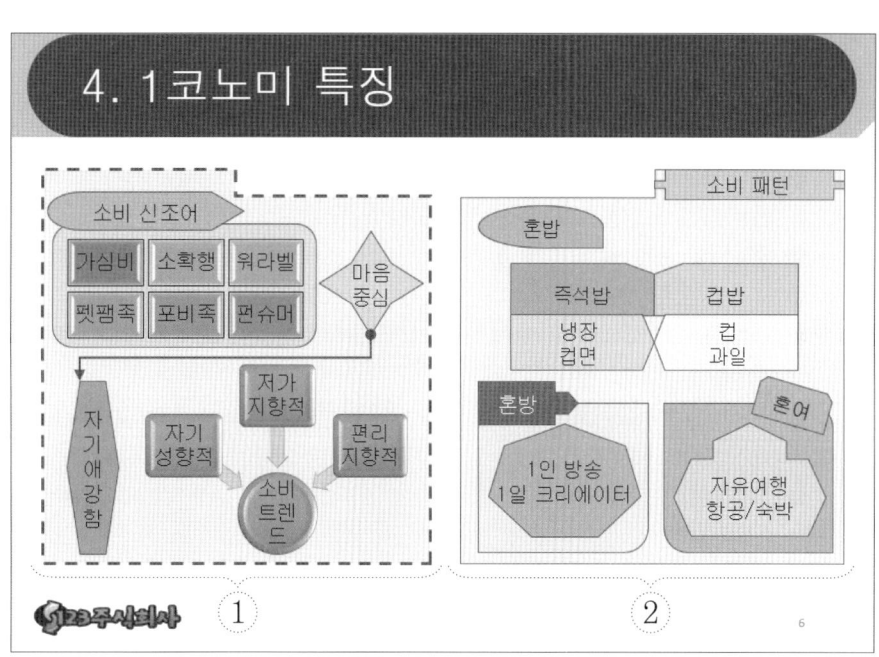

제03회 정보기술자격(ITQ) 시험

MS오피스

과목	코드	문제유형	시험시간	수험번호	성명
한글파워포인트	1142	C	60분		

수험자 유의사항

- 수험자는 문제지를 받는 즉시 문제지와 **수험표상의 시험과목(프로그램)이 동일한지 반드시 확인**하여야 합니다.
- 파일명은 본인의 "수험번호-성명"으로 입력하여 답안폴더(내 PC₩문서₩ITQ)에 하나의 파일로 저장해야 하며, 답안문서 파일명이 "수험번호-성명"과 일치하지 않거나, 답안파일을 전송하지 않아 미제출로 처리될 경우 실격 처리합니다(예:12345678-홍길동.pptx).
- 답안 작성을 마치면 파일을 저장하고, '답안 전송' 버튼을 선택하여 감독위원 PC로 답안을 전송하십시오. 수험생 정보와 저장한 파일명이 다를 경우 전송되지 않으므로 주의하시기 바랍니다.
- 답안 작성 중에도 **주기적으로 저장하고, '답안 전송'**하여야 문제 발생을 줄일 수 있습니다. 작업한 내용을 저장하지 않고 전송할 경우 이전에 저장된 내용이 전송되오니 이점 유의하시기 바랍니다.
- 답안문서는 지정된 경로 외의 다른 보조기억장치에 저장하는 경우, 지정된 시험 시간 외에 작성된 파일을 활용할 경우, 기타 통신수단(이메일, 메신저, 네트워크 등)을 이용하여 타인에게 전달 또는 외부 반출하는 경우는 부정 처리합니다.
- 시험 중 부주의 또는 고의로 시스템을 파손한 경우는 수험자가 변상해야 하며, 〈수험자 유의사항〉에 기재된 방법대로 이행하지 않아 생기는 불이익은 수험생 당사자의 책임임을 알려 드립니다.
- 시험을 완료한 수험자는 답안파일이 전송되었는지 확인한 후 감독위원의 지시에 따라 문제지를 제출하고 퇴실합니다.

답안 작성요령

- 온라인 답안 작성 절차
  수험자 등록 ⇒ 시험 시작 ⇒ 답안파일 저장 ⇒ 답안 전송 ⇒ 시험 종료
- 슬라이드의 크기는 A4 Paper로 설정하여 작성합니다.
- 슬라이드의 총 개수는 6개로 구성되어 있으며 슬라이드 1부터 순서대로 작업하고 반드시 문제와 세부 조건대로 합니다.
- 별도의 지시사항이 없는 경우 출력형태를 참조하여 글꼴색은 검정 또는 흰색으로 작성하고, 기타사항은 전체적인 균형을 고려하여 작성합니다.
- 슬라이드 도형 및 개체에 출력형태와 다른 스타일(그림자, 외곽선 등)을 적용했을 경우 감점처리 됩니다.
- 슬라이드 번호를 작성합니다(슬라이드 1에는 생략).
- 2~6번 슬라이드 제목 도형과 하단 로고는 슬라이드 마스터를 이용하여 출력형태와 동일하게 작성합니다(슬라이드 1에는 생략).
- 문제와 세부조건, 세부조건 번호 ◌(점선원)는 입력하지 않습니다.
- 각 개체의 위치는 오른쪽의 슬라이드와 동일하게 구성합니다.
- 그림 삽입 문제의 경우 반드시「내 PC₩문서₩ITQ₩Picture」폴더에서 정확한 파일을 선택하여 삽입하십시오.
- 각 슬라이드를 각각의 파일로 작업해서 저장할 경우 실격 처리됩니다.

kpc 한국생산성본부

[전체구성] (60점)

(1) 슬라이드 크기 및 순서 : 크기를 A4 용지로 설정하고 슬라이드 순서에 맞게 작성한다.
(2) 슬라이드 마스터 : 2~6슬라이드의 제목, 하단 로고, 슬라이드 번호는 슬라이드 마스터를 이용하여 작성한다.
  - 제목 글꼴(굴림, 40pt, 흰색), 왼쪽 맞춤, 도형(선 없음)
  - 하단 로고(「내 PC\문서\ITQ\Picture\로고2.jpg」, 배경(회색) 투명색으로 설정)

[슬라이드 1] ≪표지 디자인≫ (40점)

(1) 표지 디자인 : 도형, 워드아트 및 그림을 이용하여 작성한다.

세부조건

① 도형 편집
  - 도형에 그림 채우기 :
    「내 PC\문서\ITQ\Picture\
    그림1.jpg」, 투명도 50%
  - 도형 효과:
    (부드러운 가장자리 5포인트)

② 워드아트 삽입
  - 변환 : 역갈매기형 수장
  - 글꼴 : 굴림, 굵게
  - 텍스트 반사 : 근접 반사, 4pt 오프셋

③ 그림 삽입
  - 「내 PC\문서\ITQ\Picture\
    로고2.jpg」
  - 배경(회색) 투명색으로 설정

[슬라이드 2] ≪목차 슬라이드≫ (60점)

(1) 출력형태와 같이 도형을 이용하여 목차를 작성한다(글꼴 : 굴림, 24pt).
(2) 도형 : 선 없음

세부조건

① 텍스트에 하이퍼링크 적용
   → '슬라이드 4'

② 그림 삽입
  - 「내 PC\문서\ITQ\Picture\
    그림5.jpg」
  - 자르기 기능 이용

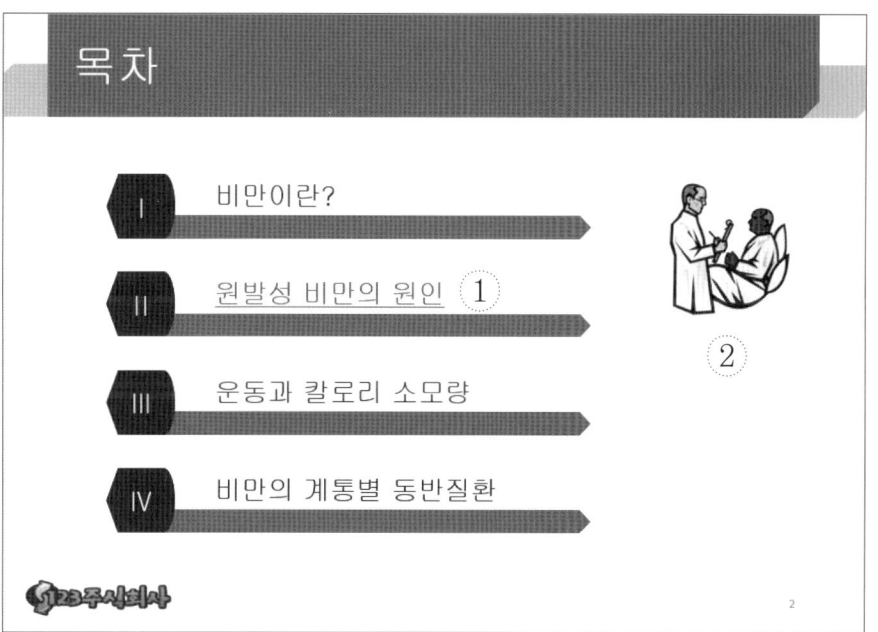

[슬라이드 3] ≪텍스트/동영상 슬라이드≫ (60점)

(1) 텍스트 작성 : 글머리 기호 사용(◆, ✓)
　　◆문단(굴림, 24pt, 굵게, 줄간격 : 1.5줄), ✓문단(굴림, 20pt, 줄간격 : 1.5줄)

세부조건

① 동영상 삽입 :
　- 「내 PC₩문서₩ITQ₩Picture₩동영상.wmv」
　- 자동실행, 반복재생 설정

I. 비만이란?

◆ Obesity
　✓ Obesity has been connected with almost all diseases such as cardiovascular diseases, diabetes mellitus, cancers, joint disorders and other many diseases

◆ 비만의 원인
　✓ 원발성 비만 : 식습관, 생활 습관, 연령, 인종 등의 다양한 위험 요인이 복합적으로 관여함
　✓ 이차성 비만 : 유전 및 선천성 장애, 신경 및 내분비계 질환 등과 관련

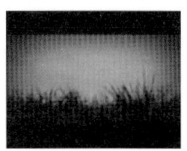

[슬라이드 4] ≪표 슬라이드≫ (80점)

(1) 도형과 표 작성 기능을 이용하여 슬라이드를 작성한다(글꼴 : 돋움, 18pt).

세부조건

① 상단 도형 :
　2개 도형의 조합으로 작성

② 좌측 도형 :
　그라데이션 효과(선형 아래쪽)

③ 표 스타일 :
　테마 스타일 1 - 강조 5

II. 원발성 비만의 원인

구분		원인
연령	신생아기	모체 흡연, 임신성 당뇨병, 높은 출생체중
	영아기	모유수유 빈도의 감소
	아동 및 청소년기	비만이 시작된 연령, 가족력
성별	여자 / 남자	임신, 폐경 / 좌식 생활과 관련된 활동량의 감소
기타	유전적 요인	가족력
	심리적 요인	스트레스

[슬라이드 5] ≪차트 슬라이드≫ (100점)

(1) 차트 작성 기능을 이용하여 슬라이드를 작성한다.
(2) 차트 : 종류(묶은 세로 막대형), 글꼴(돋움, 16pt), 외곽선

세부조건

※ 차트설명
- 차트제목 : 궁서, 24pt, 굵게, 채우기(흰색), 테두리, 그림자(오프셋 위쪽)
- 차트영역 : 채우기(노랑) 그림영역 : 채우기(흰색)
- 데이터 서식 : 70kg 계열을 표식이 있는 꺾은선형으로 변경 후 보조축으로 지정
- 값 표시 : 당구의 57kg 요소만

① 도형 삽입
 - 스타일 :
   미세효과 – 파랑, 강조1
 - 글꼴 : 굴림, 18pt

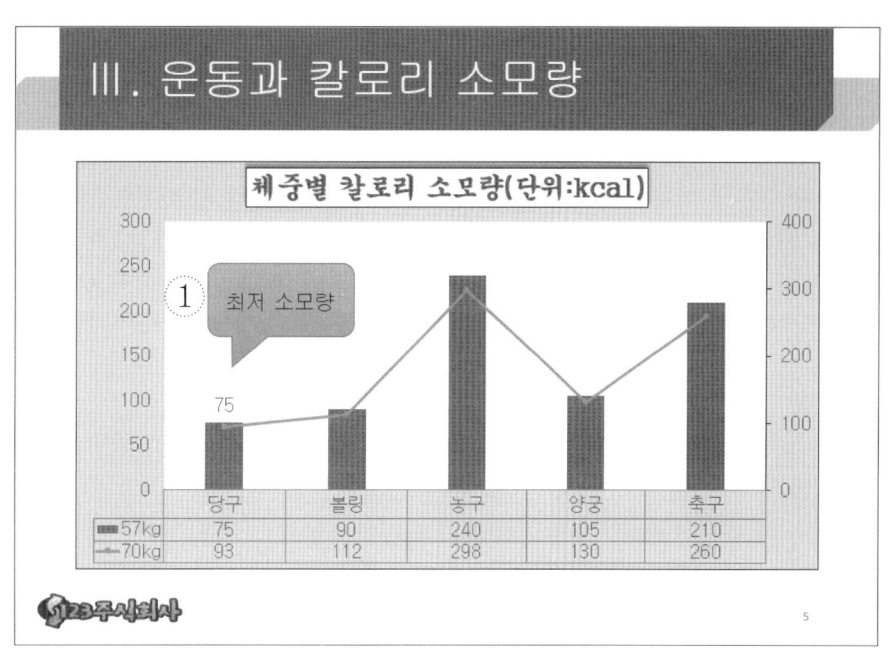

[슬라이드 6] ≪도형 슬라이드≫ (100점)

(1) 슬라이드와 같이 도형 및 스마트아트를 배치한다(글꼴 : 굴림, 18pt).
(2) 애니메이션 순서 : ① ⇒ ②

세부조건

① 도형 및 스마트아트 편집
 - 스마트아트 디자인
   : 3차원 만화, 3차원 경사
 - 그룹화 후 애니메이션 효과
   : 바운드

② 도형 편집
 - 그룹화 후 애니메이션 효과
   : 나누기(세로 바깥쪽으로)

제 04회 정보기술자격(ITQ) 시험

MS오피스

과목	코드	문제유형	시험시간	수험번호	성명
한글파워포인트	1142	D	60분		

수험자 유의사항

- 수험자는 문제지를 받는 즉시 문제지와 **수험표상의 시험과목(프로그램)이 동일한지 반드시 확인**하여야 합니다.
- 파일명은 본인의 "수험번호-성명"으로 입력하여 답안폴더(내 PC\문서\ITQ)에 하나의 파일로 저장해야 하며, 답안문서 파일명이 "수험번호-성명"과 일치하지 않거나, 답안파일을 전송하지 않아 미제출로 처리될 경우 실격 처리합니다(예:12345678-홍길동.pptx).
- 답안 작성을 마치면 파일을 저장하고, '답안 전송' 버튼을 선택하여 감독위원 PC로 답안을 전송하십시오. 수험생 정보와 저장한 파일명이 다를 경우 전송되지 않으므로 주의하시기 바랍니다.
- 답안 작성 중에도 **주기적으로 저장하고, '답안 전송'**하여야 문제 발생을 줄일 수 있습니다. 작업한 내용을 저장하지 않고 전송할 경우 이전에 저장된 내용이 전송되오니 이점 유의하시기 바랍니다.
- 답안문서는 지정된 경로 외의 다른 보조기억장치에 저장하는 경우, 지정된 시험 시간 외에 작성된 파일을 활용할 경우, 기타 통신수단(이메일, 메신저, 네트워크 등)을 이용하여 타인에게 전달 또는 외부 반출하는 경우는 부정 처리합니다.
- 시험 중 부주의 또는 고의로 시스템을 파손한 경우는 수험자가 변상해야 하며, 〈수험자 유의사항〉에 기재된 방법대로 이행하지 않아 생기는 불이익은 수험생 당사자의 책임임을 알려 드립니다.
- 시험을 완료한 수험자는 답안파일이 전송되었는지 확인한 후 감독위원의 지시에 따라 문제지를 제출하고 퇴실합니다.

답안 작성요령

- 온라인 답안 작성 절차
  수험자 등록 ⇒ 시험 시작 ⇒ 답안파일 저장 ⇒ 답안 전송 ⇒ 시험 종료
- 슬라이드의 크기는 A4 Paper로 설정하여 작성합니다.
- 슬라이드의 총 개수는 6개로 구성되어 있으며 슬라이드 1부터 순서대로 작업하고 반드시 문제와 세부 조건대로 합니다.
- 별도의 지시사항이 없는 경우 출력형태를 참조하여 글꼴색은 검정 또는 흰색으로 작성하고, 기타사항은 전체적인 균형을 고려하여 작성합니다.
- 슬라이드 도형 및 개체에 출력형태와 다른 스타일(그림자, 외곽선 등)을 적용했을 경우 감점처리 됩니다.
- 슬라이드 번호를 작성합니다(슬라이드 1에는 생략).
- 2~6번 슬라이드 제목 도형과 하단 로고는 슬라이드 마스터를 이용하여 출력형태와 동일하게 작성합니다(슬라이드 1에는 생략).
- 문제와 세부조건, 세부조건 번호 ○(점선원)는 입력하지 않습니다.
- 각 개체의 위치는 오른쪽의 슬라이드와 동일하게 구성합니다.
- 그림 삽입 문제의 경우 반드시 「내 PC\문서\ITQ\Picture」 폴더에서 정확한 파일을 선택하여 삽입하십시오.
- 각 슬라이드를 각각의 파일로 작업해서 저장할 경우 실격 처리됩니다.

[전체구성] (60점)

(1) 슬라이드 크기 및 순서 : 크기를 A4 용지로 설정하고 슬라이드 순서에 맞게 작성한다.
(2) 슬라이드 마스터 : 2~6슬라이드의 제목, 하단 로고, 슬라이드 번호는 슬라이드 마스터를 이용하여 작성한다.
- 제목 글꼴(굴림, 40pt, 흰색), 가운데 맞춤, 도형(선 없음)
- 하단 로고(「내 PC₩문서₩ITQ₩Picture₩로고2.jpg」, 배경(회색) 투명색으로 설정)

[슬라이드 1] ≪표지 디자인≫ (40점)

(1) 표지 디자인 : 도형, 워드아트 및 그림을 이용하여 작성한다.

세부조건

① 도형 편집
  - 도형에 그림 채우기 :
    「내 PC₩문서₩ITQ₩Picture₩그림1.jpg」, 투명도 50%
  - 도형 효과:
    (부드러운 가장자리 5포인트)

② 워드아트 삽입
  - 변환 : 휘어 올라오기
  - 글꼴 : 굴림, 굵게
  - 텍스트 반사 : 전체 반사, 터치

③ 그림 삽입
  - 「내 PC₩문서₩ITQ₩Picture₩로고2.jpg」
  - 배경(회색) 투명색으로 설정

[슬라이드 2] ≪목차 슬라이드≫ (60점)

(1) 출력형태와 같이 도형을 이용하여 목차를 작성한다(글꼴 : 굴림, 24pt).
(2) 도형 : 선 없음

세부조건

① 텍스트에 하이퍼링크 적용
  → '슬라이드 4'

② 그림 삽입
  - 「내 PC₩문서₩ITQ₩Picture₩그림4.jpg」
  - 자르기 기능 이용

[슬라이드 3] ≪텍스트/동영상 슬라이드≫ (60점)

(1) 텍스트 작성 : 글머리 기호 사용(◆, ✓)
　　◆문단(굴림, 24pt, 굵게, 줄간격 : 1.5줄), ✓문단(굴림, 20pt, 줄간격 : 1.5줄)

세부조건

① 동영상 삽입 :
　- 「내 PC₩문서₩ITQ₩Picture₩동영상.wmv」
　- 자동실행, 반복재생 설정

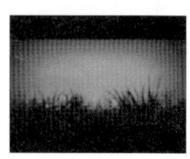

[슬라이드 4] ≪표 슬라이드≫ (80점)

(1) 도형과 표 작성 기능을 이용하여 슬라이드를 작성한다(글꼴 : 돋움, 18pt).

세부조건

① 상단 도형 :
　2개 도형의 조합으로 작성

② 좌측 도형 :
　그라데이션 효과(선형 아래쪽)

③ 표 스타일 :
　테마 스타일 1 - 강조 2

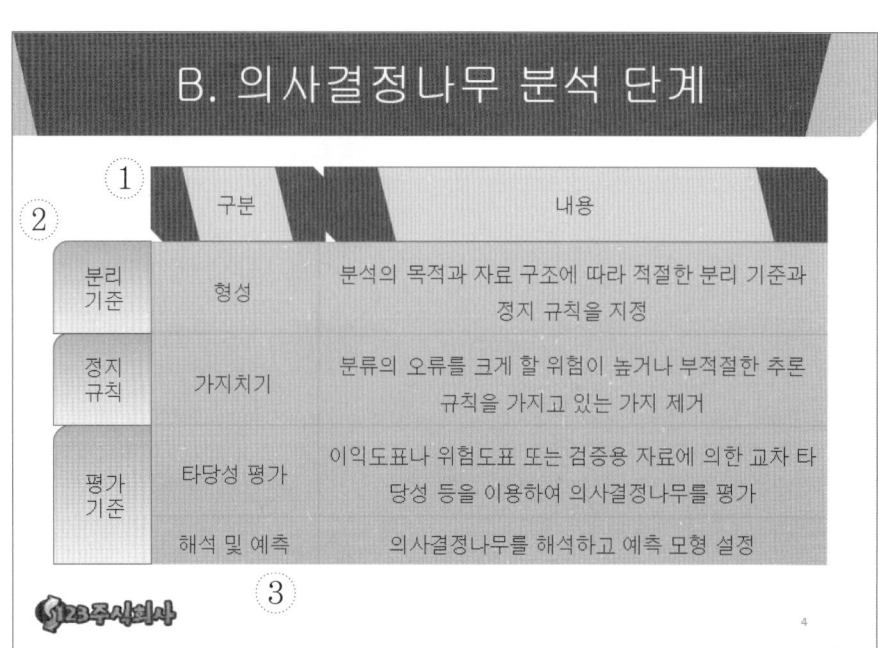

[슬라이드 5] ≪차트 슬라이드≫ (100점)

(1) 차트 작성 기능을 이용하여 슬라이드를 작성한다.
(2) 차트 : 종류(묶은 세로 막대형), 글꼴(돋움, 16pt), 외곽선

세부조건

※ 차트설명
- 차트제목 : 궁서, 24pt, 굵게, 채우기(흰색), 테두리, 그림자(오프셋 오른쪽)
- 차트영역 : 채우기(노랑) 그림영역 : 채우기(흰색)
- 데이터 서식 : 남자 계열을 표식이 있는 꺾은선형으로 변경 후 보조축으로 지정
- 값 표시 : 초등학생의 여자 요소만

① 도형 삽입
  - 스타일 :
    미세효과 - 파랑, 강조1
  - 글꼴 : 굴림, 18pt

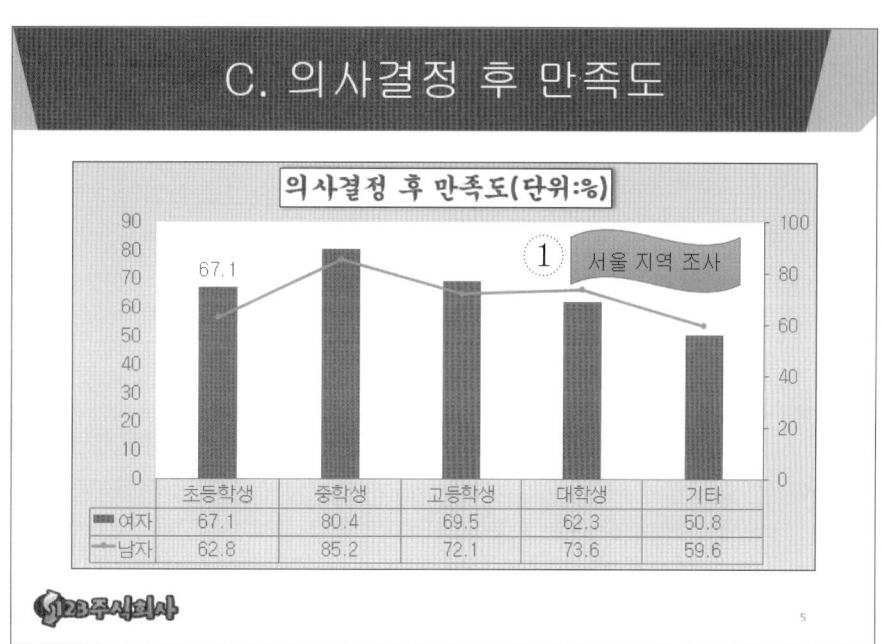

[슬라이드 6] ≪도형 슬라이드≫ (100점)

(1) 슬라이드와 같이 도형 및 스마트아트를 배치한다(글꼴 : 굴림, 18pt).
(2) 애니메이션 순서 : ① ⇒ ②

세부조건

① 도형 및 스마트아트 편집
  - 스마트아트 디자인
    : 3차원 만화, 3차원 경사
  - 그룹화 후 애니메이션 효과
    : 닦아내기(왼쪽에서)

② 도형 편집
  - 그룹화 후 애니메이션 효과
    : 바운드

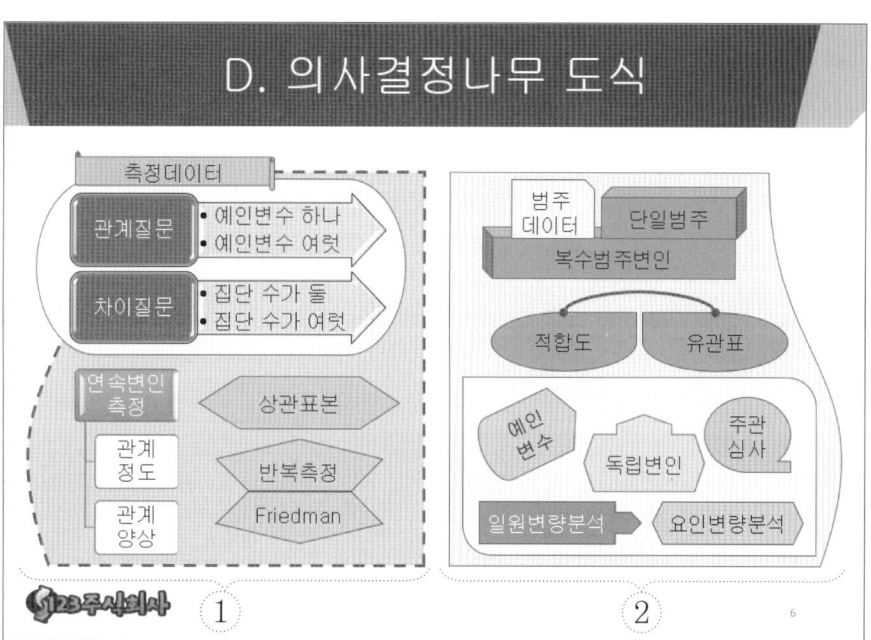

제 05회 정보기술자격(ITQ) 시험

MS오피스

과목	코드	문제유형	시험시간	수험번호	성명
한글파워포인트	1142	E	60분		

수험자 유의사항

- 수험자는 문제지를 받는 즉시 문제지와 **수험표상의 시험과목(프로그램)이 동일한지 반드시 확인**하여야 합니다.
- 파일명은 본인의 "수험번호-성명"으로 입력하여 답안폴더(내 PC₩문서₩ITQ)에 하나의 파일로 저장해야 하며, 답안문서 파일명이 "수험번호-성명"과 일치하지 않거나, 답안파일을 전송하지 않아 미제출로 처리될 경우 실격 처리합니다(예:12345678-홍길동.pptx).
- 답안 작성을 마치면 파일을 저장하고, '답안 전송' 버튼을 선택하여 감독위원 PC로 답안을 전송하십시오. 수험생 정보와 저장한 파일명이 다를 경우 전송되지 않으므로 주의하시기 바랍니다.
- 답안 작성 중에도 **주기적으로 저장하고, '답안 전송'**하여야 문제 발생을 줄일 수 있습니다. 작업한 내용을 저장하지 않고 전송할 경우 이전에 저장된 내용이 전송되오니 이점 유의하시기 바랍니다.
- 답안문서는 지정된 경로 외의 다른 보조기억장치에 저장하는 경우, 지정된 시험 시간 외에 작성된 파일을 활용할 경우, 기타 통신수단(이메일, 메신저, 네트워크 등)을 이용하여 타인에게 전달 또는 외부 반출하는 경우는 부정 처리합니다.
- 시험 중 부주의 또는 고의로 시스템을 파손한 경우는 수험자가 변상해야 하며, 〈수험자 유의사항〉에 기재된 방법대로 이행하지 않아 생기는 불이익은 수험생 당사자의 책임임을 알려 드립니다.
- 시험을 완료한 수험자는 답안파일이 전송되었는지 확인한 후 감독위원의 지시에 따라 문제지를 제출하고 퇴실합니다.

답안 작성요령

- 온라인 답안 작성 절차
  수험자 등록 ⇒ 시험 시작 ⇒ 답안파일 저장 ⇒ 답안 전송 ⇒ 시험 종료
- 슬라이드의 크기는 A4 Paper로 설정하여 작성합니다.
- 슬라이드의 총 개수는 6개로 구성되어 있으며 슬라이드 1부터 순서대로 작업하고 반드시 문제와 세부 조건대로 합니다.
- 별도의 지시사항이 없는 경우 출력형태를 참조하여 글꼴색은 검정 또는 흰색으로 작성하고, 기타사항은 전체적인 균형을 고려하여 작성합니다.
- 슬라이드 도형 및 개체에 출력형태와 다른 스타일(그림자, 외곽선 등)을 적용했을 경우 감점처리 됩니다.
- 슬라이드 번호를 작성합니다(슬라이드 1에는 생략).
- 2~6번 슬라이드 제목 도형과 하단 로고는 슬라이드 마스터를 이용하여 출력형태와 동일하게 작성합니다(슬라이드 1에는 생략).
- 문제와 세부조건, 세부조건 번호 ◌(점선원)는 입력하지 않습니다.
- 각 개체의 위치는 오른쪽의 슬라이드와 동일하게 구성합니다.
- 그림 삽입 문제의 경우 반드시 「내 PC₩문서₩ITQ₩Picture」 폴더에서 정확한 파일을 선택하여 삽입하십시오.
- 각 슬라이드를 각각의 파일로 작업해서 저장할 경우 실격 처리됩니다.

kpc 한국생산성본부

[전체구성] (60점)

(1) 슬라이드 크기 및 순서 : 크기를 A4 용지로 설정하고 슬라이드 순서에 맞게 작성한다.
(2) 슬라이드 마스터 : 2~6슬라이드의 제목, 하단 로고, 슬라이드 번호는 슬라이드 마스터를 이용하여 작성한다.
  - 제목 글꼴(돋움, 40pt, 흰색), 가운데 맞춤, 도형(선 없음)
  - 하단 로고(「내 PC₩문서₩ITQ₩Picture₩로고2.jpg」, 배경(회색) 투명색으로 설정)

[슬라이드 1] ≪표지 디자인≫ (40점)

(1) 표지 디자인 : 도형, 워드아트 및 그림을 이용하여 작성한다.

세부조건

① 도형 편집
  - 도형에 그림 채우기 :
    「내 PC₩문서₩ITQ₩Picture₩그림2.jpg」, 투명도 50%
  - 도형 효과:
    (부드러운 가장자리 5포인트)

② 워드아트 삽입
  - 변환 : 위로 계단식
  - 글꼴 : 굴림, 굵게
  - 텍스트 반사 : 1/2 반사, 터치

③ 그림 삽입
  - 「내 PC₩문서₩ITQ₩Picture₩로고2.jpg」
  - 배경(회색) 투명색으로 설정

[슬라이드 2] ≪목차 슬라이드≫ (60점)

(1) 출력형태와 같이 도형을 이용하여 목차를 작성한다(글꼴 : 돋움, 24pt).
(2) 도형 : 선 없음

세부조건

① 텍스트에 하이퍼링크 적용
  → '슬라이드 4'

② 그림 삽입
  - 「내 PC₩문서₩ITQ₩Picture₩그림4.jpg」
  - 자르기 기능 이용

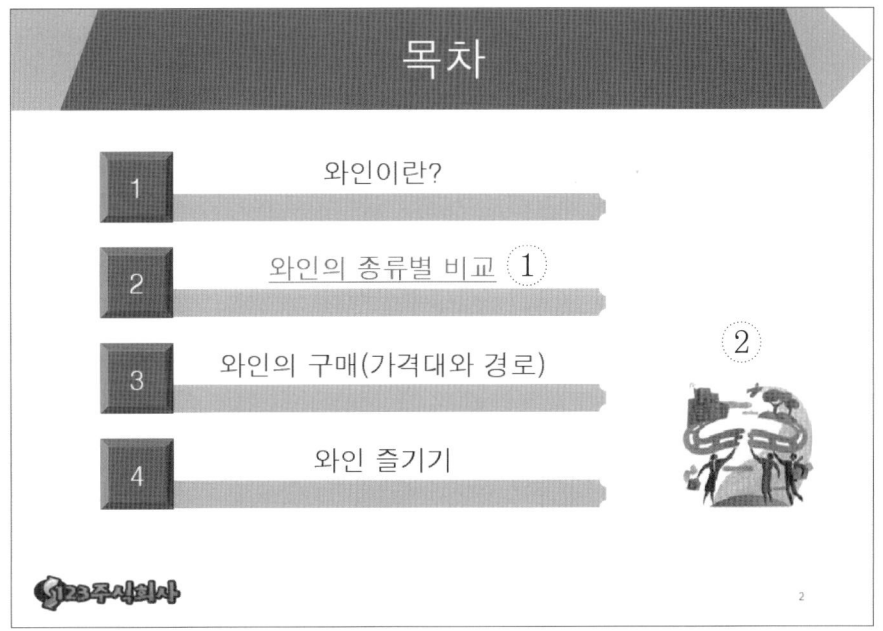

[슬라이드 3] ≪텍스트/동영상 슬라이드≫ (60점)

(1) 텍스트 작성 : 글머리 기호 사용(●, ➢)
  ●문단(굴림, 24pt, 굵게, 줄간격 : 1.5줄), ➢문단(굴림, 20pt, 줄간격 : 1.5줄)

세부조건

① 동영상 삽입 :
  - 「내 PC₩문서₩ITQ₩Picture₩동영상.wmv」
  - 자동실행, 반복재생 설정

1. 와인이란?

- **Wine**
  - Wine is an alcoholic drink made from fermented grapes
  - Different varieties of grapes and strains of yeasts produce different styles of wine
- **와인이란?**
  - 와인의 어원은 '술'이란 뜻의 라틴어 '비눔(Vinum)'에서 유래하였으며 포도과즙을 발효시켜 만든 포도주로 포도의 종류에 따라 주조방법이 다양함

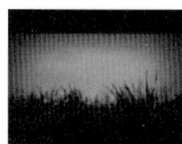

[슬라이드 4] ≪표 슬라이드≫ (80점)

(1) 도형과 표 작성 기능을 이용하여 슬라이드를 작성한다(글꼴 : 굴림, 18pt).

세부조건

① 상단 도형 :
  2개 도형의 조합으로 작성

② 좌측 도형 :
  그라데이션 효과(선형 아래쪽)

③ 표 스타일 :
  테마 스타일 1 - 강조 5

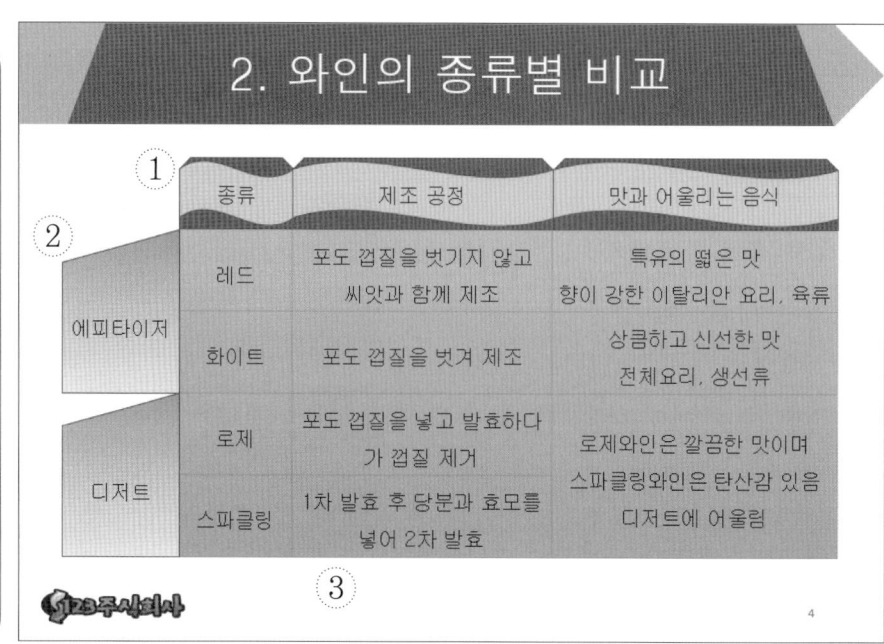

2. 와인의 종류별 비교

	종류	제조 공정	맛과 어울리는 음식
에피타이저	레드	포도 껍질을 벗기지 않고 씨앗과 함께 제조	특유의 떫은 맛 향이 강한 이탈리안 요리, 육류
	화이트	포도 껍질을 벗겨 제조	상큼하고 신선한 맛 전체요리, 생선류
디저트	로제	포도 껍질을 넣고 발효하다가 껍질 제거	로제와인은 깔끔한 맛이며 스파클링와인은 탄산감 있음 디저트에 어울림
	스파클링	1차 발효 후 당분과 효모를 넣어 2차 발효	

[슬라이드 5] ≪차트 슬라이드≫ (100점)

(1) 차트 작성 기능을 이용하여 슬라이드를 작성한다.
(2) 차트 : 종류(묶은 세로 막대형), 글꼴(돋움, 16pt), 외곽선

세부조건

※ 차트설명
- 차트제목 : 궁서, 24pt, 굵게, 채우기(흰색), 테두리, 그림자(오프셋 오른쪽)
- 차트영역 : 채우기(노랑) 그림영역 : 채우기(흰색)
- 데이터 서식 : 구입경로 계열을 표식이 있는 꺾은선형으로 변경 후 보조축으로 지정
- 값 표시 : 5만이하(M)의 선호 가격대 요소만

① 도형 삽입
- 스타일 : 미세효과 – 파랑, 강조1
- 글꼴 : 돋움, 18pt

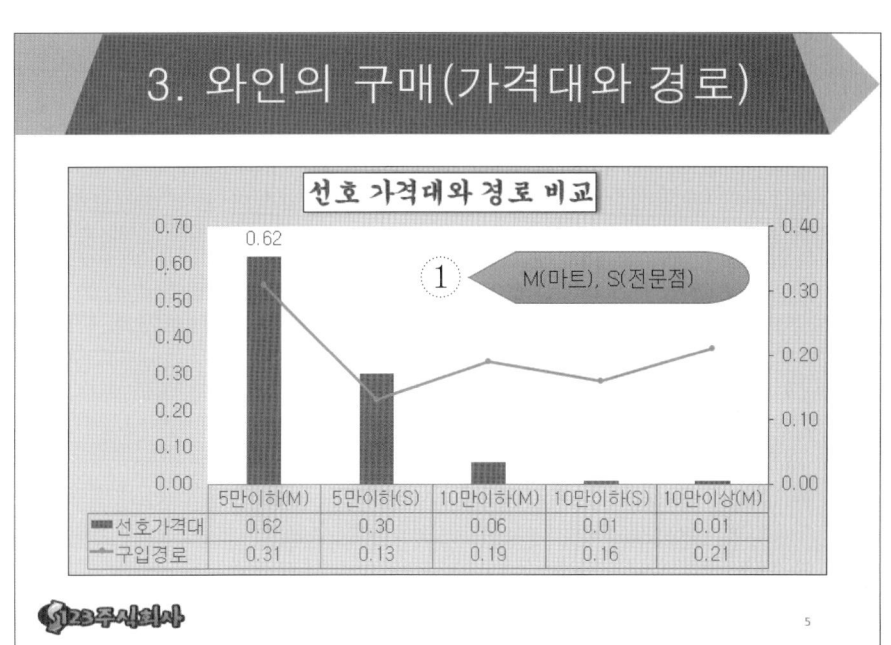

[슬라이드 6] ≪도형 슬라이드≫ (100점)

(1) 슬라이드와 같이 도형 및 스마트아트를 배치한다(글꼴 : 굴림, 18pt).
(2) 애니메이션 순서 : ① ⇒ ②

세부조건

① 도형 및 스마트아트 편집
- 스마트아트 디자인
 : 3차원 만화,
  3차원 광택 처리
- 그룹화 후 애니메이션 효과
 : 닦아내기(왼쪽에서)

② 도형 편집
- 그룹화 후 애니메이션 효과
 : 바운드

제06회 정보기술자격(ITQ) 시험

MS오피스

과목	코드	문제유형	시험시간	수험번호	성명
한글파워포인트	1142	A	60분		

수험자 유의사항

- 수험자는 문제지를 받는 즉시 문제지와 **수험표상의 시험과목(프로그램)이 동일한지 반드시 확인**하여야 합니다.
- 파일명은 본인의 "수험번호-성명"으로 입력하여 답안폴더(내 PC\문서\ITQ)에 하나의 파일로 저장해야 하며, 답안문서 파일명이 "수험번호-성명"과 일치하지 않거나, 답안파일을 전송하지 않아 미제출로 처리될 경우 실격 처리합니다(예:12345678-홍길동.pptx).
- 답안 작성을 마치면 파일을 저장하고, '답안 전송' 버튼을 선택하여 감독위원 PC로 답안을 전송하십시오. 수험생 정보와 저장한 파일명이 다를 경우 전송되지 않으므로 주의하시기 바랍니다.
- 답안 작성 중에도 **주기적으로 저장하고, '답안 전송'**하여야 문제 발생을 줄일 수 있습니다. 작업한 내용을 저장하지 않고 전송할 경우 이전에 저장된 내용이 전송되오니 이점 유의하시기 바랍니다.
- 답안문서는 지정된 경로 외의 다른 보조기억장치에 저장하는 경우, 지정된 시험 시간 외에 작성된 파일을 활용할 경우, 기타 통신수단(이메일, 메신저, 네트워크 등)을 이용하여 타인에게 전달 또는 외부 반출하는 경우는 부정 처리합니다.
- 시험 중 부주의 또는 고의로 시스템을 파손한 경우는 수험자가 변상해야 하며, 〈수험자 유의사항〉에 기재된 방법대로 이행하지 않아 생기는 불이익은 수험생 당사자의 책임임을 알려 드립니다.
- 시험을 완료한 수험자는 답안파일이 전송되었는지 확인한 후 감독위원의 지시에 따라 문제지를 제출하고 퇴실합니다.

답안 작성요령

- 온라인 답안 작성 절차
  수험자 등록 ⇒ 시험 시작 ⇒ 답안파일 저장 ⇒ 답안 전송 ⇒ 시험 종료
- 슬라이드의 크기는 A4 Paper로 설정하여 작성합니다.
- 슬라이드의 총 개수는 6개로 구성되어 있으며 슬라이드 1부터 순서대로 작업하고 반드시 문제와 세부 조건대로 합니다.
- 별도의 지시사항이 없는 경우 출력형태를 참조하여 글꼴색은 검정 또는 흰색으로 작성하고, 기타사항은 전체적인 균형을 고려하여 작성합니다.
- 슬라이드 도형 및 개체에 출력형태와 다른 스타일(그림자, 외곽선 등)을 적용했을 경우 감점처리 됩니다.
- 슬라이드 번호를 작성합니다(슬라이드 1에는 생략).
- 2~6번 슬라이드 제목 도형과 하단 로고는 슬라이드 마스터를 이용하여 출력형태와 동일하게 작성합니다(슬라이드 1에는 생략).
- 문제와 세부조건, 세부조건 번호 ○(점선원)는 입력하지 않습니다.
- 각 개체의 위치는 오른쪽의 슬라이드와 동일하게 구성합니다.
- 그림 삽입 문제의 경우 반드시 「내 PC\문서\ITQ\Picture」 폴더에서 정확한 파일을 선택하여 삽입하십시오.
- 각 슬라이드를 각각의 파일로 작업해서 저장할 경우 실격 처리됩니다.

kpc 한국생산성본부

[전체구성] (60점)

(1) 슬라이드 크기 및 순서 : 크기를 A4 용지로 설정하고 슬라이드 순서에 맞게 작성한다.
(2) 슬라이드 마스터 : 2~6슬라이드의 제목, 하단 로고, 슬라이드 번호는 슬라이드 마스터를 이용하여 작성한다.
 - 제목 글꼴(돋움, 40pt, 흰색), 왼쪽 맞춤, 도형(선 없음)
 - 하단 로고(「내 PC\문서\ITQ\Picture\로고2.jpg」, 배경(회색) 투명색으로 설정)

[슬라이드 1] ≪표지 디자인≫ (40점)

(1) 표지 디자인 : 도형, 워드아트 및 그림을 이용하여 작성한다.

세부조건

① 도형 편집
 - 도형에 그림 채우기 :
  「내 PC\문서\ITQ\Picture\
  그림1.jpg」, 투명도 50%
 - 도형 효과:
  (부드러운 가장자리 5포인트)

② 워드아트 삽입
 - 변환 : 갈매기형 수장
 - 글꼴 : 굴림, 굵게
 - 텍스트 반사 : 1/2 반사, 4 pt 오프셋

③ 그림 삽입
 - 「내 PC\문서\ITQ\Picture\
  로고2.jpg」
 - 배경(회색) 투명색으로 설정

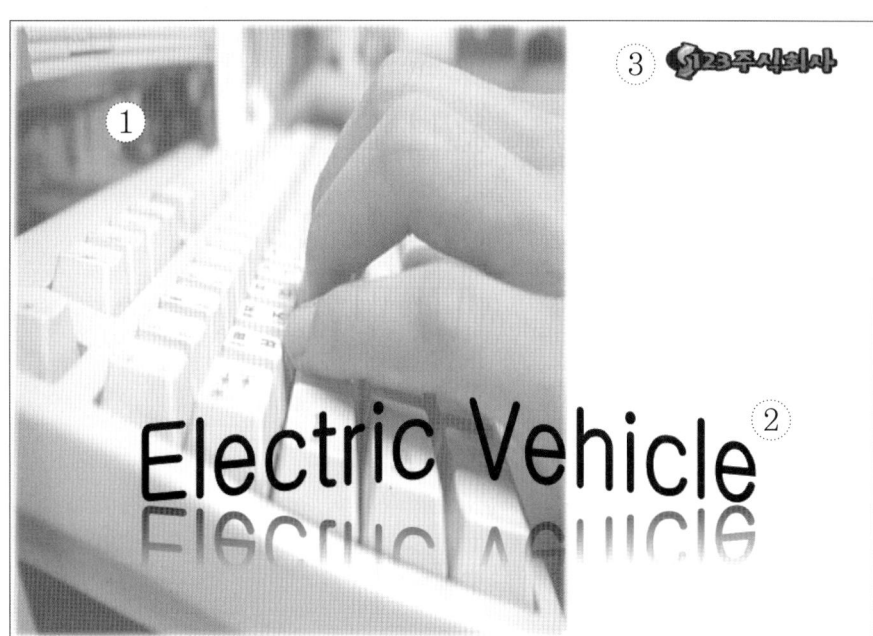

[슬라이드 2] ≪목차 슬라이드≫ (60점)

(1) 출력형태와 같이 도형을 이용하여 목차를 작성한다(글꼴 : 돋움, 24pt).
(2) 도형 : 선 없음

세부조건

① 텍스트에 하이퍼링크 적용
 → '슬라이드 4'

② 그림 삽입
 - 「내 PC\문서\ITQ\Picture\
  그림4.jpg」
 - 자르기 기능 이용

[슬라이드 3] ≪텍스트/동영상 슬라이드≫ (60점)

(1) 텍스트 작성 : 글머리 기호 사용(●, ➢)
　●문단(굴림, 24pt, 굵게, 줄간격 : 1.5줄), ➢문단(굴림, 20pt, 줄간격 : 1.5줄)

세부조건

① 동영상 삽입 :
 - 「내 PC\문서\ITQ\Picture\동영상.wmv」
 - 자동실행, 반복재생 설정

ⓐ 전기자동차 소개

● Electric Vehicles
　➢ An electric vehicle, also called an EV, uses one or more electric motors. An electric vehicle may be powered through a collector system by electricity from off-vehicle sources

● 전기자동차
　➢ 1873년 가솔린자동차보다 먼저 제작
　➢ 배터리의 무거운 중량, 경영 효율화, 충전시간 등의 문제 때문에 실용화되지 못하다가 공해문제가 최근 심각해지면서 다시 개발 추진

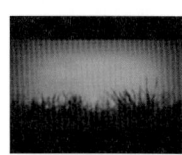

[슬라이드 4] ≪표 슬라이드≫ (80점)

(1) 도형과 표 작성 기능을 이용하여 슬라이드를 작성한다(글꼴 : 굴림, 18pt).

세부조건

① 상단 도형 :
　2개 도형의 조합으로 작성

② 좌측 도형 :
　그라데이션 효과(선형 아래쪽)

③ 표 스타일 :
　테마 스타일 1 - 강조 4

[슬라이드 5] ≪차트 슬라이드≫ (100점)

(1) 차트 작성 기능을 이용하여 슬라이드를 작성한다.
(2) 차트 : 종류(묶은 세로 막대형), 글꼴(돋움, 16pt), 외곽선

세부조건

※ 차트설명
- 차트제목 : 궁서, 24pt, 굵게, 채우기(흰색), 테두리, 그림자(오프셋 오른쪽)
- 차트영역 : 채우기(노랑) 그림영역 : 채우기(흰색)
- 데이터 서식 : 누적 계열을 표식이 있는 꺾은선형으로 변경 후 보조축으로 지정
- 값 표시 : 2017년의 누적 요소만

① 도형 삽입
- 스타일 : 미세효과 - 파랑, 강조1
- 글꼴 : 굴림, 18pt

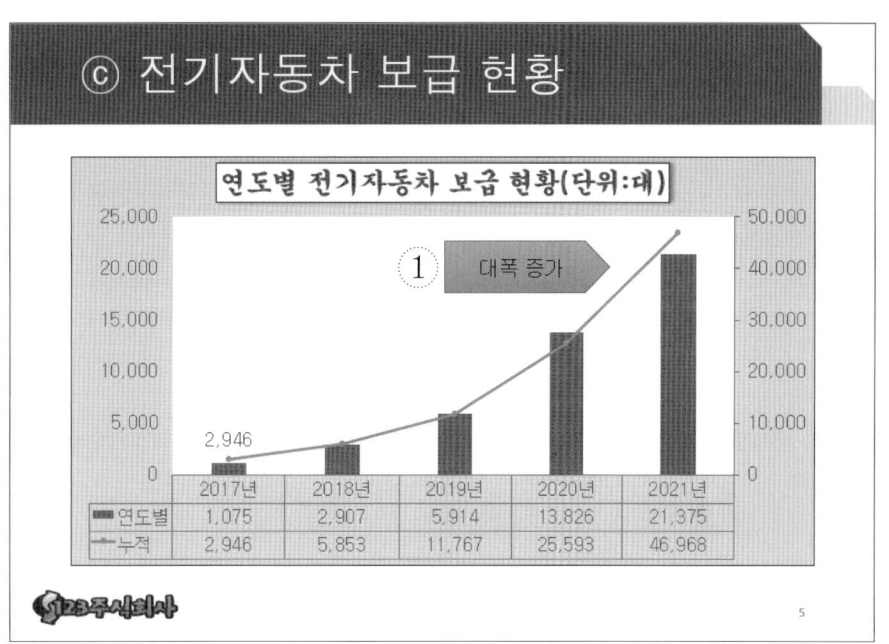

[슬라이드 6] ≪도형 슬라이드≫ (100점)

(1) 슬라이드와 같이 도형 및 스마트아트를 배치한다(글꼴 : 굴림, 18pt).
(2) 애니메이션 순서 : ① ⇒ ②

세부조건

① 도형 및 스마트아트 편집
- 스마트아트 디자인 : 3차원 만화, 3차원 경사
- 그룹화 후 애니메이션 효과 : 시계 방향 회전

② 도형 편집
- 그룹화 후 애니메이션 효과 : 실선 무늬(세로)

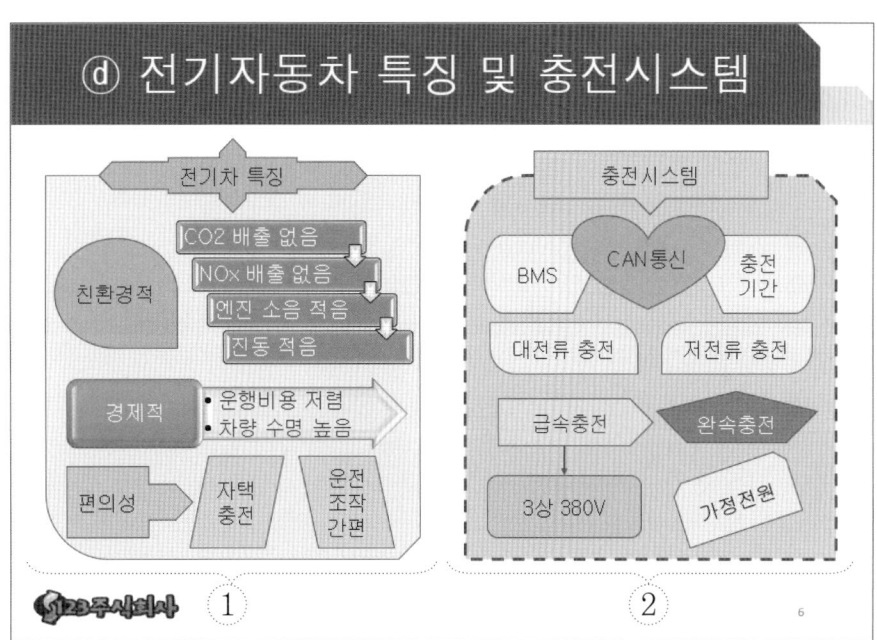

제 07회 정보기술자격(ITQ) 시험

MS오피스

과목	코드	문제유형	시험시간	수험번호	성명
한글파워포인트	1142	B	60분		

수험자 유의사항

- 수험자는 문제지를 받는 즉시 문제지와 **수험표상의 시험과목(프로그램)이 동일한지 반드시 확인**하여야 합니다.
- 파일명은 본인의 "수험번호-성명"으로 입력하여 답안폴더(내 PC\문서\ITQ)에 하나의 파일로 저장해야 하며, 답안문서 파일명이 "수험번호-성명"과 일치하지 않거나, 답안파일을 전송하지 않아 미제출로 처리될 경우 실격 처리합니다(예:12345678-홍길동.pptx).
- 답안 작성을 마치면 파일을 저장하고, '답안 전송' 버튼을 선택하여 감독위원 PC로 답안을 전송하십시오. 수험생 정보와 저장한 파일명이 다를 경우 전송되지 않으므로 주의하시기 바랍니다.
- 답안 작성 중에도 **주기적으로 저장하고, '답안 전송'**하여야 문제 발생을 줄일 수 있습니다. 작업한 내용을 저장하지 않고 전송할 경우 이전에 저장된 내용이 전송되오니 이점 유의하시기 바랍니다.
- 답안문서는 지정된 경로 외의 다른 보조기억장치에 저장하는 경우, 지정된 시험 시간 외에 작성된 파일을 활용할 경우, 기타 통신수단(이메일, 메신저, 네트워크 등)을 이용하여 타인에게 전달 또는 외부 반출하는 경우는 부정 처리합니다.
- 시험 중 부주의 또는 고의로 시스템을 파손한 경우는 수험자가 변상해야 하며, 〈수험자 유의사항〉에 기재된 방법대로 이행하지 않아 생기는 불이익은 수험생 당사자의 책임임을 알려 드립니다.
- 시험을 완료한 수험자는 답안파일이 전송되었는지 확인한 후 감독위원의 지시에 따라 문제지를 제출하고 퇴실합니다.

답안 작성요령

- 온라인 답안 작성 절차
  수험자 등록 ⇒ 시험 시작 ⇒ 답안파일 저장 ⇒ 답안 전송 ⇒ 시험 종료
- 슬라이드의 크기는 A4 Paper로 설정하여 작성합니다.
- 슬라이드의 총 개수는 6개로 구성되어 있으며 슬라이드 1부터 순서대로 작업하고 반드시 문제와 세부 조건대로 합니다.
- 별도의 지시사항이 없는 경우 출력형태를 참조하여 글꼴색은 검정 또는 흰색으로 작성하고, 기타사항은 전체적인 균형을 고려하여 작성합니다.
- 슬라이드 도형 및 개체에 출력형태와 다른 스타일(그림자, 외곽선 등)을 적용했을 경우 감점처리 됩니다.
- 슬라이드 번호를 작성합니다(슬라이드 1에는 생략).
- 2~6번 슬라이드 제목 도형과 하단 로고는 슬라이드 마스터를 이용하여 출력형태와 동일하게 작성합니다 (슬라이드 1에는 생략).
- 문제와 세부조건, 세부조건 번호 ○(점선원)는 입력하지 않습니다.
- 각 개체의 위치는 오른쪽의 슬라이드와 동일하게 구성합니다.
- 그림 삽입 문제의 경우 반드시 「내 PC\문서\ITQ\Picture」 폴더에서 정확한 파일을 선택하여 삽입하십시오.
- 각 슬라이드를 각각의 파일로 작업해서 저장할 경우 실격 처리됩니다.

kpc 한국생산성본부

[전체구성] (60점)

(1) 슬라이드 크기 및 순서 : 크기를 A4 용지로 설정하고 슬라이드 순서에 맞게 작성한다.
(2) 슬라이드 마스터 : 2~6슬라이드의 제목, 하단 로고, 슬라이드 번호는 슬라이드 마스터를 이용하여 작성한다.
 - 제목 글꼴(돋움, 40pt, 흰색), 가운데 맞춤, 도형(선 없음)
 - 하단 로고(「내 PC₩문서₩ITQ₩Picture₩로고2.jpg」, 배경(회색) 투명색으로 설정)

[슬라이드 1] ≪표지 디자인≫ (40점)

(1) 표지 디자인 : 도형, 워드아트 및 그림을 이용하여 작성한다.

세부조건

① 도형 편집
 - 도형에 그림 채우기 :
  「내 PC₩문서₩ITQ₩Picture₩그림1.jpg」, 투명도 50%
 - 도형 효과:
  (부드러운 가장자리 5포인트)

② 워드아트 삽입
 - 변환 : 휘어 내려가기
 - 글꼴 : 굴림, 굵게
 - 텍스트 반사 : 근접 반사, 터치

③ 그림 삽입
 - 「내 PC₩문서₩ITQ₩Picture₩로고2.jpg」
 - 배경(회색) 투명색으로 설정

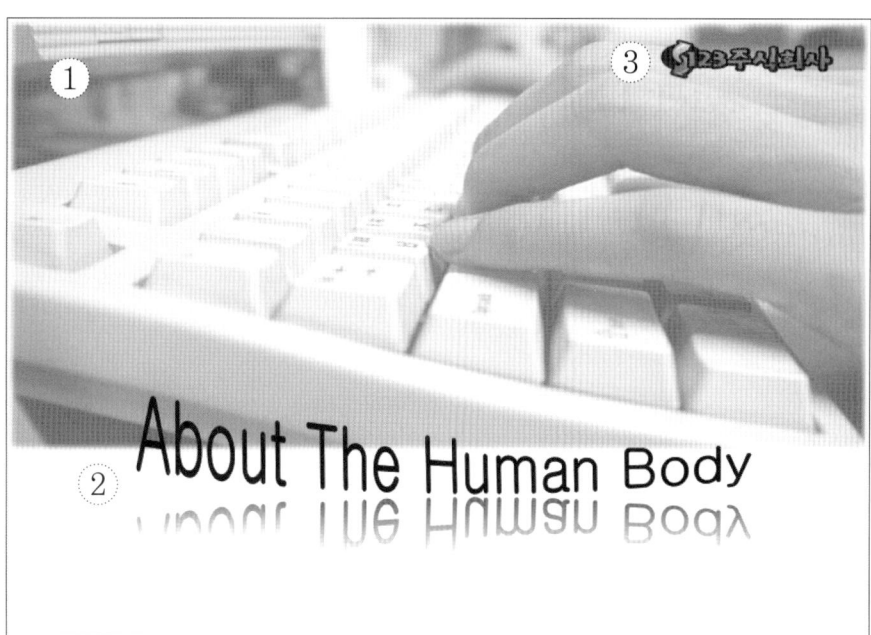

[슬라이드 2] ≪목차 슬라이드≫ (60점)

(1) 출력형태와 같이 도형을 이용하여 목차를 작성한다(글꼴 : 돋움, 24pt).
(2) 도형 : 선 없음

세부조건

① 텍스트에 하이퍼링크 적용
 → '슬라이드 4'

② 그림 삽입
 - 「내 PC₩문서₩ITQ₩Picture₩그림5.jpg」
 - 자르기 기능 이용

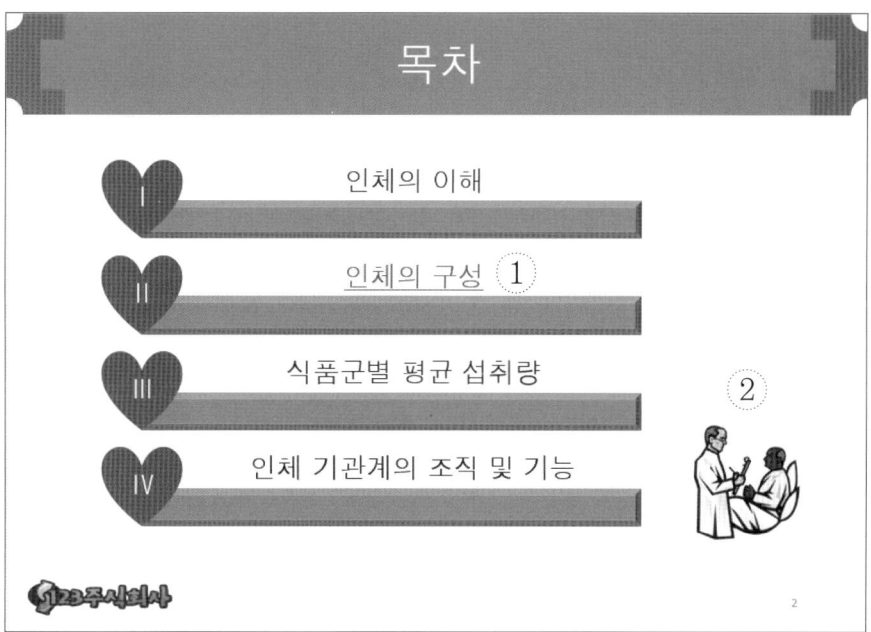

[슬라이드 3] ≪텍스트/동영상 슬라이드≫ (60점)

(1) 텍스트 작성 : 글머리 기호 사용(●, ➢)
  ●문단(굴림, 24pt, 굵게, 줄간격 : 1.5줄), ➢문단(굴림, 20pt, 줄간격 : 1.5줄)

세부조건

① 동영상 삽입 :
  - 「내 PC₩문서₩ITQ₩Picture₩동영상.wmv」
  - 자동실행, 반복재생 설정

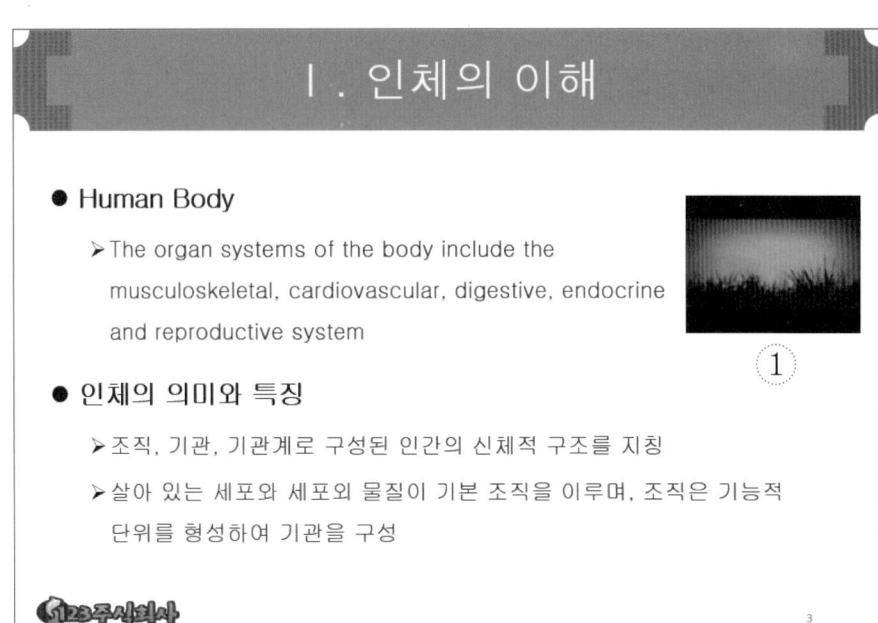

[슬라이드 4] ≪표 슬라이드≫ (80점)

(1) 도형과 표 작성 기능을 이용하여 슬라이드를 작성한다(글꼴 : 굴림, 18pt).

세부조건

① 상단 도형 :
  2개 도형의 조합으로 작성

② 좌측 도형 :
  그라데이션 효과(선형 아래쪽)

③ 표 스타일 :
  테마 스타일 1 - 강조 4

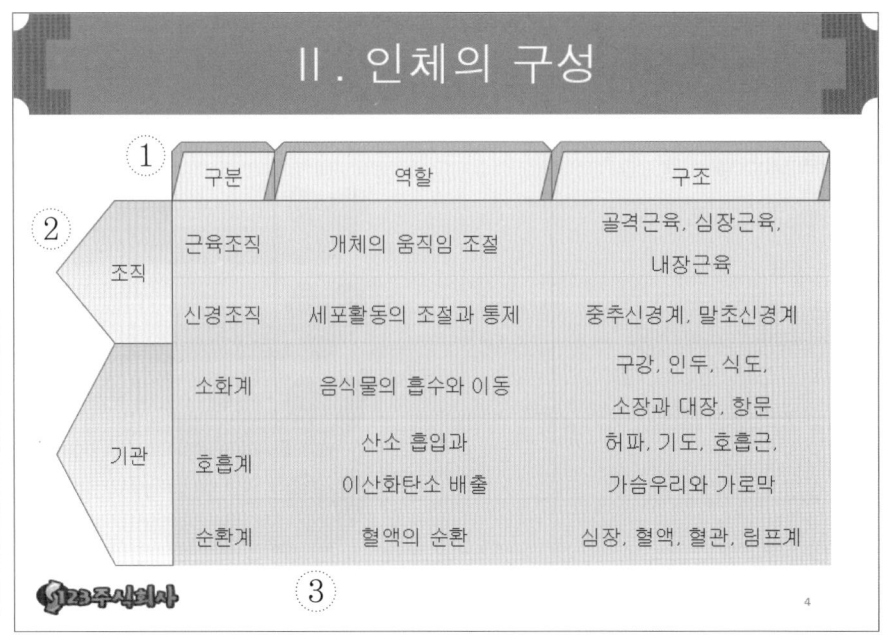

[슬라이드 5] ≪차트 슬라이드≫ (100점)

(1) 차트 작성 기능을 이용하여 슬라이드를 작성한다.
(2) 차트 : 종류(묶은 세로 막대형), 글꼴(돋움, 16pt), 외곽선

세부조건

※ 차트설명
- 차트제목 : 궁서, 24pt, 굵게, 채우기(흰색), 테두리, 그림자(오프셋 왼쪽)
- 차트영역 : 채우기(노랑) 그림영역 : 채우기(흰색)
- 데이터 서식 : 여자 계열을 표식이 있는 꺾은선형으로 변경 후 보조축으로 지정
- 값 표시 : 곡류의 여자 요소만

① 도형 삽입
- 스타일 : 미세효과 - 파랑, 강조1
- 글꼴 : 굴림, 18pt

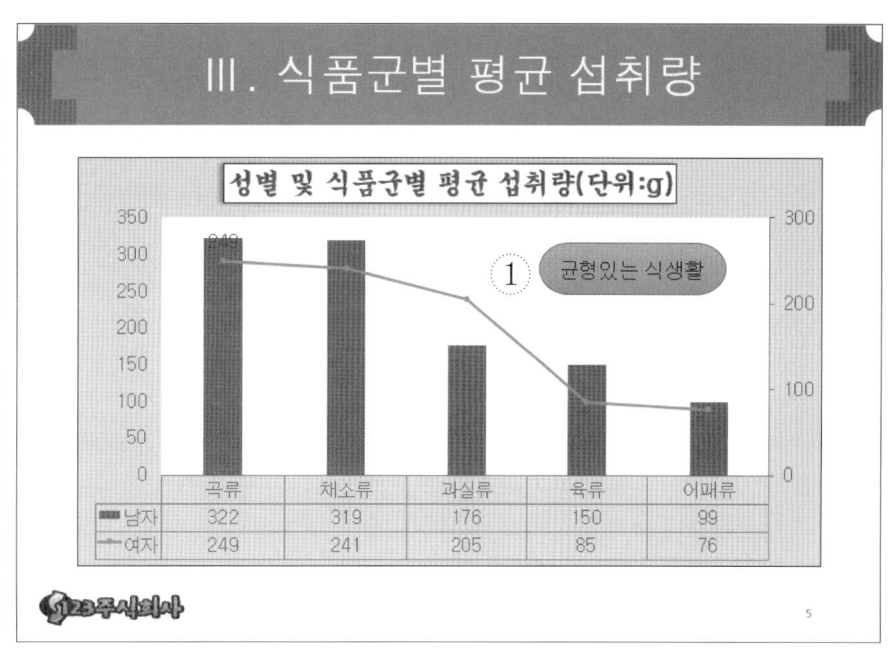

[슬라이드 6] ≪도형 슬라이드≫ (100점)

(1) 슬라이드와 같이 도형 및 스마트아트를 배치한다(글꼴 : 굴림, 18pt).
(2) 애니메이션 순서 : ① ⇒ ②

세부조건

① 도형 및 스마트아트 편집
- 스마트아트 디자인 : 3차원 만화, 3차원 경사
- 그룹화 후 애니메이션 효과 : 나누기(가로 바깥쪽으로)

② 도형 편집
- 그룹화 후 애니메이션 효과 : 밝기 변화

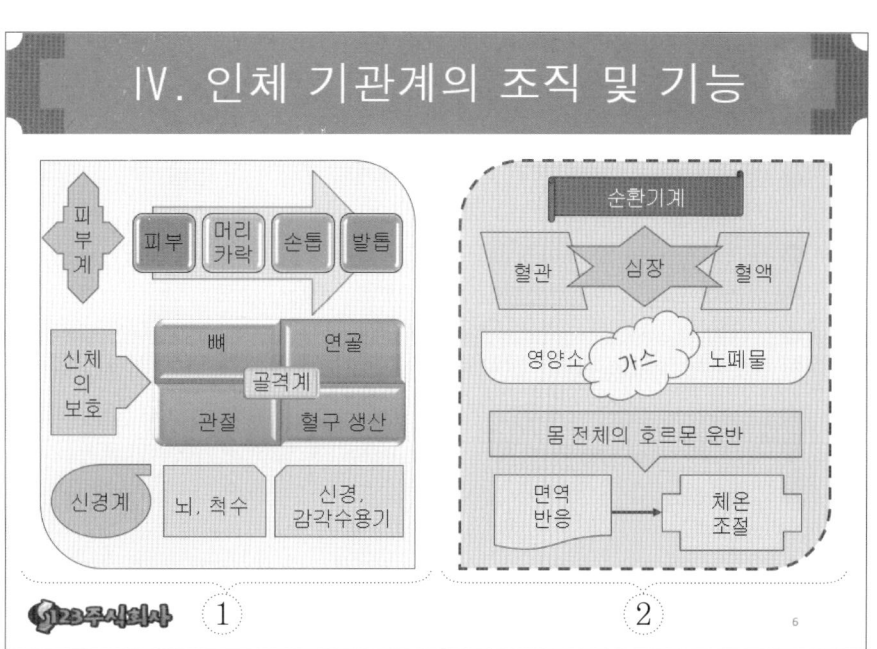

제08회 정보기술자격(ITQ) 시험

MS오피스

과목	코드	문제유형	시험시간	수험번호	성명
한글파워포인트	1142	C	60분		

수험자 유의사항

- 수험자는 문제지를 받는 즉시 문제지와 **수험표상의 시험과목(프로그램)이 동일한지 반드시 확인**하여야 합니다.
- 파일명은 본인의 "수험번호-성명"으로 입력하여 답안폴더(내 PC₩문서₩ITQ)에 하나의 파일로 저장해야 하며, 답안문서 파일명이 "수험번호-성명"과 일치하지 않거나, 답안파일을 전송하지 않아 미제출로 처리될 경우 실격 처리합니다(예:12345678-홍길동.pptx).
- 답안 작성을 마치면 파일을 저장하고, '답안 전송' 버튼을 선택하여 감독위원 PC로 답안을 전송하십시오. 수험생 정보와 저장한 파일명이 다를 경우 전송되지 않으므로 주의하시기 바랍니다.
- 답안 작성 중에도 **주기적으로 저장하고, '답안 전송'**하여야 문제 발생을 줄일 수 있습니다. 작업한 내용을 저장하지 않고 전송할 경우 이전에 저장된 내용이 전송되오니 이점 유의하시기 바랍니다.
- 답안문서는 지정된 경로 외의 다른 보조기억장치에 저장하는 경우, 지정된 시험 시간 외에 작성된 파일을 활용할 경우, 기타 통신수단(이메일, 메신저, 네트워크 등)을 이용하여 타인에게 전달 또는 외부 반출하는 경우는 부정 처리합니다.
- 시험 중 부주의 또는 고의로 시스템을 파손한 경우는 수험자가 변상해야 하며, 〈수험자 유의사항〉에 기재된 방법대로 이행하지 않아 생기는 불이익은 수험생 당사자의 책임임을 알려 드립니다.
- 시험을 완료한 수험자는 답안파일이 전송되었는지 확인한 후 감독위원의 지시에 따라 문제지를 제출하고 퇴실합니다.

답안 작성요령

- 온라인 답안 작성 절차
  수험자 등록 ⇒ 시험 시작 ⇒ 답안파일 저장 ⇒ 답안 전송 ⇒ 시험 종료
- 슬라이드의 크기는 A4 Paper로 설정하여 작성합니다.
- 슬라이드의 총 개수는 6개로 구성되어 있으며 슬라이드 1부터 순서대로 작업하고 반드시 문제와 세부 조건대로 합니다.
- 별도의 지시사항이 없는 경우 출력형태를 참조하여 글꼴색은 검정 또는 흰색으로 작성하고, 기타사항은 전체적인 균형을 고려하여 작성합니다.
- 슬라이드 도형 및 개체에 출력형태와 다른 스타일(그림자, 외곽선 등)을 적용했을 경우 감점처리 됩니다.
- 슬라이드 번호를 작성합니다(슬라이드 1에는 생략).
- 2~6번 슬라이드 제목 도형과 하단 로고는 슬라이드 마스터를 이용하여 출력형태와 동일하게 작성합니다 (슬라이드 1에는 생략).
- 문제와 세부조건, 세부조건 번호 ◯(점선원)는 입력하지 않습니다.
- 각 개체의 위치는 오른쪽의 슬라이드와 동일하게 구성합니다.
- 그림 삽입 문제의 경우 반드시 「내 PC₩문서₩ITQ₩Picture」 폴더에서 정확한 파일을 선택하여 삽입하십시오.
- 각 슬라이드를 각각의 파일로 작업해서 저장할 경우 실격 처리됩니다.

[전체구성] (60점)

(1) 슬라이드 크기 및 순서 : 크기를 A4 용지로 설정하고 슬라이드 순서에 맞게 작성한다.
(2) 슬라이드 마스터 : 2~6슬라이드의 제목, 하단 로고, 슬라이드 번호는 슬라이드 마스터를 이용하여 작성한다.
 - 제목 글꼴(굴림, 40pt, 흰색), 왼쪽 맞춤, 도형(선 없음)
 - 하단 로고(「내 PC₩문서₩ITQ₩Picture₩로고3.jpg」, 배경(연보라) 투명색으로 설정)

[슬라이드 1] ≪표지 디자인≫ (40점)

(1) 표지 디자인 : 도형, 워드아트 및 그림을 이용하여 작성한다.

세부조건

① 도형 편집
 - 도형에 그림 채우기 :
  「내 PC₩문서₩ITQ₩Picture₩
  그림2.jpg」, 투명도 50%
 - 도형 효과:
  (부드러운 가장자리 5포인트)

② 워드아트 삽입
 - 변환 : 삼각형
 - 글꼴 : 돋움, 굵게
 - 텍스트 반사 : 근접 반사, 터치

③ 그림 삽입
 - 「내 PC₩문서₩ITQ₩Picture₩
  로고3.jpg」
 - 배경(연보라) 투명색으로 설정

[슬라이드 2] ≪목차 슬라이드≫ (60점)

(1) 출력형태와 같이 도형을 이용하여 목차를 작성한다(글꼴 : 굴림, 24pt).
(2) 도형 : 선 없음

세부조건

① 텍스트에 하이퍼링크 적용
 → '슬라이드 5'

② 그림 삽입
 - 「내 PC₩문서₩ITQ₩Picture₩
  그림5.jpg」
 - 자르기 기능 이용

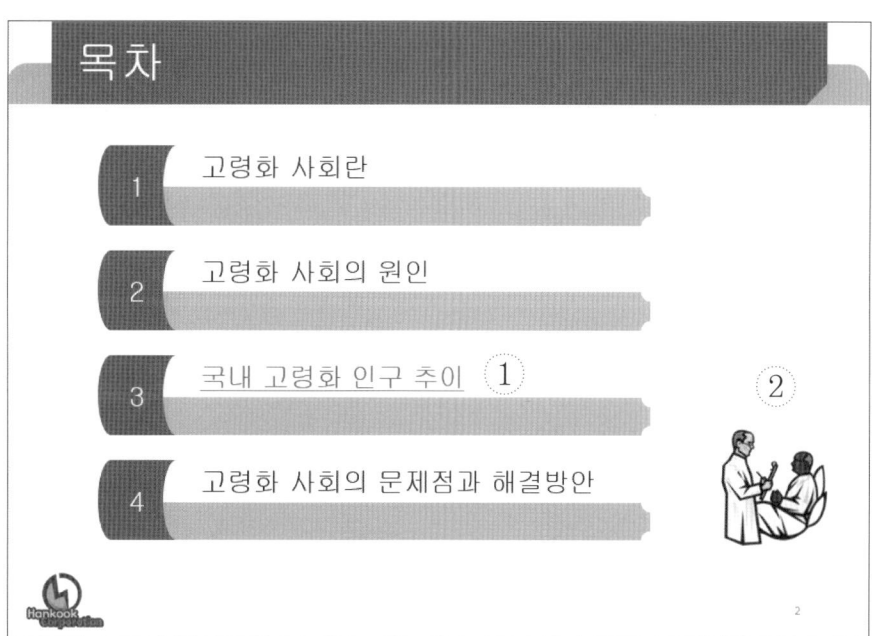

[슬라이드 3] ≪텍스트/동영상 슬라이드≫ (60점)

(1) 텍스트 작성 : 글머리 기호 사용(➢, ■)
➢문단(굴림, 24pt, 굵게, 줄간격 : 1.5줄), ■문단(굴림, 20pt, 줄간격 : 1.5줄)

세부조건
① 동영상 삽입 :
  - 「내 PC₩문서₩ITQ₩Picture₩동영상.wmv」
  - 자동실행, 반복재생 설정

1. 고령화 사회란

➢ Aging society
  ■ The proportion of the elderly population is significantly higher compared to other societies
  ■ As the average life expectancy increases, it progresses into an aging society

➢ 고령화 사회
  ■ 다른 사회와 비교할 때 노령인구의 비율이 현저히 높아가는 사회로 대한민국을 포함한 일부 국가에서는 의학의 발달, 생활수준과 환경의 개선으로 평균수명이 높아지면서 고령화 사회로 진행

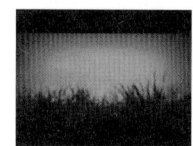

[슬라이드 4] ≪표 슬라이드≫ (80점)

(1) 도형과 표 작성 기능을 이용하여 슬라이드를 작성한다(글꼴 : 돋움, 18pt).

세부조건
① 상단 도형 :
   2개 도형의 조합으로 작성

② 좌측 도형 :
   그라데이션 효과(선형 아래쪽)

③ 표 스타일 :
   테마 스타일 1 - 강조 5

2. 고령화 사회의 원인

	저출산	고령화
사회적	외동을 낳거나 출산을 하지 않는 부부 늘어남	의료기술 발달 기대수명 연장
	미혼, 만혼이 늘어 인구대체수준 못 미침	건강관심 증대 영양상태 양호
역사적	전통적 가족제도 결혼제도 원인	베이비붐 세대가 고령층으로 진입하면서 급격한 출산율의 저하와 맞물려 고령화의 진전을 더 가속화

[슬라이드 5] ≪차트 슬라이드≫ (100점)

(1) 차트 작성 기능을 이용하여 슬라이드를 작성한다.
(2) 차트 : 종류(묶은 세로 막대형), 글꼴(돋움, 16pt), 외곽선

세부조건

※ 차트설명
- 차트제목 : 궁서, 24pt, 굵게, 채우기(흰색), 테두리, 그림자(오프셋 아래쪽)
- 차트영역 : 채우기(노랑) 그림영역 : 채우기(흰색)
- 데이터 서식 : 전체 인구 중 비율 계열을 표식이 있는 꺾은선형으로 변경 후 보조축으로 지정
- 값 표시 : 2020년의 전체 인구 중 비율 요소만

① 도형 삽입
 - 스타일 : 미세효과 - 파랑, 강조1
 - 글꼴 : 굴림, 18pt

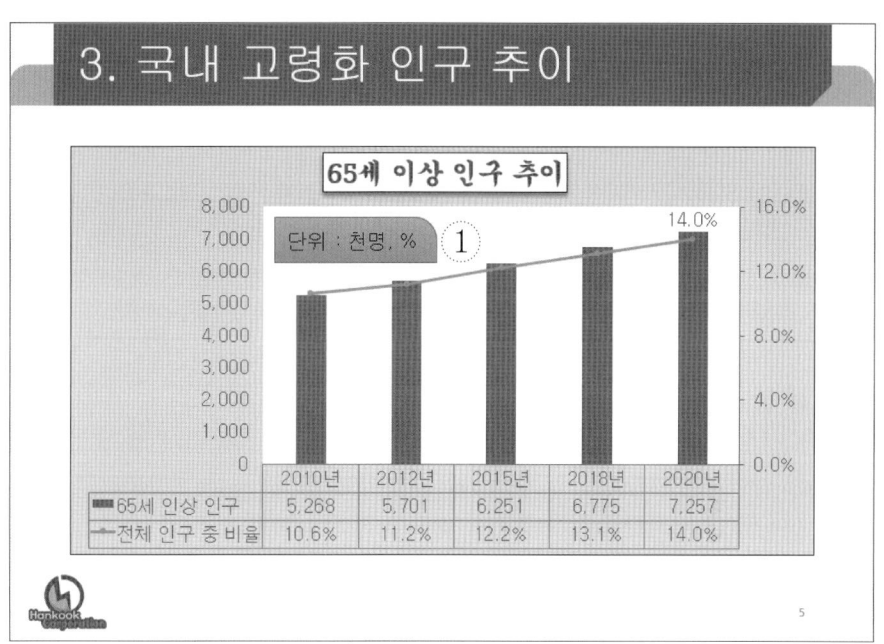

[슬라이드 6] ≪도형 슬라이드≫ (100점)

(1) 슬라이드와 같이 도형 및 스마트아트를 배치한다(글꼴 : 굴림, 18pt).
(2) 애니메이션 순서 : ① ⇒ ②

세부조건

① 도형 및 스마트아트 편집
 - 스마트아트 디자인 : 3차원 만화, 3차원 광택 처리
 - 그룹화 후 애니메이션 효과 : 닦아내기(왼쪽에서)

② 도형 편집
 - 그룹화 후 애니메이션 효과 : 바운드

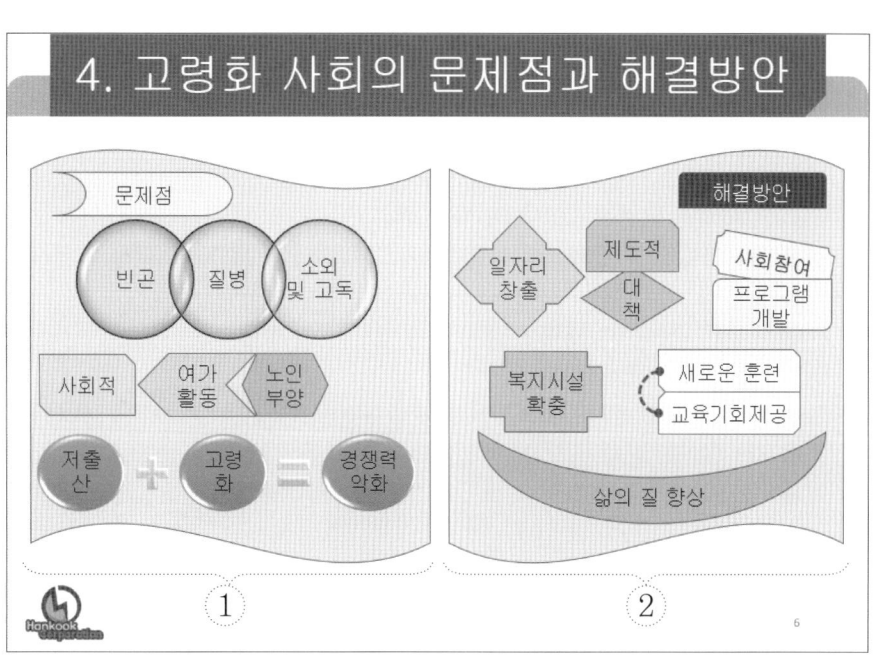

제09회 정보기술자격(ITQ) 시험

MS오피스

과목	코드	문제유형	시험시간	수험번호	성명
한글파워포인트	1142	D	60분		

수험자 유의사항

- 수험자는 문제지를 받는 즉시 문제지와 **수험표상의 시험과목(프로그램)이 동일한지 반드시 확인**하여야 합니다.
- 파일명은 본인의 "수험번호-성명"으로 입력하여 답안폴더(내 PC\문서\ITQ)에 하나의 파일로 저장해야 하며, 답안문서 파일명이 "수험번호-성명"과 일치하지 않거나, 답안파일을 전송하지 않아 미제출로 처리될 경우 실격 처리합니다(예:12345678-홍길동.pptx).
- 답안 작성을 마치면 파일을 저장하고, '답안 전송' 버튼을 선택하여 감독위원 PC로 답안을 전송하십시오. 수험생 정보와 저장한 파일명이 다를 경우 전송되지 않으므로 주의하시기 바랍니다.
- 답안 작성 중에도 **주기적으로 저장하고, '답안 전송'**하여야 문제 발생을 줄일 수 있습니다. 작업한 내용을 저장하지 않고 전송할 경우 이전에 저장된 내용이 전송되오니 이점 유의하시기 바랍니다.
- 답안문서는 지정된 경로 외의 다른 보조기억장치에 저장하는 경우, 지정된 시험 시간 외에 작성된 파일을 활용할 경우, 기타 통신수단(이메일, 메신저, 네트워크 등)을 이용하여 타인에게 전달 또는 외부 반출하는 경우는 부정 처리합니다.
- 시험 중 부주의 또는 고의로 시스템을 파손한 경우는 수험자가 변상해야 하며, 〈수험자 유의사항〉에 기재된 방법대로 이행하지 않아 생기는 불이익은 수험생 당사자의 책임임을 알려 드립니다.
- 시험을 완료한 수험자는 답안파일이 전송되었는지 확인한 후 감독위원의 지시에 따라 문제지를 제출하고 퇴실합니다.

답안 작성요령

- 온라인 답안 작성 절차
  수험자 등록 ⇒ 시험 시작 ⇒ 답안파일 저장 ⇒ 답안 전송 ⇒ 시험 종료
- 슬라이드의 크기는 A4 Paper로 설정하여 작성합니다.
- 슬라이드의 총 개수는 6개로 구성되어 있으며 슬라이드 1부터 순서대로 작업하고 반드시 문제와 세부 조건대로 합니다.
- 별도의 지시사항이 없는 경우 출력형태를 참조하여 글꼴색은 검정 또는 흰색으로 작성하고, 기타사항은 전체적인 균형을 고려하여 작성합니다.
- 슬라이드 도형 및 개체에 출력형태와 다른 스타일(그림자, 외곽선 등)을 적용했을 경우 감점처리 됩니다.
- 슬라이드 번호를 작성합니다(슬라이드 1에는 생략).
- 2~6번 슬라이드 제목 도형과 하단 로고는 슬라이드 마스터를 이용하여 출력형태와 동일하게 작성합니다 (슬라이드 1에는 생략).
- 문제와 세부조건, 세부조건 번호 ○(점선원)는 입력하지 않습니다.
- 각 개체의 위치는 오른쪽의 슬라이드와 동일하게 구성합니다.
- 그림 삽입 문제의 경우 반드시 「내 PC\문서\ITQ\Picture」 폴더에서 정확한 파일을 선택하여 삽입하십시오.
- 각 슬라이드를 각각의 파일로 작업해서 저장할 경우 실격 처리됩니다.

kpc 한국생산성본부

[전체구성] (60점)

(1) 슬라이드 크기 및 순서 : 크기를 A4 용지로 설정하고 슬라이드 순서에 맞게 작성한다.
(2) 슬라이드 마스터 : 2~6슬라이드의 제목, 하단 로고, 슬라이드 번호는 슬라이드 마스터를 이용하여 작성한다.
   - 제목 글꼴(맑은 고딕, 40pt, 빨강), 가운데 맞춤, 도형(선 없음)
   - 하단 로고(「내 PC\문서\ITQ\Picture\로고3.jpg」, 배경(연보라) 투명색으로 설정)

[슬라이드 1] ≪표지 디자인≫ (40점)

(1) 표지 디자인 : 도형, 워드아트 및 그림을 이용하여 작성한다.

세부조건

① 도형 편집
  - 도형에 그림 채우기 :
    「내 PC\문서\ITQ\Picture\
    그림2.jpg」, 투명도 50%
  - 도형 효과:
    (부드러운 가장자리 5포인트)

② 워드아트 삽입
  - 변환 : 위로 기울기
  - 글꼴 : 돋움, 굵게
  - 텍스트 반사 : 근접 반사, 터치

③ 그림 삽입
  - 「내 PC\문서\ITQ\Picture\
    로고3.jpg」
  - 배경(연보라) 투명색으로 설정

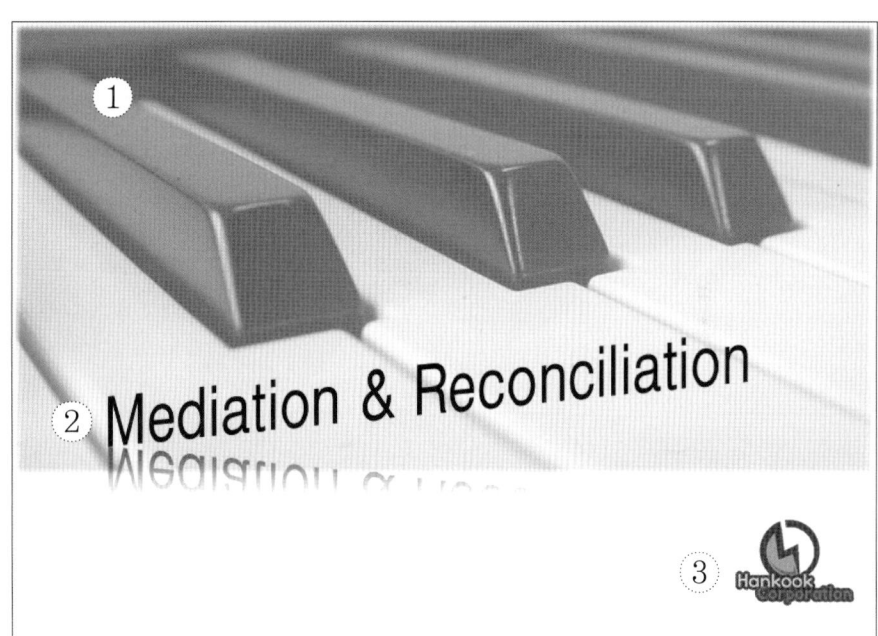

[슬라이드 2] ≪목차 슬라이드≫ (60점)

(1) 출력형태와 같이 도형을 이용하여 목차를 작성한다(글꼴 : 굴림, 24pt).
(2) 도형 : 선 없음

세부조건

① 텍스트에 하이퍼링크 적용
  → '슬라이드 5'

② 그림 삽입
  - 「내 PC\문서\ITQ\Picture\
    그림4.jpg」
  - 자르기 기능 이용

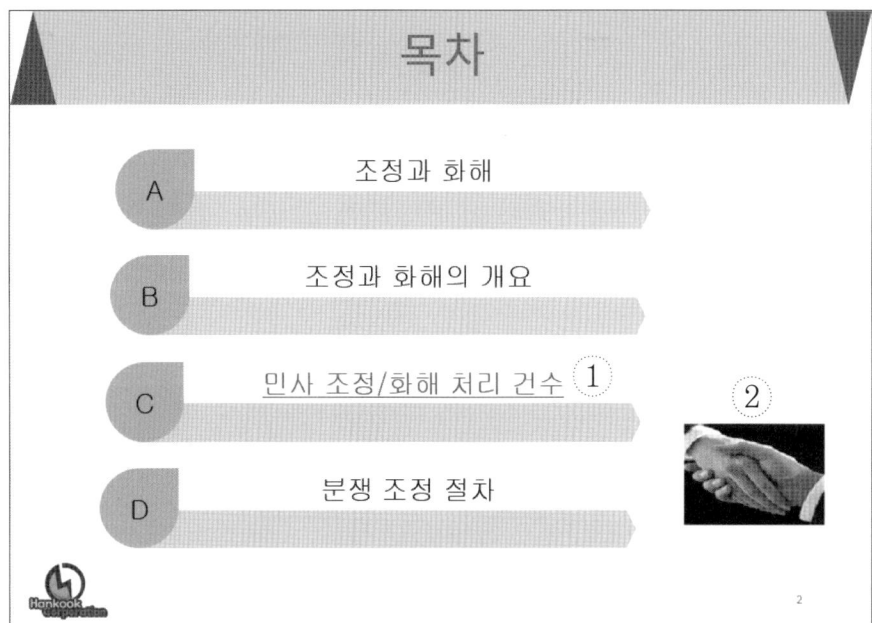

[슬라이드 3] ≪텍스트/동영상 슬라이드≫ (60점)

(1) 텍스트 작성 : 글머리 기호 사용(➢, ■)
   ➢문단(굴림, 24pt, 굵게, 줄간격 : 1.5줄), ■문단(굴림, 20pt, 줄간격 : 1.5줄)

세부조건

① 동영상 삽입 :
  - 「내 PC₩문서₩ITQ₩Picture₩동영상.wmv」
  - 자동실행, 반복재생 설정

A. 조정과 화해

➢ Reconciliation
  ■ The reconciliation of two beliefs, facts or demands that seem to be opposed is the process of finding a way in which they can both be true or both be successful

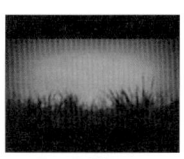

➢ 조정과 화해
  ■ 조정 : 법원을 비롯한 제3자가 화해에 이르도록 분쟁당사자들을 설득
  ■ 화해 : 분쟁 당사자가 서로 양보하여 당사자 사이의 분쟁을 종지할 것을 약정함으로써 성립하는 계약

[슬라이드 4] ≪표 슬라이드≫ (80점)

(1) 도형과 표 작성 기능을 이용하여 슬라이드를 작성한다(글꼴 : 돋움, 18pt).

세부조건

① 상단 도형 :
  2개 도형의 조합으로 작성

② 좌측 도형 :
  그라데이션 효과(선형 아래쪽)

③ 표 스타일 :
  테마 스타일 1 - 강조 5

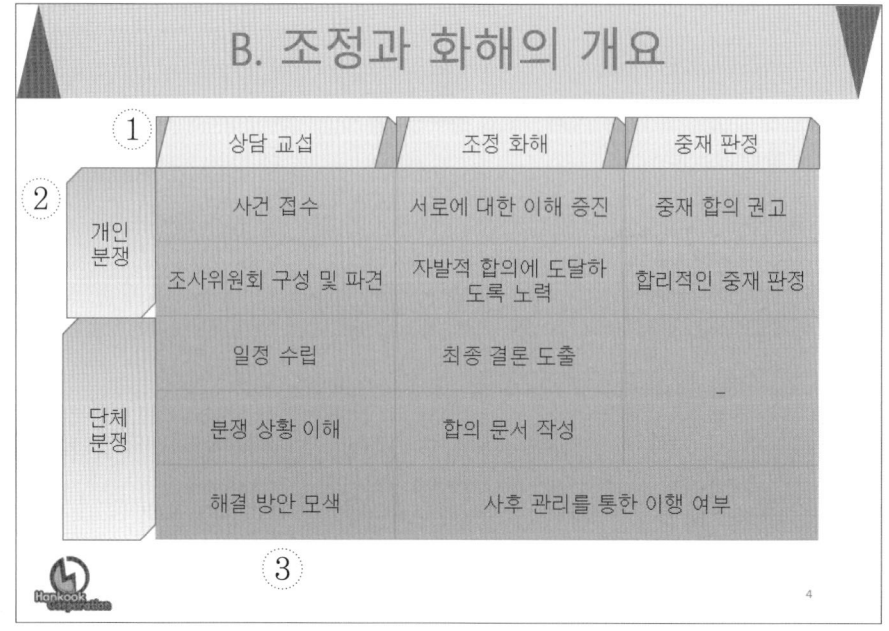

[슬라이드 5] ≪차트 슬라이드≫ (100점)

(1) 차트 작성 기능을 이용하여 슬라이드를 작성한다.
(2) 차트 : 종류(묶은 세로 막대형), 글꼴(돋움, 16pt), 외곽선

세부조건

※ 차트설명
- 차트제목 : 궁서, 24pt, 굵게, 채우기(흰색), 테두리, 그림자(오프셋 아래쪽)
- 차트영역 : 채우기(노랑) 그림영역 : 채우기(흰색)
- 데이터 서식 : 2020년 계열을 표식이 있는 꺾은선형으로 변경 후 보조축으로 지정
- 값 표시 : 합계의 2020년 요소만

① 도형 삽입
 - 스타일 :
   미세효과 - 파랑, 강조1
 - 글꼴 : 굴림, 18pt

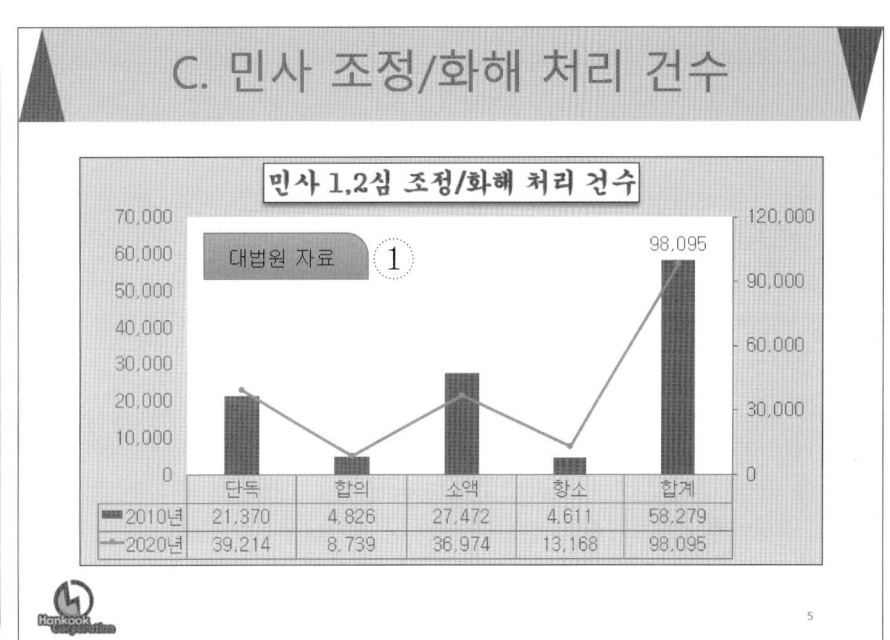

[슬라이드 6] ≪도형 슬라이드≫ (100점)

(1) 슬라이드와 같이 도형 및 스마트아트를 배치한다(글꼴 : 굴림, 18pt).
(2) 애니메이션 순서 : ① ⇒ ②

세부조건

① 도형 및 스마트아트 편집
 - 그룹화 후 애니메이션 효과
   : 날아오기(왼쪽에서)

② 도형 편집
 - 스마트아트 디자인
   : 3차원 만화,
   3차원 광택 처리
 - 그룹화 후 애니메이션 효과
   : 실선 무늬(세로)

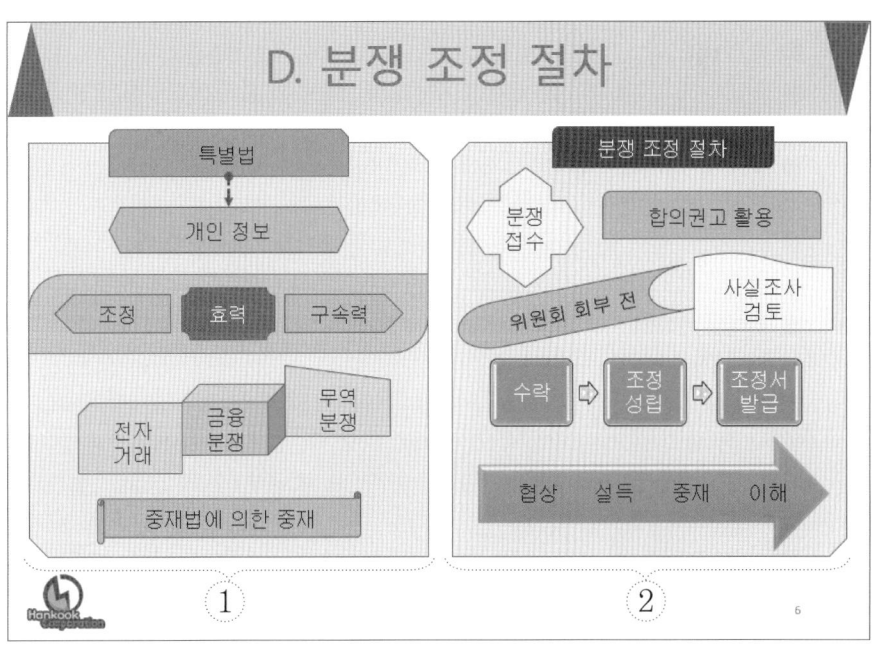

제10회 정보기술자격(ITQ) 시험

MS오피스

과목	코드	문제유형	시험시간	수험번호	성명
한글파워포인트	1142	E	60분		

수험자 유의사항

- 수험자는 문제지를 받는 즉시 문제지와 **수험표상의 시험과목(프로그램)이 동일한지 반드시 확인**하여야 합니다.
- 파일명은 본인의 "수험번호-성명"으로 입력하여 답안폴더(내 PC₩문서₩ITQ)에 하나의 파일로 저장해야 하며, 답안문서 파일명이 "수험번호-성명"과 일치하지 않거나, 답안파일을 전송하지 않아 미제출로 처리될 경우 실격 처리합니다(예:12345678-홍길동.pptx).
- 답안 작성을 마치면 파일을 저장하고, '답안 전송' 버튼을 선택하여 감독위원 PC로 답안을 전송하십시오. 수험생 정보와 저장한 파일명이 다를 경우 전송되지 않으므로 주의하시기 바랍니다.
- 답안 작성 중에도 **주기적으로 저장하고, '답안 전송'** 하여야 문제 발생을 줄일 수 있습니다. 작업한 내용을 저장하지 않고 전송할 경우 이전에 저장된 내용이 전송되오니 이점 유의하시기 바랍니다.
- 답안문서는 지정된 경로 외의 다른 보조기억장치에 저장하는 경우, 지정된 시험 시간 외에 작성된 파일을 활용할 경우, 기타 통신수단(이메일, 메신저, 네트워크 등)을 이용하여 타인에게 전달 또는 외부 반출하는 경우는 부정 처리합니다.
- 시험 중 부주의 또는 고의로 시스템을 파손한 경우는 수험자가 변상해야 하며, 〈수험자 유의사항〉에 기재된 방법대로 이행하지 않아 생기는 불이익은 수험생 당사자의 책임임을 알려 드립니다.
- 시험을 완료한 수험자는 답안파일이 전송되었는지 확인한 후 감독위원의 지시에 따라 문제지를 제출하고 퇴실합니다.

답안 작성요령

- 온라인 답안 작성 절차
  수험자 등록 ⇒ 시험 시작 ⇒ 답안파일 저장 ⇒ 답안 전송 ⇒ 시험 종료
- 슬라이드의 크기는 A4 Paper로 설정하여 작성합니다.
- 슬라이드의 총 개수는 6개로 구성되어 있으며 슬라이드 1부터 순서대로 작업하고 반드시 문제와 세부조건대로 합니다.
- 별도의 지시사항이 없는 경우 출력형태를 참조하여 글꼴색은 검정 또는 흰색으로 작성하고, 기타사항은 전체적인 균형을 고려하여 작성합니다.
- 슬라이드 도형 및 개체에 출력형태와 다른 스타일(그림자, 외곽선 등)을 적용했을 경우 감점처리 됩니다.
- 슬라이드 번호를 작성합니다(슬라이드 1에는 생략).
- 2~6번 슬라이드 제목 도형과 하단 로고는 슬라이드 마스터를 이용하여 출력형태와 동일하게 작성합니다 (슬라이드 1에는 생략).
- 문제와 세부조건, 세부조건 번호 ○(점선원)는 입력하지 않습니다.
- 각 개체의 위치는 오른쪽의 슬라이드와 동일하게 구성합니다.
- 그림 삽입 문제의 경우 반드시 「내 PC₩문서₩ITQ₩Picture」 폴더에서 정확한 파일을 선택하여 삽입하십시오.
- 각 슬라이드를 각각의 파일로 작업해서 저장할 경우 실격 처리됩니다.

kpc 한국생산성본부

[전체구성] (60점)

(1) 슬라이드 크기 및 순서 : 크기를 A4 용지로 설정하고 슬라이드 순서에 맞게 작성한다.
(2) 슬라이드 마스터 : 2~6슬라이드의 제목, 하단 로고, 슬라이드 번호는 슬라이드 마스터를 이용하여 작성한다.
 - 제목 글꼴(돋움, 40pt, 흰색), 가운데 맞춤, 도형(선 없음)
 - 하단 로고(「내 PC₩문서₩ITQ₩Picture₩로고3.jpg」, 배경(연보라) 투명색으로 설정)

[슬라이드 1] ≪표지 디자인≫ (40점)

(1) 표지 디자인 : 도형, 워드아트 및 그림을 이용하여 작성한다.

세부조건

① 도형 편집
 - 도형에 그림 채우기 :
   「내 PC₩문서₩ITQ₩Picture₩그림2.jpg」, 투명도 50%
 - 도형 효과:
   (부드러운 가장자리 5포인트)

② 워드아트 삽입
 - 변환 : 왼쪽 줄이기
 - 글꼴 : 돋움, 굵게
 - 텍스트 반사 : 근접 반사, 터치

③ 그림 삽입
 - 「내 PC₩문서₩ITQ₩Picture₩로고3.jpg」
 - 배경(연보라) 투명색으로 설정

[슬라이드 2] ≪목차 슬라이드≫ (60점)

(1) 출력형태와 같이 도형을 이용하여 목차를 작성한다(글꼴 : 굴림, 24pt).
(2) 도형 : 선 없음

세부조건

① 텍스트에 하이퍼링크 적용
 → '슬라이드 5'

② 그림 삽입
 - 「내 PC₩문서₩ITQ₩Picture₩그림4.jpg」
 - 자르기 기능 이용

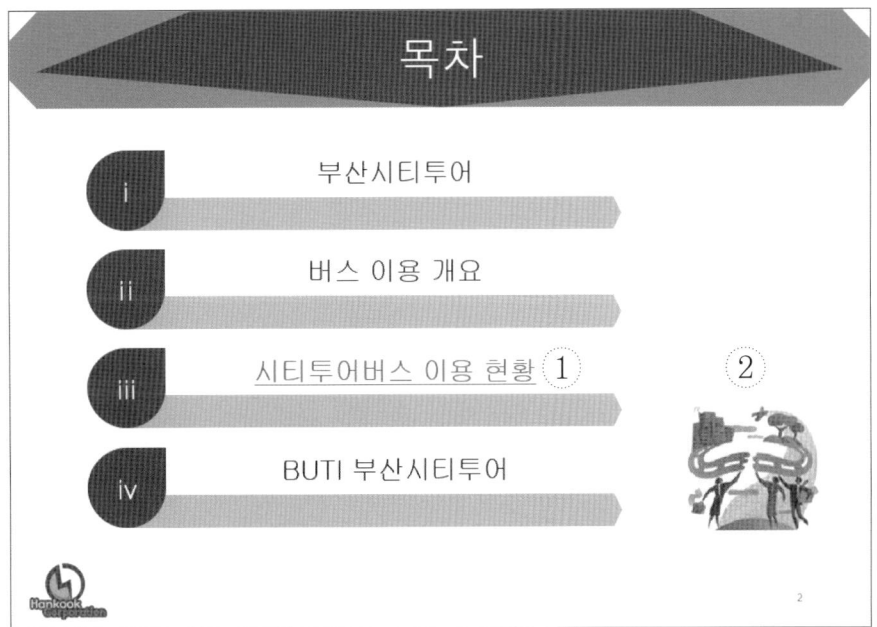

[슬라이드 3] ≪텍스트/동영상 슬라이드≫ (60점)

(1) 텍스트 작성 : 글머리 기호 사용(➤, ■)
   ➤문단(굴림, 24pt, 굵게, 줄간격 : 1.5줄), ■문단(굴림, 20pt, 줄간격 : 1.5줄)

세부조건

① 동영상 삽입 :
   - 「내 PC₩문서₩ITQ₩Picture₩동영상.wmv」
   - 자동실행, 반복재생 설정

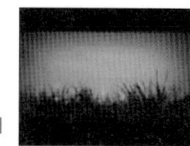

[슬라이드 4] ≪표 슬라이드≫ (80점)

(1) 도형과 표 작성 기능을 이용하여 슬라이드를 작성한다(글꼴 : 돋움, 18pt).

세부조건

① 상단 도형 :
   2개 도형의 조합으로 작성

② 좌측 도형 :
   그라데이션 효과(선형 아래쪽)

③ 표 스타일 :
   테마 스타일 1 - 강조 5

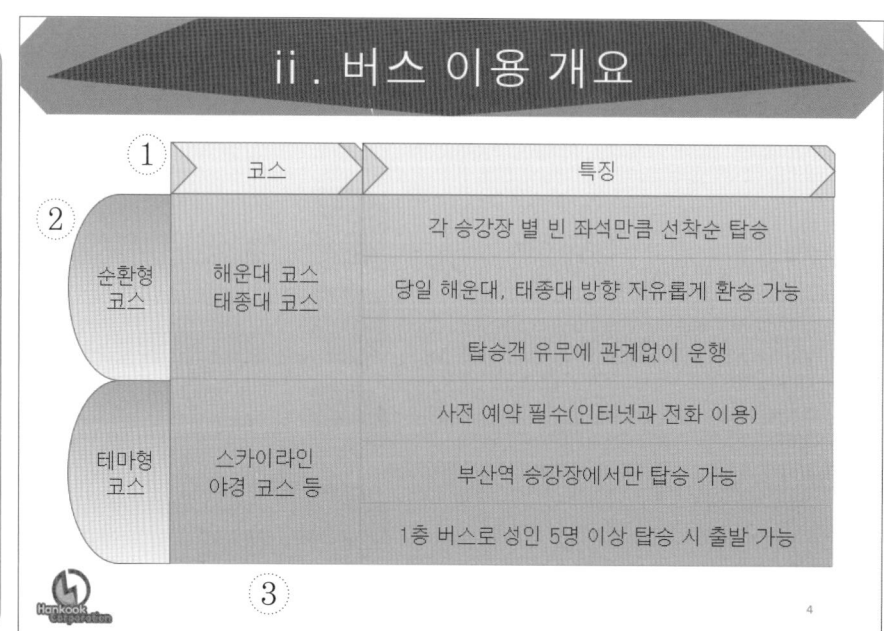

[슬라이드 5] ≪차트 슬라이드≫ (100점)

(1) 차트 작성 기능을 이용하여 슬라이드를 작성한다.
(2) 차트 : 종류(묶은 세로 막대형), 글꼴(돋움, 16pt), 외곽선

세부조건

※ 차트설명
- 차트제목 : 궁서, 24pt, 굵게, 채우기(흰색), 테두리, 그림자(오프셋 아래쪽)
- 차트영역 : 채우기(노랑) 그림영역 : 채우기(흰색)
- 데이터 서식 : 외국인(만명) 계열을 표식이 있는 꺾은선형으로 변경 후 보조축으로 지정
- 값 표시 : 2020년의 외국인(만명) 요소만

① 도형 삽입
 - 스타일 : 미세효과 - 파랑, 강조1
 - 글꼴 : 굴림, 18pt

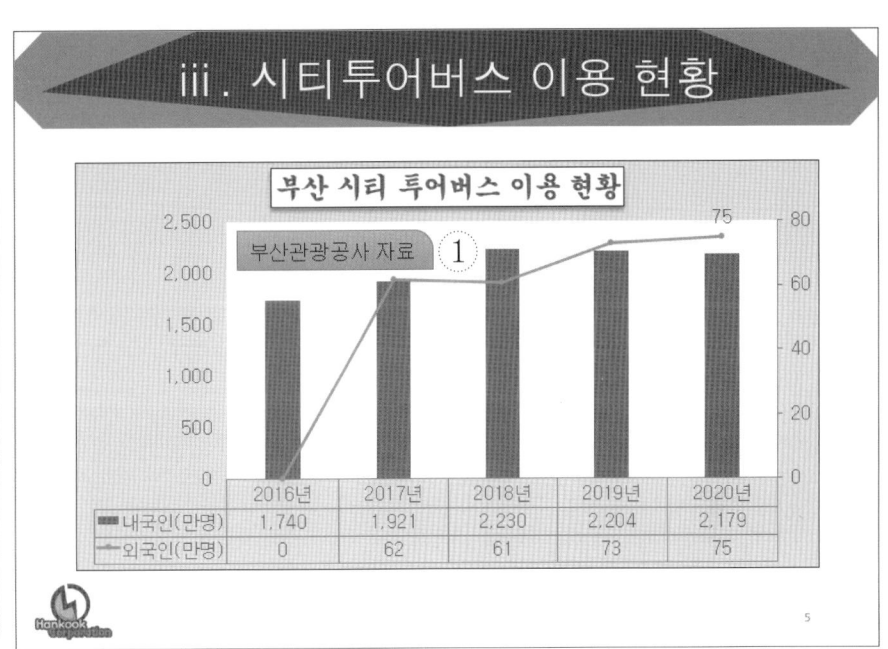

[슬라이드 6] ≪도형 슬라이드≫ (100점)

(1) 슬라이드와 같이 도형 및 스마트아트를 배치한다(글꼴 : 굴림, 18pt).
(2) 애니메이션 순서 : ① ⇒ ②

세부조건

① 도형 및 스마트아트 편집
 - 그룹화 후 애니메이션 효과
  : 시계 방향 회전

② 도형 편집
 - 스마트아트 디자인
  : 3차원 만화,
   3차원 광택 처리
 - 그룹화 후 애니메이션 효과
  : 실선 무늬(세로)

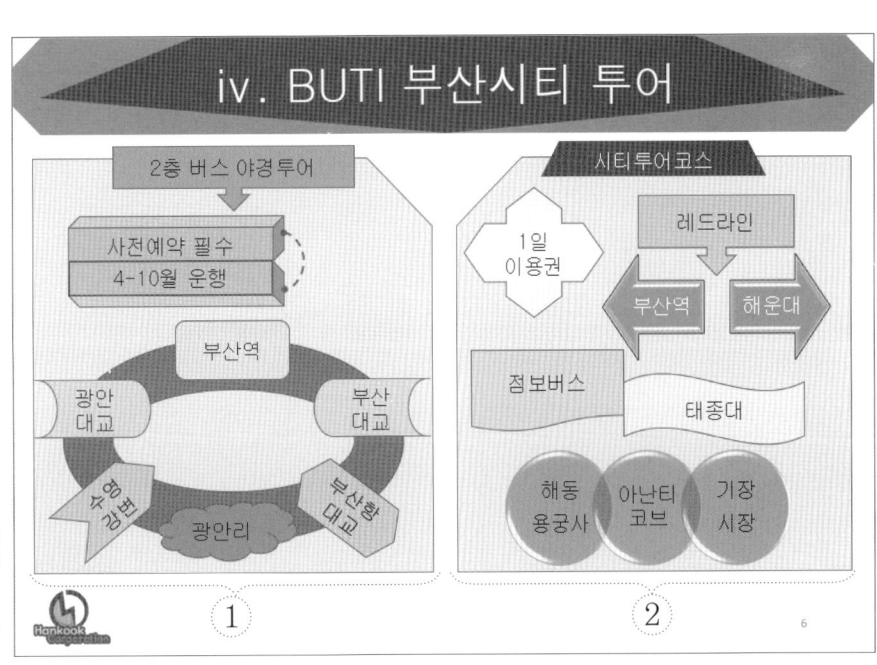